Social & Psychological Promote
of Chinese National Rejuvenation

中华民族复兴
社会心理促进研究丛书

国家自然科学基金
（71272156）资助成果

国家社会科学基金重大项目
（13 & ZD155）资助成果

组织文化对企业并购的影响机制研究

时 勘 著

Influence Machanism of Organizational Culture and the M&A Effectiveness

北京师范大学出版集团
BEIJING NORMAL UNIVERSITY PUBLISHING GROUP
北京师范大学出版社

中华民族复兴社会心理促进研究丛书

国家自然科学基金(71272156)和国家社会科学基金重大项目(13&ZD155)资助项目

《组织文化对企业并购的影响机制研究》编委会

前 言

进入21世纪以来，大规模并购事件此起彼伏。在我国，随着经济的高速发展和产业结构的不断调整，越来越多的企业试图通过并购来实现企业外延式发展和自身战略转型，资本运作和并购重组呈爆炸式增长态势。据统计，近年来，中国企业兼并重组案例数量年均增长30%，涉及资产规模年均增长超过50%。同时，在中国加入WTO后，随着与世界经济融合度的不断提高，中国走出去开拓市场和开发资源的战略逐渐清晰，参与国际范围并购的趋势逐渐增强。近年来，中国市场上的并购无论是交易数量还是交易金额，都在快速上升。如今并购已经成为一种常见的应对市场环境变化的战略模式，对于力图国际化的大型中国企业集团来说，并购更是实现战略转型和快速发展的重要战略举措。

最近几年，我国进入新常态时期，正如习近平主席2014年2月10日接受俄罗斯电视台采访时所说，目前改革已进入深水区，可以说，容易的、皆大欢喜的改革已经完成了，剩下的都是难啃的硬骨头。但是，改革时机要紧紧抓住，迎难而上。改革再难也要向前推进。也就是说，普遍而言，能源过剩、经济放缓，但是，并购重组数量和交易金额仍然呈不断上升态势。当然，快速发展的并购是否都对企业起到了积极作用呢？并购活动的大量涌现和并购活动的高失败率是并存的。针对并购出现的失败案例的增多，人们已经开始把原因归于组织文化对并购过程的影响，而且越来越多的人士更具体地关注企业并购中组织文化冲突、社会认同和组织公正等因素的影响。不过，探讨组织文化对并购有效性影响的实证研究却非常匮乏，国外关于组织文化差异对并购绩效的影响作用也尚未达成共识。

在这种背景下，我们课题组先后获得国家教育部、国家自然科学基金和国家社会科学基金重大项目对“组织文化对企业并购的影响机制的研究”的资助。为此，课题组在中国科学院大学经济与管理学院、中国人民大学心理学系选拔一批研究生投入了这项研究工作。目前，有关研究已经告一段落，进入结题阶段，我们将这些凝聚了近年来心血的成果奉献给大家。这些成果主要包括如下四个方面：

第一，探索了组织文化对企业并购的有效性的影响机制。通过对企业高管进行访谈与问卷调查，探索出了我国企业并购情境下的组织文化指标特征，同时构建了并购有效性指标体系，然后将两项指标结合起来，开展了组织文化对并购有效性的影响机制研究，提炼出双向组织文化预览结合影响机制的整合干预模式。这项研究发现，个性化关怀、社会责任等组织文化指标更适用于我国企业并购情境，获得的结论是，并购有效性指标体系是由组织和个体两个层面组成的：组织层面突出了并购双方信息和能力的双向互动影响，个体层面包含了过去研究缺失的高管组织承诺和离职意向两项指标。此外还发现，组织文化差异对并购有效性影响作用并不显著，而对高管组织承诺有显著负向影响；组织文化认同和整合投入度对并购有效性有显著正向影响作用，组织承诺对文化认同度和并购有效性有中介影响作用。最后，通过引入组织文化双向预览整合概念，结合组织文化对并购有效性影响机制的研究结论，提出了基于并购有效性影响机制的组织文化双向预览整合干预模式。在这个整合干预模式中，我们强调了淡化文化差异、加强文化认同和适度整合投入的思路，这项整合模式在实际并购企业中进行实践应用，取得了较好的应用效果。这项研究特别强调的是：应综合考虑多种文化因素（文化差异性、文化认同度、文化容忍度、整合投入度）的影响作用；开发的结合财务绩效和协同效应的并购有效性指标体系和一套适用于我国企业并购情境组织的文化差异和文化认同的调查问卷具有可行性。

第二，探讨了企业并购中的组织文化预览的规律。这项研究以实验室研究为主，专门验证了双向组织文化预览作为一种新的并购整合方法的有效性，从而为今后的理论研究和实践检验提供了依据。本研究辅助以问卷调查和访谈方法，从并购后绩效预期、对经理的评价和对文化认同度的评价等角度，探索了组织文化预览的影响作用。最终得以明确的是，首先，组织文化预览对提高并购后组织绩效有积极作用，其中双向组织文化预览组在组织绩效、个体绩效方面的效果均显著高于无预览组。单向组织文化预览组对并购后绩效也有提高作用，但是没有达到统计学显著性水平。其次，组织文化预览主要起效于并购后初期，尤其是双向组织文化预览，在并购后短期内对整合绩效尚有积极促进作用，有利于并购后的快速整合。再次，双向组织文化预览对于降低并购中人们对于并购绩效的预期有一定的作用，而单向组织文化预览的作用不显著。最后，组织文化预览虽然并不代表被并方员工对主并方组织文化的认同程度，但可以提高被并方员工对主并方管理者的工作能力和满意度的评价水平，也可以让被并方员工加深认识主并方管理者的工作难度。

第三，揭示了员工谏言/员工沉默对企业并购的影响机制。在已有文献回顾的基础上，通过对 738 对员工—管理者(包括两次取样，第一次 398 对被试，第二次为团队取样，共 65 个团队，340 对被试)的问卷调查，相对系统地探讨了个体自我观念、领导行为和组织氛围对员工谏言/沉默的影响机制问题，得到了如下结论：首先，员工的自我观念对谏言还是保持沉默具有调节作用。研究所关注的三种与谏言/沉默选择有关的自我观念为地位感知、自我审查、权力距离定位。结果发现：对工作的思考想法(having idea)能正向预测员工谏言，并且二者之间的关系会受到权力距离定位的调节作用；对工作的思考想法不能直接预测员工沉默，二者之间的关系会受到地位感知、自我审查、权力距离定位的调节作用。其次，领导行为影响员工谏言/沉默的选择，在很大程度上是以员工的心理状态为中介进而达到影响员工谏言/沉默选择的目的的。具体表现为，谏言型领导行为对员工谏言有正向的直接作用；而威权型领导行为会对员工沉默有较大的影响作用。组织公平氛围不但会影响员工谏言/沉默这一行为层面的选择，还会影响谏言/沉默的结果转化过程。

团队公平氛围对员工谏言具有很强的直接影响作用。其他三个变量，即程序公平一致性、分配公平一致性和分配公平水平都对员工谏言有显著的正向预测作用。此外，员工谏言的直接效应达到了临界显著的程度，员工沉默对工作绩效的影响作用受到程序公平一致性和分配公平一致性的调节作用。

第四，获得了组织文化冲突对工作投入的影响机制。我们对组织文化冲突、组织认同、组织公正、认同方式对工作投入的影响进行了探索。首先，探索了潜在组织冲突的感知的影响机制，采用完全随机实验设计的文本情境实验法探索了潜在组织文化冲突的感知对并购后员工的工作投入、合作水平、并购投入以及对企业的整合预期的影响。研究发现，潜在组织文化在不冲突条件下对工作投入、合作意向、整合预期有影响作用，不冲突条件下的组织并购投入效益显著高于组织文化冲突条件，且预览条件下的工作投入水平显著高于无预览条件下的工作投入水平。其次，潜在组织文化冲突感知对工作投入与合作意向存在显著的预测作用，新组织认同对工作投入与合作意向都存在显著的正向预测作用。同时发现，潜在组织文化不冲突条件下对工作投入与合作意向的效果显著高于潜在组织文化冲突条件下的效果；双重认同能够缓和潜在组织文化冲突对工作投入与合作意向所产生的消极影响，进一步探讨发现，潜在组织文化冲突感知对组织公正与并购公正存在显著的负向预测作用，外显高公正能够缓和潜在组织文化冲突对工作投入与合作意向所产生的消极影响。以群体任务研究范式为企业并购研究的原型发现，不冲突条件下的任务投入水平显著高于冲突条件下的任务投入水平，且高程序公正条件下的任务投入水平显著高于低程序公正条件。双重认同能够缓和群体文化冲突对任务投入的消极影响，不冲突条件下的合作意向显著高于冲突条件；双重认同能够缓和群体文化冲突对合作意向的消极影响。

这四个问题其实是环环相扣的基本问题，首先，解决组织文化指标、并购有效性指标及其对企业并购的影响机制。其次，解决组织文化预览中的问题，是单项预览好，还是双向预览好，形成了一套整合模式。再次，解决的是在并购中员工是谏言还是沉默，是什么因素在起作用，与此相关的员工的自我感受、领导行为以及团队会发挥什么影响作用。最后，讨论的是组织文化如果在冲突背景下发挥何种影响作用，个人或者团队是否有不同的表现，组织认同、组织公正是否会对这些心理行为产生影响。

我们欢迎大家在阅读这本专著时，将自己在理论研究和实践检验方面发现的问题与之相结合，共同讨论，以求得对于问题的深入思考。由于是一部理论专著，我们必须通过数据来说话，因此，书中的概念模型的产生、论证是必需的。在这方面，我们也希望能得到同行的验证和检验。总体说来，我认为，本书还是比较通俗易懂的，大家完全可以掌握它。本书的完成者除三位作者外，还包括杨成君、高利苹两位执笔者。欢迎广大读者和专家阅后提出宝贵意见，以便我们再版时修订。

记于北京市奥林匹克花园

目　　录

第　一　章

企业并购的研究概况

第一节　企业并购的研究背景

一、选题背景

(一)企业并购的有效性

从20世纪80年代开始，由于受全球经济一体化影响，企业并购浪潮席卷全球。90年代，并购浪潮波及范围更广，交易金额更大。进入21世纪后，大规模并购事件此起彼伏。在我国，随着经济的高速发展和经济结构的不断优化调整，越来越多的企业通过并购来实现企业外延式发展和自身战略转型与业务调整，资本运作和并购重组呈爆炸式增长态势。普华永道发布的亚太并购报告数据显示：中国企业兼并重组案例数量年均增长30%，涉及资产规模年均增长超过50%。同时，在中国加入WTO后，随着中国与世界经济融合度的不断提高，中国走出去开拓市场和开发资源的战略逐渐清晰，参与国际范围并购的趋势逐渐增强。近年来，中国市场上的并购无论是交易数量还是交易金额，都在快速上升。如今，并购已成为企业成长和发展的重要战略选择，也是一种常见的应对市场环境变化的战略模式。对大多数大型企业集团来说，并购已成为实现战略转型和快速发展的重要战略举措。对中国企业尤其是一些大型企业集团来说，并购在企业发展中的作用也越来越大。近年来，我国一直强调在国际市场竞争中大型企业集团的作用，强调要把企业集团做强、做大、做实。在国资委“合并同类项”的思想指导下，很多大型企业集团在资本市场上不断攻城拔寨，并购重组数量和交易金额呈不断上升态势。通过资本市场上的并购重组，一些大型企业集团近年来得到了快速的发展。以中国五矿集团公司为例，作为一家国家大型金属矿产企业，近年来先后并购重组了邯邢冶金矿山管理局、北秘鲁铜业、德国 HPTec、澳大利亚 OZ Minerals、长沙矿冶研究院、鲁中冶金矿业集团等数家国内中央企业和国外大型企业，实现了企业资源和经营效益的跨越式发展。

但是，快速发展的并购是否都对企业起到了积极作用呢？一个值得关注的现象是，目前并购活动的大量涌现和并购活动的高失败率并存。虽然并购大潮已席卷全球数十年，并成为各国企业发展战略的重要组成部分，但是真正通过并购创造佳绩的企业并不占多数。Sirover(1997)对 20 世纪 90 年代发生的 168 起并购案例调查的结果表明，有 2/3 的企业并购后减少了公司价值。Dickerxon(1997)所做的一项为期 10～18 年的针对英国企业的调查表明，与并购前相比，主并方利润率几乎没有得到改善。Bruner(2002)指出，仅有 20%～30%的并购交易能够为主并公司创造价值。麦肯锡咨询公司(2003)对英美两国最大工业企业进行的 116 项并购案例分析表明，仅有 23%的企业并购获得了成功，失败并购占 61%，另有 16%成败未定。著名咨询顾问公司科尔尼(A. T. Kearney)所做的全球企业并购调查，考察了发生于 1998—1999 年的 1000 个大型并购活动，发现 58%的并购活动没有达到预期的价值目标。《商业周刊》的研究认为，在其调查的 150 次企业并购中，约有一半交易使股东权益受到损失。在我国，也有许多企业并购后运转低效，甚至导致企业最终失败，比如德隆神话破灭、浙江国投并购广东健力宝失败、建龙集团并购通钢失败等。

那么，究竟是什么原因阻碍了并购最终走向成功呢？为什么会有大量的企业并购后运转低效甚至最终走向失败呢？同时又该如何衡量并购成功与否呢？学术界对影响并购成功关键因素的研究，早期主要集中于探讨财务、组织战略等因素对并购成败的影响，如盈利能力、债务水平、多元化程度等。近年来，学术界开始逐渐关注并购重组后的整合工作，尤其是组织文化对企业并购的影响。普华永道的研究报告显示，并购失败在并购的不同阶段发生：30%发生在战略制定、收购目标筛选以及对其经营状况尽职审察阶段；17%

发生在谈判和交易完成阶段；53%发生在并购后的整合阶段。一些研究证实，良好的并购整合管理，会提高并购双方企业运作的效率，提升并购的成功率，这使得人们开始关注企业并购中的整合效率与整合管理问题。

大量的并购实践表明，居高不下的并购失败率多源于并购后组织文化的整合管理不佳。美国一项针对500位公司高管的调研证明：组织文化因素是使企业无法达成财务目标的主要原因，而其中低估整合两种文化的难度是造成并购失败的重要原因。Corporate Executive Board(2002)认为，公司文化差异通常并不会使并购活动停止，但是，文化差异会在很大程度上决定整合组织的最佳方法。国内也有学者研究了并购中的文化整合，认为居高不下的并购失败率多数源于失当的文化整合，组织文化的协同效应成为并购中文化整合的驱动力(廖泉文、李鸿波，2003)。

目前，中国企业在并购中越来越注重并购的战略效果和价值创造，在并购过程中借助咨询顾问、会计师、审计师和律师事务所等中介机构的帮助，在战略评估、价值测算、财务和资本结构、法律风险防范、业务整合计划等方面越来越科学规范。但在组织文化方面，由于其特有的非直观性和难以测度、衡量的特点，无论是主并方、被并方还是提供服务的中介机构，都对其关注甚少。在并购尽职调查的组织文化项目中，其内容多为高管人员的履历、高管人员和员工的构成结构、文化程度等方面，调查内容泛化，内容不够充分，在并购调研报告中也往往表述简略或一笔带过。但事实上，这一部分恰恰是最重要的内容，它直接影响着并购决策本身和最终的并购效果。

过去的研究虽然在考察并购中人员和文化因素的影响方面着力颇多，但仍未能充分揭示并购的高失败率原因，这主要是由于尽管已有许多人论证了组织文化会对并购有效性产生影响，但是，绝大多数只是研究了组织文化的某一部分对并购的影响。例如，单独讨论文化差异因素而未考虑到其他文化因素对并购的影响，所以，目前的研究层面仍基本停留在讨论文化差异对并购绩效到底起正向作用还是负向作用上。事实上，组织文化包含的内容很多，对于哪些组织文化因素在社会文化背景下对企业会有较为深远的影响，目前仍缺乏系统的研究。

并购重组中的文化整合过程涉及千丝万缕的、复杂的、各种有形和无形的因素，文化整合问题要远远难于并购动作本身。那么，在企业并购的实践中，各种文化因素究竟如何影响并购及整合过程？其影响并购有效性的路径与机制如何？公司管理层究竟应如何去管理诸多文化元素，从而实现并购后的成功整合？这些问题迫切需要我们去探索、研究和解决。

（二）研究意义

本研究以探索企业并购有效性指标体系和中国企业组织文化测量评估工具为切入点，在此基础上着重探索组织文化对并购有效性的影响机制。同时，通过对数家企业并购中文化整合进行案例分析，考察不同文化整合策略和措施对并购有效性的影响。在此基础上引入双向预览的整合途径，结合组织文化对并购有效性的影响机制研究，提出了一套综合干预模式，并通过对一家特大型企业集团并购实践尝试，初步检验了此干预模式的应用效果。

在研究过程中，我们将以组织文化对并购有效性的影响机制为研究核心，以文化差异性、文化认同度、多元容忍度、整合投入度等多种因素为考察变量，探索这些因素对并购有效性的影响作用，在此基础上尝试解决文化差异、文化认同等文化因素对并购有效性究竟是起积极作用还是消极作用的争论，使中国企业对并购中组织文化各个因素发挥的实际作用具有更清晰的认识，以便为今后中国企业在并购重组中采取合理的整合措施提供依据。

在本研究中，将通过多轮访谈和多维尺度分析，以中国企业组织文化和并购情境为背景，探索相应的组织文化特征和结构，在此基础上对组织文化的差异和认同程度进行评估，通过实证统计方法研究中国企业在并购过程中，哪些组织文化因素对并购有效性具有突出影响，对提升中国企业的并购有效性、改善并购整合措施具有重要的现实指导意义。本研究所探索的企业并购指标体系和中国企业组织文化调查问卷，作为两个实用的工具，不仅可以为本研究服务，而且也可以单独作为专业评估工具进行相关的调查研究，具有较强的实践应用价值。

在上述研究的基础上，结合案例探索分析，将提出一套基于影响机制的双向预览的整合干预模式，并且通过选取有代表性企业进行实践尝试，探讨组织文化对并购有效性影响机制是否适用于该企业的组织文化整合，以及整合干预模式的应用效果。因此，该模式探索对中国企业并购具有较强的实践价值。通过研究组织文化对并购有效性的影响机制，本研究不仅能为中国企业提供一套系统的组织文化评估工具和有效衡量并购有效性的指标体系和方法，更能为中国企业并购整合提炼出一套整合干预模式。

(三)研究方法

本研究由四项子研究构成，分别是中国企业组织文化结构与测评研究、并购有效性指标探索研究、组织文化对并购有效性影响机制研究和并购组织文化整合干预模式实践探索研究。主要运用以下三种研究方法：

第一，访谈研究方法。通过半结构化访谈方法，开发我国企业并购情境下的组织文化特征，为研究我国文化背景下组织文化的结构、类别和特殊指标提供依据。通过团体焦点访谈方法，针对前期的调研结果进行进一步补充研究，探究问卷调查无法解决的深层次问题，在探索建立企业并购有效性指标体系时，与研究我国企业组织文化内容与结构对接。

第二，问卷调查研究方法。首先，本研究采用自己开发编制的COCQ问卷进行大样本调查，为实证研究中的组织文化评估提供支持。同时，在探索并购有效性指标体系和组织文化对于并购有效性影响机制的研究时，也采用问卷调查方法，以实际发生并购企业的高层管理者为重点调查对象，探索分析并购的实际绩效和组织文化整合对并购有效性的影响程度。

第三，案例研究方法。本研究在探索并购中组织文化整合模式时，结合之前的理论研究成果，进一步采用了案例研究方法，针对数家企业进行深入探索研究。引入双向预览的干预概念，结合组织文化对并购有效性的影响机制，提炼出基于影响机制的双向预览的整合干预模式，并在一家企业中进行针对性的实践尝试，初步探索了整合干预模式的应用效果，并逐步进行完善。

(四)创新之处

本研究通过探索，构建了中国企业并购中的组织文化指标和中国企业并购有效性指标，根据这两项研究成果，探索组织文化对并购有效性的影响机制，结合案例分析，提炼出一套基于影响机制的双向预览整合干预模式，最终为实际并购中的文化整合创造实践价值。本研究的创新之处如下：

第一，我国企业组织文化的结构、评价工具的创新。本研究基于我国传统文化、管理制度和企业特点，结合并购重组企业转型时期的独特“情境”特征，通过多种方法的系统探索，获得了我国企业的组织文化指标结构系统，并经过该结构系统各要素对于并购有效性的作用机制的探索，验证了该结构系统及其评价工具的有效性，这对于丰富我国组织文化领域的研究有重要的理论创新价值，同时也为探索企业的组织文化特征提供了可操作的评估工具，具有可观的应用价值。

第二，企业并购有效性评价指标体系的创新。本研究在对我国企业并购有效性指标体系的比较研究的基础上，通过定性研究和定量研究，将财务指标和协同效应结合起来，获得了我国企业并购有效性指标体系，并在探索组织文化对并购的影响机制方面获得验证。本指标体系创新点在于，从组织层面和个体层面进行划分，还特别发现了并购企业信息和能力的双向互动(组织层面)和高管组织承诺(个体层面)等新要素，也具有重要的理论价值和应用价值。

第三，组织文化对并购有效性的影响机制的探索创新。在组织文化对企业并购有效性的影响机制研究中，综合考虑了文化差异性、文化认同度、整合投入度和多元容忍度四个文化因素，并发现这些因素对并购有效性的影响机制和要点，为我国企业并购文化整合模式的形成提供了重要的理论依据，具有重要的创新意义。

第四，组织文化整合干预模式的实践创新。本研究通过中国对海外企业大型并购项目的验证性案例探索表明，整合措施是组织文化双向预览干预模式在企业并购中成功作用的关键，而这种组织文化双向预览的干预模式，可以提供企业并购情境下的组织文化整合的实用工具，具有重要的应用价值。

二、并购的理论研究

(一)并购概念

并购(M&A)是兼并与收购的统称，是指通过企业间的兼并(Merger)与收购(Acquisition)，对企业各种要素进行重新组合成为新的企业，它是资产重组的主要途径。在理论界，并购通常是指企业为获得目标企业的全部或部分控制权而进行的产权交易活动，其结果是使目标企业法人地位消失或者控制权发生改变(蒋衔武，2008)。根据本研究的侧重点，本研究选取并购后文化整合的角度来考察并购过程。在研究中，并购被视作两个或两个以上具有不同文化体系的企业结合在一起，以期实现文化协同效应的过程。

(二)并购类型

依据不同的划分视角，并购可以分为如下几种类型。

首先，按照并购双方所属行业关系来划分，并购可以分为横向并购、纵向并购和混合并购三种类型。横向并购，是指处于同一行业、存在竞争关系的并购双方之间的并购；纵向并购，是指具有纵向协作关系的专业化企业之间的并购；混合并购，是指并购双方在产品市场上既不存在竞争关系又不存在现实或潜在的客户或供应商关系的并购。

其次，按照并购双方规模实力大小来划分，并购可以分为强强型并购、强弱型并购、弱强型并购、弱弱型并购四种类型。强强型并购，是指并购双方强强联手提升行业地位的并购；强弱型并购，是指主并方在规模、实力方面处于主导支配地位的并购；弱强型并购，是指主并方在规模、实力方面处于弱势地位而并购处于强势地位的目标企业的并购；弱弱型并购，是指弱势企业之间的并购。

再次，按照并购实现的方式来划分，并购可以分为杠杆收购和要约收购两种类型。杠杆收购，是指主并方利用目标公司资产的经营收入来支付并购资金的并购；要约收购，是指通过证券交易所买卖交易使收购者持有目标公司股份达到法定比例，若继续增持股份，必须依法向目标公司所有股东发出全面收购要约，即狭义的上市公司收购。

最后，按照并购是否取得目标公司同意与合作来划分，并购可以分为善意并购和敌意并购两种类型。善意并购是指目标公司赞同主并方提出的收购计划和条件，并采取积极配合的态度促使并购交易完成的并购；敌意并购是指目标公司不知晓或反对主并方提出的收购计划和条件，主并方仍然强行实施收购的行为(帕特里克·A. 高根，2004)。上述不同类型的划分，可以实现从多种视角来较为全面地理解并购概念。

(三)并购动因

中西方从事并购研究的理论界专家学者对并购动因的理论阐释，主要可以归纳为以下三种：

效率理论认为，并购活动能够提高企业经营绩效，主要体现在形成规模经济、协同效应和管理层改进三个方面。通过并购，实现规模经济，通过聚焦于降低平均成本，提高技术研发能力和生产效率，最终增加盈利；通过并购，实现并购企业资源上的互补或功能上的协调与匹配，实现“1＋1＞2”效应；通过并购，控制权由目标企业转移到主并方企业，管理在企业经营效率中起决定性作用，实现控制权增效。

代理理论认为，在代理过程中，由于存在道德风险、逆向选择、不确定性等因素的作用而产生代理成本。主要分为代理成本流派、经理阶层扩张动机流派和自由现金流量假说流派三个流派。代理成本流派认为当企业内部约束和激励机制不能有效解决代理问题时，企业并购提供了一种外部鞭策机制，经营者不至于过分损公肥私，并购的直接动因是为了降低代理成本。经理阶层扩张动机流派认为，与股东关心利润相比，经理阶层更关心自身权力、收入、社会声望和职位稳定。由于管理者报酬是公司规模的函数，管理者有扩大企业规模的冲动，并购是重要途径，企业大量闲置现金流量助长了管理阶层扩张冲动，从而产生许多净现值为负的并购行为；自由现金流量流派认为，减少代理成本可以通过减少企业现金流量和适度增加负债两条途径来实现。借助并购活动，适当提高负债比例，从而减少代理成本，增加公司价值。

价值低估理论认为，当主并方企业发现由于通货膨胀等原因而造成目标企业股票均价低于重置成本时，或者由于主并方企业获得了外部市场不了解的信息，认为目标企业价值被低估，就会采取并购手段，取得目标企业控制权。主要包括三种情况：经营管理能力未能发挥应有潜力；并购企业拥有外部市场所没有的目标企业价值的内部信息；由于通货膨胀等原因造成资产的市场价值与重置成本之间的差异，使企业价值被低估。中西方学者基于不同理论视角的理论研究，对深入理解并购概念大有裨益。

(四)并购过程

理论界一般认为，完整的企业并购行为包括三个阶段：并购前准备阶段、并购中谈判交易阶段和并购后整合阶段。

1. 并购前准备阶段

首先，根据企业发展战略寻找合适的目标企业。并购目的包括扩大市场占有率、取得供应商控制权、取得目标企业资产等，这些因素直接影响目标企业的选择。其次，对选定的目标企业进行全面调查。需要对目标企业的当地政府、管理层以及企业基本情况进行详尽的调查分析，协调与并购相关的各种关系，分析目标企业同意被收购的真实动机、实地调查目标企业财务状况等。并购前准备阶段是整个并购过程顺利完成的基础。

2. 并购中谈判交易阶段

首先，提出主并方案，包括并购价格与非价格条件、支付方式、未来企业财务安排和债务处理、并购时间表和相关财务安排等，进行谈判磋商。其次，积极与目标企业董事和大股东接洽商议并购建议，尽可能协调各种关系达成一致，签订并购合同。

3. 并购后整合阶段

并购合同的签署并不意味并购过程的结束，并购后整合是整个并购过程中最具艰难性的任务，涉及组织整合、财务整合、人力资源整合、文化整合等诸多方面。只有并购后整合顺利完成，企业并购活动才能达到预期目标。

(五)并购风险

并购是一种风险很高的投资活动。由于事先无法预料的各种因素导致的影响，很多并购企业实际收益背离预期收益目标，并购后达不到预期收益，甚至将并购企业拖累。

在并购过程风险研究方面，全球著名咨询顾问公司科尔尼实施的全球企业并购调研，考察了发生于 1998—1999 年全球 1000 个大型并购活动，他们的研究发现：58%的并购活动没有达到预期的价值目标。科尔尼公司分析了并购全过程的风险分布区间，发现并购后整合是并购全过程中的最大风险，如图 1-1 所示。

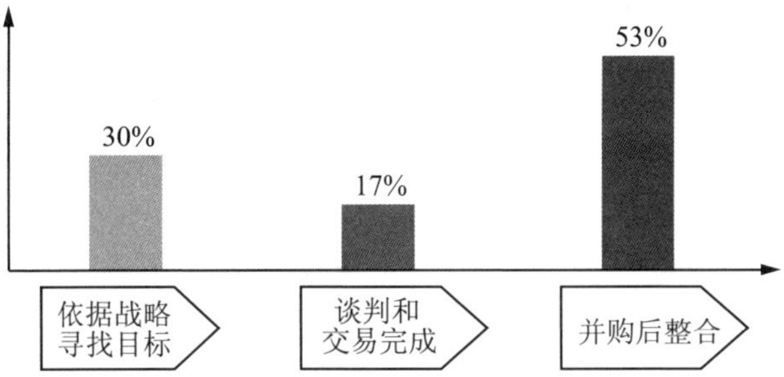

图 1-1　企业并购不同阶段风险分布

并购活动涉及政治、经济、文化、法律等多方面因素，形成一个风险体系，主要包括：(1)体制风险：市场经济体制不健全、政府过度介入等对企业并购活动带来的风险。(2)法律风险：企业间并购受法律因素影响巨大，关于并购重组的法律、法规实施细则通过增加并购成本从而提高并购的难度。(3)市场风险：企业并购主要在资本市场上完成，企业价格可能会发生巨幅震荡，带来一定风险。(4)信息不对称风险：不完全的竞争市场信息，使得主并方企业对目标企业可能没有掌握真实与及时的信息就贸然行动，从而降低了并购成功率。(5)反收购风险：目标企业对主并方企业并购行为持不欢迎、不合作态度，阻止并购进行，增加了并购成本和并购风险。(6)规模风险：并购后未能使并购相关主体产生源于协同的规模优势，产生规模不经济的现象。(7)财务风险：并购对资金的需求，造成融资和资本结构的风险。(8)文化风险：并购企业双方之间的文化差异，引起文化冲突，导致并购后企业文化难以融合，影响并购目标实现。其中，文化风险是根源性的风险因素，市场、规模、财务风险等许多其他风险的产生，都是源于并购双方在企业精神、价值观念和行为规范等方面的差异。

同样，根据全球著名咨询顾问公司德勤咨询公司(2009)公布的研究报告，60％的企业并购最终以失败告终。失败的原因主要有两类：(1)并购交易准备不充分。(2)并购后整合执行不力，没有发挥合并的优势。德勤实施的实证问卷调查研究发现，并购后的整合失败，84％的原因与人员和文化有关，人员和文化的整合在形成并购价值增值(Deals Value Added，DVA)的过程中发挥重要作用。人员和文化的整合在并购过程中如果得以适当规划与推进实施，将大大提高并购后整合成功率，提升并购整合价值，如图 1-2 所示。

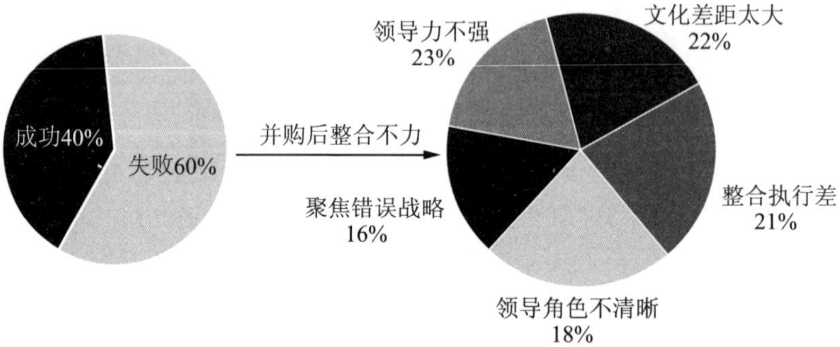

图 1-2　并购后整合失败原因分布

三、并购有效性评价指标研究

(一)并购协同效应

1. 并购协同效应的内涵演进

美国战略管理学大师 Ansoff(1965)在《企业战略》一书中率先提出“协同”的概念。他从经济学视角对协同进行了解释，认为协同模式的有效性部分源于规模经济所带来的好处，“协同是公司与被收购企业之间匹配关系的理想状态”，即一家公司通过收购另一家公司，使得公司整体业绩好于两个公司原来业绩的总和，商业机构通常将之表述为“2+2=5”。

日本战略管理专家 Itami(1965)在安索夫协同概念的基础上，在《启动隐形资产》一书中进一步将协同分解为“协同效应”和“互补效应”两部分，互补效应指通过提高实体或金融资产的使用效率来节约成本或增加销售(Campbell，2000)。Itami 承认，互补效应和协同效应经常同时发生，但他认为，互补效应不是协同的真正来源，只有当公司开始使用它独特的资源——无形资产(既可能是商标、顾客认知度或技术专长，也可能是一种可以激发员工强烈认同感的企业文化)时，才有可能产生真正的协同效应，这种协同效应很难被对手复制，可以给公司带来更为持久的竞争优势。

美国学者 Sirower(1997)借用 Itami(1987)的动态协同效应概念和思路来研究公司并购绩效。他在《协同效应的陷阱——公司并购中如何避免功亏一篑》(2001)一书中认为，协同效应必须放到竞争环境中去考虑，它是合并后公司整体效益的增长超过市场对目标公司和主并方公司作为独立企业已有预期或要求之和的部分。这里的关键是，“已有预期或要求”这两个词组，这意味着协同效应不一定是“2+2=5”。具体而言，如果并购前两家公司未来收益之和为 4.5，并购后收益之和达到了 5，那么，这项交易就实现了并购协同效应；如果并购前两家公司的未来预期收益之和是 5，那么并购后只有两家公司的收益之和大于 5，这项交易才算实现了并购协同效应。他认为，协同概念本质是增强竞争力，产生现金流量超过两家公司各自预期达到水平的能力。他提出，主并方向目标企业支付的溢价(premium)是必须要考虑的，并且是影响协同价值的重要因素，他采用实证研究方法，计算了溢价和并购企业业绩之间的关系，提出了考虑溢价因素的并购博弈的净现值(NPV)公式，即并购决策公式：净现值=并购协同效应－并购支付的溢价，即企业并购能否产生预期的协同效应，取决于并购后公司业绩能否在补偿支付的溢价之后还有正的剩余，剩余值的大小表示了并购的净协同价值大小。若存在正的净现值，表明公司并购实现了协同效应，其大小也相应地反映了公司并购决策本身的价值，但是，协同效应在数量上是有限的。很多时候溢价过高是导致公司并购实现协同效应失败的主要原因。

Sirower(2001)指出，公司并购实现预期协同效应，至少应满足下列竞争条件之一：(1)主并方必须能够进一步削弱竞争对手抢夺自己或目标公司现有投入品市场、生产过程和产出品市场的能力。(2)主并方必须能够开拓新市场或压倒性地抢夺竞争对手的市场。为了避免并购协同效应落入陷阱(trap)，Sirower(1997)提出了公司并购协同效应产生的四个基本条件：战略透视、经营战略、权力和文化、系统整合，如图 1-3 所示。并购完成时，如果缺少了这四个基本条件中的任何一个，那么协同效应都将会变成一个陷阱，此时并购支付的溢价就可能是主并方公司股东财富的损失额。当然，即使满足了这些必不可少的基本条件，也不能说完全可以实现公司并购协同效应。他提出运用主并方公司的自由现金流量、市盈率、股票市值与资产账面价值之比等若干指标来测度公司并购协同效应。

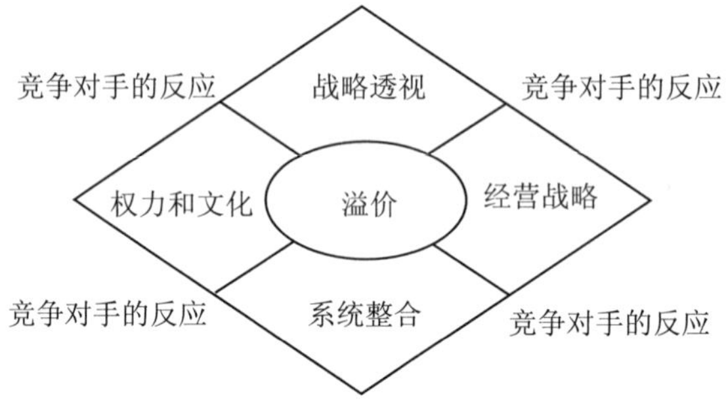

图 1-3　并购协同效应产生的基本条件

综合以上研究，本书归纳为如表 1-1 所示。

表 1-1　并购协同效应内涵演进表

	代表人物	知识背景	研究视角	协同效应类型	协同效应状态	实现难易程度	竞争优势持续性强弱
函数超加性协同效应	Ansoff	战略管理	投资收益率	销售协同、运营协同 投资协同、管理协同	静态	容易	弱
无形资产动态协同效应	Itami	战略管理	无形资源	技术专长、公司形象等无形资源间的共享	动态	难	强
价值链协同效应	Porter	战略管理	价值链	有形关联、无形关联、竞争性关联	静态	一般	一般
公司群协同效应	Buzzell Gale	战略管理	公司群	共享资源或活动、市场营销和研发支出的外溢效应、公司的相似性等	静态	一般	一般
核心能力动态协同效应	Markides Williamson	战略管理	核心能力	资产改善、资产创立、资产裂变	动态	较难	较强

2. 并购协同效应的测度方式

国内外一些学者对并购协同效应进行了探索性研究，下面列出其中较为公认的研究成果。Larsson 和 Finklestein(1999)研究了协同效应实现问题(synergy realization)，他们从 10 个维度测量了协同效应：采购、生产、销售、商标权、管理、垂直经济、新的市场准入、交叉销售、目前知识的转移和其他大量的协同来源，如表 1-2 所示。他们用 0 表示低分，1 表示中等，2 表示高分。该项研究 $\alpha=0.68$。

表 1-2　Larsson 和 Finklestein(1999)并购协同效应实现的维度

	测度指标	测度方式
协同效应	采购、生产、销售	0 表示低分 1 表示中等 2 表示高分
	商标权、管理、垂直经济	
	新的市场准入、交叉销售、目前知识的转移和其他大量的协同来源	

3. 并购协同效应的构成维度

国外学者对并购协同效应的分类做了诸多探索。Rumelt(1974)将协同效应分为财务协同效应和经营协同效应两类；Chatterjee(1986)将并购协同效应分为合谋协同效应、经营协同效应和财务协同效应三类；Lubatkin(1987)将并购协同效应分为技术协同效应、货币协同效应和多元化协同效应三类；Weston(1990)将并购协同效应分为经营协同效应、财务协同效应、管理协同效应三类。本书把它们归纳为如表 1-3 所示。

表 1-3　并购协同效应分类表

学者	并购协同效应分类
Rumelt(1974)	经营协同效应、财务协同效应
Chatterjee(1986)	经营协同效应、财务协同效应、合谋协同效应
Lubatkin(1987)	技术协同效应、货币协同效应、多元化协同效应
Weston(1990)	经营协同效应、财务协同效应、管理协同效应

尤其值得提出的是，Chatterjee(1986)提出了并购类型和协同效应类型的关系表，如表 1-4 所示。他认为，水平并购可能获得的协同效应类型最多，包括合谋协同效应、经营协同效应和财务协同效应；垂直并购可能获得经营协同效应和财务协同效应；混合并购则仅能实现财务协同效应。

表 1-4　Chatterjee(1986)协同效应与并购类型关系表

协同效应类型	并购类型		
	相关		非相关
	水平并购	垂直并购	
合谋协同	可能	不可能	不可能
经营协同	可能	可能	不可能
财务协同	可能	可能	可能

综合国内外理论界最新研究成果和跨国投行等实务界实际操作方法，结合中国国情，我们认为，协同效应是指企业内部或者企业之间所产生的总体功能大于局部功能，导致总体效益大于局部效益之和的效应，并购所产生的协同效应应该包括经营协同、财务协同、管理协同和技术协同四个维度，这是基于中西方理论界学者大量文献回顾的基础上提出的用以支撑本研究创新点的重要观点。

在经营协同效应方面，陆玉明(1999)分析了不同类型并购中潜在的经营协同效应；王宏利、周县华(2003)分析了协同效应存在的关键因素，即目标企业控制着的某种特殊资源，如果与并购公司资源相结合，将产生更大的价值。他们认为，经营协同效应主要来源于规模经济，且产生于降低成本或提高未来增长率两个方面。他们提出，可以将DCF技术(贴现现金流量)加以扩展，用于评估经营协同效应的价值。

综合比较国内外理论界和实务界研究成果，我们界定“经营协同”的内涵是：并购行为带来的生产经营效率变化和由此产生的效益。经营协同的本质来源是由规模效应引起的产品固定成本下降，它可以借助两个二级指标来反映：减少交易成本(王鑫，2009)和实现规模经济(王鑫，2009)，如表1-5所示。

表1-5　经营协同效应指标

<table>
<tr><th>指标</th><th>备选题项</th><th>文献来源</th></tr>
<tr><td rowspan="2">规模经济带来的固定成本摊薄</td><td>生产成本(生产费用)降低，如厂房、设备折旧、生产人员工资变幅等</td><td rowspan="2">Larsson & Finklestein, 1999；杨晓莉，2001</td></tr>
<tr><td>采购成本(采购费用)降低</td></tr>
<tr><td rowspan="2">销售力量合并、规模扩张带来的费用节约</td><td>销售成本(销售费用)降低：销售机构合并；销售人员精减；广告支出摊薄</td><td rowspan="2">Larsson & Finklestein, 1999</td></tr>
<tr><td>进入新市场增加的销量</td></tr>
<tr><td rowspan="4">交易费用节约</td><td>搜寻目标和价格的成本降低</td><td rowspan="4">科斯，1990；王宏利，2003</td></tr>
<tr><td>合同签约成本降低</td></tr>
<tr><td>收取货款成本降低</td></tr>
<tr><td>广告成本降低</td></tr>
<tr><td>市场领导地位增强带来的定价支配能力提高</td><td></td><td></td></tr>
<tr><td rowspan="3">市场力量的增强带来的竞争成本降低</td><td>产品差异性</td><td></td></tr>
<tr><td>进入壁垒</td><td></td></tr>
<tr><td>市场份额</td><td></td></tr>
<tr><td rowspan="2">相关产品或服务之间投入要素共享带来的成本节约</td><td>能源、热力的重复利用</td><td>塞斯，1990</td></tr>
<tr><td>人才、技术、信息系统共享</td><td></td></tr>
</table>

续表

指标	备选题项	文献来源
客户集成服务能力的提升		
市场开拓能力的提升		
库存管理成本、资金占用的降低		

在管理协同效应方面，刘文纲(1999)分析了无形资产对企业并购的影响，在企业并购中依托品牌、专利技术、企业文化等无形资产优势的转移和发挥，可以产生协同效应，极大地提高并购绩效。

综合比较国内外理论界和实务界研究成果，我们界定“管理协同”的内涵是：并购给企业管理活动在效率方面带来的变化和效率提高所产生的效益。管理协同的本质来源是通过合理配置管理资源来提供并购绩效，它可以借助两个二级指标来反映：企业对员工的管理能力(即组织资本)和企业经营过程中积累的管理经验(即组织经验)，集中体现在表 1-6 中。

表 1-6　管理协同效应指标

指标	备选题项	文献来源
组织管理经验的传承提升	一般管理经验	罗森，1972；Larsson & Finklestein，1999
	行业专属管理经验	
	非管理性质的劳动投入要素领域	
组织资本	一般管理能力	
	行业专属管理能力	
	非管理的人力资本	
目标公司管理技能、水平和效率的提升		
管理费用的节省	组织机构合并	翟进步，2006
	管理人员精减	

在技术协同效应方面，李利剑等人(2006)基于武汉钢铁集团公司全球技术协同案例研究，从我国钢铁企业开展全球技术协同的视角，提出了国内钢铁企

业实施全球技术协同的路径。陈海声等人(2008)运用实物期权理论，构建了分步控制并购行为的技术协同效应路径。他们利用风险中性风险方法分析分步并购的期权价值，研究表明技术协同效应与持股比例呈倒U形关系。

综合比较国内外理论界和实务界研究成果，我们界定“技术协同”的内涵是：行为主体在技术研发环节的协同整合。技术协同的本质来源是通过节省研发成本、产生研新能力、技术再创新等方式实现的技术资源的更好配置，它可以借助两个二级指标来反映：获取技术的本身价值和生命周期(王宛秋、张永安，2009)和与公司现有技术的匹配和消化能力，如表1-7所示。

表1-7　技术协同效应指标

指标	备选题项	筛选
技术匹配和融合能力		王宛秋，2009
技术价值和生命周期		王宛秋，2009
技术扩散与创新	将一个公司的“现有专有技术”(包括研发)移植到了另一个公司	杨晓莉，2001
	从公司之间的互动中创造“新的专有技术”从而使公司业务运营更加有效	
利用主并方公司品牌和商誉提升的目标公司销售额	主并方公司品牌自身实力	Larsson & Finklestein，1999；刘文纲，1999
	目标公司对品牌的支撑能力	
	行业相关性	
主并方公司先进企业文化的传播(扩散、渗透、同化)对目标公司的内部凝聚力和外部辐射力	主并方公司的文化内涵	
	并购双方的文化差异	
核心竞争力培育		

在财务协同效应方面，许明波(1997)认为财务协同效应主要表现在价值低估效应、合理避税效应以及预期效应三个方面；傅元略(2003)以集团公司现金流量表及其特性为基础，建立了经营活动、投资活动与融资活动现金流协同效应分析模型，探讨了模型中效应参数之间的关系，为集团公司度量、

分析和管理协同效应提供了一套便利的方法。

综合比较国内外理论界和实务界研究成果，我们界定“财务协同”的内涵是：并购在财务方面给公司带来收益，包括财务能力提高、合理避税和预期效应三个方面。财务协同的本质来源是，并购带来的整体财务成本下降和并购事件对股市刺激导致的并购公司市值提升，它是各类并购中可预期的重要协同效应，它可以借助三个二级指标来反映：通过兼并实现合理避税(许明波，1997)、增加财务透明度(王鑫，2009)、并购企业市值预期上升(王鑫，2009)，如图 1-4 和表 1-8 所示。

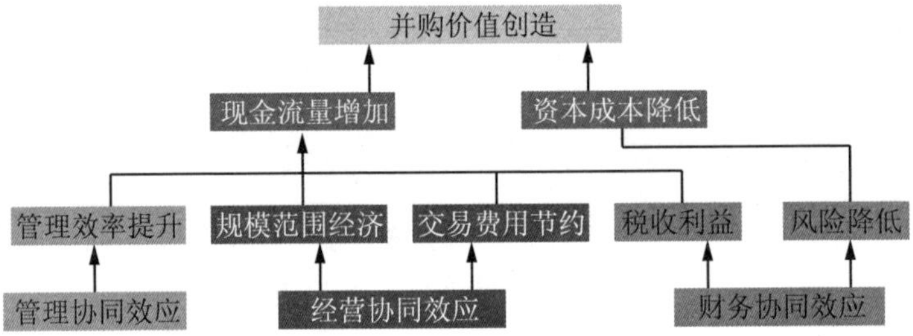

图 1-4 协同效应对并购公司价值的提升

表 1-8 财务协同效应指标

指标	备选题项	文献来源
“共同保险”效应带来的公司举债能力增强	杠杆率提高	Stapleton，1982
	税赋责任减少	许明波，1997；杨晓莉，2001
	目标公司可享受较低贷款利率	
内部资金替代外部资金带来的加权资本成本下降		迈尔斯，1984
证券发行与交易成本的规模经济	债券发行利率降低	
	股东要求的风险回报率降低	
	发行证券的固定成本摊薄	
利用经营亏损递延	合理避税	

(二)并购财务指标

在并购有效性研究方面，西方一些学者从财务指标角度进行了研究。Datta(1991)研究了感受到的(perceptual)主并方公司财务绩效，通过五个重要的财务指标用主观感受的方式测度出来，它们分别是投资回报率(ROI)、每股收益(EPS)、股票价格(stock price)、现金流(cash flow)和销售增长率(sales growth)。被试首先被要求回答各个指标的水平，然后对这些评判标准的重要性赋予权重。使用感受测量的方式，主要是由于收集客观数据的难度，尤其是在并购中的研究(Kitching，1967；Porter，1987)。会计的数据一般都是汇总的报表，是指整个公司，很难控制其他无关因素后单独测量并购的绩效。另外，股东的异常收益(采用事件研究)不能作为衡量并购业绩的结果，只能反映证券市场先验的期望(Montgomery & Wilson，1986)，如表 1-9 所示。

表 1-9　Datta(1991)并购绩效测度指标

并购绩效	测度指标	测度方式
感受到的主并方公司财务绩效	投资回报率	主观赋予权重
	每股收益	
	股票价格	
	现金流	
	销售增长率	

Very 等人(1996)的研究主张，并购后绩效＝并购后感知到的收入、销售额以及市场份额，采用五级量表，1 表示高度退步，5 表示高度进步。使用主观感受是由于在并购中客观数据收集难度很高，同时，已经有研究表明用这样的主观感受测量企业绩效的方法有较高的信度和效度(Nayyar，1992)。在他们的研究中，三道题目的信度为 $\alpha=0.70$，如表 1-10 所示。

表 1-10　Very(1996)并购绩效测度指标

并购绩效	测度指标	测度方式
并购后感知到的绩效	收入	五级量表
	销售额	
	市场份额	

Weber(1996)的研究，通过测度主并方公司资产回报率的增长率这一指

标来考察财务绩效，这一方法曾被用于主并方的研究(Kusweit，1985)。收集的数据主要是并购四年后的，但是，测量需要控制不同的企业规模和行业，第三年和第四年之间叫作 RROA4，第三年和第二年之间叫作 RROA3，如表 1-11 所示。

表 1-11 Weber(1996)并购绩效测度指标

并购绩效	测度指标	测度方式
财务绩效	主并方公司资产回报率的增长率	—

Krishnan 等人(1997)的研究主张，并购后绩效=并购交易后三年内的平均资产回报率。其信息来源于穆迪产业手册(Moody's Industrial Manual)，之前不少研究都使用财务数据用于战略行动的决策(Harrison et al.，1991)，如表 1-12 所示。

表 1-12 Krishnan(1997)并购绩效测度指标

并购绩效	测度指标	测度方式
财务绩效	并购交易后三年内的平均资产回报率	—

Very 等人(1997)的研究主张，并购后绩效=对于收入、销售额和市场份额感知到的并购后绩效。收入、销售额和市场份额，采用五级量表，1 表示非常恶化，5 表示显著改善，该研究中 $\alpha=0.70$，表明有较高信度。对于公司绩效，采用相对评分方式，且有实证依据，证实这种测评方式的信度(Nayyar，1992)，如表 1-13 所示。

表 1-13 Very(1997)并购绩效测度指标

并购绩效	测度指标	测度方式
财务绩效	对于收入、销售额和市场份额感知到的并购后绩效	五级量表
	收入、销售额和市场份额	

Morosini 等人(1998)的研究，采用"并购后两年的销售增长率"这一指标。他们在问卷中加入了销售增长率这一问题，同时通过档案数据来核对，确定其精确度。销售增长率已经成为战略管理中经常使用的一个重要指标(Woo et al.，1992；Morrison & Roth，1992)，其中包括并购方面的研究(Datta，1991；Haspeslagh & Jemison，1991)；同时，销售增长率也非常适用于并购

这样一个非常需要关注过程的研究(Haspeslagh & Jemison，1991；Pursche，1990)，如表1-14所示。

表1-14　Morosini(1998)并购绩效测度指标

并购绩效	测度指标	测度方式
财务绩效	并购后两年的销售增长率	五级量表

综合以上各方观点，我们发现，在并购研究中，财务绩效指标各有不同，通常存在两种方式：(1)直接使用客观数据，如销售额、资产回报率增长水平等。(2)通过提问高层管理者主观体验的方式获得的主观数据。

(三)个体层面的并购有效性评价指标

先前多数研究将重点集中于组织层面的并购有效性指标，但是，组织的最小组成单元是员工个体，员工个体心理和行为状态的变化会直接影响企业的整体绩效。

Bijlsma-Frankema(2001)、Krishnan等人(2004)认为，并购失败主要是因为管理人员往往低估了人的因素。Turnlev和Feldman(1999)认为，在心理契约违背发生后，员工的反应包括离职、降低职务内绩效(员工完成其正式工作职责的情况)、降低职务外绩效(组织公民行为，包括承担更多的责任、加班、帮助同事等)等。杨增凡(2009)认为，企业并购会给员工的心理和行为带来很大冲击，如处理不当可能导致员工离职，而留下的员工也会受到影响，对企业的忠诚度也会有所下降。其原因在于：文化的冲突使员工产生迷茫和失落感，心理契约的破坏导致员工丧失工作安全感，在心理和行为上对并购进行抵制；由于对企业的忠诚度降低，使工作效率下降甚至辞职；双方管理层内部也会由于在管理风格和经营理念上存在分歧，导致工作中难以协调配合。江书陆(2009)认为，企业并购给员工带来的心理冲击包括角色的不确定、信任度下降等，若处理不当，会导致员工变得不自信、紧张和焦虑，并引起组织沟通恶化、团队协作变差、工作效率下降、员工跳槽等负面影响。蒋勇(2010)研究了并购中的心理契约违背模型，认为在并购中员工原有的稳定心理契约发生变化，从而造成心理契约的违背与破坏，这降低了员工对公司的忠诚度和对工作和组织的满意度，降低了其留职意向和对组织的责任感，导致员工的心理和行为产生对组织不利的影响。

由上述研究可见，中外学者的研究结论一再表明，在并购过程中，个体因素也会受到显著的影响，尤其是个体层面的一些关键指标，如组织承诺、离职意向、员工满意度等，更需要作为并购过程评估衡量的重要标准，而且其敏感度可能比组织绩效更强。

第二节　组织文化的相关研究

一、组织文化的理论研究

这里将着重对组织文化相关理论、组织文化在并购中的影响作用以及并购中组织文化整合主题进行详细的文献回顾。

(一)组织文化的理论流派

组织文化起源于20世纪七八十年代，当时全球处于日本企业风行之时，不少日本企业大量收购美国本土企业。由此，激励了许多美国管理学家开始探索日本企业的成功秘诀。通过研究，学者们发现日本企业的管理与传统的美国企业有很大的差异，归根结底在于企业文化的差异，从而引发了对组织文化研究的热潮。通常来说，组织文化对于一个企业基业长青和达到卓越的重要性已经成为不争的事实。

对组织文化的定义至今没有统一的定论，一部分原因来自这一概念过于庞大难以界定，另一部分原因在于对其结构的测量无法精确化。应该说，70年代末至80年代初的研究重点主要集中在组织文化的定义界定，随后更多学者将研究重心转移到组织文化对企业绩效的影响、组织文化的结构和测量，以及组织文化在企业变革中的关键作用，这些研究内容显得更加具体、更加实用，表1-15罗列了早期对于组织文化定义讨论中的一些重要观点。最初对于组织文化的研究中，几位学者的著述成为经典，分别是威廉·大内(William Ouchi)的《Z理论》、特伦斯·迪尔(Terrence E. Deal)和艾伦·肯尼迪(Allan A. Kennedy)的《企业文化——企业生活的礼仪与仪式》、帕斯卡尔(Pascale)和阿索斯(Athos)的《日本的管理艺术》，以及汤姆·彼得斯(Thomas J. Peters)和罗伯特·沃特曼(Robert H. Waterman)的《追求卓越》。约翰·科特(John P. Kotter)和詹姆斯·L. 赫斯克特(James L. Heskett)的《企业文化与经营业绩》、埃德加·H. 沙因(Edgar H. Schein)的《企业文化与领导》及《企业文化生存指南》同样对后来的组织文化研究产生了影响的深远。

表 1-15　组织文化定义的重要观点

研究者	文化定义
Becker & Geer(1970)	一套可以用语言表达的共同理念
Van Maanen & Schein(1978)	员工所共享的价值观、信仰和期望
Martin & Siehi(1983)	一个组织的共享价值模式，三个组成要素：核心价值观，外显形态(沟通过程等)，刺激强化的战略(报酬、培训项目等)
Ouchi(1981)	一套象征符号、仪式和故事可以用于沟通组织的潜在价值观和信仰，公司的文化是由其传统和气氛构成的
Swartz & Jordon(1980)	共享的信仰和期望，这些信仰和期望体现在行为标准上
Uttal(1983)	共享的价值观(什么是最重要的)和信仰(怎样工作)，两者交互形成了组织结构和控制系统，从而产生了行为标准

在这些经典著作中，作者们都非常关注文化概念的界定，对于组织文化的研究的多数概念理解和引用都源于这几部著作。这些早期研究组织文化的学者，虽然对文化概念的理解有所出入，但是，在核心问题上基本达成了共识。Hofstede(1990)认为，组织文化主要体现在日常的工作实践中，是日常工作中共享的感受经验。他认为，组织文化是由价值观(value)和实践(practices)两个部分共同组成，价值观是核心，实践可分为象征(symbols)、英雄(heroes)和仪式(rituals)。

组织文化研究的集大成者埃德加·H. 沙因(Schein，1989)认为，组织文化是一种共享的经验假设。他将组织文化分为三个层次：第一层为表象，指一些显而易见的组织结构和流程；第二层为表达的价值观，包括战略、目标、哲学等，是企业表述性的解释；第三层为基本假设，主要指视为理所当然的无意识信念、理解、思维和感觉。约翰·科特(Kotter)和詹姆斯·L. 赫斯克特(Heskett，2004)在《企业文化与经营业绩》一书中主张，组织文化可以分为深层和浅层两个层面，在较深层面上，主要是包含了人们的基本价值观念，而在较易察觉的浅层上，组织文化包含了企业的一般行为方式或经营风格等内容。特伦斯·迪尔(Deal)和艾伦·肯尼迪(Kennedy，2008)在其所著的《企业文化——企业生活的礼仪与仪式》一书中也提到，组织文化是由企业环境、价值观、英雄人物、礼仪和仪式，以及文化网络所构成，其中最核心的内容是企业所信奉的主要价值观。

虽说至今对于组织文化的定义还没有统一的定论，但是大多数学者对组织文化的几大特征基本达成了共识：第一，组织文化体现了企业整体性；第二，组织文化是由企业发展历史所决定；第三，组织文化是软性的，难以轻易改变(Hofstede，1990)。概括以上观点，组织文化其本质是一个企业员工所共同分享的知识、经验以及价值观念，这些共享的内容都是在他们共同生产或者服务的过程中逐渐形成的。

(二)组织文化的结构和评估

在对组织文化概念进行界定的基础上，组织文化研究进入对文化结构和测量评估的研究阶段。根据学术界现有研究成果，可以将组织文化结构和评估归纳为三种学说，分别是类型说、维度说以及定性说。

1. 类型说

类型说是组织文化结构的一个重要解释学说。较早提出类型说的是Harrison(1972)，他认为组织文化可以分为四种主要类型：权利型(power)、角色型(role)、任务/成就型(task-achievement)和个人/支持型(person-support)。权利型文化主要表现为控制来自权利中心，权利从中心辐射出来，起到连接职能部门的作用。角色型文化主要表现为企业内提倡按部就班，各个职能部门各负其责，职务描述非常重要。任务型文化表现为影响力分散在组织中，甚至可能每个人都认为自己具有影响力。个人型文化表现为个人是中心，组织只是为个人利益服务的工具(张静，2008)。

Quinn和Cameron(1998)合作开发的组织文化评估量表(Organizational Culture Assessment Instrument，OCAI)，是组织文化类型测量工具中最为经典的测量问卷之一。OCAI是Quinn和Cameron(1998)在竞争价值观框架(Competing Values Framework，CVF)基础上构建而成的，而CVF又是Quinn和Rohrbaugh在Campell的39组企业有效性指标研究的基础上，通过多维尺度分析简化得出的结构(Quinn & Rohrbaugh，1983)。OCAI由灵活—控制、关注内部—关注外部两个成对维度构成，从而把组织文化划分为等级型(hierarchy)、部落型(clan)、市场型(market)以及临时体制型(adhocracy)四种类型。等级型文化代表着一个高度制度化和结构化的工作场所，强调程序、有效的领导和稳定与可预期。程序告诉人们要做什么；有效率的领导能够组织和协调各类事务，维持组织处于顺畅的运行状态非常重要；而稳定、可以预见和效率被看成组织长期关注的东西。部落式文化中充满了共享价值观和目标、团结与互助、彼此不分的氛围，更加关注团队精神，员工的参与感和组织对员工的照顾。团队获得奖惩时都是由整个团队来接受，而不是单个员工。市场型文化的组织结构主要面对的是外部环境，而不是内部管理，它关注外部机构的交易，例如供应商、客户、承包商等。这种文化类型的组织以市场为先，主要通过市场机制运作，进行金钱交易。它们以获得利润、区域市场环境的竞争力、延伸目标和保留客户为首要目的，竞争力和生产力就是它们的核心价值观。临时体制型文化最适用于高度活跃、高度变化情形的组织。临时体制型文化的组织将革新和主动的先驱性视作成功的关键，组织主要致力于开发新的产品和服务，并且管理的主要任务是培养组织者的能力、创造力和鼓励最前沿的活动。

金·S. 卡梅隆和罗伯特·E. 奎因(2006)针对上述四种组织文化类型，在OCAI问卷中提出了主导特征、领导风格、员工管理、组织凝聚力、战略重点和成功准则六个重要的判据，每个判据包含四种不同的陈述(A、B、C、D)，分别代表了一种文化类型倾向，对应四种类型的组织文化，共24题，问卷要求被试对现实和理想的组织文化分别作答。OCAI的计分方式并非传统的5点或者7点量表，而是需要每位被试对于六个标准的四个题项分配分值，四道题目合计总分是100分，最后，通过计算四种文化类型在六个判据上的得分总和，用图形的方式反映在CVF框架图上。OCAI问卷对于辨识组织文化类型、强度和一致性方面有比较大的优势，另外能够通过图像呈现结果，比较直观、便捷，可以直观地比较理想的组织文化和现实情况的差异，便于有针对性地进行文化整合。

此外，提出文化类型说较为著名的研究者还有Cooke和Lafferty。Cooke和Lafferty(1983)在Lafferty(1973)生活类型清单问卷(Life Styles Inventory)的基础上，编制了组织文化清单问卷(Organizational Culture Inventory，OCI)，这份问卷同样是一份自评问卷，可以为个体改变和组织发展做出多层次的系统诊断。

问卷共有12个行为标准(behavioral norm)和期望(expectation)，分别是人本主义(humanistic-helpful)、接受成员(affiliative)、认可(approval)、惯例(conventional)、依赖(dependent)、避免(avoidance)、反对(oppositional)、权力(power)、竞争(competitive)、完美(perfectionistic)、成就(achievement)和自我实现(self-actualization)。通过这12个标准和期望，可以推导得出三种文化类型，分别是建设性文化、被动防御文化和主动防御文化。OCI问卷包含了120道条目，上述12个标准和期望作为12个分量表，每个分量表有10道条目。每道条目描述了组织中员工的一种行为或者个性。问卷采用5点量表，被试需要回答的是每个条目中所反映的行为帮助人们在组织中适应和满足预期的程度。在编制成OCI之后，Cook和Rousseau(1988)通过对近百家企业2万多人的大范围测试，对量表进行信效度检验，发现分量表得分基本都在0.8以上，问卷有较好的信度。同时，Cook和Rousseau(1988)通过这次对OCI的测试，验证了不同组织间的文化现状是存在显著差异的；在同一个组织内，不同层面的组织文化也存在一定的系统差异；不同组织的理想文化是相似的，其理想的文化倾向于人本主义、成就、自我实现和接受成员。

与CVF两条坐标轴、四个象限的形式有些类似，Goffee和Jones(1998)通过提出双S立体文化模型，以团结性和社交性作为出发点，设立横轴和纵轴，将一个立方体分为四个部分，从而形成了组织文化的四种类型。在双S立体文化模型中，社交性主要是指一个群体内成员友善的程度；而团结性主要是指组织成员对于任务与目标所持共识的一致性。四种文化类型分别是：网络型——社交性高、团结性低；共有型——社交性高、团结性高；利欲型——社交性低、团结性高；离散型——社交性低、团结性低(杨林锋、王勇剑，2006)。

总的来说，在众多组织文化类型的研究中，大多是基于一定的判断依据或者文化坐标轴，这其实已经接近于组织文化维度的概念。类型说最主要的优点在于，能够通过调查问卷的方法简单地归纳总结出一个企业的大致文化方向，区分不同企业的文化类型，从而可以进一步分析各类文化类型对于组织绩效、个体心理感受等因素的影响作用。

2. 维度说

虽然类型说能够相对比较简洁地归纳组织文化结构，但是，不少学者也提出了其优点也正是其缺点。类型说将组织文化的范畴限定成简单的几种类别之中，大大减少了组织文化本来应该反映的内涵和意义。所以，更多的学者认为，可以通过找到一些关键的组织文化维度，来对组织文化的结构进行细分。

Hofstede 是最早对文化测量进行研究的学者之一，其研究成果对后世影响深远。早在 20 世纪六七十年代，Hofstede 就对 10 个国家的员工进行了大量的深度访谈，之后利用 IBM 的强大资源背景，在 64 个国家收集了 11600 份调查问卷，进行研究分析，提出了国家文化的四个重要维度，分别是权利距离(power distance)、个体主义/集体主义(individualism/collectivism)、男性化/女性化(masculinity/femininity)、不确定性回避。这四个维度总计 49%的方差解释量。之后又从西方和东方的差异中提炼了第五个维度——长期观念/短期观念(Hofstede，1983)。

在上述国家文化研究的基础上，Hofestede 根据文化洋葱模型，由价值观(value)和实践(practice)两个部分共同组成组织文化，价值观是核心，实践可分为象征(symbol)、英雄(hero)和仪式(ritual)。他(1990)设计了文化测量量表，采用一系列陈述，包括实践和价值两大部分。实践方面包括过程—结果导向、雇员—工作导向、偏狭的—职业的、开放—封闭系统、宽松—严格的控制、规范的—务实的。此问卷共采用了 61 个项目来测量(Hofstede，1990)。

在 Hofestede 之后，涌现出了一大批优秀的文化测量方面的问卷，如 Denison 等人构建的组织文化问卷(Organizational Culture Questionnaire，OCQ)。OCQ 是 Denison 在 Quinn 的 CVF 基础上建立的模型框架，但是，不同于 OCAI 的四种文化类型，Denison 应用扎根理论，通过对五家企业的案例研究，总结出了四个项目的文化特质，分别为使命、一致性、投入、适应性。最初，每项文化特质只对应两项指标，随后发展到三项文化指标，具体如下：使命包括战略方向、目标、愿景；一致性包括协调和整合、协调一致、核心价值观；投入包括授权、团队导向、能力发展；适应性包括创造改变、关注客户、组织学习。

OCQ 问卷采用了李克特 5 点量表的计分方式，被试根据实际体验对每项指标从“非常不同意”到“非常同意”做出自我评定。Denison 通过对 764 家企业的CEO进行调查，分析了四个文化特质与组织有效性的关系，结果发现，OCQ所提出的四个文化特质能够预测组织有效性。OCQ的应用相当广泛，Denison甚至为之创建了相关的咨询团队，OCQ至今为止已经建立了上万的数据样本和常模，是一个应用性相当强的文化测量工具(Denison & Mishra，1995)。在OCQ中，文化指标和特质相当于我们通常理解的维度，只是在结构效度方面不够严格。

其他以文化维度来构建文化结构的问卷，还有Sashkin(1984)编制的组织信仰问卷(Organizational Beliefs Questionaire，OBQ)，Glaser(1983)编制的企业文化问卷(Corporation Culture Survey，CCS)以及Kilman和Saxton(1983)编制的文化差距量表(Culture Gap Survey，CGS)等，这些学者都分别根据自己的研究提出了相对应的文化维度。

Sashkin和Flumer(1985)的OBQ问卷由50道题目组成，也是采用李克特5点量表形式，从非常同意到非常不同意，来测量组织价值观。问卷共有10个分量表，分别是快乐工作、员工的价值、追求最佳、注重执行、创新、关注细节、沟通完成任务、质量、成功指标(增长、获利等)和分享人生观的重要性。Sashkin在筛选题目时，尽量做到降低社会称许性，每个分量表中都有一道正向题，其余为反向题。

Glaser(1983)的CCS是建立在Deal和Denndey(1982)对文化类型描述的基础之上，旨在测量组织的价值观。问卷总共包括20道题项，同样是采用了5点量表，从5(非常同意)到1(非常不同意)。问卷共有四个分量表，分别是价值观(value)、男英雄/女英雄(heroes/heroines)、传统/仪式(traditions/rituals)和最终的文化网络。

Kilman和Saxton(1987)的文化差距量表(CGS)主要以行为标准为测量内容。CGS共有四个分量表，组成了一个2×2的框架(技术/人力关注和短期/长期导向)，四个维度包括任务支持(task support)、任务创新(task innovation)、社会关系(social relation)和个体自由(personal freedom)。Kilman和Saxton验证了问卷的重测信度在0.83～0.94，并且通过跨样本检验认为，四因素的结构效度最佳。

O'Reilly(1991)的组织文化剖面图(Organizational Culture Profile，OCP)并没有采用5点量表或者7点量表，也是经常被引用的一份组织文化测量问卷。OCP 量表主要是通过文献归纳和实践总结反映价值观的语句，经过筛选，最终确定 54 个条目，采用的是 Q 分类的计分方式，要求被试将 54 个测量项目按最期望到最不期望，或最符合现实到最不符合现实的顺序分成 9 类，每类所包含的项目数按 2-4-6-9-12-9-6-4-2 分布。

3. 定性说

上述两种对于组织文化结构的学说都是基于定量研究的基础，虽然众多学者都用实证研究来验证定量方法测量组织文化的可行性，但是，仍有部分学者坚持认为，定量方法无法完全反映组织文化的真谛，也就是说一个企业的组织文化无法用通用的类型和维度说明清楚。Schein 作为反对用定量方法研究组织文化的代表性学者，指出了组织文化调查问卷无法揭示文化核心假设的几大原因：

第一，不知问些什么。组织文化覆盖了组织在其整个发展历史中习得的方方面面，要设计一种把这些内在和外在维度都涵盖的问卷，不得不杜撰几百个问题，仍然无法明确哪些是重要维度。虽然多数学者都认为自己通过各种方法探索到了一些共性的重要文化维度，但是假设针对某一个企业时，问卷包含的维度并非此企业的核心组织文化，那结果又会如何呢?

第二，询问共享是无效的。Schein 认为，让任何一个人直接评价一些企业中共同的默认假设都是不容易的。

第二，问卷的匿名仍然无法让人放心。虽然匿名是为了保护被试的隐私，但是有时也会让被试感觉到一旦给出了负面信息，或泄露了整个项目的秘密，就会受到惩罚等，因而作答会有一定的倾向性。

针对量化评价组织文化的缺陷，Schein 提出了一套评价组织文化的方法，通常称为小组讨论方法。他所指的小组讨论的大致研究步骤如下：

第一，组建一个包括组织成员和专家的小组，确保小组成员理解文化概念及其层次模型。

第二，识别组织文化的表象和组织外显价值观，比较内在的价值观与组织表象的差异，从不匹配处探查深层次的潜在假设，发现企业的根本问题所在，从而将精力聚焦于可以改善的地方。

第三，如果上一步骤探查的效果不理想，就需要再次重复以上步骤，直至达到理想的目标，测评出企业最深层的共享假设。

Schein 的小组讨论评估组织文化的方法，主要是根据其提出的组织文化的三个层面，着重探查组织文化表象和价值观的差异，他认为，这些差异就是改进企业文化问题的根源(Schein，2004)。也有学者提出借用人类学研究中常用的田野观察法来对组织文化进行评估，即投身于所要研究的企业人群之中，参与他们的工作生活，观察周围正在发生的事情，深入分析该企业成员的规范与价值，可以详尽、细致地探究出组织文化的核心层面特征的差异(吴战波、邓胜德，2008)。

此外，用于评估组织文化的定性方法还包括人种志研究法(实地调查观察)、访谈(包括个体访谈和团体焦点访谈)和沟通分析。人种志研究法(Ethnographic Research)主要是指通过实际观察体验公司情况，如参与会议、在员工食堂就餐、行走在办公室内、观察办公室的摆设等。通过观察员工在正式和非正式环境下的态度和行为，来深入挖掘一些企业内部人员不愿意告诉外人的文化内涵。访谈需要对公司各个层面的员工和管理者展开，可以用半结构化或者结构化的访谈。使用开放式的问题，鼓励对象畅所欲言。如"告诉我一些关于业务变革的事情"或者"谈一下您在这边工作的感受"。访谈需要有记录，条件允许可以录音，事后做详细分析。另外，在并购组织文化的访谈过程中不能带有主观倾向，访谈中最容易出现的错误就是认为组织文化是同质的，即公司只有一种文化，其实在现实情况中，一般都会存在一些亚文化，这些亚文化可能存在一些共同的核心特征，但是其他的也可以是冲突的。沟通分析主要是指通过对企业网、公司年报、内部备忘录、E-mail 等传递信息的途径进行分析，了解组织对内部和外部利益相关者是如何沟通的，从而进一步理解企业的理念和态度(Lazidou，2008)。

相对上述学术界的研究成果，在实际应用中对于企业文化进行评估，更多时候采用多种方法结合的方式，可以通过定量问卷了解企业组织文化的概况，配合定性方法来弥补定量问卷无法描述企业文化全貌的缺陷。

二、我国学者对于组织文化结构和测验的探索

(一)国内学者的一些探索

虽然我国对组织文化的研究起步较晚，但由于有了前人研究的基础，组织文化逐步在我国得到了重视，在相关领域的研究也得到了较快速度的发展，尤其是在进入 21 世纪后，组织文化测量领域的研究步伐明显加快，有不少学

者根据国外经典的文化问卷进行相关的修订或自行探索适合我国国情的文化问卷。如王国顺、张仕璟等人(2006)在 Denison 企业文化模型的基础上，进行一定程度的改进，提出了企业意识、员工意识、团队意识、创新意识、核心价值观、顾客意识和目标愿景七个文化维度。不过，此研究只对一家企业进行了施测，样本量过小。张旭和韩笑(2008)以 Schein 的理论为基础，立足于中国企业，依靠访谈结果编制了文化问卷，通过因素分析确定了五个维度、24 道题项的问卷。其问卷的五个维度分别为人与环境、事实真相、人性本质、活动原则、交流协作。张勉、李海等人(2007)采用多维尺度分析的方法，通过考察 26 位专家对组织文化结构的空间认知模式，确定了一个由人际和谐、开放创新、短期结果、竞争效率和严格控制组成的五维度组织文化模型。之后，又在 6 家企业进行问卷调查，初步建立了相应的测量量表(DOCQ)。此研究方法借鉴了 Quinn 探索竞争价值框架的方法，对国内文化测评领域的研究进行了有价值的尝试。另外，也有学者在进行组织文化测量工具探索的过程中，考虑了中国的传统文化，如马华维(2001)在 Hofstede 编制的企业文化调查问卷以及 Leung 和 Trandis 编制的中国传统价值倾向量表的基础上，通过对一家中国大型电力企业进行调查，探索得到了 17 个组织文化因素，其编制的文化问卷的结构基本采用了 Hofstede 的组织文化层次，分为价值观和企业文化实践。不过，在价值观中加入了富有中国传统特色的“忠孝仁和”和“重义轻利”。

(二)海外华人的一些探索

另外，开始有海外华人学者探索比较中国和国外组织文化的结构差异。徐淑英等人就是这方面的先行者，他们采用开放式问卷的方法，通过质化分析，初步获得了在中国的国有企业、私有企业以及外资企业的共同组织文化维度共七个，分别是员工发展、和谐融洽、领导力、员工贡献、客户导向、结果导向和创新(Tsui et al.，2006)。

表 1-16 中外组织文化测量工具的重要指标比较

国外测量工具重要文化指标	文献来源	中国测量工具重要文化指标	文献来源
团结性、社交性	Goffee & Jones，1998	员工发展、和谐融洽、领导力、员工贡献，客户导向、结果导向和创新	Tsui，Wang & Xin，2006
人本主义、接受成员、认可、惯例、依赖、避免、反对、权力、竞争、完美、成就、自我实现	Cooke & Lafferty，1983	人与环境、事实真相、人性本质、活动原则、交流协作	张旭、韩笑，2008
战略方向、目标、愿景、协调和整合、协调一致、核心价值观、授权、团队导向、能力发展、创造改变、关注客户、组织学习	Denison，1995	个体满意、挑战性格、环境支持、权威遵从、群体遵从、自我调控、对子女期待、奉献精神、忠孝仁和、重义轻利、英雄人物认识、工作倾向、实效性、结构化沟通度、客户导向、集权化	马华维，2001
权力距离、个体主义/集体主义、男性化/女性化、不确定性回避、长期观念/短期观念	Hofstede，1983	人际和谐、开放创新、短期结果、竞争效率和严格控制	张勉、李海、闫举刚，2007
主导特征、领导风格、员工管理、组凝聚力、战略重点和成功准则	Quinn & Cameron	企业意识、员工意识、团队意识、创新意识、核心价值观、顾客意识和目标愿景	王国顺、张仕璟、邵留国，2006
快乐工作、追求最佳、创新、关注细节、员工的价值、质量、沟通完成任务、成功指标(增长、获利等)、注重执行、分享人生观的重要性	Sashkin，1984		
价值观、男英雄/女英雄、传统/仪式、最终的文化网络	Hofestede，1990		
技术、人力关注、短期/长期导向	Saxton，1987		

通过表1-16可以看出，国外组织文化问卷最经典的理论框架是Quinn提出的竞争价值框架(CVF)，组织文化调查的结果可以通过坐标轴和图像的形式呈现，较为直观清晰，解释便捷，有利于工具的传播和使用。相对于国外组织文化测量工具中的重要指标，我国组织文化测量工具显得内容更多，不少已经能够体现出中国的文化特色，如对子女期待、忠孝仁和、重义轻利等。但是，我国组织文化测量工具缺少比较好的理论框架，同时，我国自行编制的组织文化调查问卷应用于实践的较少，大多停留在研究层面，没有很好地转化为服务实际生产。同时，组织文化调查问卷大多是为一般情况下企业服务的，缺少为特殊情境提供企业组织文化调查问卷，如兼并收购的情境下应该着重调查哪些组织文化内容，这些内容特征又有哪些结构等，这些都是今后研究组织文化测量评估的趋势，也是本研究的主要探索内容之一。

三、组织文化对绩效的影响

(一)国外研究现状与发展

组织文化研究最主要的一个方面是组织文化和企业绩效的相关性探索，自此领域展开以来，从未停止过。在国外早期，大多数学者通过企业实践经验所得，加之访谈和案例来总结组织文化和绩效之间的关系。比较著名的如Kotter和Heskett首先通过对美国实业界22个行业中9～10家最大的公司进行调研，之后对其中的22家企业进行深入的考察，最后发现：(1)组织文化对企业长期经营业绩有着重大的作用。(2)组织文化在下一个10年内很可能成为决定企业兴衰的关键因素。(3)对企业良好的长期经营业绩存在负面作用的组织文化并不罕见，这些组织文化容易蔓延，即便在那些汇集了许多通情达理、知识程度高的人才的公司中也是如此。(4)组织文化尽管不易改变，但它们完全可以转化为有利于企业经营业绩增长的组织文化。(5)一般可以将组织文化分为强力型、策略合理型和灵活适应型三种类型。

同时，Kotter和Heskett(1992)指出，无论是对付竞争对手、为顾客服务，还是处理企业对内对外相互关系，企业文化所形成的企业竞争力必然产生强有力的经营效果。在Kotter和Heskett(2004)的研究中，发现具有重视管理要素(消费者要素、股东要素、企业员工要素)，重视各级管理人员的领导艺术的公司，其经营业绩远远胜于那些没有这些组织文化特征的公司。在长达11年的考察中，总收入平均增长前者为682%，后者仅为166%；企业员工增加的绩效前者为282%，后者为36%；公司股票价格上涨前者为901%，而后者为74%；公司净收入增长前者为756%，而后者仅为1%。如果说Kotter和Heskett的研究着重于质化方法，深入企业进行探索，那么之后更多的研究逐步向量化发展，通过问卷调查的方式，探索组织文化或者组织文化中某一部分内容与组织绩效或者个体满意度、组织承诺之间的关系。

Rashid等人(2003)对马来西亚202名管理者进行了调查，发现组织文化和组织承诺高度相关，并且组织文化和组织承诺对于财务绩效有显著影响作用。Xenikou和Simosi(2006)对希腊一家组织公司的300名员工进行了问卷调查，探索组织文化与变革型领导和组织绩效的关系。其组织文化问卷维度分为人本导向、成就导向和适应导向，前两者内容源自Cooke和Lafferty的OCI，后一者源自Denison和Mishra编制的OCQ的部分内容。结果发现，成就和适应导向文化对于组织绩效有直接影响作用，变革型领导和人本导向文化通过成就导向文化间接对组织绩效产生影响作用。Yiing和Ahmad(2009)采用OCI进行问卷调查，结果发现组织文化对于领导行为和组织承诺有调节作用，只有支持型组织文化影响承诺和满意度之间的关系。

总的来说，国外研究者无论是通过质化还是量化的研究方法，最终结果都显示组织文化对于组织绩效或者组织中个体绩效有显著的影响作用。一个企业如果能找到适合自身的组织文化，对于其基业长青来说，具有非常重要的价值。

(二)国内研究现状与发展

国内学者在近十年来纷纷开展了组织文化与企业绩效之间的相关性探索。国内对组织文化与组织绩效的研究大致可以分为两种类型。

第一种类型，直接研究组织文化与组织绩效的关系，这类研究成果往往能最为直观地反映组织文化和企业绩效的关系，不过随着组织文化研究的深入，这类研究的数量在逐步减少，主要是此类研究的理论和实践的推广价值无法与开创初期相比，不过通过不同的组织文化理论和组织绩效评价角度，同样可以发现新的价值和意义。

郭冠清(2006)利用1995年世界500强公司数据，对文化因素与企业经营绩效的关系进行了计量检验，其中文化因素采用了Hofstede的研究成果，最终发现，个人主义与集体主义、权力距离和合作性三个文化因素对企业经营绩效有显著的影响。徐青和廖振鹏(2008)根据 Susan、Sonia 和 Kenneth 的组织文化量表，通过对 289 名被试进行调查，从六个维度对实施了 ERP 的企业组织文化进行测量，实证探索了组织文化对 ERP 系统实施绩效的作用机制，其中 ERP 系统实施绩效由使用者满意度表示。研究结果表明，氛围和士气、员工涉入、组织监督和会议效率对 ERP 系统实施绩效有显著影响作用。

当然，除了一般的问卷调查研究方法，也有学者另辟蹊径，尝试用不同的方法来检验组织文化和企业绩效的关系。刘志雄和张其仔(2009)创新性地采用公开资料来描述企业文化强度。具体来说，主要将文化强度分为公司层面、员工层面和社会层面，之后通过互联网搜索来分析公司层面是否有企业文化介绍和企业愿景介绍，员工层面是否有职工手册、培训资料和员工培训活动，社会层面是否在社会媒体和专著中详细介绍过企业文化。对于企业绩效，主要采用了企业总资产盈利率(ROA)，研究样本选取了 321 家上市公司，最后结果显示企业文化对公司盈利水平均有显著的正向影响，文化强势企业比文化弱势企业通常拥有更高的资产回报率。不过，此项研究的企业文化强度对公司盈利水平影响的系数，比国外相关研究得到的影响程度要小。

第二种研究类型主要是将组织文化作为中介变量，探索其对另一个研究变量(如组织学习、知识整合机制、战略人力资源管理等)和组织绩效之间的影响作用。当然，这里的组织绩效的定义更加宽泛，不仅仅指传统意义上的财务绩效，还包括如创新绩效、知识转移绩效等方面的内容。相对于第一种类型的研究，此类研究内容更加丰富，视角更加广阔，其对企业的现实指导意义也更强。

朱兵等人(2010)通过对 182 家高科技企业进行问卷调查，考察组织文化、组织学习和创新绩效之间的联系。企业文化问卷根据 Wallach 的研究编制，将组织文化分为官僚型文化、支持型文化和创新型文化。结果发现支持型组织文化和创新型组织文化对企业创新绩效都具有直接的显著影响作用。组织学习作为组织文化对企业创新绩效有一定的中介效应，其中支持型文化通过利用式学习和探索式学习分别对企业创新绩效产生正向影响作用，而创新型文化则通过探索式学习对创新绩效产生显著的间接正向影响作用。陈明和周健明(2009)根据 Wallach 的研究设计组织文化问卷，包括创新型文化(4 个问题)和支持型文化(5 个问题)两种类型。之后，他们通过对环渤海地区的 155

家高新科技企业进行实证研究，探索了企业文化、知识整合机制与企业间知识转移绩效的关系。研究显示：企业创新型文化不但对企业间知识转移绩效有直接正向影响作用，而且还分别通过人员交流以及团队交流两个知识整合机制对企业间知识转移绩效产生间接正向影响作用。支持型文化虽然对企业间知识转移绩效影响作用不显著，但通过程序交流，仍然会对企业间知识转移绩效产生显著的正向影响。

魏立群等人(2008)根据 Quinn 和 Spreitzer 的研究，编制文化问卷，将文化类型分为发展型文化和等级型文化两类，再采用公司 CEO 评判公司纯利、新产品开发、效能和总资产报酬率和行业当年均值比较，以此作为组织绩效。通过对我国 110 家企业进行问卷调查，探索组织文化在战略人力资源管理与组织绩效关系的中介效应，结果发现，发展型组织文化的战略人力资源管理对组织绩效有影响作用，而等级型企业文化却对公司绩效没有显著影响作用。谢洪明等人(2007)选取了华南地区 11 个行业、149 家企业为样本，旨在探索企业文化、学习导向与创新绩效的关系。研究中组织文化采用了郑永忠等人编制的测量问卷，而组织绩效主要采用了谢洪明等人编制的问卷，分为短期和长期绩效，结果发现，组织文化对组织绩效有正向影响作用，并且通过路径分析，进一步得到组织文化对组织绩效的影响存在两条路径，分别是：(1)组织文化—学习导向—技术创新—组织绩效。(2)组织文化—学习导向—管理创新—组织绩效。张德和王玉芹(2007)对北京、上海、广东等 14 个省市的涉及采矿、制造、金融等 11 个行业的 45 家企业进行问卷调查，探索组织文化四种类型对基于平衡计分卡的组织绩效的影响，组织文化问卷采用了 Quinn 和 Cameron 组织文化问卷的修订版本，组织绩效则根据平衡计分卡思想，由学习与成长、内部流程、客户关系和学习与成长四个维度组成，同时加上“总体竞争实力”表示整体绩效。结果发现，宗族文化、活力文化、市场文化、层级文化分别对学习与成长、内部流程、顾客维度以及财务维度有显著正向影响。

综上所述，国内组织文化与企业绩效的实证研究是比较丰富的，主要通过问卷调查的方法进行探索。在我国现有研究中，组织文化的问卷多数是根据文化类型来划分的，主要是由于文化类型说便于解释复杂的文化内容，同时也便于进行统计分析，但是，组织文化类型的研究思路也较大程度地削减了文化内涵。另外，问卷调查中对于组织绩效的评价方法也大多采用了企业主管领导的主观评判，用各种组织绩效指标与行业平均水平的比较得分来反映企业绩效水平。问卷调查方法能够用数据分析来量化组织文化对组织绩效的影响作用，但是反映问题的信息量有限，深度不够。

与国外相比，我国在此领域的研究缺少深入的企业大规模的质化研究。在组织文化研究方面，国外学者早期更多的是采用案例研究，通过对几十家甚至更多数量企业的深入挖掘，发现组织文化对企业经营绩效、发展规划等各个方面的影响作用。通过具体事例来说明观点，同时在分析案例的过程中也表明了应该如何去实践，建设维护好组织文化。本研究认为，在今后一段时期，对于组织文化和企业绩效的研究应逐步转入更加精细化、具体化的层面，通过深入企业的体验式研究，以探索如何建设组织文化为主要研究重点，提出具体的措施和方案，以便将理论研究和现实世界更加紧密地联系在一起，提升研究的应用价值。

四、组织文化在并购中的影响作用

组织文化和企业绩效之间的高度相关已经得到公认，然而组织文化在并购中的影响作用，至今未达成统一的定论。大多数学者认为，文化差异或冲突会造成企业并购绩效低下，但也有反对意见存在。同时，还有学者认为，文化差异本身并不足以很好地解释对并购的影响，还需要考虑其他文化因素。下面对上述这些问题一一进行阐述。

(一)组织文化差异的消极影响作用

Datta(1991)的研究指出，组织文化主要由管理风格、回报与评估系统组成。该研究通过对 1980—1984 年发生在美国本土价值高于 100 万美元的 73 起并购企业的横断面调查(cross-sectional survey)发现，高层领导管理风格的差异对本土企业并购后绩效有消极作用，无论并购整合的水平是高还是低，高层领导管理风格的差异对本土企业并购绩效都是消极作用，回报和评估系统与并购绩效都没有相关性。也就是说组织文化包含的内容很多，在不同的并购过程中，可能只是一部分文化起到的关键作用，会直接影响到并购效果。之后，Datta 等人又分析了发生在 1978—1990 年的主并方为美企的 112 起大型跨国并购，结果发现，平均来说，跨国并购没有为主并方企业股东创造价值。

Chatterjee 等人(1992)通过研究发现，在 1985—1987 年发生在美国本土的 30 起相关并购，在控制了主并方多元容忍度和组织相对规模的前提下，组织文化差异与股东收益呈负相关。Cartwright 和 Cooper(1993)认为，组织文化是组织不可分割的一部分，组织文化是并购环境的关键因素，它影响关联公司组织间的互动性质，这些文化在主并公司、被并公司员工群体中分别业已形成各自共享的信念和假设，经常代表着并购双方公司之间根深蒂固的分歧，在并购人员整合方面发挥了重要作用，可能导致整合阶段的挑战，限制这一过程中协同作用的实现(Lubatkin et al.，1999)。

Weber(1996a)等人通过对发生在 1985—1987 年 52 起本土和跨国并购(被并方是美国企业)进行代表性调查，结果发现，国家和企业文化的匹配程度决定了跨国并购的有效整合。在本土并购中，企业文化差异导致了低管理承诺(managerial commitment)。Weber(1996b)又通过对 1985—1987 年美国本土 73 家参与并购的企业进行调查，其中 41 家是银行业、32 家是生产制造业，结果发现，文化差异与整合效率呈负相关，但是，在非银行业中文化差异与财务绩效以及整合效率都没有呈现类似的相关关系。Krug 和 Hegrarty(1997)通过对 1986—1988 年 270 个本土和跨国并购的调查发现，美国公司被外国公司并购的人员流失要显著高于被本土公司并购的人员流失。Evans 和 Mendenhall(2004)的研究提出，不相容文化是并购失败的主要原因。尽管文化相容性或匹配度并不能保证并购的成功，但组织文化的异质性会创造紧张，影响到财务和管理业绩(Brock et al.，2000)。

通过以上研究，本书发现，很多研究都采用了对被并方高层人员进行结构化的主观感受问卷调查来测量文化差异，但是，至今对于文化差异结构并没有统一的定论。并购双方企业之间组织文化的差异会影响各种并购结果：文化差异与两极分化、同行的负面评价、焦虑以及主并方公司成员与目标被并公司高层管理团队之间的种族中心主义等因素，公司越整合，文化冲突及其负面结果产生的可能性越大。上述研究在揭示文化差异对并购绩效产生消极作用的同时，大多提出主并方企业应该寻求文化相匹配的目标企业，以避免冲突。

(二)组织文化差异的积极影响作用

虽然大多数学者认为，组织文化差异对于并购绩效产生的是消极作用，但是也有一部分学者发现，差异并不一定总是带来负面影响，有时候差异也会带来互补，促进绩效。Krishnan等人(1997)的研究发现，组织文化差异性主要体现在并购双方高层互补性、并购双方高层团队功能背景比例的差异。该研究通过对发生在1986—1988年的147起美国本土企业并购情况的调查发现，并购中的差异性是一种互补，功能背景的差异对并购绩效产生积极影响，高层管理团队成员的互补性被看作加强组织学习和降低流失率的手段。

Morosini(1998)等人对发生在1987—1992年的52家参与跨国并购的意大利企业进行调查，同时用深入访谈作为补充，结果发现，跨国文化的差异能够增强并购的绩效，主要是由于文化之间互补。Larsson和Finklestein(1999)的研究表明，组织文化主要包括组合潜力和管理风格相似度两个方面。他们通过对发生在1960—1989年的61起美国本土和跨国并购的案例调查(case survey)发现，战略、财务、组织以及人力资源方面的互补性提供了潜在的系统效应，互补交易提供了最大程度的协同潜力。另外，还有一些学者提出了组织文化差异可能对并购绩效的影响并不是那么显著，Very等人(1997)研究了文化兼容性结构，他们认为感受到的文化兼容性(Perceived Cultural Compatibility，PCC)来源于45个工作相关的价值观项目，通过对106个欧洲并购进行代表性调查(cross-sectional survey)，结果发现，本土和跨国并购在并购后绩效方面没有差异，有时甚至本土并购会更加困难，在并购过程中只是国家文化可能具备一定的积极影响作用。

无论组织文化对并购的作用如何，其在并购过程中的关键地位已经越来越得到学界和企业界的重视。我们在下一阶段的研究重点，不应该放在组织文化差异对并购绩效的积极或者消极作用的争论上，而应该放在扩充研究范畴、考虑文化认同等其他因素对并购的影响作用方面。

(三)文化差异对个体因素的影响

组织文化差异不仅对组织层面的并购绩效有影响作用，对并购双方企业的员工个体层面的心理和行为状态也有不同程度的影响。企业并购本身就会对员工产生诸多影响，尤其是并购双方企业文化的差异巨大时，这种对员工个体心理和行为的影响就会越发显著。Sinetar(1981)通过对100名并购中雇员的深入访谈，证实了员工在并购过程中会产生强烈的负面情绪反应，这些反应往往是从丧失的悲痛到感到像是失去了自己的家庭成员或者至爱开始的。

Marks和Mirvis(1992)发现，在并购中的两家计算机企业，员工害怕被解雇或者调离现有职位，缺少控制感，丧失了他们对工作角色的定位和对工作的荣誉感。这些情绪反应最终导致员工的满意度、组织承诺的下降，离职率的升高。造成这些问题的原因，主要是并购双方企业在进行并购时，普通员工大多不了解对方的组织文化，因而即使实质上文化差异不大，也会对员工造成一定程度的压力(Ashford，1988)。

此外，早在20世纪80年代就有研究表明，当被并方的员工感受到并购双方企业之间的组织文化差异时，可能会使其害怕失去对原有文化的集体认同。并购无论是对企业的普通职员还是高层管理者，都可能造成工作态度的变化和生产效率的下降(Buono et al.，1985)。Marks和Mirvis(1997)认为，不仅是由于文化差异导致员工负面情绪，还由于被并方一般都处于文化弱势，而这时处于强势地位的主并方并没有表示出对被并方充分的尊重和理解，这容易最终导致被并方员工对主并方领导者产生抵触情绪，甚至会和那些接受了新文化的同事发生冲突。由于越来越多的研究表明，并购会对员工心理造成各类负面影响，因而对此问题的应对措施的研究也应运而生。Risberg(1997)认为，在整个并购过程中，需要始终进行充分沟通交流，尤其是将双方组织文化背景差异说清后，可以避免组织文化差异可能带来的误解，更好地减轻员工的不确定性。

(四)其他因素对组织并购绩效的影响

上文已经述及，除了组织文化差异，其他因素也会对组织并购绩效产生一定的影响作用。

1. 文化认同度

Nahavandi和Malekzadeh(1988)提出了著名的组织文化整合的四种模式的理论模型，四种整合模式分别是同化(integration)模式、吸纳(assimilation)模式、分离(separation)模式和消亡(deculturation)模式。影响选择何种整合模式的因素有很多，不仅包含组织文化差异，还有主并方组织文化的吸引力(perception of the attractiveness of the acquirer)、多元容忍度(degree of multiculturalism)等因素。其中主并方的组织文化吸引力，主要是针对被并方而言，可以理解其为被并方对于主并方的组织文化认同度(organizational culture identity)，认同度不同于差异，认同和差异并非是矛盾对立的两个概念，可能存在高认同的同时高差异的情况。Nahavandi 和 Malekzadeh 认为，高组织文化吸引力的主并方适合采用通话或者吸纳的整合模式，当然，具体使用哪种模式还需要考虑其他因素。

2. 多元容忍度

多元容忍度(acquiring firm's tolerance for multiculturalism)，主要是指主并方能够容忍多种文化并行的程度。Hambrick 和 Cannella(1993)认为，Chatterjee 等人提出的容忍度是与权利剥夺相同的概念，主要是指主并方对于被并方企业决策的干预程度。按照 Nahavandi 和 Malekzadeh(1988)提出的文化整合模式理论框架，多元容忍度是一个重要组成部分。Chatterjee 等人(1992)认为，可以通过对被并方高层管理进行主观感受的问卷调查来探讨多元容忍度。问卷主要问题涉及主并方将关于战略和执行的目标强加于被并方的程度。与 Walter(1985)的观点一致，这个测量方法的基本假设是，主并方将文化转移到被并方的主要表现方式就是控制机制(control mechanisms)。关于企业多元容忍度测量问卷，是根据管理决策和控制的研究来编制的(Cray, 1984; Horovitz & Thietart, 1982)，问卷共有 23 道题目，采用 5 点量表形式(Chatterjee et al., 1992)。

Weber 等人(1996)直接采用了权利剥夺的概念进行并购中相关研究，他们的问卷主要来源于 Vancil(1979)、Goehle(1980)和 Cray(1984)的研究，用李克特量表询问被并方的高层管理者在目标设定和战略执行决策方面，哪些是由主并方团队决定的。之后，Weber 和 Hmabrick、Cannella(1993)更是自己开发了一套问卷，用来测量被并方管理者感受到主并方强加目标和决策的程度，问卷共 23 题，主要参考了管理决策和控制方面的文献(Vancil, 1979; Goehle, 1980; Cray, 1984)。问卷为 5 点量表，1 表示完全自主权(full autonomy)，3 表示与主并方一致(consensus with the buying firm's management)，5 表示完全强迫接受(full imposition)。

Very 等人(1997)在 Chatterjee 等人(1992)编制的多元容忍度问卷的基础上，又修改编制了 11 道题目进行多元容忍度调查，包括被并方公司的目标(goals)，操作和业务层的战略(operational and business level strategies)，人事工作(personnel practices)，资本投资政策(policies about major capital investments)。该问卷同样是 5 点量表，1 表示由被并方企业决定，3 表示中间水平，5表示由主并方决定。

3. 整合投入度

整合投入度(involvement of cultural integration)是指并购过程中主并方在各个方面进行整合的投入精力、财力的程度。整合投入度是并购研究中一个非常重要的变量，但同时也是以往研究中很少直接探讨的变量。试想，两个企业对于并购后投入到文化整合的财力和时间差距很大，那么结果很有可能是完全不同的。Datta(1991)简单地将并购后整合(post-acquisition integration)编制成问卷，要求被试回答企业中的各个方面，在并购中是高度整合还是低度整合。问卷采用了5点量表，5表示整合度很高(5＝very high integration)，1表示整合度很低(1＝very low integration)。此研究关注重点是并购整合程度，然后可以将并购整合高低的企业按照分数分成两部分，当作类别变量，高于3分为高分组，低于3分为低分组。

Larsson和Finkelstein(1999)提出和文化整合投入程度相似的概念——组织整合，并且编制了一套关于组织整合的问卷，其内部一致性为0.78，研究发现，整合对于协同效应的产生有重要作用。他们认为，组织文化整合(organizational integration)主要指两个企业交互合作的程度，在概念上可以分为两个部分：(1)具体操作运营上的交互(extent of operational interaction)，如结构重组等。(2)改善交互程度而做的合作努力(coordination mechanisms and structures)，主要指建立整合团队、计划等。

4. 相对组织规模

相对组织规模(relative size)具体指的是并购企业双方的规模比较。一般来说，被并方企业规模相对较小，其并购后组合潜力也较小。但是，当被并方规模过小时，并购难度反而会增大。研究表明，当被并方销售额是主并方2%以下时，并购失败率高达84%(Kitching，1967)。这可能主要是由于对小企业的并购没有得到主并方管理层的足够关注，从而无法最终实现潜在协同效应最终实现(Diven 1984)。另外，也有不少研究发现，并购双方组织规模几乎没有差异时，也会造成并购后绩效的低下(Kitching，1967；Kusewitt，1985)，这主要是由于被并方相对规模越大，对于主并方管理者来说，越难理解众多的整合需求(Shrivastava，1986；Larsson & Finkelstein，1999)。

在并购双方相对规模对并购绩效影响的研究中，对于企业相对规模

(size)，主要是采用并购年的公司净销售额，或是当年的企业的收益(revenues)或者资产(assest)、企业人数等数据。这些数据主要来源于问卷调查，其信度检查依靠档案资料获得(Kusewitt，1985；Kitching，1967；Morosini et al.，1998；Krishnan et al.，1997)。在采用问卷主观问题调查相对规模时，可以问“主并方公司与被并方相比的大概水平”，0 表示更小，3 表示 3～5 倍，6 表示 10 倍以上(Very et al.，1997；Very et al.，1996；Datt，1991)。

5. 并购时间

并购时间(age of merger)主要考察的是并购到接受调查之间的时间差距，一般以年份(year)作为考察单位(Very et al.，1997)。Morosini 等人(1998)的研究选取 1987—1991 年的并购作为其研究对象的选择标准。因为不同的年份经济状况差异会很大，尤其是在某些行业，在一些特定的年代，其绩效会特别高或者特别低。另外，由于发生在不同时期的并购到进行调查研究时的整合时间不同，企业绩效也会存在一定差异。因而，在进行并购企业相关研究时，需要考虑并购时间这一重要因素。在进行实证研究时，一般将并购到进行调查之间的时间差作为测量指标，分别用 1 年、2 年、3 年或者更长的时间来表示。

6. 并购相关度

并购相关度(merger relatedness)主要是指并购双方企业主营业务所处行业的相关性。不少前人研究都发现，相关并购绩效高于非相关并购，并购相关度对并购绩效有一定的影响作用(Lubatkin，1983；Datta，1991)。Very 等人(1997)主张，并购相关度主要采用被试主观回答的方式，通过问卷调查的方法来获得数据。对于并购相关度的提问方式各不相同，有的问卷对被并方公司组合的程度采用 5 点量表，5 表示组合度很高，1 表示组合度很低。也有的研究认为，在相同的行业是横向并购，在上游或者下游相近的行业是纵向并购，其他均为不相关并购。在做统计分析时，直接将相关度分为高相关度和低相关度组别。相关度就按照横向并购、纵向并购和不相关来分(Datt，1991)。Very 和 Lubatkin(1996)采用更加全面的方式来评价相关度，他们采用 5 点量表对被并方在下述这些方面进行提问：生产、供应资源、研发、推广、分销、服务、人事、计划、会计以及信息系统方面被并方保留的独立性程度，1～5 分别表示完全独立到完全结合，$\alpha=0.88$。但是，在此研究中，并购相关度的概念更加接近于权力剥夺。甚至还有通过二分的分类方式的提问和分析方法，如相关性与不相关，在一个领域就认为相关，不在一个领域就属于不相关，即二分的分类方式(Harrison et al.，1991；Krishnan et al.，1997)。另外，也有研究通过客观档案资料来进行分析，如果档案资料显示并购双方在一个行业，那么相关度得 1 分，如果显示没有在一个行业，相关度得 0 分(Morosini et al.，1998)。

7. 并购前绩效

将并购前主并方绩效作为考察影响并购后绩效影响因素的研究并不多，但是，大量的研究表明，并购前的绩效表现(acquiring firm prior organizational performance)对并购后是有影响的(Wiersema & Bantel，1992)。Krishna 等人(1997)将并购前主并方绩效视作并购前三年主并方的平均 ROA，其他学者也大多采用并购前的财务数据作为并购前绩效。虽然在纵向研究中前测变量是非常关键的，但是在关于并购中组织文化的相关研究中，不少学者在对于并购后提问财务绩效时，直接提问的方式就是相对并购之前的绩效是进步还是退步，因而没有很大的必要去进行财务绩效的前测。

(五)并购中组织文化整合研究

以上诸多研究已经证实，并购整合过程中的文化因素有助于解释许多并购失败的关键问题。虽然承认文化不匹配是导致并购失败的一个重要因素，但探讨文化在并购整合过程中支撑作用的研究文献却相对较少。更为关键的是，现今只有少数学者关注了需要采取哪些努力和举措来改善文化整合的效果，并且这些措施基本都是根据企业实践经验所得，同时更加缺乏的是能够通过实证检验的较为系统的文化整合模式。组织文化差异导致并购绩效产生好坏各异的结果，因此不能直接提供管理文化整合的框架(Stahl et al.，2004；Brock，2005)。没有两家公司会共享相同的组织文化，因为每个公司的文化是因其独特的成员、共同的历史和经验所形成。因此，所有并购都将面临文化整合的问题，如何有效地进行管理整合以避免文化冲突，成为至关重要的研究课题。

1. 经验所得的整合措施

目前，对于并购中应该如何进行系统的组织文化整合体系的研究并不多，更多的是学者和企业管理者根据经验而提出的文化整合措施，可以分为以下几种：

第一，组建专门的文化整合团队。小组一般由双方多个职能部门且有企业文化管理经验和影响力的人员组成，也有从社会上聘请相关专家。小组成员首先接受组织文化的基本概念、资料收集技术和沟通技巧等方面的训练。组建专业的文化整合团队，旨在提高整合的效率和专业化管理水平，如美国通用电器公司在兼并之初就任命“文化整合经理”，专门负责有关文化整合的工作(刘翌，2000；廖冰、纪晓丽，2004；Appelbaum et al.，2000)。

第二，进行文化宣传的沟通交流。沟通的核心是通过谈话等交流方式，共享双方的目标，增进组织双方的了解和信任(Bijlsma-Frankema，2001)。这里，特别需要并购双方在沟通中保持真诚、公开的态度(Appelbaum et al.，2000)。交流内容不限于双方组织文化的表面现象，即组织是如何运作的，更需要交流运作的目的，这是因为，相似的运作方式背后的目的有时候是截然不同的，这才是最具有交流价值的内容(Mrivis & Marks，1992)。此外，沟通的途径也应该是丰富多样的，如团队会议、电话、谈话、传真和电子邮件等方式均可以采用。同样，宣传组织文化的方式也应该是多样化的，如举办各种双方组织参与的非正式活动，开展技术竞赛，定期举办说明会或研讨会；分发说明公司哲学、工作流程的宣传小手册；甚至可以通过各种社会媒体来宣传员工的精神面貌，以强化企业价值观(郭庆然，2007；奚玉芹、金永红，2007)。

第三，建立有助于文化整合的企业机制。将企业价值观、道德规范、行为准则等企业文化内容在制度、规章、文件、纪律中加以体现。建立与文化相匹配的招聘选拔、绩效考核、激励惩罚等机制。在并购初期可以建立组织间的关键岗位管理者轮换制度，以此在双方组织间建立沟通桥梁，在实践工作中增进了解，促进文化融合，减少因文化差异所带来的潜在风险(Lodorfos & Boateng，2006；赵曙明、张捷，2005；吴战波、邓胜德，2008)。

2. 双向预览整合概念

在经验总结的整合措施中不难发现，其核心内容都是围绕沟通而展开。但是，一方面这些沟通措施缺少系统的理论框架，也缺乏有力的实证检验；另一方面在企业实际并购过程中，主并方公司多将自己视为主宰方，容易忽略被并方，对被并方实施单向的组织文化输出，主观认为这样就能够达到组织文化整合效果，实际上结果往往不尽如人意。因而，鉴于上述诸多问题，需要引入“双向组织文化预览”的概念，将双向组织文化预览用于并购后的文化整合，并且已经通过实验室研究初步检验了其有效性。

在西方理论界，预览的最初概念源于真实工作预览（Realistic Job Preview）。Schweiger 和 DeNisi（1991）根据真实工作预览的概念（Wanous，1973）提出了真实并购预览（Realistic Merger Preview，RMP），主要是指企业刚刚宣布并购消息后，一个提供企业间员工真实信息沟通交流的项目。Schweiger 和 DeNisi 在一家实际并购企业中进行纵向追踪研究，验证了真实并购预览的有效性。他们的研究发现，真实并购预览对于减轻并购中员工的压力、提高工作满意度和组织承诺有积极作用，能有效地降低员工由于并购所带来的不适应。虽然真实并购预览的提出具有较高的创新性，但是，真实并购预览的概念过于庞大，具体操作复杂，鉴于组织文化在并购中的关键作用，需要界定“组织文化预览”这一概念。

需要特别指出的是，双向预览和传统意义上的沟通存在一定的差异。首先，最主要地体现在时间的预先性和及时性。一般意义上并购中的沟通，并没有限定需要在哪个特定时间进行，而预览主要是指在并购交易完成之后，在正式开始整合之前，主并方主动及时地通过各种途径，如宣讲、影音资料、非正式的会务活动等进行充分互动交流，以便并购企业双方充分了解对方的组织文化全貌和核心内容。其次，体现在双向性方面，一般的交流虽然也是双方的，但是在并购中基本上都是以主并方将自己的组织文化与被并方交流，而双向预览是在上述交流的基础上，同时让被并方将其组织文化共享给主并方。

第三节 研究问题的提出

以上已经对并购的定义和基本理论、组织文化的定义内容、评估方式、对企业绩效和对并购绩效的影响，以及并购中组织文化整合方式进行了较为系统的梳理。在此基础上，本研究提出如下四点关键问题。

问题一：如何探索出适用于中国企业并购情境下的组织文化特征和结构？

问题二：如何结合财务绩效以及协同效应，同时兼顾并购过程中的组织心理行为指标，探索出一套并购有效性评价体系？

问题三：组织文化对并购有效性究竟会产生怎样的影响作用？除了组织文化差异，组织文化内还有哪些因素对并购有效性有影响？

问题四：如何根据组织文化对并购有效性影响机制进行有效的组织文化整合？

第 二 章

组织文化结构和并购有效性指标的探索

第一节 组织文化结构的探索

一、研究目标

本研究旨在通过对企业组织文化结构的探索性研究，发现中国企业并购情境下的组织文化内容特征和结构，为编制相应的组织文化调查问卷做准备。其中，在揭示我国企业组织文化内容的普遍性和独特性方面，本研究重点吸取了Denison编制的OCQ的质化研究方式，在探索组织文化指标结构方面，重点借鉴了Quinn的竞争价值框架(CVF)所采用的多维尺度分析方法，试图探索出适合中国特色的问卷结构。

二、研究内容和方法

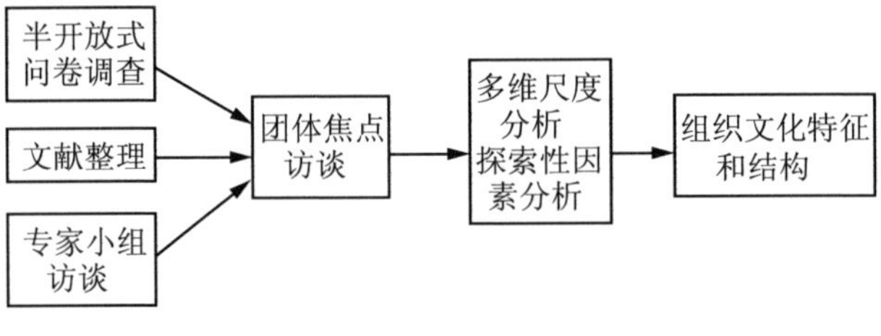

图 2-1 我国企业组织文化问卷编制说明

具体方法和步骤如下：

(1)系统梳理中外理论界关于组织文化结构和测量问卷的研究成果，对问卷测量的维度和指标进行归纳总结，辨析出初始文化指标纲要，并且根据原始问卷的定义，对每个指标标注解释，通过文献整理，最后归纳出 27 个文化指标。

(2)以上述 27 个文化指标为核心，编制半开放式问卷。问卷首先对于组织文化给予了明确的定义，同时设置两道开放式问题，第一题：您认为中国企业的组织文化包含了哪些要素？第二题：就您的并购经历，您认为企业在并购阶段最强调的文化要素是什么？最后，根据总结的 27 个指标，询问参与者这些指标在中国企业并购中的重要性程度，还有哪些指标可以补充。重要性程度用 5 点量表打分，1 表示非常不重要，5 表示非常重要。

(3)选取数十名经历过并购行为的企业高层管理者作为被试，完成半开放式问卷，之后分小组进行访谈。这些被试均为企业高管，分属不同行业，来自不同企业，所在企业都进行过企业并购。访谈的目的在于，将问题聚焦于企业文化指标，以及并购情境下的文化指标和结构。

(4)根据半开放式问卷，结合访谈内容，统计分析得出文化指标重要性程度，并且根据被试补充的文化指标的频次，整理出新的文化指标提纲。

(5)根据文化指标提纲，进行两组团体焦点访谈，访谈对象共 16 名，均为企业管理方面的专家，具有多年企业高层管理经验。对步骤二整理出的文化指标纲要进行进一步筛选。剔除的标准主要包括四个方面：①该指标不能反映组织的有效性；②该指标不是在组织层面进行的分析；③该指标包含了多个意思；④该指标只是组织的一种绩效。

(6)对于最后确定的文化指标进行多维尺度分析。在本研究中，共有 12 名被试参与了中国企业文化指标的多维尺度分析，被试大多具有管理学和心理学博士学位，多为企业中高层管理者，被试具有较好的代表性。

(7)对 16 家企业 449 名被试进行文化指标的探索性因素分析，进一步探索指标的维度划分。

三、研究结果

(一)归纳整理文化指标

1. 半开放式问卷的调查结果

调查共选取54家企业中高层管理者，其中高层管理者占55.3%，中层管理者占44.7%，本研究中选取的这些中高层管理者都有并购工作经历，国有企业占32.5%，私企占30%，外企占17.5%，合资企业占2.5%，其他类型的组织占17.5%；组织规模在16～50人的占13.2%，51～100人的占5.3%，101～500人的占31.5%，500人以上的占50%。

首先，着重对问卷中的三道题项进行文字整理和数据统计。其中第一、第二道题为开放题。通过回收问卷，整理每名被试回答的内容，进行文本编码，整理归纳成各项文化要素，之后对每一项文化要素进行频次统计，最后对频次的多少进行排序，取排序数值前三分之二的文化指标为下一步研究做准备，重点分析原本编制设计调查问卷时忽略的一些文化指标。

然后，以5点量表的形式，采用描述性统计方法，统计各项文化要素重要性得分及标准差，平均分一个标准差以下的指标将会被删除，其余将被保留。

表2-1 企业的组织文化包含指标(开放式问题回答频次)

文化要素	频次	排序	文化要素	频次	排序
领导风格	18	1	模范榜样	5	19
价值观	15	2	伦理道德	5	19
人际关系	14	3	企业愿景	5	19
权力关系	14	3	***评估与晋升***	4	25
组织结构	13	5	***共同语言***	3	26
学习创新	13	5	***关系***	2	27
绩效薪酬	13	5	***决策方式***	2	27
战略重点	11	8	***企业历史和背景***	2	27
社会责任	10	9	***员工互助***	2	27
使命目标	9	10	***利益相关者***	1	31
内部环境	8	11	***认同感***	1	31
客户市场	8	11	***娱乐休假***	1	31

续表

文化要素	频次	排序	文化要素	频次	排序
业务流程	6	13	***归属感***	1	31
激励机制	6	13	***政治理念***	1	31
企业规章	6	13	***成功标准***	1	31
信息传递(沟通)	6	13	***时间观念***	1	31
培训和职业发展	6	13	***典礼仪式***	1	31
凝聚力	6	13	***舆论氛围***	1	31
包容度	5	19	***例外事件的处理***	1	31
行为准则	5	19	***人的本质认识***	1	31
团队建设	5	19			

由表 2-1 可知，排序在 19 位以后的题项属于排序在三分之二后的指标，可以剔除、不考虑(斜黑体字)，19 位之前包括 19 位的指标需要保留，进一步探讨。在保留的题项中，“价值观”“内部环境”“激励机制”和“企业规章”都属于原问卷中没有涉及的文化指标，是由被试补充填写的内容。

表 2-2　并购阶段强调的文化指标(开放式问题回答频次)

并购中文化要素	频次	排序	并购中文化要素	频次	排序
信息传递(沟通)	13	1	***业务流程***	3	19
战略重点	11	2	***评估与晋升***	3	19
薪酬绩效	10	3	***归属感***	2	21
凝聚力	9	4	***决策方式***	2	21
价值观	8	5	***员工管理***	2	21
权力关系	8	5	***激励机制***	2	21
组织结构	7	7	***行为准则***	2	21
公平感	6	8	***岗位责任***	1	26
企业愿景	6	8	***开放度***	1	26
包容度	5	10	***透明度***	1	26
人际关系	5	10	***员工安全感***	1	26
团队建设	5	10	***员工互助***	1	26

续表

并购中文化要素	频次	排序	并购中文化要素	频次	排序
使命目标	4	13	***企业背景***	1	26
培训与职业发展	4	13	***人员结构(教育背景、年龄、性别)***	1	26
领导风格	4	13	***共同语言***	1	26
创新与学习	4	13	***财务管理***	1	26
员工管理	4	13	***内部环境***	1	26
企业规章	4	13	***客户市场***	1	26

同表 2-1 分析方法一样，根据频次所得的排序在三分之二之后的，被剔除(斜黑体字)，其余的将被保留，进行下一步的精练。如表 2-2 所示，排序在 13 位包括 13 位之前的文化要素均予以保留。

表 2-3 文化指标的重要程度的评估结果

题目	得分	排序	题目	得分	排序
战略重点	4.3774	1	树立的模范榜样	3.7358	15
组织凝聚力	4.2642	2	企业流程	3.7308	16
领导风格	4.1698	3	职业发展	3.7170	17
客户市场	4.1321	4	成功标准	3.6792	18
学习与创新	4.1132	5	财务管理	3.6604	19
评估和晋升	4.0385	6	共同语言	3.6226	20
组织结构	4.0000	7	社会责任	3.3774	21
绩效薪酬	3.9811	8	***设备、技术的使用***	3.3208	22
权力关系	3.9434	9	***修正纠错系统***	3.2885	23
人际关系	3.9057	10	***礼节仪式***	3.1698	24
决策方式	3.8846	11	***生产办公环境***	3.0755	25
员工管理	3.8627	12	***会议制度***	2.9811	26
信息传递	3.8302	13	***衣着服饰***	2.9245	27
未来期望	3.8269	14			

表 2-3 中，各个指标重要性得分的平均值为 3.726，标准差为 0.394，平

均分一个标准差以下的得分为 3.332，即排名在 21 位以下的指标需要被剔除(斜黑体字)，其他指标保留，进一步精练。

将表 2-1 和表 2-2 保留的文化指标与表 2-3 最终筛选的指标进行对比补充，供之后的团体焦点访谈编制访谈提纲使用。

2. 小组访谈的结果

第一，组织文化分成个体和组织两个层面。对个体而言，最重要的是激励机制(晋升、培训等)、领导风格。对组织而言，最重要的是核心团队风格(创业初期团队)、价值观等因素，另外，性别比例、文化程度、年龄比例都包括在内。

第二，中国企业有较强包容度，这一点从另一个角度理解就是一种和谐，可以包容多样性，而不产生冲突，中国传统企业非常强调“以和为贵”，企业内部团结一致，出现问题时尽量避免冲突升级。

第三，现在中国处于转型期，有自身的一些特色，如近期特别关注社会责任，许多企业都将社会责任写入了自己的企业文化中，社会责任可能是这个阶段企业需要着重关注的文化指标，但是，究竟在企业组织文化中的核心地位有多高，还有待进一步验证探索。

第四，中国企业可能会比较关注政治因素，尤其是政治文化制度。在国企中这一点更加明显，这与国家政治体制有关。我国社会经济走势经常会受到政策性的宏观调控影响，企业需要时刻关注政策导向和政治变革趋势。

第五，中国企业更多的是领导具有决策权，这一点显得尤其突出。往往是一个企业领导统领企业内大小一切事务，这与历来强调集权相关。因此，在不少企业中，合理授权做得较差，企业管理者不知如何授权，大小事务亲力亲为，对企业成长未必有利。

第六，中国企业文化中有一点是相当重要的，就是“关系”，虽然可以将之划入人际关系中，但是，在进行具体探讨的时候，想要将其中国特点说清是有难度的，因为对“关系”并没有明确的概念界定。

第七，中国企业强调公平制度，将组织公平这一问题看得很重，这一点也可能与社会责任一样，是因为处于转型期的中国企业很多方面发展得不是很完善，尤其是员工公平，这是一个需要亟待加强的文化指标，因而格外受到重视。

综上所述，有两类文化指标是本研究小组访谈中集中反馈的要点：第一类是中国传统文化中所注重的内容，如和谐包容、关系、政治等；第二类是由于中国处于高速发展的社会经济转型时期，逐步引起企业关注的内容，如社会责任、组织公平等。

3. 团体焦点访谈结果

根据半开放式问卷和小组讨论的分析结果，本研究编制了新的并购中文化指标的纲要，同时对每一项文化指标都做了注释(如表 2-4 所示)，针对文化指标纲要，根据上文所述及的四条筛选标准，又进行了一轮团体焦点访谈，参与团体焦点访谈的 16 名对象，大多具有管理学或心理学博士学位，或者是企业高管。

表 2-4　组织文化指标纲要

标号	文化指标	注释
1	企业愿景	对企业前景和发展方向的一个高度概括的描述，是一幅前景，能够指引员工前进的理想
2	核心价值观	企业在经营过程中坚持不懈的，努力使全体员工都必须信奉的信条，既是解决企业在发展中如何处理内外矛盾的一系列准则，也是企业表明如何生存的主张
3	社会责任	企业在其商业运作里对其利害关系人应负的责任
4	组织学习	企业能够正确地接收和解释周围环境中的信息，并能利用这些信息，将其转化为鼓励创新、获取知识和发展能力的机会
5	创新变革	企业注重创新，支持变革
6	组织凝聚力	组织对每个成员的吸引力和向心力，以及组织成员之间相互依存、相互协调、相互团结的程度和力量
7	薪酬管理	一个组织针对所有员工所提供的服务来确定他们应当得到的报酬总额以及报酬结构和报酬形式的一个过程
8	组织结构	组织对于工作任务如何进行分工、分组和协调合作，主要包含单位、部门和岗位的设置以及之间关系的界定
9	授权	企业中的个人有一定的权力、主动性和处理自己工作的能力，员工相信自己为企业做出了贡献

续表

标号	文化指标	注释
10	战略导向	愿景的核心，从本质上讲，它是公司毕生的追求，是将企业行为导向最终用户的利益和需求
11	人际关系	在企业的生产或生活活动过程中所建立的一种社会关系
12	信息传递	为了一个设定的目标，把信息、思想和情感，在个人或群体间传递，并且达成共同协议的过程
13	能力发展	组织对企业人力资源进行的知识、能力和技术的发展性培训、教育等活动
14	企业规章	由企业有权部门制定的以书面形式表达的并以一定方式公示的非针对个别事务的处理的规范
15	关注客户	企业关注且了解客户的需求，并能预期客户将来的需求
16	团队建设	一种为达到既定目标所显现出来的自愿合作和协同努力的精神
17	目标	实现企业宗旨所要达到的预期成果，是能够通过努力实现的规划
18	包容度	企业对员工犯错的容纳程度及相对的措施
19	员工管理	管理者对员工进行管理的模式，设计范围包括授权、协作参与等各个方面
20	业务流程	跨越时间和空间的有序的工作活动，它有起点和终点，并有明确的输入和输出。合理的服务流程可以使服务系统的运作更经济，并形成较为统一的一致性质量
21	领导风格	领导者对被领导者的习惯化影响方式

通过对上述每条指标逐一筛选，最终确定文化指标共 12 个，分别是组织授权、个体发展、员工关爱、领导垂范、大局意识、部门协作、持续变革、关注客户、组织学习、战略导向、愿景激励和社会责任。同时，通过访谈对上述 12 个组织文化指标的解释进行了细致的修改。

(二)分析组织文化指标的空间结构

针对上述 12 个文化指标，编制文化指标相似性问卷，逐一询问每一个组织文化指标与其余 11 个文化指标的相似程度。本研究对 12 名拥有管理学和心理学方面组织文化研究及实际管理工作经验的访谈对象进行了问卷施测，采用维度尺度分析来处理文化指标相似性问卷数据，通过 SPSS 软件中多维尺度分析的 ALSCAL 方法，具体采用了考虑评价者个体差异的 MDS 模型进行分析。通过二维拟合，结果发现 RSQ＝0.72，Stress＝0.21，总的来说，模型的解释程度较好。

表 2-5　两个维度的解释量

Subject Number	Weirdness	Dimension	
		1	2
1	0.1371	0.6148	0.6508
2	0.0072	0.5409	0.4661
3	0.0797	0.6589	0.6365
4	0.0739	0.6027	0.4571
5	0.0288	0.7216	0.5876
6	0.2065	0.6149	0.7288
7	0.1007	0.7507	0.5457
8	0.2598	0.7488	0.4192
9	0.0638	0.5777	0.4452
10	0.0733	0.5735	0.5484
11	0.0139	0.5344	0.4654
12	0.0406	0.7400	0.5915
Overall importance of each dimension		0.4156	0.3058

由表 2-5 可知，对于每个个体而言，它在模型中的权重大小，以及每一个维度的重要性，最终对两个维度的总体重要性是通过每个个体的维度重要性平均而来。在本研究中，维度 1 携带了原始信息的 41.56%，而维度 2 携带了信息量的 30.58%，两者相加整合为总模型的决定系数为 72.14%。

由图 2-2 可以看出，从空间距离来看，12 个文化指标分布在两维模型的四个象限中。如图 2-3 所示，大局意识、部门协作、价值引领分布在同一象限；个性关怀、组织授权、能力发展分布在同一象限；社会责任、愿景激励、战略导向分布在同一象限；关注客户、组织学习、变革创新分布在同一象限。

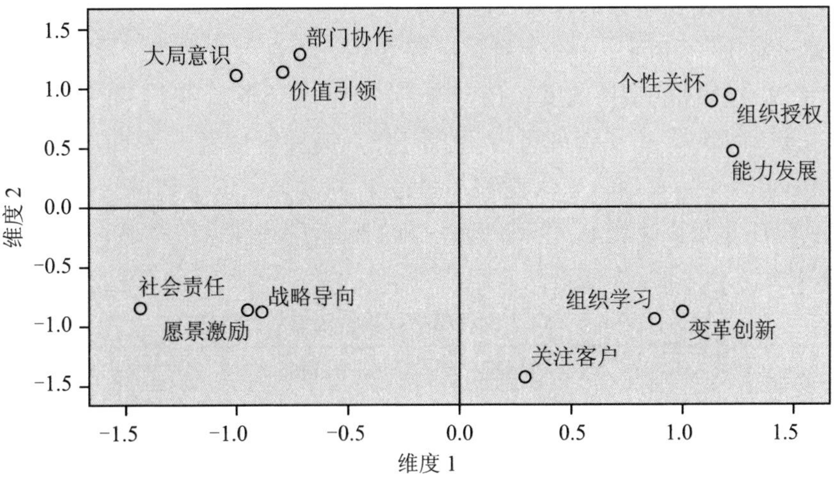

图 2-2　文化指标的空间定位图

借鉴竞争价值框架模型(CVF)，可将两个坐标维度理解为内部/外部和稳定/灵活。此模型中，价值引领、个性关怀、社会责任是本研究发现的特有的适合中国企业并购情境的文化指标。

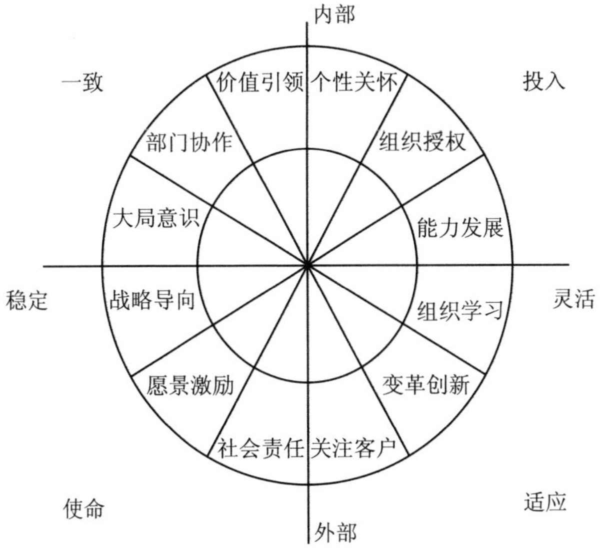

图 2-3　组织文化指标结构图

(三)组织文化指标的探索性因素分析

通过对16家企业、449名被试的问卷调查，进一步探索了之前研究确定的12个文化指标的结构效度。在全体被试中，普通职员占了33.4%，基层管理者占了31.8%，中层管理者占了28.5%，高层管理者占了6.2%；教育背景高中及以下占了9.1%，大专和本科占了81.6%，硕士和博士占了9.3%；工作经验在5年以下的占了29.9%，5～15年的占了41%，15年以上的占了29.1%。

表 2-6 12个文化指标探索性因素分析结果

指标	因素			
	1	2	3	4
组织授权	0.798			
个性关怀	0.694			
能力发展	0.746			
组织学习		0.536		
关注客户		0.807		
变革创新		0.738		
大局意识			0.695	
部门协作			0.716	
价值引领			0.758	
战略导向				0.643
愿景激励				0.788
社会责任				0.664

最后，通过对12个文化指标进行探索性因素分析，结果如表2-6所示，与之前进行的多维尺度分析结果一致，12个指标可以划分为四个因素。不过，如果要将这套指标和结构编制成为成熟的调查工具，还需要深入企业各个层级的员工和管理者，了解每个指标具体的表现形式，编制成内容更加丰富的调查工具。

四、分析讨论

(一)组织文化指标的结构

多维尺度分析(Multidimensional Scaling，MDS)是基于研究现象之间的相似性或距离，将研究对象在一个低维(一般为二至三维)的空间形象地表示出来，进行聚类或者维度内含分析的一种图示法。多维尺度分析最早产生于心理度量分析，在并购的许多领域中得到了广泛应用。作为一个分析方法，多维尺度分析最主要的作用就是降维，同时能够挖掘指标的空间分布情况，从而说明不同指标之间的相关联系。经典的竞争价值框架模型就是 Quinn 根据 Campell 的企业有效性指标，通过多维尺度分析而获得的(张文彤、董伟，2006)。

本研究最终确认组织文化的方法，同样采用了多维尺度分析，其最主要的优点在于可以用较少的被试来对项目进行降维，当然，前提是被试需要对此领域有较深入的研究和丰富的实践经验。因而，本研究所选取的调查对象，均为在此领域的学术专家或者企业的高层管理者，通过调查和访谈所得的 12 个文化指标，在进行多维尺度分析后，最终分为四个方面，分布在二维模型的四个象限中，坐标轴可以用竞争价值框架来解释。最终的 12 个指标可以归入四个方面的文化特质，对于文化特质的命名和解释，同样借鉴了 Denison 的研究成果。但是分析发现，其结果在具体指标内容上与 Denison 的 OCQ 还是存在一定的差异。个性关怀、组织授权和能力发展归入“投入”这一文化特质，表示组织内部和灵活的文化内涵；组织学习、变革创新和关注客户归入“适应”这一文化特质，表示组织外部和灵活的文化内涵；价值引领、部门协作和大局意识归入“一致”这一文化特质，表示组织内部和稳定的文化内涵；战略导向、愿景激励和社会责任归入“使命”这一文化特质，表示组织外部和稳定的文化内涵。

上述四种文化特质包括的 12 个文化指标，主要是针对中国企业并购情境下的组织文化内容特征和结构特点，今后，在对实际并购企业进行尽职调查或者并购整合时，还需进一步通过质化研究方法，获得每个指标的突出表现形式，整理编制成相应的组织文化调查问卷，并且通过预测和修改，确定最终的成熟问卷。

中国企业并购情境下组织文化特征和结构探索，一方面，为组织文化对并购有效性影响机制研究提供了组织文化方面的指标依据；另一方面，也为今后编制成熟的并购中组织文化尽职调查问卷打下了坚实的基础。

(二)中国文化背景和并购情境的体现

总的来说，本研究通过多维尺度分析，所得到的 12 个文化指标的空间结构基本可以纳入竞争价值框架，符合研究之初的预期。与 Denison 的 OCQ 问卷相比，部分指标如价值引领、个性关怀、社会责任，更适用于中国企业并购情境下的组织文化测度。

价值引领是指组织中的为全员共享理解的一套核心价值观，不仅是员工行动的准则，更是企业领导经营的基石。价值引领是企业中稳定和内部的组织文化，是最难轻易改变的文化内容。Hofestede 认为，核心价值观是组织文化的内核，这与 Schein 所提出的基本假设非常相似，这是组织文化中最重要的内容。在并购过程中，这一点显得格外重要。一方面，它关系到并购之前主并方是否最终选择被并方；另一方面，它也关系到并购之后被并方能否尽快融入主并方。价值引领之所以更适合并购情境，主要是由于并购中的文化整合，需要由此文化指标展开，扩展到其他各个方面的组织文化整合。

个性关怀是指组织关心员工工作、家庭等方面的物质和情感的需求，充分考虑员工的个人情况，给予帮助和关怀。中国的企业管理者对于员工的关心关怀，往往是超出普通的工作范围。举例来说，一般国外企业管理者很少会去主动询问员工的家庭情况，而在中国不少国有企业中，新员工入职后，大多数领导都较为关心员工的家庭情况和生活现状，这会让新员工感受到组织的温暖。同时，新员工在家庭或者个人方面上遇到困惑或者难题，如果愿意和领导交流，则会让领导感受到员工把自己当作长辈一般的尊重和信任。个性关怀这一指标与我国香港学者樊景立和我国台湾学者郑伯埙共同提出的“家长式领导的仁慈”这一维度的内容比较相似。樊景立与郑伯埙在回顾了 Silin(1976)以来的所有研究结论之后，提出“家长式领导”这一概念。“家长式领导”包含三个重要维度：威权、仁慈和德行领导。其中，仁慈主要是指领导者的领导行为对下属表现出个性化，关心下属个人或其家庭成员。对于个性关怀，在中国文化背景下，大多数时候是视为上级对员工的一种福祉，领导既关心员工的工作，也会考虑到员工的职业发展、家庭生活等因素，在中国不少企业中员工还是认同这样的领导方式的。但是，随着现代社会对民主和自由理念的加深，即使在华人世界，个性关怀这种方式对于崇尚自由、强调个人隐私权利的个体或者企业来说，可能反而导致反感。尤其是当中国企业走向世界、兼并海外企业时，这一点也需要进行适度的调整和改进。

社会责任是指组织在创造利润的同时，倡导对环境、社会和员工的责任，遵守商业道德，保护消费者利益和环境资源。通过三聚氰胺、苏丹红、洗虾粉等一系列事件，社会责任受到了企业管理者越来越多的重视，这也是现代企业进步的一种标志。但是，中国企业对于社会责任的重视，是仅仅停留在宣传和口头上还是落实到了实处，还有待更多的时间来验证。本研究在后续的各项子研究中，将对“社会责任”这一文化指标进行更加深入的探讨。

第二节　并购有效性指标的构建研究

一、研究目标

并购有效性指标的构建研究具有很强的理论探索意义和较强的实践应用价值。理论探索意义方面，中西方学者在进行并购有效性研究时，较多地将精力放在基于行业特点的研究，缺乏全面的系统性的专门研究成果和发现。实践应用价值方面，近年来，我国企业之间的并购不论是在交易额还是交易数量上，都有爆发式的增长，许多实施并购的企业在实践应用层面上亟待学术界研究开发出一套有应用价值的并购有效性指标体系，用以衡量并购效果。

本研究旨在探索明晰组织文化对企业并购有效性的影响机制，因此，前提条件是构建出并购有效性评价指标体系。然而，国内外在这一领域的研究成果还大多停留在财务数据指标层面，即收入增长、利润增长等方面，他们的研究过程要么忽略了并购过程中管理、经营等方面的内容，要么忽略了并购过程中个体层面的一些心理和行为指标，而这些指标却是评价并购有效性的有价值的指标。综合以上，本研究在结合已有理论和实证研究成果的基础上，探索构建并购有效性测度指标体系。

二、研究内容和方法

本研究主要采用专家小组访谈法和问卷调查法两种方法，进行两轮访谈和问卷调查，将两种方法有机结合运用。

(一)研究内容

基于中西方大量文献回顾，分析出并购有效性框架、维度和初始指标细目。为了探索出用以评价中国企业并购有效性的合适指标，本研究运用专家小组访谈法，选取15位来自理论界和实务界的理论学者和行业专家进行集体访谈研讨，使之有效地收敛到并购有效性初始指标。这些专家拥有扎实深厚的理论涵养和多年从事高管领导工作、企业战略规划工作的宝贵经验，接受全球著名咨询公司行业咨询师访谈和为下属多家企业提供咨询和实践方案的双重经验，对具体行业有多年持续性关注研究和实际操作经验体会，因此，本研究选取的访谈对象具有很好的代表性。

（二）研究方法

专家小组访谈过程如下：

（1）访谈主持人将“并购有效性初始指标”表发放给参与访谈的15位理论学者和行业专家，并就其中一些可能引起歧义的用语进行了预先沟通性解释。

（2）对于“并购有效性初始指标”表中各项指标，划分为A、B、C、D四档，主持人让各位参与访谈的专家采取背靠背方式，为各项指标进行归档打分。

（3）各位专家归档打分完毕，在主持人的主持下，各位专家就各项指标逐一进行集体讨论、建设性和批评性研讨，交流各自的看法和观点，依据“最终大多数专家取得一致的指标纳入、未能取得大多数一致的指标舍弃”的原则进行指标的遴选，从而遴选出并购有效性的第一轮指标。

（4）在第一轮专家访谈的基础上，再次对参与第一轮访谈的专家进行团体焦点访谈（Focus Group Interview），初步遴选出修正后的第二轮并购有效性指标。基于团体焦点访谈结果，进行指标精减，在此基础上开发出并购有效性指标调查问卷。通过对24家企业高层管理人员进行并购有效性指标问卷调查，进行统计分析，删除得分在均值一个标准差以下的指标。

（5）从参与过第一轮访谈的理论学者和行业专家中选取8名专家进行团体焦点访谈，8名专家均为管理学或心理学博士，对并购有较为丰富的理论研究和从业实践经验。通过团体焦点访谈，最终修正指标体系，构建企业并购有效性指标体系。

上述研究过程如图2-4所示。

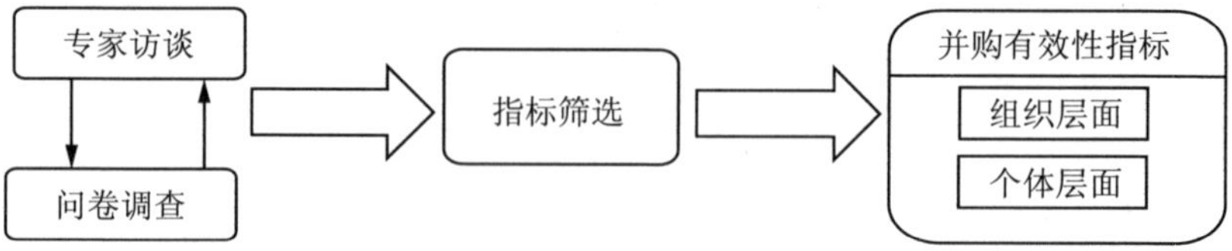

图2-4 并购有效性指标体系构建方法

(三)研究结果

1. 并购有效性初始指标

本研究提出，并购有效性指标可以分为组织层面和个体层面两个层面，其中组织层面又细分为并购协同效应和并购财务绩效指标两个子项，在此基础上，构建了“并购有效性初始指标”表，如表 2-7 所示。

表 2-7　并购有效性初始指标

			指标	备选题项
组织层面	并购协同效应	经营协同效应	规模经济带来的固定成本摊薄	生产成本(生产费用)降低，如厂房、设备折旧、生产人员工资变幅等
				采购成本(采购费用)降低
			销售力量合并、规模扩张带来的费用节约	销售成本(销售费用)降低：销售机构合并；销售人员精减；广告支出摊薄
				进入新市场增加的销量
			交易费用节约	搜寻目标和价格的成本降低
				合同签约成本降低
				收取货款成本降低
				广告成本降低
			市场领导地位增强带来的定价支配能力提高	
			市场力量的增强带来的竞争成本降低	产品差异性
				进入壁垒
				市场份额
			相关产品或服务之间投入要素共享带来的成本节约	能源、热力重复利用
				人才、技术、信息系统共享
			客户集成服务能力的提升	
			市场开拓能力的提升	
			库存管理成本、资金占用的降低	

续表

			指标	备选题项
组织层面	并购协同效应	管理协同效应	组织管理经验的传承提升	一般管理经验
				行业专属管理经验
				非管理性质的劳动投入要素领域
			组织资本	一般管理能力
				行业专属管理能力
				非管理的人力资本
			目标公司管理技能、水平和效率的提升	
			管理费用的节省	组织机构合并
				管理人员精减
		技术协同效应	利用主并公司品牌和商誉提升的目标公司销售额	主并公司品牌自身实力
				目标公司对品牌的支撑能力
				行业相关性
			主并公司先进企业文化的传播(扩散、渗透、同化)对目标公司的内部凝聚力和外部辐射力	主并公司的文化内涵
				并购双方的文化差异
			核心竞争力培育	
			技术价值和生命周期	
			技术匹配和融合能力	
			技术扩散与创新	将一个公司的“现有专有技术”(包括研发)移植到了另一个公司
				从公司之间的互动中创造“新的专有技术”从而使公司业务运营更加有效
		财务协同效应	“共同保险”效应带来的公司举债能力增强	杠杆率提高
				税赋责任减少
				目标公司可享受较低贷款利率
			内部资金替代外部资金带来的加权资本成本下降	

续表

			指标	备选题项
组织层面	并购协同效应	财务协同效应	证券发行与交易成本的规模经济	债券发行利率降低
				股东要求的风险回报率降低
				发行证券的固定成本摊薄
			利用经营亏损递延	合理避税
	并购财务绩效指标		偿债能力	流动比率
				速动比率
				股东权益比率
			资产管理能力	应收账款周转率
				存货周转率
				总资产周转率
			盈利能力	主营业务利润率
				净资产收益率(ROE)
				每股收益
				总资产利润率
			成长性	主营业务收入增长率
				净利润增长率
				总资产扩张率
				资产回报率(ROA)
				每股现金流量
				资产负债表
				销售净利润率
				总资产报酬率
				销售回报率(ROS)
				营运现金流
			已有并购研究中可以进行主观判断的财务指标	主营收入
				销售增长
				市场占有率

续表

			指标	备选题项
个体层面			员工满意度	
			员工离职意向	
			工作投入	
			工作倦怠	
			组织承诺	
			个体工作绩效	

2. 并购有效性指标收敛过程与结果

(1)第一轮专家访谈法收敛结果。

15位来自理论界和实务界的理论学者和行业专家采用集体访谈研讨的方式，对“并购有效性初始指标”表中的各项指标进行第一轮收敛。

经营协同效应方面，在访谈中，多数专家学者提出并一致同意：“交易费用节约”指标下的“搜寻目标和价格的成本降低”题项应该与“销售费用”题项进行合并；其他三个题项“合同签约成本降低、收取货款成本降低、广告成本降低”影响程度较小，应该剔除。“销售力量合并、规模扩张带来的费用节约”指标下的“进入新市场增加的销量”题项与“财务指标”中的“主营业务增长率”重复，应该合并。“市场力量的增强带来的竞争成本降低”指标下的“产品差异性”题项应该删除。“库存管理成本、资金占用的降低”应该删除。同时，增加“行业影响力”“渠道协同”和“产业链布局拓展与上下游链条协同”三个指标。

管理协同效应方面，在访谈中，多数专家学者提出并一致同意：删除“组织管理经验的传承提升”指标下的“一般管理经验”和“非管理性质的劳动投入要素领域”两个题项，重点突出“行业专属管理经验”题项；删除“组织资本”下的“一般管理能力”和“非管理的人力资本”题项，重点突出“行业专属管理能力”题项，大多数专家重点探讨了“专属行业管理能力和经验”，一致认为它是企业并购中最为重要的，主并方所倚重的，也是目标企业所渴望的。并购未必一定是“好企业并购差企业”，也可能是“差企业并购好企业”，以寻求专属的行业管理能力和经验；删除“管理费用的节省”指标，多数专家认为其层面太低，没有必要设立这一指标。

技术协同效应方面，在访谈中，多数专家学者提出并一致同意：“技术匹配和融合能力”指标应修正为“技术匹配、消化和融合能力”；删除“技术价值和生命周期”指标；“并购双方的文化差异”题项提升为指标；删除“核心竞争力培育”指标。

财务协同效应方面，在访谈中，多数专家学者提出并一致同意：“‘共同保险’效应带来的公司举债能力增强”指标下的“税赋责任减少”题项应该删除；“利用经营亏损递延”指标下的“合理避税”题项应该合并到“成本费用下降”指标中；因并购行为并一定发生在上市公司之间，故“证券发行与交易成本的规模经济”指标不具有普遍意义，应该删除。

并购财务绩效指标方面，在访谈中，多数专家学者提出并一致同意：“资产管理能力”指标下选取“总资产周转率”题项；“盈利能力”指标下选取“主营业务利润率”“净资产收益率(ROE)”“净利润收益率”三个题项；增加“并购的信心指数”指标，上述指标组合可以反映出并购的财务绩效，其他指标和题项应该删除。

(2)第二轮专家问卷调研法收敛结果。

在第一轮专家访谈的基础上，本研究编制了并购有效性调查问卷，用于进行第二轮专家问卷调查。选取了24家企业高层管理者作为研究对象，进行《并购有效性调查问卷初版》调研。在24家企业中，国有企业占80%，合资企业占10%，民营企业占10%；员工人数11～100人规模企业占30%，101～500人规模企业占40%，500人以上规模企业占30%，问卷调查企业具有较好的代表性和普遍意义。

通过对回收的问卷进行统计分析，20道题项平均分为3.571，标准差为0.323，本研究将低于平均分一个标准差(得分为3.248)的指标予以剔除，保留下来的指标进行再一轮遴选。

(3)第三轮团体焦点访谈法收敛结果。

在对第二轮专家进行问卷调查后，本研究再次邀请8名专家进行第三轮团体焦点访谈，详细探讨了每一指标，旨在收敛最终指标内容。下面逐一介绍每一指标的收敛结果。

“竞争者准入壁垒的提高程度”：所有访谈对象一致认为，这一指标非常重要，因为竞争是企业所有业务单位最为看重的问题，成为行业领先者是企业并购的重要目的之一。

“生产成本费用节约程度(生产要素、原材料等节约)”：本研究之前考虑其可以与“销售成本费用节约程度合并”，但多数访谈对象认为两者之间存在本质区别，这是商品形成流程的两个重要环节，缺一不可，而“采购成本费用节约程度”相对重要性弱一些，与上述两项指标亦有意义重合之处，本研究予以删除。

“市场份额提高程度”和“市场开拓能力提高程度”的内涵有重合之处，有访谈对象认为，“市场份额提高程度”是“市场开拓能力提高程度”的结果，本研究予以删去前者，保留后者。

“定价支配能力提高程度”，属于“竞争者准入壁垒的提高程度”的结果范围，本研究予以删除。

“优势品牌和商誉企业的影响力”，访谈对象一致认为这是一个重要的软性指标，与其他指标差异较大，本研究予以保留。

“技术创新能力提高程度”“主营业务收入增长情况”“主营业务利润增长率”“行业专属管理经验和管理能力提高程度”“技术融合及扩散能力提高程度”“产品或服务之间投入要素共享程度”“融资能力提高程度”指标，所有访谈对象一致认为，必须保留。

(4)第四轮团体焦点访谈法收敛结果。

最终，确定组织并购有效性指标共 12 个，如表 2-8 所示。

表 2-8　并购有效性指标

序号	指标
1	竞争者准入壁垒的提高程度
2	生产成本费用节约程度(含生产要素、原材料方面的节约)
3	销售成本费用节约程度(渠道协同)
4	市场开拓能力
5	技术创新能力(双方公司的互动而产生的创新)
6	主营业务收入的增长情况
7	主营业务的利润增长率

续表

序号	指标
8	优势品牌和商誉企业的影响力(双向影响)
9	行业专属管理经验和管理能力(双向提高)
10	技术融合及扩散能力(双向技术转移)
11	产品或服务之间投入要素的共享程度(如信息、能源等共享)
12	融资及内部资本融通能力

必须补充说明的是，虽然心理指标在上一轮企业高层管理调查中得分普遍较低，但是，在进行最后一轮专家团体焦点访谈时，访谈对象多数认为，个体心理特征有必要得到足够的重视。为了研究的科学性和严谨性，并尊重前人研究成果，没有纳入并购有效性指标体系。但是，这些指标作为补充评价指标，最终保留了组织承诺、离职意向。

三、分析讨论

(一)财务指标和协同效应合并

本研究将财务指标和协同效应一同归入最终的指标体系，并将并购有效性指标作为单独的调查问卷来使用。将协同效应和财务指标合并，相当于将并购过程的管控指标和并购的结果指标相互融合，成为一个较为完整的评价体系，既能够直观地反映现实情况，也能够发现并购过程中的各种问题，这也弥补了以往多数研究将两者分立的不足。

在整个指标体系中，既有财务协同指标也有财务指标，两者是有本质区别的。财务协同指标就是使并购后的企业能够更好地利用资本，无论是融资还是投资，都能比在并购前发挥更有益的效用。如并购后被并方借助主并方的实力，企业信誉上升，便于贷到更多的资金，同时还可以利用主并方的优势资金，投资到被并方的高效项目中。而财务指标主要是指通常意义上的反映企业生产经营过程和成果的经济指标，如主营业务收入、利润增长率等指标。

(二)并购指标的双向性

如表 2-8 所示，多项指标均提出了“双向性”的概念，包括创新能力(双方公司的互动而产生的创新)、优势品牌和商誉企业的影响力(双向影响)、行业专属管理经验和管理能力(双向提高)、技术融合及扩散能力(双向技术转移)。第二章文献综述部分也提及不少评价并购成功与否的标准，但是，具体指主并方将资源、管理经验、技术、资金等转入被并方，从而提高企业整体水平。事实上，在很多情况下，并购协同效应是双向的，如五矿集团并购湖南有色，湖南有色并不缺少资源、技术、资金，唯独缺少管理，愿意让五矿控股是为了让五矿来管理，并购动机在于管理能力的提升。五矿集团在某些技术方面比不上湖南有色技术实力，湖南有色可以在技术环节为五矿集团提供支撑。在并购过程中，双方企业在技术、管理经验、品牌等方面的双向互动，是并购有效性指标体系研究的创新点之一。

(三)个体指标重要性受到忽视

如初始研究预期一样，心理指标的确容易受到企业管理者的忽视，但是并购过程中个体心理和行为的确应该得到足够的重视。一般来说，在并购过程中，个体容易出现各类问题，如整体满意度和组织承诺下降、离职率升高等(Buono et al.，1985)，这时，员工大多表现为有负面情绪，如悲痛、焦虑、震惊(Sinetar，1981)。在并购过程中，员工所产生的这些不良情绪反应主要源于并购引起的压力，而且这些压力几乎不受到个体差异的调节，即每个人无论性格、家庭背景如何，几乎都会受到并购所带来的压力冲击。Ashford(1988)、Cartwright 和 Cooper(1993b)通过对 157 名参与并购的公司中层管理者进行问卷调查发现，并购属于生活压力事件，即使并购双方的组织文化兼容性很高，并购仍然会给员工带来压力。可见，并购事件对企业员工心理和行为的影响之深，而这些影响直接关系到企业组织层面的各项绩效水平的高低。

在现实中，大多数企业管理者比较忽视并购过程中个体的心理和行为指标，更多地将注意力集中在直观的企业财务绩效方面，忽略了两者之间的内部联系，所以，本研究尝试在不影响研究方法严谨性和最后结果的基础上，单独保留部分个体指标，作为组织层面指标的补充。通过专家交流讨论，最终选定组织承诺和离职意向作为个体指标，并且针对上述个体指标，采用成熟问卷量表工具进行测量。在本研究中，研究对象主要界定为企业高管，因而个体指标主要是企业高管心理和行为指标，即高管组织承诺、高管离职意向。

第　三　章

组织文化对并购有效性的影响机制研究

第一节　组织文化的影响机制

一、研究假设

根据文献综述部分关于组织文化各项因素对并购有效性的影响可知，组织文化差异对并购绩效既有积极作用，也有消极作用，文化差异能否解释并购绩效的问题存在着较大的学术争议。因而，需要考虑其他文化因素对并购有效性可能产生的影响，根据 Nahavandi 和 Malekzadeh 的理论模型，不论其作用机制如何，被并方对主并方的文化认同(主并方的文化吸引力)是其中一个相当重要的因素，因而提出如下假设。

假设 1a：文化差异性对组织并购有效性呈负向影响作用。

假设 1b：文化差异性对高管组织承诺呈负向影响作用。

假设 1c：文化差异性对高管离职意向呈正向影响作用。

假设 2a：文化认同度对组织并购有效性呈正向影响作用。

假设 2b：文化认同度对高管组织承诺呈正向影响作用。

假设 2c：文化认同度对高管离职意向呈负向影响作用。

整合投入度是前人研究较少的一个重要文化因素，但是，文化整合与并购有效性的关系是毋庸置疑的，其程度的高低对于并购绩效有直接影响。因而本研究提出假设 3。

假设 3：整合投入度对组织并购有效性呈正向影响作用。

除了文化差异性和文化认同度之外，Nahavandi 和 Malekzadeh 的理论模型中还提到了多元容忍度，主要是指主并方对被并方权利剥夺的程度，权利剥夺越少，多元容忍度就越高，反之亦然。大多数前人研究发现，多元容忍度对并购有效性呈正向影响作用，不过其结果是否适用于中国还有待进一步实证考察，因而本研究提出假设 4。

假设 4：多元容忍度对组织并购有效性呈正向影响作用。

中外学者都曾将组织承诺作为一个重要变量引入组织文化对并购绩效影响的实证研究中，结果也显示组织承诺对并购绩效有正向影响作用（Weber，1996；宋耘，2006）。在之前研究访谈中，专家也提到将组织承诺作为一个并购中的重要个体指标来评估。那么，组织文化差异和认同是否可能通过组织承诺来影响并购有效性的呢？本研究提出假设 5。

假设 5：组织承诺中介文化差异性和文化认同度对组织并购有效性的影响。

二、研究内容与方法

（一）研究设计

本研究有关组织文化对并购有效性的影响机制探索思路如图 3-1 所示。通过对我国企业的组织文化的结构和指标探索，可以编制成包括文化差异性、文化认同度的调查问卷。而多元容忍度、整合投入度等要素可以采用已经检验的成熟问卷[如 Chatterjee 等人（1992）编制的多元容忍度问卷]来施测。将上述两部分问卷合成的组织文化要素可以作为自变量，并购有效性指标已经通过之前的研究获得，可以作为因变量。在控制并购时间、组织规模等因素的前提下，来探索自变量与因变量的关系，以此考察组织文化各类因素对并购有效性的影响。本研究主要通过问卷调查方式来进行，从《中国并购报告》、中国并购交易网等数据库获得我国企业的并购事件资料，同时通过一定社会资源渠道，综合选取 55 家被并方企业的高层管理人员作为被试进行实证探索。

另外，本研究在通过问卷调查的实证研究方法的基础上，选取了具有代表性的行业经典并购案例——攀钢集团和建龙集团的并购双案例，着重分析组织文化差异、组织文化认同、多元容忍度和文化整合投入度对并购有效性

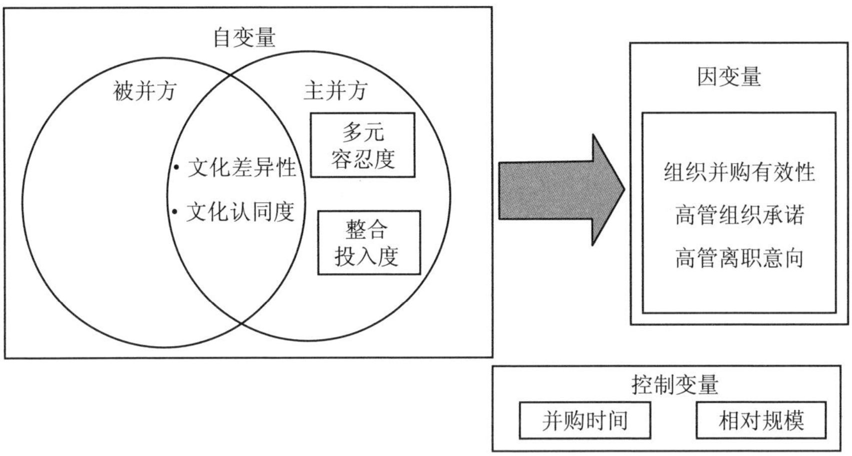

图 3-1　组织文化对并购绩效影响机制框架图

的影响，尤其是探索两家并购企业在这些文化因素具体措施方面的落实情况以及并购绩效。

(二)研究对象

1. 被试的选取

本项研究主要选取被并方高层管理人员，采用高层管理者的调查结果作为组织文化的结论是有充分的理论基础的。首先，高层管理团队的亚文化可能是组织总体文化合理现象，高层管理者在建立和形成组织文化过程中扮演重要角色(Schein，1985)。其次，同样有研究表明，高层管理团队的文化与公司绩效高度相关(Denison，1990；Covin & Slevin，1988)，高层管理团队文化差异最有可能直接对组织实现并购后财务潜力产生影响(Sales & Mirvis，1984)。最后，为了了解文化之间差异，非常有必要在两个文化之间进行联系，尤其是在谈判交易阶段，而在这一关键阶段只有高管有机会进行接触，一般组织的中低层管理者直到谈判结束才有可能有交流机会，所以，高管对于组织文化的认识和理解相对更加深刻和清晰(Schweiger & Walsh，1990)。在本研究中，对于高层管理者的范畴也有比较明确的定义，主要是企业副总以上级别人员，如首席执行官(CEO)、首席运营官(COO)、首席财务官(CFO)、高级副总、董事长等(Michel & Hambrick，1992)。

2. 并购企业的选择

本研究选择并购企业的标准有以下五条：

(1)并购发生时间：距离调查时间有1年以上的时间。

(2)并购企业规模：确定并购的主并方或者被并方的企业规模，即资产总额等财务数据。

(3)并购交易额：超过100万元人民币交易额。

(4)并购目的：排除以买壳进行资本运作为目的的并购。

(5)并购相关度：主并方企业和被并方企业均属于相同行业。

3. 如何获得并购双方企业高层管理者的信息

对于并购过程中组织文化的相关研究，国外一般由于拥有比较丰富开放的数据库，研究难度相对较低，企业并购的情况可以直接从相应的并购数据库(KPMG提供的数据)或者期刊(Mergers Statistical Review; Journey of Mergers and Acquisitions; Acquisitions Monthly)中收集。在搜寻企业并购领导的联系方式时，国外研究的信息来源也相对更加丰富一些，有一些较好的期刊和数据库可以利用，如Standard & Poor's Register of Corporations, Executives and Directors (Register); Dun & Bradstreet's Million Dollar Dictionary; Directory of Corporate Affiliations; Moody's Manuals等。然而在我国，对并购中组织文化研究难度非常大，我国没有关于企业高管联系方式的数据库和期刊，因而，此领域的实证研究非常少，即使有也主要是通过方便取样来进行。本研究一方面主要是参考《中国并购报告》、中国并购交易网、财务类的数据库，查询近年来的一些重大并购事件，再排除时间、并购规模、并购目的不符合研究需要的企业，再进行一定程度的联系沟通，争取到一部分样本。同时，主要是通过方便取样，收集样本。

三、工具和变量

本研究主要采用调查问卷方法，其中调查内容以组织文化和并购有效性为主，对于这两个方面的内容全部采用主观评价的方式。一方面是考虑到采集客观数据的难度；另一方面是由于有相当充分的前人研究，证实了进行主观评价的可行性和有效性。Dess和Robinson(1984)采用主观体验作为评估并购后绩效的方式，编制了18个问题，采用5点量表，1表示非常成功，5表示非常不成功。最后，用主观评估的结果与客观数据做相关检验，结果显示，相关系数为0.77，$p<0.001$。Dess和Robinson的研究也充分验证了用问卷主观题测试并购绩效的可行性。更有学者通过实证研究发现，文化的主观感受测量对于行为的预测比直接测量客观的文化外显结果(办公室的摆设等)更好(Hellriegel & Slocum，1974；Schneider，1975)。这是因为，主观感受包含了组织成员对于组织情境的定义和解释，以及对于可以接受行为的规定，而客观外显的文化现象只是表层的文化表现(Dennison，1990)。因而，本研究采用主观评价的方式进行问卷调查，是可行且可信的。

(一)自变量

1. 文化差异性和文化认同度

大多数学者认为，组织文化的差异对并购绩效产生负面影响(Datta，1991；Chatterjee et al.，1992；Weber，1996；Krug & Hegrarty，1997)。部分学者认为，文化的差异正好可以产生互补的作用，有正面影响(Krishna，1997；Piero Morosini，1998；Larsson & Finklestein，1999)。同时，还有学者发现，文化差异对并购绩效没有显著影响(Weber，1996)。组织文化认同相当于文化吸引力，Nahavandi和Malekzadeh(1988)认为，主并方组织文化对被并方的吸引程度是影响文化整合模式的重要影响因素。文化差异性和文化认同度的问卷基于中国企业组织文化背景，根据Denison的OCQ包含的12个文化指标改编而成，具体包括个性关怀、组织授权、能力发展、组织学习、变革创新、关注客户、社会责任、愿景激励、战略导向、大局意识、部门协作、价值引领。问卷分别调查被试对这12个文化指标并购前后企业的差异性和认同度，共24题。另外，本研究为了解12个文化指标在并购过程中哪些属于核心文化，对12个指标的重要性进行了排序。

2. 多元容忍度

多元容忍度对主并方来说，是选择文化整合模式的重要影响因素(Nahavandi & Malekzadeh，1988)。多元容忍度也可以称作权利剥夺，是影响并购过程中管理者稳定性、造成离职的一个重要影响因素。容忍度较低会导致财务绩效的降低(Hambrick & Cannella，1993；Very et al.，1997)。低多元容忍度对并购企业的财务绩效和协同效应具有积极影响作用，可能是由于其提高了整合的效率(Weber，1996)。本研究使用由Chatterjee等人(1992)编制的多元容忍度问卷，共11题。

3. 整合投入度

诸多学者均一致认为，整合对于协同效应的产生有重要作用(Datta 1991；Hunt 1990；Scheweiger et al.，1987)。本研究采用整合投入度问卷，改编自Larsson和Finklestein(1999)的文化整合问卷，共9题。

(二)因变量

1. 组织并购有效性

多数学者采用的是财务绩效来判断组织文化对并购有效性的影响，部分采用客观数据，有的采用主观问卷回答(Datta，1991；Very，1996；Krishnan，1997；Very，1997)，也有少数学者采用了协同效应(Weber，1996；Larsson & Finkelstein，1999)，但是将两者综合纳入一个评价体系的很少。本研究整合了财务绩效和协同效应的相关指标，根据并购有效性指标构建的研究成果，编制了组织并购有效性问卷，共12题。

2. 高管组织承诺

组织承诺，主要是指企业中的个体员工认同并参与一个组织的强度。随着个体心理状态在企业中的作用受到越来越多的重视，对于组织承诺的研究也逐渐深入，虽然对于组织承诺概念的界定还未有定论，但是基本可以理解组织承诺就是指体现员工和组织之间关系的一种心理状态。Weber等人(1996)研究发现，在本土并购中，企业文化差异导致了低管理承诺，高管的组织承诺对组织绩效具有一定的影响作用。本研究采用Mowday等人(1982)的组织承诺问卷(Organizational Commitment Questionaire，OCQ)的压缩版，共8题。

3. 高管离职意向

一般来说，企业中员工的离职可以分为主动离职和被动离职。离职意向和造成主动离职行为的心理动因，主要是指员工个体在一定时期内变换其工作的可能性。在企业中，通常情况下，主动离职是不利于企业持续稳定发展的。上文也已经述及，在并购过程中，容易造成员工心理焦虑和对未来不确定性增加，导致高离职意向。Krug和Hegrarty(1997)的实证研究表明，美国公司被外国公司并购的人员流失显著高于被本土公司并购的人员流失。在此研究中采用客观人员流失情况，但是这无法反映是主动离职还是被动离职，因而本研究认为采用离职意向更能直观反映并购造成个体离职的真实情况。

本研究采用黄春生(2004)的离职意向量表，参考 Griffeth 和 Hom、Mobley 等人的离职意向量表，共 3 题。

(三)控制变量

1. 相对规模

Kitching(1967)发现被并方的销售额是主并方 2%以下时，并购失败率高达 84%。Kusewitt(1985)认为组织规模和并购绩效之间存在消极关系。Shrivastava(1986)直接提出了相对规模越大，对于主并方管理者来说越难理解众多的整合需求。本研究中并购双方组织间的相对规模采用公司的销售额或总资产作为标准，主要分为主并方是被并方组织规模的 1～5 倍、5～10 倍以及 10 倍以上。

2. 并购时间

Morosini 等人(1998)发现不同的年份经济状况差异会很大，尤其是在某些行业，如纺织业。发生并购到进行研究的时间跨度不同，那么整合的时间跨度也存在一定的差异，因为并购时间也是影响并购绩效的一个相关变量，需要进行控制。本研究调查的并购时间是指问卷调查离开并购交易产生时间距离，分为 1～2 年、3～4 年和 5 年及 5 年以上。

四、问卷调查的研究结果

(一)样本情况

本研究共对 67 家企业进行了问卷调查，最终回收了 55 家企业共 173 名被试的有效问卷，问卷有效回收率为 82.1%，具体样本情况如表 3-1 所示。

表 3-1　样本具体情况

		频次	频率
组织规模	1～5 倍	31	56.4%
	5～10 倍	15	27.3%
	主并方是被并方 10 倍以上	9	16.4%
并购时间	1～2 年	10	18.2%
	3～4 年	24	43.6%
	5 年及 5 年以上	21	38.2%

(二)信度分析

表 3-2 调查问卷的信度分析

	变量	题项数	Alpha 系数
自变量	文化差异性	12	0.841
	文化认同度	12	0.829
	整合投入度	9	0.811
	多元容忍度	11	0.852
因变量	组织并购有效性	12	0.817
	高管组织承诺	8	0.937
	高管离职意向	3	0.860

由表 3-2 可知，无论是自变量还是因变量，采用的调查问卷其内部一致性系数都在 0.8 以上，表示本研究使用的调查问卷均有较好的信度，可进行下一步统计分析。

(三)控制变量对组织并购有效性的影响作用

1. 组织相对规模

表 3-3 组织相对规模对组织并购有效性的方差分析

变异源	df	均方	F 值	p
相对规模	2	0.569	3.786*	0.029
组内	52	0.150		
	54			

注：* 表示 $p<0.05$。

表 3-4 不同组织相对规模的组织并购有效性的事后分析

(I)组别	均值	(J)组别	均差(I—J)	p
1～5 倍	3.925	5～10 倍	0.327**	0.010
		10 倍以上	0.191	0.198
5～10 倍	3.599	1～5 倍	−0.327**	0.010
		10 倍以上	−0.136	0.409
10 倍以上	3.735	1～5 倍	−0.191	0.198
		5～10 倍	0.136	0.409

注：1～5 倍、5～10 倍、10 倍以上都是指主并方是被并方组织规模的倍数；** 表示 $p<0.01$。

并购双方相对规模的不同组别之间的并购有效性存在显著差异，通过事后分析发现，主并方是被并方 1～5 倍的企业，其并购有效性显著高于主并方是被并方 5～10 倍的企业。

2. 并购时间

表 3-5　并购时间对组织并购有效性的方差分析

变异源	df	均方	F 值	p
并购时间	2	0.183	1.111	0.337
组内	52	0.165		
	54			

由方差分析可得，$p=0.337>0.05$，并购时间对于组织并购有效性没有显著影响。

(四)文化指标差异、认同和重要性排序

1. 12 个组织文化指标差异的排序

表 3-6　12 个组织文化指标差异的排序

文化指标	差异值	标准差	排序
变革创新	3.92	0.58	1
战略导向	3.90	0.67	2
组织学习	3.76	0.61	3
个体发展	3.65	0.79	4
价值引领	3.61	0.79	5
愿景激励	3.60	0.78	6
组织授权	3.59	0.77	7
关注客户	3.50	0.87	8
个性关怀	3.48	0.77	9
部门协作	3.42	0.75	10
大局意识	3.35	0.92	11
社会责任	3.13	0.75	12

由表 3-6 可知，主并方和被并方在社会责任方面的组织文化差异最小，在变革创新和战略导向方面的组织文化差异最大。

2.12 个组织文化指标认同的排序

表 3-7 12 个组织文化指标认同的排序

文化指标	认同值	标准差	排序
变革创新	4.37	0.74	1
战略导向	4.33	0.79	2
组织学习	3.91	0.91	3
愿景激励	3.90	0.73	4
关注客户	3.85	0.91	5
价值引领	3.84	0.69	6
组织授权	3.68	0.94	7
个体发展	3.60	0.93	8
部门协作	3.46	0.79	9
社会责任	3.41	0.76	10
大局意识	3.41	0.85	11
个性关怀	3.35	0.93	12

由表 3-7 可知，被并方对主并方的个性关怀方面的组织文化认同度最低，对于变革创新和战略导向方面的认同度最高。

3.12 个组织文化指标重要性的排序

表 3-8 12 个组织文化指标重要性的排序

文化指标	平均得分	标准差	排序
战略导向	10.84	1.90	1
变革创新	9.91	2.36	2
价值引领	7.71	2.70	3
关注客户	7.33	3.74	4
能力发展	7.21	2.64	5
愿景激励	6.30	3.39	6
组织授权	5.80	2.41	8
组织学习	6.22	2.58	7
大局意识	4.88	2.05	9

续表

文化指标	平均得分	标准差	排序
部门协作	4.54	2.41	10
个性关怀	4.54	2.50	10
社会责任	2.54	2.34	12
合计	6.48	2.58	

本研究以排序第一计分 12，第二计分 11，依此类推，最后可得表 3-8 结果。由表 3-8 可知，最终重要性排名前三位的分别是战略导向、变革创新和价值引领，平均分一个标准差以上的文化指标为“战略导向”和“变革创新”；平均分一个标准差以下的文化指标为“社会责任”。

(五)各文化因素对组织并购有效性的影响作用

表 3-9　各文化因素与组织并购有效性的相关分析

	1	2	3	4	5
1. 文化差异性	1.00				
2. 文化认同度	0.26	1.00			
3. 多元容忍度	−0.25	−0.26	1.00		
4. 整合投入度	0.26	0.40	−0.41**	1.00	
5. 组织并购有效性	0.13	0.49**	−0.40**	0.50**	1.00

注：* 表示 $p<0.05$，** 表示 $p<0.01$。

由表 3-9 可知，文化认同度与文化差异性不相关，文化差异性与组织并购有效性不相关，但是，文化认同度与组织并购有效性呈正相关，多元容忍度和组织并购有效性呈负相关，整合投入度与组织并购有效性呈正相关。

表 3-10　四个文化特质认同度与并购有效性的相关分析

	并购有效性
投入的差异	0.131*
一致的差异	0.182
适应的差异	−0.039**
使命的差异	0.132

注：四种文化特质分别为投入、一致、适应、使命；* 表示 $p<0.05$，** 表示 $p<0.01$。

由表 3-10 可知，并购双方四个文化特质的认同度均与组织并购有效性呈正相关。

表 3-11　对组织并购有效性的分层回归分析

		组织并购有效性					
		B	Sb	β	B	Sb	β
第一步	相对规模	0.070	0.045	0.204	0.031	0.043	0.090
	并购时间	−0.141	0.070	−0.264*	−0.090	0.063	−0.168
第二步	文化差异性				−0.040	0.103	−0.045
	文化认同度				0.220	0.102	0.266*
	多元容忍度				−0.131	0.091	−0.203
	整合投入度				0.217	0.107	0.285*
		$R^2=0.110^*$			$R^2=0.405^{**}$		
					$\Delta R^2=0.295^{**}$		

注：* 表示 $p<0.05$，** 表示 $p<0.01$。

由表 3-11 可知，在控制了相对规模和并购时间的基础上，文化认同度和整合投入度对组织并购有效性正向影响作用显著，而文化差异性和多元容忍度对组织并购有效性的影响作用不显著。结果验证了假设 2a、假设 3，不支持假设 1a 和假设 4。

(六)各文化因素对高管组织承诺的影响作用

表 3-12　各文化因素与高管组织承诺的相关分析

	1	2	3	4	5
1. 文化差异性	1.00				
2. 文化认同度	0.26	1.00			
3. 多元容忍度	−0.25	−0.26	1.00		
4. 整合投入度	0.26	0.40	−0.41**	1.00	
5. 高管组织承诺	−0.40**	0.33*	−0.01	0.12	1.00

注：* 表示 $p<0.05$，** 表示 $p<0.01$。

由表 3-12 可知，文化差异性与高管组织承诺呈负相关，文化认同与组织承诺呈正相关，整合投入度和多元容忍度与高管组织承诺不相关，这个问题还需要进一步研究。

表 3-13　四个文化特质的差异和高管组织承诺的相关分析

	高管组织承诺
投入的差异	−0.335*
一致的差异	−0.203
适应的差异	−0.419**
使命的差异	−0.339*

注：四种文化特质分别为投入、一致、适应、使命；* 表示 $p<0.05$，** 表示 $p<0.01$。

由表 3-13 可知，除“一致”的差异外，其他三个文化特质的差异均与组织承诺呈负相关。

表 3-14　对高管组织承诺的分层回归分析

		高管组织承诺					
		B	Sb	β	B	Sb	β
第一步	相对规模	−0.314	0.171	−0.245	−0.289	0.154	−0.226
	并购时间	0.100	0.110	0.121	0.128	0.104	0.155
第二步	文化差异性				−0.986	0.259	−0.467**
	文化认同度				0.592	0.258	0.298*
	多元容忍度				0.148	0.205	0.099
	整合投入度				0.238	0.257	0.131
		$R^2=0.074$			$R^2=0.345$**		
					$\Delta R^2=0.271$**		

注：* 表示 $p<0.05$，** 表示 $p<0.01$。

由表 3-14 可知，在控制了相对规模和并购时间的基础上，文化差异性对高管组织承诺有显著的负向影响作用，而文化认同度对组织承诺正向影响作用显著。多元容忍度和整合投入度对高管组织承诺的影响作用不显著。结果验证了假设 1b 和假设 2b。

(七)各文化因素对高管离职意向的影响作用

表 3-15 四个文化特质认同度与高管离职意向的相关分析

	高管离职意向
投入的认同	−0.395**
一致的认同	−0.314*
适应的认同	−0.429**
使命的认同	−0.087

注：四种文化特质分别为投入、一致、适应、使命；* 表示 $p<0.05$，** 表示 $p<0.01$。

由表 3-15 可知，文化特质“投入”“一致”“适应”的认同度与离职意向呈负相关，“使命”方面的文化认同度与离职倾向不相关。

表 3-16 对高管离职意向的分层回归分析

		高管离职意向					
		B	Sb	β	B	Sb	β
第一步	相对规模	−0.173	0.087	−0.267	−0.011	0.127	−0.011
	并购时间	0.030	0.135	0.030	−0.066	0.087	−0.102
第二步	文化差异性				−0.010	0.215	−0.006
	文化认同度				−0.628	0.214	−0.402**
	多元容忍度				0.330	0.192	0.273
	整合投入度				0.258	0.213	0.180
		$R^2=0.072$			$R^2=0.271^*$		
					$\Delta R^2=0.199^*$		

注：* 表示 $p<0.05$，** 表示 $p<0.01$。

由表 3-16 可知，在控制了相对规模和并购时间的基础上，组织文化认同对高管离职意向有显著的负向影响作用，而组织文化容忍度、多元容忍度和整合投入度对高管离职意向的影响作用不显著。结果验证了假设 2c，不支持假设 1c。

(八)组织文化对并购有效性的整体影响作用

表 3-17　高管组织承诺中介作用

		组织并购有效性								
		B	Sb	β	B	Sb	β	B	Sb	β
第一步	相对规模	−0.142	0.070	−0.265*	−0.101	0.061	−0.189	−0.048	0.057	−0.090
	并购时间	0.070	0.045	0.202	0.036	0.042	0.106	0.013	0.038	0.038
第二步	文化差异性				−0.047	0.104	−0.053	0.135	0.106	0.152
	文化认同度				0.219	0.103	0.264*	0.110	0.098	0.133
	多元容忍度				−0.104	0.082	−0.166	−0.131	0.074	−0.210
	整合投入度				0.242	0.103	0.318*	0.198	0.093	0.260*
第三步	高管组织承诺							0.184	0.052	0.440**
	R^2		0.109*			0.402**			0.529**	
	ΔR^2		0.109*			0.293**			0.127**	

注：* 表示 $p<0.05$，** 表示 $p<0.01$。

由表 3-17 可知，结果部分验证了假设 5 在控制了相对规模和并购时间的基础上，组织承诺完全中介组织文化认同对组织并购有效性的影响作用。通过上述回归分析，本研究发现组织文化差异对组织承诺呈负向影响作用，组织文化认同度对组织承诺呈正向影响作用，组织承诺完全中介组织文化认同对组织并购有效性的正向影响作用。另外，整合投入度对组织并购有效性也有一定的正向影响作用。

表 3-18　假设检验情况

假设	检验情况
假设 1a：文化差异性对组织并购有效性呈负向影响作用。	不支持
假设 1b：文化差异性对高管组织承诺呈负向影响作用。	支持
假设 1c：文化差异性对高管离职意向呈正向影响作用。	不支持
假设 2a：文化认同度对组织并购有效性呈正向影响作用。	支持
假设 2b：文化认同度对高管组织承诺呈正向影响作用	支持
假设 2c：文化认同度对高管离职意向呈负向影响作用。	支持

续表

假设	检验情况
假设 3：整合投入度对组织并购有效性呈正向影响作用。	支持
假设 4：多元容忍度对组织并购有效性呈正向影响作用。	不支持
假设 5：组织承诺中介文化差异性和文化认同度对组织并购有效性的影响。	部分支持

综上所述，本研究验证了假设 1b、假设 2a、假设 2b、假设 2c、假设 3，并且部分支持了假设 5，不支持假设 1a、假设 1c、假设 4。下面将对研究的结果做具体的分析讨论。

第二节　分析讨论与结论

一、分析讨论

(一)并购双方组织规模差异不宜过大

当被并方企业规模和主并方规模相近甚至比主并方规模更大时，并购有效性较低，这主要是由于被并方企业规模过大，主并方在进行兼并整合时，各项整合措施推动难度大，推广耗时较长。当被并方企业规模过小时，主并方可能会忽视其重要性，疏于管理整合，造成并购有效性低下。本研究发现，当主并方企业规模是被并方 1～5 倍时，并购有效性显著高于主并方企业规模是被并方 5～10 倍的企业并购。这一结果符合前人研究结论，即若被并方规模过小，则无法得到管理层足够的重视(Harrison et al.，1991；Kitching，1967；Kusewitt，1985)。研究发现，主并方企业在选择并购对象时，如果被并方企业战略、组织文化等各个因素都较为合适，只是企业规模和主并方相差过大时，需要审慎考虑并购后的整合难度和关注程度，这两点可能直接影响到并购后绩效。

(二)组织文化构成指标之间存有差异

首先，变革创新指标。在组织文化的 12 个指标中，变革创新既是差异最大的组织文化构成指标，也是被并方最认同主并方的组织文化指标。同时，12 个组织文化指标中，变革创新重要性排名第二。由于本研究样本大多来自国有制造类企业，同时主并方一般都大于被并方，主并方一般拥有较强的资金、管理和研发能力，其变革创新的力度和方法一般都强于被并方，所以两者之间存在较大差异。由于主并方在变革创新方面做得更加出色，被并方相对而言都较为认同主并方。因此，在国内并购中，变革创新是最为重要的文化指标之一，同时也是主并方可能做得较好的文化指标。

其次，社会责任指标。在本研究中，并购双方在社会责任方面差异度最小。同时，在对55家企业高层领导的实证调查中，社会责任重要性排序位于最后一名，通过转换计分，社会责任是唯一一项得分低于平均分一个标准差以下的文化指标。由此表明，现实中大多数国内企业高管在并购时，对于社会责任的重视程度尚显不够。在我国，不少并购企业对于社会责任的理解，还仅限于企业对外形象宣传，远没有落实到具体的企业可持续发展战略和回报社会的“企业公民”的责任心态。当进行国际并购时，国外企业不会认同我国企业抱有的这种停留于表面的社会责任态度。

最后，个性关怀指标。在本研究的12个文化指标中，被并方最不认同主并方的组织文化指标是个性关怀。尽管主并方一般情况下会比被并方具有更强的经营管理、研发等能力，但是，对于员工的个性关怀，尤其是主并方对被并方员工的关心，还是不能让被并方的员工达到认同，更谈不上满意。因此，在并购过程中，主并方需要重点加强对被并方员工的尊重和关心。

(三)组织文化差异对并购有效性的影响作用有限

本研究发现，组织文化差异对并购有效性的影响作用，并非像平常人们想象中的那么重要，即组织文化差异和组织并购有效性不相关。另外，即使将组织文化分为四个文化特质差异，与组织并购有效性进行相关分析，结果同样发现并购双方在四个文化特质上的差异与组织并购有效性都不相关。Weber等人(1996)通过实证研究发现，组织文化差异对于并购后绩效没有显著的影响作用。Very等人(1997)的实证研究发现，本土企业并购和跨国企业并购之间的并购有效性没有显著差异，有时本土企业之间的并购有效性甚至不如跨国并购。因此，组织文化差异并不一定会对并购有效性造成威胁。虽然组织文化差异对并购有效性影响作用不显著，但是，对高管组织承诺有负向影响作用。组织承诺属于个人情感，并非完全理性，是较为敏感的心理指标。在并购之后，文化差异可能会导致一定程度的不适应，造成组织承诺降低。

二、结论与展望

(一)主要结论

本研究通过探索我国企业并购情境下组织文化结构及其评价工具，开发出结合组织层面和个体层面双重指标的并购有效性指标，通过探索组织文化对并购有效性的影响机制实证研究，结合典型企业并购的实践路径，提炼出一套并购后组织文化整合模式，为我国企业开展并购时运用组织文化整合模式提供理论支持和实践路径支撑。本项研究取得以下结论：

第一，通过对 55 家企业中高层管理者半开放式调查问卷调查、文献归纳以及多轮次团体焦点访谈，获得了我国企业组织文化测量的指标体系(包括 12 个指标)，并通过多维尺度分析和探索性因素分析，获得了 12 个指标的空间结构，包括四个维度，这与 Quinn 的竞争价值框架(CVF)基本吻合。本研究的结果与 Denison 的 OCQ 结构相比，发现了并购情境下更具有我国企业特点的三个新指标：价值引领、个性关怀和社会责任。

第二，本研究借助管理学、组织行为学等多学科研究方法，通过深度访谈和已有并购研究成果之整合发现，我国企业并购有效性指标体系可以从组织层面和个体层面进行划分，特别是发现了并购企业信息和能力的双向互动(组织层面)和高管组织承诺(个体层面)等新要素。

第三，通过组织文化对企业并购有效性的影响机制的研究发现，组织文化差异对高管组织承诺有负向影响作用，而组织文化认同度和组织文化整合投入度对组织并购有效性有正向影响作用，组织承诺完全阻截了组织文化认同度对并购有效性的正向影响作用。基于并购案例的深入研究发现，淡化组织文化差异、加强文化认同以及适度的整合投入，对提高并购有效性有正向影响作用。

(二)研究展望

本研究围绕组织文化对并购有效性影响机制进行了深入研究，取得了丰富的研究成果，但未来依然留有研究的空间。

第一，关于组织文化指标体系，需要对企业多个层级的员工和管理者进行调研，以进一步探索其问卷的结构效度，并考察本研究在不同类型企业并购整合中的有效性，最终成为组织文化测量的实用工具，用于并购前的组织文化尽职审查和并购后的组织文化整合。

第二，关于并购有效性指标体系，其生态效度也需要进一步进行深入探索，最终使其成为评估并购有效性的实用工具。

第三，增加样本空间，提升实践价值。今后，可以将实证样本空间聚焦于某一类型的企业，如生产型企业或者服务型企业，其最终结果可能会存在一定差异。除了考虑不同类型的企业作为实证研究样本外，还可以尝试选择某种并购类型的组合，如可以探索国有企业并购私有企业、国内企业并购国外企业等情况，以丰富研究的样本空间，提升实践研究价值。

第 四 章

企业并购中的组织文化预览

第一节 组织文化预览的准备工作

一、研究问题的提出

(一)并购后的组织文化预览

目前，学界和企业界更多关注的是并购前阶段，主并方企业对被并方企业进行组织文化审查，分析文化是否兼容来选择并购对象。但在当今中国，一方面，不少国有企业的并购是出于政策导向，没有太多选择的余地；另一方面，现阶段我国企业对组织文化重视程度普遍不高，如果让大多数企业在短时间内接受用组织文化审查结果来判断选择并购对象，是不太现实的。因而，对于现阶段的中国企业，更重要且更实际的做法是探索出一套有效的文化整合措施体系。

本研究就是基于现实并购企业的实际需求，着重从探索一种全新的并购中组织文化整合的干预措施的角度出发，借鉴“预览”的概念，提出并购中的组织文化预览，并且采用对照实验的方法来验证组织文化预览的有效性。本研究一方面利用了实验研究的范式来讨论并购中的组织文化整合问题，有一定的方法学启示意义；另一方面本研究没有停留在并购中组织文化与并购相关性的层面，而是从验证并购后单向或者双向组织文化预览这一干预措施的角度进行探索，对今后组织文化预览在实际并购企业中的应用推广奠定了扎实的理论基础，具有较高的实践指导意义。

(二)研究采用的新方法

由于并购研究容易涉及企业的商业机密等问题(Cartwright & Cooper，1995)，通常企业不愿意让研究者进入企业，进行并购前后的相关变量的实地调研。所以，现今对于并购中组织文化的研究多采用回顾式(retrospective)的方法，即使用调查问卷、访谈等方法让被试回忆并购前后组织文化的差异或者兼容性。虽然有学者提出可以采用一些措施来提高回顾法的精确性，如取样时采用在并购中持有不同观点和情感投入的个体，维护资料的保密性，邀请多位研究者来分析同一访谈录音文本等(Cartwright & Cooper，1993b)，但是回顾式研究的方法仍比较容易受到有效性的质疑，因为回顾法存在一些无法克服的弊端，如无法探索企业员工在并购过程中的动态心理和绩效变化，同样也无法验证并购整合干预措施的有效性。针对这个问题，Weber 和 Camerer(2003)提出了用实验室研究的方法，通过模拟现实的并购和组织文化来探索相关问题。采用实验室研究，第一，能够严格操控各种变量，提高内部效度；第二，可以进行前后测，便于验证干预措施的有效性；第三，可以弥补难以进入实地企业调研的限制。

本研究就是借鉴了 Weber 和 Camerer 的实验范式，采用对照组实验法，以组织文化预览这一干预措施为自变量，分为三个水平——双向文化预览、单向文化预览和无预览，控制了并购前的绩效水平，探索组织文化预览对并购后绩效的影响。另外，在本实验中，还采用了问卷调查和访谈的方法，作为实验数据解释的重要补充。

(三)创新之处

第一，本研究借鉴了真实工作预览与真实并购预览的相关概念和研究成果，综合考虑到现在企业并购过程中，组织文化起到的重要作用，以及现在缺少具体可操作的、便于检验有效性的组织文化整合干预措施，所以，提出了并购中的组织文化预览的概念。这是一个具体的可通过实证检验有效性的文化整合干预措施，其着重强调让并购双方对于对方企业的组织文化进行预览，从而提高并购后企业的整体绩效。

第二，现有的对于并购中组织文化的研究主要采用回顾的方式，让被试回忆并购前后的组织文化。但是，回顾法无法进行前后测来验证整合措施的有效性。本研究尝试通过实验室研究来模拟现实中的企业并购及组织文化等相关问题，在经典实验范式基础上加入了组织文化预览这一干预变量，探索其对并购后绩效的影响，在方法学上有一定的创新。

二、并购中的组织文化整合

大量的研究和实践都表明了组织文化对并购的重要作用，但是，研究并购中组织文化整合却少之又少，特别是这方面的实证研究。大多数的文化整合方案都是基于经验总结得出的，缺乏有效的体系和理论支持，更缺少实证研究的检验。大家知道，在企业并购实践中，并购中的组织文化整合可以分为并购前、并购中和并购后三个阶段来进行，但是，目前大多数企业，尤其是我国企业还没有对组织文化整合加以足够的关注，即使有企业重视文化问题，也主要集中于并购前阶段的组织文化审查，所以，这方面的研究也是亟待进行的。下面，我们就来谈谈并购中的组织文化整合问题。

(一)并购前阶段

1. 组织文化审查的重要性

不少研究发现，组织文化在整合过程中容易被忽视，尤其是在并购前，更难得到并购双方的重视(Lodorfos & Boateng，2006)。Weber 和 Camerer(2003)通过实验研究发现，人们对于并购后的绩效降低更多会归因于并购者的能力低，而忽视了组织文化的差异所导致的影响。组织文化受忽视一方面是由于人们不了解其真实作用；另一方面是因为很多企业认为自己现有的文化足够应对并购后的企业面对的各种状况。然而，Badrtalei 和 Bates(2007)通过分析戴勒姆—克莱斯勒公司的案例发现，虽然两个企业在并购前都是业界的佼佼者，都有着引以为自豪的企业文化，但是，当企业合并后，德国人的严谨和美国人的自由并没有帮助新企业提升文化优势，反而成了并购后企业的绊脚石。由此可见，并购前曾帮助企业成功的组织文化在并购后并不一定适用。不仅跨国和跨地区的企业并购需要关注文化差异，即使来自同一国家、地区或行业的不同企业，也会存在组织文化的差异，对这些差异也必须预先有所了解。Chatterjee 等人(1992)指出，在并购前，对双方企业间组织文化适应的关注程度至少应该等同于对战略适应的关注程度。因此，在并购前阶段，最重要的就是对并购目标企业的组织文化进行文化尽职审查(cultural diligence)，即对并购目标组织的基本政策、语言模式、沟通方式和核心价值观等各层面的组织文化信息进行全面深入的分析评估，以探索双方的组织文化的兼容性(cultural compatibility)(Lodorfos & Boateng，2006)。在不少欧美企业，目前已经开始在并购前的评估审查中加入组织文化评估，如果发现潜在并购目标的基本价值观与并购方不兼容，无论对方有多么优越的商业计划和战略，谨慎的买家最后都会放弃这笔生意。其中最典型的企业就是思科，思科为了实施组织文化尽职审查，比较文化兼容程度的差异，在并购前专门设立了“文化警察”这一职位，负责在并购前审查并购对象的企业文化，及其与思科文化的兼容性。思科的并购理念是，目标公司的技术和人才再好，如果文化不能兼容，就会毫不犹豫地放弃。

2. 组织文化审查的内容

一般来说，大部分审查只是简单地审视目标公司的主要价值观、信念和行为方式，以帮助预测双方之间的兼容程度。随着组织文化在并购中研究的深入，在实践领域，一些管理咨询公司更加深化了文化审查的内涵和外延，以求揭示公司文化和企业竞争优势之间的关系。以华信惠悦公司为例，其文化审查的内容就包含了12个方面：战略方向、成功的主要标准和定义、结构和协议、计划和控制、员工参与度、信息技术的使用及其理念、自然环境、历史问题和未来期望、组织范围内的信息传递、个人之间的信息传递、高层领导和部门经理的行动以及人力资本(Devine，2004)。

3. 组织文化审查的判断标准

明确了进行文化评估审查的重要性以及需要审查哪些内容之后，接下来最关键的就是如何评判文化的兼容性。一般来说，现有的研究大致基于以下三种观点：

(1)差异说。大多数学者认为，组织文化差异越大，并购后的绩效会越不理想，这也已经得到了多数企业家的认同。这是因为，相似的组织文化能够避免文化冲突所带来的各种负面影响，这使得并购中的实际管理相对要便利一些。这些观点得到了问卷调查、访谈以及案例等不少研究的证实。

(2)多因素说。差异说虽然便于理解和操作运用，但缺乏足够的研究来证实文化相似性就充分代表了文化适应性。一些学者还提出，组织间文化的异质也会带来一定的积极作用(Sinetar，1981)。Shanley 和 Correa(1992)认为，一定程度上的差异是有利于并购的。从逻辑上分析，知识和经验的差异可以帮助组织成员之间更好地互补。不过，发挥差异的协同效应需要在整个并购过程中能够保证非常有效的管理。之后，逐渐有学者开始探索，除了文化差异之外，还存在哪些因素在并购的文化整合中发挥作用。一些研究发现，这些因素可能包括文化强度和文化吸引力。文化强度是指组织中的个体对组织文化所包含的价值观的共享程度，这也可以近似地理解为个体对于组织文化的认同程度。Jackson 等人(1994)提出，文化强度在并购中是一个需要重点考虑的因素，可以设想，如果被并方的组织文化强度比较弱，相对而言更容易进行文化整合。文化吸引力是指个体认为对方的组织文化与自身的匹配程度。当两个组织合并时，组织中个体的情绪反应很大程度上取决于个体如何评判对方文化对自己的吸引力。Very 等人(1997)通过对英、法、美三国公司高层管理者的调查研究证实，并购方组织文化的吸引力与并购后的绩效呈正相关。我国学者宋耘(2006)也发现，并购方的文化吸引力既通过目标企业员工的态度来影响并购绩效，也可以直接影响并购的协同效应。

(3)类型说。还有一部分学者认为，组织文化存在一定的分类，这可以视为组织文化的第三种观点：类型说。Harrison(1972)提出，组织文化可以分为四种主要的类型：权利型(power)、角色型(role)、任务/成就型(task-achievement)和个人/支持型(person-support)。虽然目前还无法证明哪种类型的组织文化更易帮助组织成功，但是，组织文化的不同类型组合在并购中的确可能导致不同结果。Harrison(1972)对不同的文化类型对并购的组合效果的分析结果表明(如表 4-1 所示)，相同类型的组织文化的并购结果也会截然不同，如权力型文化特征的企业并购类似文化特征的权力型企业，也容易出现冲突问题，而角色型文化的企业并购另一角色型文化的企业却存在潜在的优势(Cartwright & Cooper，1993a)。

表 4-1　各类型组织文化并购组合可能产生的结果

主并方文化类型	被并方文化类型	可能的结果
权力型	权力型	存在问题
	角色型、任务/成就型、个人/支持型	潜在灾难

续表

主并方文化类型	被并方文化类型	可能的结果
角色型	权力型、角色型	潜在优势
	任务/成就型	潜在问题
	个人/支持型	潜在灾难
任务/成就型	权力型、任务/成就型、个人/支持型	潜在优势
	个人/支持型	潜在问题
个人/支持型	所有类型	潜在优势

需要指出，这三种观点并没有优劣之分，在进行实际的文化审查时，需要根据自身企业的情况做出判断。

(二)并购中阶段

1. 文化整合的类型

在了解了双方组织文化的基本情况后，首要的任务就是选择一种合适的文化整合模式。简单地说，文化整合可以分为三类：

(1)一种文化强加给另一种文化。

(2)文化可以保持独立或允许较长时间去逐渐融合。

(3)创造一种混合文化，吸取双方组织的精华(Habeck et al.，2003)。

目前，主要倡导的文化整合模式是学者 Nahavandi 和 Malekzadeh 在 Berry 的研究基础上，提出的四种文化整合模式(modes of acculturation)：同化(integration)模式、吸纳(assimilation)模式、分离(separation)模式和消亡(deculturation)模式。同化是指采取双方文化逐渐融合的模式，双方文化互有保留，并吸取其精华，但是见效比较慢；吸纳是指被并方自愿放弃原有文化，转而完全被吸纳到主并方的文化体系；分离是指并购双方基本上完全保留其原有的组织文化，双方几乎不进行相互的文化干预；消亡是指被并方既不接纳新文化，也不保留原有的文化，而直至自身消亡。

Nahavandi 和 Malekzadeh 还对影响文化整合模式的因素进行了深入探索和分析。他们认为，主并方和被并方决定最合适的文化整合模式的影响因素是不同的，被并方主要受到主并方文化的吸引以及对自身文化的偏好程度的影响；而主并方主要受到文化多元性和双方组织战略相关性的影响

(Nahavandi & Malekzadeh, 1988)。

2. 我国学者提出的文化整合模式

我国学者提出的文化整合模式多是基于 Nahavandi 和 Malekzadeh 的四种类型学说，如潘爱玲(2004)认为，在跨国并购中，应该考虑并购双方的民族文化、企业文化的双重差异，提出了融合、移植、渗透、嫁接和自主五种文化整合模式。也有学者另辟蹊径，如殷瑾等人(2006)在企业文化三层面模型基础上，提出了四种跨国并购的文化整合策略，其中物质行为层企业文化整合是跨国并购中最基本的文化整合措施，而制度层和精神层企业文化是否需要整合，则取决于并购公司的文化包容性与并购双方业务领域的相关性。

(三)并购后阶段

1. 对组织文化效果的巩固

进入并购后阶段(post-merger phase)，一些并购后形成的新企业已蓄势待发，如果并购顺利，股东们也会逐渐意识到最初支持并购决定的正确性，多数员工之间也会逐步达成共识。此时，大多数人都会认为关键阶段已经过去，新的组织文化的整合效果基本成型，容易忽视对组织文化整合效果的巩固，其实这种认识是不妥当的。这是因为，组织文化整合是一个对企业长期发挥影响作用的过程，这个过程少则 3 年，多则 5 年，甚至更久(Cartwright & Cooper, 1995)。因而，在这一阶段中，组织文化整合最重要的任务在于进行及时的评估、回顾以及反馈，对文化整合措施的预期与现实结果的差异进行比较分析，从中吸取经验教训。

2. 不断改进组织文化的整合方式

通过内部协商或外部咨询，来不断改进组织文化整合措施，使文化整合的策略能得到长期的贯彻(Lodorfos & Boateng, 2006)。所以，这一阶段的主要任务是评估和修订整合方案和坚持长期的文化融合。

综上所述，组织文化整合应该贯穿于整个并购过程，不过由于上述文化整合方法大多是经验所得，有些仍然只停留于理论层面，尤其是缺少科学的实证方法来验证这些文化整合措施的有效性。同时，目前组织文化整合措施大多形式上比较分散、缺少一种核心理论，自上而下贯穿整合过程。因此，本研究在借鉴了真实工作预览、真实并购预览的基础上，提出组织文化预览，以之作为文化整合的核心理念和方法的设想。

三、组织文化预览

这里将着重探讨何为组织文化预览，组织文化预览概念提出的起源，以及如何研究组织文化预览等关键问题。组织文化预览概念的提出，主要是借鉴了“真实工作预览”和“真实并购预览”这两个概念及其相关研究。下面首先通过介绍这两个概念，来初步了解什么是“预览”，预览有何功效，为什么在并购中会引入预览，并且最终采用组织文化预览这一概念等问题。

(一)真实工作预览

1. 什么是真实工作预览

真实工作预览(Realistic Job Preview，RJP)是指管理者通过影像或录音等方式，对应聘者提供其未来工作的完整、真实的信息，包括积极和消极的方面的方法。有关研究表明，真实工作预览可以降低新员工对未来工作的不确定性的担忧，从而减少员工的离职率(Wanous，1973；Meglino et al.，2000)。相对于传统工作简介，真实工作预览能帮助员工体验更真实的工作预期，从而降低离职意愿，提高工作生存(job survival，留职时间)。真实工作预览与传统的工作预览最大的差别在于，它提供给应聘者未来工作的信息更为全面，尤其值得一提的是，真实工作预览还包括了负面信息，这可以适度减少员工过于积极的预期，使得他们更好地应对工作中可能出现的困难。而传统的工作预览一般只突出正面信息而忽略负面信息。另外，研究也表明，真实工作预览在影响时间上，可以直接在预览后短时间内降低应聘者对今后工作的预期，即降低初始预期(initial expectation)(Krausz & Fox，1981)。

2. 真实工作预览的影响作用

当然，在招聘新员工时，仅仅凭借真实工作预览就想大幅降低员工的离职率也是不现实的，尽管大量的研究证实了真实工作预览对于组织有积极作用，但是也有不少研究表明，真实工作预览并非想象中的那样功效显著。Zaharia 和 Baumeister(1981)通过实验组和控制组的对比研究发现，无论是书面报告还是影像资料方式的真实工作预览的实验组，最后的员工离职率虽然是低于控制组，但并没有达到统计学意义上的显著性差异。另外，也有学者认为，虽然真实工作预览的确可以降低员工对未来工作的预期，但是这并不代表接受了真实工作预览的员工对于工作的满意度会高于没有接受真实工作预览的人。要想提高员工的满意度，就必须对这些员工不满意的事宜尝试进行改进(Dugoni & Ilgen，1981)。

3. 真实工作预览的运作过程

从真实工作预览的运作过程的角度也可以理解其作用机制。Popovich 和 Wanous(1982)借用 Yale 模式，将真实工作预览分为四个方面来深入分析。首先是信息的来源，信息来源主要探讨根据信息的来源来评价信息的可靠性。一般来说，感受到的专业性、信任、喜好三个因素决定了信息的可靠性；其次是信息的内容，指典型的真实工作预览的内容包括了积极和消极两个方面的信息。对于真实工作预览所提供的内容，一些学者认为，它可以提高员工对组织的信任，但也有学者认为，消极信息会增加员工的焦虑和无助感。再次是传播的媒介，指真实工作预览的传播媒介也很多，如宣传手册、电影、录像、口头报告、工作探访以及工作模拟等。不同的传播预览信息的媒介，会对最后预览的效果产生不同的影响。最后一个因素是听众的个性，真实工作预览的效果还受到应聘者本身个体差异的影响。不同素质水平的应聘者对真实工作预览，尤其是其中包含的负面信息的反应会有所不同，对于高素质的应聘者而言，可能会出现反向自我选择(adverse self-selection)，即当招聘企业出现负面信息时，高素质的应聘者会抛弃该企业而寻求其他工作，这对企业而言无疑是巨大的损失。不过通过实证研究发现，接受了真实工作预览后，虽然有工作经验的应聘者在试用期内的工作保留率显著偏低，但是，他们在过了试用期后的保留率则高于无工作经验的应聘者(Meglino et al.，1993)。

(二)真实并购预览

1. 适当的沟通在并购中的关键作用

Schweiger 和 DeNisi(1991)提出的真实并购预览(Realistic Merger Preview，RMP)是从真实工作预览的概念衍生而来的。那么，为何他们会将“预览”创新性地应用于企业并购的相关研究中呢？应该说，他们的灵感主要源于许多学者发现“沟通”在并购中的关键作用。Sinetar(1981)认为，适当的沟通技术可以让正在经历并购的员工保持比较好的士气。Napier 等人(1989)通过对两家银行的并购案例的深入探索，发现在并购过程中，对于并购双方企业而言，似乎永远不存在足够充分的沟通，人们总是觉得没有得到完整的信息。Risberg(1997)则认为，在整个并购过程中始终进行沟通交流，可以削弱员工的不确定和模糊的感受。如果将双方组织文化的背景差异说清楚，可以避免组织文化的差异可能带来的误解，更好地减轻员工的不确定性。Mirvis 和 Marks(1992a)还特别指出，并购中的交流内容不限于双方组织文化的表面现象，即组织是如何运作的，更需要交流运作的目的，这是因为，相似的运作方式背后的目的有时候是截然不同的，这才是最具有交流价值的内容。Bijlsma-Frankema(2001)认为，沟通的核心是通过谈话等交流方式，共享双方的目标，增进组织双方的了解和信任。

2. 预览和沟通有异曲同工之妙

鉴于沟通在并购中的重要作用，Schweiger 和 DeNisi 认为，预览与沟通有异曲同工之妙，较之沟通，预览更加具备相应的理论和实证研究基础。因此，Schweiger 和 DeNisi(1991)最终提出了真实并购预览的概念和方法，创新性地将“真实工作预览”的概念首次应用于企业并购之中。真实并购预览就是指在企业刚刚宣布并购消息后，提供企业间员工真实沟通交流的一个项目。他们通过一项时间—序列研究，分为实验组和控制组，在并购过程中用四个时间点分别测量被试的工作压力、不确定感、工作满意度、组织承诺和留职意向等多个指标，结果表明，真实并购预览对减轻并购中员工的压力、提高工作满意度和组织承诺有积极促进作用，能够帮助企业减轻由于并购所带来的各种不适应。

(三)组织文化预览

诚然，Schweiger 和 DeNisi 验证了真实并购预览的效用，但是，真实并购预览并非明确针对组织文化，它的概念过于庞大，涉及内容范畴过于宽泛，且具体操作过程比较复杂。所以，本研究根据真实工作预览和真实并购预览的相关研究成果，鉴于并购企业间的组织文化差异是影响并购成败的关键问题，提炼出并购预览中最核心的成分，利用组织文化这一相对独立的角度，提出“组织文化预览”(Organizational Culture Preview)的概念，来预览企业并购过程中双方的组织文化差异等真实信息，以便使真实并购预览的方法有所改进。

综上所述，组织文化预览可以初步界定为：在企业并购过程中，基于多种评估企业组织文化技术(如问卷调查法、现场观察法、小组讨论等)所获得的复合结果，运用形式各异的恰当的手段(如书面报告、影音资料、团体焦点访谈等），让并购企业双方了解对方企业的组织文化的精确信息，最终帮助企业有效地进行组织文化整合。另外，组织文化预览还需要具体分成单向预览和双向预览。单向组织文化预览是指被并方预览主并方的组织文化，而双向组织文化预览是指在单向预览的基础上，主并方同样预览被并方的组织文化。

四、实验室研究范式

（一）实验模拟组织文化

前面已经述及组织文化的概念、发展以及文化、语言等相关问题，也提及并购中组织文化的研究的回顾方法，很少采用 Schweiger 和 DeNisi 这样的纵向实证研究。这是因为，一方面研究成本高，研究的可重复验证性成为问题；另一方面在实际并购企业取样的难度较高，因而无法轻易对某种文化整合措施进行验证研究。本研究借鉴 Weber 和 Camerer 的实验范式，将考虑在实验室研究的情境下模拟组织文化，探索组织文化预览对并购后绩效的影响作用。

Schein(1989)认为，组织文化应该包含企业的成员所共同拥有的更深层的基本假设和信念。Arrow(1974)曾用“代码”一词来定义组织文化，他认为，组织文化是通过组织而发展起来的一种“代码”(codes)，它可以用于促进组织内成员的通力协作。Cremer(1993)在 Arrow 在代码概念的基础上提出，组织文化就是最重要的那部分员工所共享的知识库，是一种共享的经验假设。Weber 和 Camerer 根据上述理论，通过实验室研究，模拟了并购前组织文化的形成和并购后组织文化差异带来的问题。他们在研究中将文化模拟为一种为解决实验任务而由小组成员共同形成的特殊语言。Weber 和 Camerer 的实验共有 4 人，每 2 人分别扮演 1 个企业的经理和员工，共两个企业。在第一阶段实验中，经理和员工面前都呈现 16 幅实验图片材料，主试会告诉经理 8 幅目标图片，然后经理描述图片，员工尽可能快地从 16 幅图片中选出那 8 幅目标图片，组织绩效就是完成实验任务的时间，需要进行 20 轮这样的实验，然后将两个企业合并，第一阶段绩效低的企业被并购。经理在结束实验后，员工进入新企业。进行与合并前同样的实验任务，来考察并购前后完成任务的效果。Weber 和 Camerer 实验中的图片匹配任务，类似于现实场景中的管理者和员工需要共同解决任务，工作效率很大程度上取决于管理者对其员工是否进行了快速有效的信息沟通。如果管理者和员工先前不存在一种简明自然的语言交流方式，那么，他们之间最终就难以发展出一套便于工作的语言体系来保障公司的绩效。与本实验相似，Blume 等人(1998)在对博弈论的相关研究中发现，具有相同兴趣被试会在“给予—接受游戏”中(sender-receiver game)自创出一种语言系统，来归类观察到的类型和符号的选择。

同样，实验中的企业和并购也是对现实世界的简化和模拟，实验中企业只是由两名成员组成，企业成员需要完成的也只是一项简单的任务，而现实的企业一般由很多员工组成，并且需要完成各种纷繁复杂的任务。本研究的目标就是在实验室中创造出现实世界的简化模型，在控制了干扰变量的条件下，探索组织文化预览对并购后绩效的影响作用。

总的来说，Weber 和 Camerer 的经典实验范式设计得相当巧妙，得到了学术界的认可，并在国际权威期刊上发表了他们的研究成果。他们的实验范式对于探索并购中组织文化提供了一种全新的方法和思路。为了保证实验材料的正确性，本研究经过 Weber 教授的授权许可，采用了他们实验的原材料，这些图片是 Weber 等人精心挑选的成果，每幅图片都有一些相同的特征，但各有特色。

(二)实验模拟组织的理论基础

实验模拟的范式主要是从经济学博弈论及行为经济学等研究衍生而来的，在行为经济学领域通常称之为行为实验(behavior experiment)。在现有的经济学研究中，行为实验的价值正越来越受到重视，如不少有限理性和非自我中心偏好的研究证据都是出自行为实验。2002 年诺贝尔经济学奖获得者 Daniel Kahneman 的研究也是基于行为实验。行为实验在行为经济学领域的重要价值在于：第一，能够有效地证实基本假设和内在机制；第二，能够更好地理解经济方面的表征是如何影响决策和最终结果的。

一般来说，实验法可以比较简单地反映纷繁复杂的现实世界的情况，在我们即将进行的研究中，实验设计本身虽然无法完美地呈现现实并购的各种情况，但使用实验方法的确能够有效地帮助我们挖掘出隐藏于表现之后的内在过程。虽然实验法通常会忽略一些现实情况，但是，实验也可以有效地控制一些相关变量，精密地操控实验的条件和重要变量，也可以揭示变量之间的因果关系(董奇，2007)。其实在当今管理学研究领域，类似于 Weber 和 Camerer 的实验模拟现实组织情境的研究非常多，也有相当的理论作为基础。

Knez 和 Camerer(1994)也曾采用过简单的实验来帮助理解复杂的现实情境和过程，诸如组织成长、领导行为等问题。刘小平、王重鸣以及 Brigitte Charle-Pauvers(2002)通过情境模拟的实验方法，提供给被试两个企业及员工的情况介绍，然后让被试对该企业及员工情况进行评价。告知被试让其扮演其中的员工角色，通过问卷进行调查，从而来探索影响组织承诺的各种因素，以及组织承诺对离职等各种结果变量的影响。

目前，对于行为实验的批评主要集中在其被试的选择多数为学生，模拟的多数行为是概要性的且由短时间形成，与现实情况还是存在一定的差距。对于这类批评，行为实验研究者给予的回应是实验室研究的特性本身就是尽可能地控制无关变量，所以，越来越多的学者认为比较好的研究方式，就是先采用实验室研究的方式来验证探索基本假设和内在机制，再配合采用现场研究的方法来弥补研究结论的外部效度(Weber & Camerer，2006)。实验法以及情境模拟的方法，是现代管理学研究范式的重要组成部分，同时随着计算机等辅助技术的高速发展，实验和模拟的方法必将有更大的发展前景。

第二节　组织文化预览对并购后绩效的影响

一、研究假设

(一)研究目的

本研究借鉴“真实并购预览”和“真实工作预览”的概念，在 Weber 和 Camerer 的实验范式的基础上，通过实验室研究的方法，旨在探索“组织文化预览”这一文化整合干预措施对并购后企业绩效的影响作用，从而为今后投入实际并购企业使用提供理论依据。

(二)研究假设

假设 1：组织文化预览可以显著提高并购后组织的绩效。其中，接受双向组织文化预览的并购后绩效会显著高于接受单向组织文化预览，而单向组织文化预览的绩效显著高于无预览组。

假设 2：组织文化预览能够显著降低对并购后绩效的预期，双向预览对预期绩效降低程度显著高于单向预览组，单向预览组显著高于无预览组。

假设 3：经过组织文化预览，主并方企业管理者会得到更高的评价，其中双向预览组经理得到的评价高于单向预览组。

假设 4：接受组织文化预览的被并方员工，能够提高对于主并方组织文化的认同度，且双向预览组的文化认同度高于单向预览组，单向预览组高于无预览组。

二、研究过程

第一阶段：并购前阶段

在这一阶段，被试抽签，决定其扮演的角色是经理或员工后，两个企业各自的两名被试(经理和员工)进入两个独立的实验室，由两名主试主持进行实验。在扮演员工和经理的被试面前分别呈现一个相同的包含了 16 幅图片的页面。这 16 幅图片特征相似但又相互区别(如图 4-1 所示)，且每幅图片下方用英文字母标注编号加以区分。主试随机生成一份含有 8 个目标图片的编号清单给经理，但员工不能看到这份清单。要求经理用其任意喜好的方式来描述这 8 幅图片给员工，员工则需要在尽可能短的时间内，按照经理的描述正确选取出他所指的那幅图，并将图片编号填写在答题卡上。同时主试开始计时，员工作答后，示意经理可以继续描述下一幅图片。经理必须严格按照清单上的顺序描述对应的图片，经理和员工之间可以就图片的内容进行沟通，但不能暗示图片的编号或位置等信息。当员工选答好全部 8 幅图片后，主试会检查员工回答情况，如有错误，被试需重新作答，并增加计时。这样直到员工选对所有 8 幅图为止，一轮实验结束。一共重复这样的实验 20 轮，每一轮除要求经理描述的 8 幅图的编号清单都独立随机生成外，其余实验要求不变。

K图

L图

图 4-1　实验图片范例

第二阶段：干预阶段

第一阶段实验完成后，根据两个企业的绩效，定义高绩效企业为主并方，低绩效企业为被并方，两个企业进行合并，被并方公司经理被裁员，结束实验任务，离开实验室。而被并方公司员工将进入主并方公司继续进行实验。对于单向组织文化预览组：宣布并购情况后，让被并方员工参照图片材料和最后一轮目标图片清单，听主并方在第一阶段实验的最后一轮的录音。对于双向组织文化预览组：宣布并购情况后，在参照图片材料和最后一轮目标图片清单的同时，让并购双方人员(即经理和两个员工)听对方组织在第一阶段实验的最后一轮录音。对于控制组：宣布并购情况后，让被试观察图片和回忆实验过程，但不能做交流，回忆的时间相当于组织文化预览的时间，然后进入并购后的实验阶段。

另外，在进行正式并购前，会对主并方和被并方分别呈现并购前两个企业 20 轮的完成实验任务的时间走势及均值，然后要求被试预期并购后的 10 轮实验所用平均时间，对照组在进行预览后立即回答。

第三阶段：并购后阶段

并购后，被并方员工进入主并方公司所在组的实验室，完成与实验第一阶段相同的任务，即经理描述图片，两名员工挑选图片。员工和经理之间可以进行沟通，但只能是针对图片内容。员工之间独立完成实验任务，由两名主试分别计时。实验共进行 10 轮，在实验完成后，被试还需要完成一份实验辅助调查问卷，内容涉及对实验同伴能力的评价等问题。同时，还会对实验对象进行一个简短的访谈，着重交流对预览的感受。

三、研究方法

(一)被试

本研究招募了 120 名在校硕士研究生作为被试，男性占 60.2%，女性占 39.8%；年龄范围为 21～30 岁，分布在 22～25 岁的被试占 89.2%。本研究共进行了 30 个组次的实验，每个组次需要 4 名被试，每次实验需要进行 1 小时左右。实验在上午和下午的工作时段进行。三个组(一个控制组、两个对照组)各进行 10 个组次的实验，按平衡法安排三个组的实验次序。

现在说明单独一个组次的实验过程。4 名被试到达实验室后，通过抽签决定扮演经理和员工角色。1 名经理和 1 名员工构成 1 个企业，这样就有两个企业。实验分为三个阶段，分别是并购前、干预中和并购后阶段。

(二)实验材料

本研究的图片材料取自Weber和Camerer的实验材料，共16幅图片，呈现在同一个页面上。每幅图片下有一个英文字母表示图片编号，便于实验操作。16幅图片中大多数有着相同的元素，如办公室、家具、房间特色等，但是每一幅又是相对独特的，如图片中人的数量和他们的性别、衣着等。除实验专用图片资料，实验材料还包括答题卡、目标图片编号清单、被试登记表、实验辅助调查问卷、计时器、录音笔等。

(三)变量操纵与测量

1. 自变量

本研究是一项单因素实验。自变量是组织文化预览，共有三个水平：无预览(控制组)；单向预览，即扮演被并方员工的被试在第一阶段实验任务结束后，听主并方公司完成第一阶段最后一轮实验任务时“经理”和“员工”之间的对话；双向预览，即在单项预览的基础上，也让主并方“经理”和“员工”听取被并方在第一阶段最后一轮实验中的对话录音。

前文已经述及，尽管对于组织文化的概念没有达成共识，但是，总的来说可以认为，组织文化就是一个企业的员工在共同生产或服务过程中，逐渐形成的一种共享的知识、经验、习惯以及价值体系，是随组织发展生成的一种“代码”。本实验基本借鉴了Weber和Camerer的范式，最低限度地模拟企业文化中的关键特征。在实验中，每个模拟的企业员工和经理都必须共同学习和应对每个外部事件(每次由主试安排好呈现哪幅图片和图片顺序)，同时，每对被试也需要采用最合适的行动(描述图片的语言)来应对这些外部事件。经理和员工先前不存在一种简明自然的语言交流方式，但他们之间最终总会发展出一套便于工作的语言体系来保障企业的绩效。经过几轮实验，描述图片的语言会慢慢变成一些特有的精练的短句或者词语，一旦提到这些特有的短句或者词语，扮演经理和员工的被试就能够理解是哪幅图片。以图4-1中K图为例，第16组次的被试一开始将之描述成“一个很大的工作场所，人非常多，其中最前面是一个人对着台式电脑”，最后，演变成“工作区，深色条纹”就可以让员工准确地挑选出图片。同样是对K图，第22组次被试在实验初期将之描述为“人非常多，每个人前面都有电脑，其中映入眼帘的第一人，穿着竖条纹衬衫”，最终演变成了“黑底，白竖条”。而第23组次被试一开始描述

K 图为“在一个大的办公室里面，有一个男士在接电话，穿条纹西服”，而最终演变为“一个格里两个人”。在本研究中，不同的实验组次最终都会形成类似这样的独特的语言代码，这就是实验中模拟的组织文化。上述三个组次被试对于 K 图详细的语言描述演变过程可见表 4-2。因此，到第一阶段实验最后一轮时，每个企业基本上都形成了比较成熟的组织文化。因而，听取最后一轮实验的录音可以模拟组织文化预览。

表 4-2 对于 K 图的不同实验组次的描述方式的演变过程

出现次数	第 16 组次被试	第 22 组次被试	第 23 组次被试
1	一个很大的工作场所，人非常多，其中最前面是一个人对着台式电脑	人非常多，每个人前面都有电脑，其中映入眼帘的第一人，穿着竖条纹衬衫	在一个大的办公室里面，有一个男士在接电话，穿条纹西服
2	一个很大的工作场所，最前面的人对着台式电脑，穿着竖条的衬衣	也是一个格一个格，映入你眼帘的第一个，是一个男的，在打电话，穿的是黑衣服，白竖条	人特别多的办公室，有个男士穿条纹西服，在打电话
3	工作区，正对着我们的那个人，穿着竖条纹衣服，对着台式电脑	也是格子办公室，映入眼帘的第一人，穿的是黑衣服，白竖条	两个人一格的办公室，男士穿黑色条纹西服，在打电话
4	一个工作区，最前面是穿着竖条纹的男士	格子办公室，映入眼帘第一人，黑衣服，白竖条	人比较多的办公室，两个人一格，靠近我们的男士穿黑色条纹西服
5	一个工作区，离我们最近的人穿着深色条纹状	映入眼帘第一人，黑衣服，白竖条	两人一格的办公室，穿条纹西服
6	一个工作区，离我们最近的男士穿着条纹状衣服	格子办公室，黑底，白竖条	每个格里有两个人的办公室
7	一个穿着深色条纹状的人	黑衣，白竖条	两人一格办公室
8	工作区，穿着深色条纹状的男人	黑底，白竖条	两人一个格
9	工作区，深色条纹	黑底，白竖条	一个格里有两个人

2. 因变量

因变量是并购后的组织绩效。本实验用被试完成实验任务的时间作为绩效指标，时间越少绩效越高。并购后的组织绩效是用并购后阶段两名员工完成 10 轮任务的时间均值，即先将每轮两个员工的用时平均后，再计算这 10 轮均值的均值。

3. 控制变量

虽然本研究假定控制组和两个对照组的因变量差异是由本研究的自变量引起的，但是，它也可能是别的因素作用的结果。最有可能影响它的是并购前的绩效。并购前的绩效差异有可能是因变量差异的原因(如不控制则被解释为自变量的效果)，或者增大了差异(如不控制则高估自变量效用)，也有可能抵消了差异(如不控制则低估实验效应)。因此，并购前绩效是必须控制的一个干扰变量。

类似于并购后绩效，并购前绩效以两个企业的员工在第一阶段后 10 轮实验用时的均值的平均数计算。排除前 10 轮时间一是为了和因变量的测量尽量一致；二是考虑到前 10 轮被试缺乏练习，绩效的额外的变异会比较大，同时实验小组在前 10 轮还未形成统一的描述图片的方式，即没有形成成熟的组织文化。

由于本研究中被试年龄比较集中，且年龄、性别等因素无明显影响本实验中实验任务完成的依据，当控制了并购前绩效后，相信这些变量所产生的效应已经被并购前绩效代替，从而已经得到了控制，因此在后继分析中没有考虑对这些因素的进一步处理。

四、研究结果与分析

(一)与 Weber 和 Camerer 的实验结果相比较

虽然本研究主要借鉴了 Weber 和 Camerer 的实验范式，但是，在他们的原始实验中，不涉及文化预览这样的干预措施，因而可以参照本研究控制组的实验结果，来与 Weber 和 Camerer 的实验结论进行比较，从而探索此实验范式在中国应用的效果。

由图 4-2 可以发现，控制组在并购后，无论是被并方还是主并方的员工，其完成实验任务的时长都有比较大的增长，尤其是被并方，在进入新企业后，第一轮完成时间陡增，达到了 166.8 秒，和并购前最后一轮是

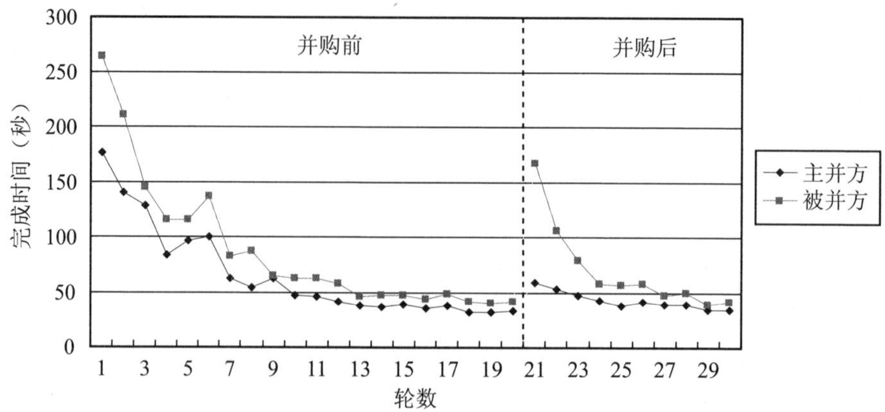

图 4-2 实验前后被试的绩效对比

41.4 秒，相差了 125.4 秒。直到并购后大约第五轮开始，完成时间才趋于稳定。与被并方进入的新员工相比，主并方的老员工虽然在并购后完成时间相对还是保持在比较低的水平，并购后第一轮的成绩是 59 秒，但是与自己在并购前的最后一轮 32.5 秒的表现相比，还是有比较大的差距。此结果与 Weber 和 Camerer 的研究结果基本一致，即并购过程中企业绩效会出现下滑。因此，可以认为，Weber 和 Camerer 的实验范式及实验材料在我国也是同样适用的。

(二)比较不同组别并购后的绩效

本研究通过计算多轮的平均成绩(时间)作为绩效变量的度量，也将各个组每一轮的绩效展示在图 4-3 中。注意各轮的绩效在并购前是主并方企业和被并方企业绩效均值，并购后是主并方企业的绩效，也是两个员工完成实验任务时间的均值。观察图 4-3 可以发现，有三个方面的特征符合我们的预期：首先，在并购前阶段的前 10 轮，尤其是第三轮到第八轮之间，各组成绩的波动性较大，这也是我们的控制变量选择并购前的后 10 轮绩效的原因之一。其次，各组成绩均随着实验进程呈提高趋势(时间减少)，而且在后期逐渐趋于稳定。在本实验中这被解释为经理和员工沟通有效性的提高(模拟组织文化的形成)，而不仅仅是被试对实验环境、实验材料的熟悉(联系效应)。因为如果仅仅是对这些外部刺激条件的适应，则不太可能合理地解释为何并购后初期各组绩效都有明显的下降。最后，观察并购前和并购后各

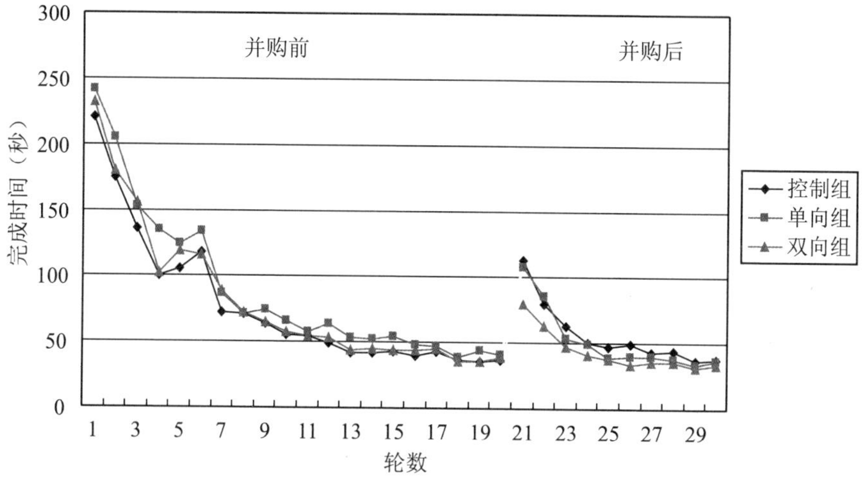

图 4-3　并购前后组织绩效比较

组之间的差异，发现只有并购后(干预后)显示双向预览组的绩效与其他两组有较明显的差异，其差异主要体现在并购后初期，在后期各组绩效渐趋一致。

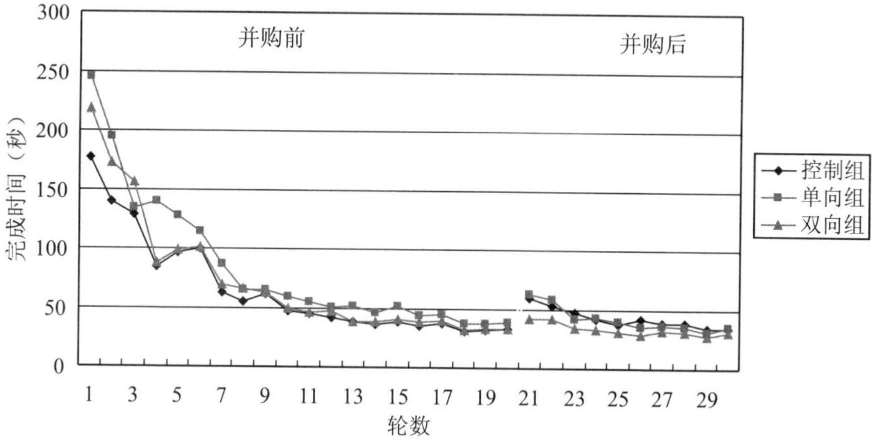

图 4-4　并购前后主并方员工绩效比较

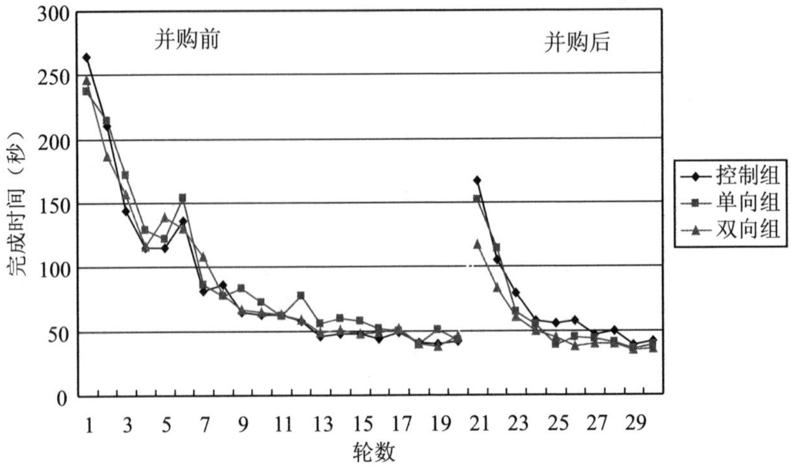

图 4-5　并购前后被并方员工绩效比较

除了对不同实验组别并购后组织绩效的走势进行分析，本研究还分析了并购后，主并方和被并方员工绩效的走势。从图 4-4 和图 4-5 可以发现，无论哪个组别，并购后主并方公司员工和被并方公司员工的绩效都有所下滑，但主并方员工下滑幅度相对被并方员工要小很多。无论是主并方还是被并方员工，从这两幅图中都可以清晰地发现双向组织文化预览组的绩效要高些。

(三)经修正并购后组织绩效均值比较

表 4-3　经修正并购后组织绩效均值

组别	均值	标准误
控制组	57.666	3.060
单向预览组	50.971	3.128
双向预览组	44.048	3.014

表 4-3 是指不同组别并购后组织绩效的修正均数，该修正均数是按并购前绩效平均值为 45.380 秒进行计算的。控制组并购后绩效最低，单向预览组绩效要高于控制组，双向预览组最高，下面对各组两两之间是否存在显著差异进行事后分析。

表 4-4　经修正并购后组织绩效事后分析

(I)组别	(J)组别	均差(I—J)	标准误	p
控制组	单向预览组	6.694	4.497	0.149
	双向预览组	13.618**	4.255	0.004
单向预览组	控制组	—6.694	4.497	0.149
	双向预览组	6.923	4.401	0.128
双向预览组	控制组	—13.618**	4.255	0.004
	单向预览组	—6.923	4.401	0.128

注：** 表示 $p<0.01$。

根据表 4-3、表 4-4 的结果可以发现，自变量组织文化预览的主效应显著，各组的均值仍如理论预期的一样，呈现双向预览组绩效高于单向预览组，单向预览组又高于控制组的趋势。但是，事后检验的结果发现，双向预览组并购后组织绩效显著高于控制组(MD=13.618，p=0.004)，而单向组织文化预览组和控制组没有显著性差异。

(四)对并购后绩效预期的分析

表 4-5　不同组别内的积极和消极预期百分比比较

组别	积极预期	消极预期	合计
控制组	10(33%)	20(67%)	30
单向预览组	9(30%)	21(70%)	30
双向预览组	2(7%)	28(97%)	30
合计	21(22%)	69(78%)	90

如表 4-5 所示，对于并购后的绩效预期，所有参与并购后阶段实验的 90 名被试中，有 22%的人抱以积极预期，即预期并购后 10 轮实验完成的平均时间要低于并购前 20 轮实验完成的平均时间。有 78%的人抱以消极预期，即预期并购后 10 轮实验完成的平均时间要高于并购前 20 轮实验完成的平均时间。在三个组别中，控制组和单向预览组包括的积极预览和消极预览的人数几乎相同，基本都是 3∶7，而双向预览组包括的积极预期和消极预期的人数比例低于 1∶10。下面通过卡方检验，进一步探索不同组别之间对于并购后绩效预期是否存在统计学意义上的显著性差异。

表 4-6 不同组别对于并购绩效积极预期和消极预期的卡方检验

	Value	df	p
Person Chi-Square	7.081	2	0.029
Likelihood Ratio	8.251	2	0.016
Linear-by-Linear Association	5.896	1	0.015
N of Valid Cases	90		

由表 4-6 可知，有效例数大于 40，且最小期望频数 7＞5，因此，$\chi^2=7.081$，$p=0.029<0.05$，所以，不同组别之间对于并购绩效积极和消极的预期有显著差异。综合表 4-6 的结果，可得双向组织文化预览组对并购绩效的消极预期显著高于控制组和单向组织文化预览组。这一结果部分证实了实验假设 2，也就是说，组织文化预览的确会显著降低对并购后绩效的预期，但是统计学检验显示，双向组织文化预览会显著降低并购中人们对并购绩效的预期，而单向组织文化预览的作用没有达到显著性水平。

(五)相关调查问卷分析

为了进一步详细说明组织文化预览的影响作用，实验中也增加了部分调查问卷，旨在初步探索组织并购预览可能给组织成员带来的各种影响，尤其是对被并方员工心理方面的影响。调查问卷着重探索了并购双方员工对主并方经理的能力、满意度以及工作难度的评价，被并方员工还需要回答对主并方企业描述实验图片方式的认同程度。

1. 工作能力

这里的工作能力的得分是指实验中的员工对主并方公司经理完成实验任务的能力评价，评分由 1～5，分别表示能力很低、比较低、一般、比较高、很高。

表 4-7 对主并方公司经理的能力评价

	主并方员工的评分	被并方员工的评分	平均分
控制组	4.4	3.9	4.15
单向预览组	4.2	4.3	4.25
双向预览组	4.6	4.4	4.50

通过表 4-7 可以看出，双向预览组的主并方公司经理能力的评价得分最

高，其次是单向预览组，最低的是控制组。

2. 满意度

满意度是指在并购后公司的新老员工对主并方经理的满意度做出评价，满意度得分由 1～5，分别表示很不满意、比较不满意、一般、比较满意和很满意。

表 4-8 对主并方公司经理的满意度评价

	主并方员工的评分	被并方员工的评分	平均分
控制组	4.3	3.8	4.05
单向预览组	4.2	4.6	4.40
双向预览组	4.7	4.6	4.65

由表 4-8 可知，双向预览组对主并方公司经理的满意度评价最高，其次是单向预览组，最低的是控制组。

3. 工作难度

工作难度主要是指并购双方员工对主并方经理工作难度的评价。工作难度的评价，难易程度由 1～5，分别表示很简单、比较简单、一般、比较难、很难。具体结果如下。

表 4-9 对主并方公司经理工作难度的评价

	主并方员工的评分	被并方员工的评分	平均分
控制组	3.4	3.6	3.50
单向预览组	3.5	3.8	3.65
双向预览组	3.6	4.1	3.85

由表 4-9 可知，双向预览组认为主并方经理的工作难度最大，其次是单向预览组，控制组相对而言认为主并方经理工作难度最低。总的来说，统计结果支持了实验假设 3，组织文化预览可以让并购后主并方管理者得到更高的能力评价和满意度，同时加深并购双方员工对其工作难度的认识。

4. 文化的认同程度

在研究并购中组织文化的问题上，一部分学者提到过文化吸引力，即文化认同度，认为这也是判断组织文化能否兼容的一个重要判断标准。在本研究中，用被并方员工对主并方图片描述方式赞同程度，来模拟对组织文化的认同程度。被并方员工对主并方图片描述方式赞同程度由 1～5，分别表示很不认同、比较不认同、一般、比较认同、很认同。

表 4-10 对主并方组织文化认同程度的比较

	控制组	单向预览组	双向预览组
被并方员工对主并方组织文化认同程度	3.5	3.7	3.3

由表 4-10 可以发现，被并方员工对主并方公司组织文化认同程度最高的是单向预览组，而双向预览组是最低的，控制组则居中，这一结果不支持之前实验假设 4，之后将会对此问题进一步展开讨论。

五、预览感受的访谈结果

在实验全部完成后，本研究最后对单向预览组和双向预览组进行了简短的访谈，主要涉及对组织文化预览的切实感受。

(一)单向组织文化预览组对预览的感受

1. 被并方员工的感受

在实验结束后，问及关于刚才听的那段实验录音对并购后阶段实验成绩的效果时，大多回答所听的那段录音对并购后的实验成绩是有积极作用的。一名被试的回答是："我在听录音的时候没有去刻意记忆，而是去感受主并方公司的工作方式的特征。"不少被试认为，大致了解主并方描述图片方式的风格，部分可以记忆下来。而对于那些没有听到录音的图片，也是有一定效果的。单向预览对于完成任务没有太大的帮助，其中一名被试提出："我感觉自己只是一个信息接收者，没有与主并方公司进行任何方式的交流，听录音的效果不好。"

2. 主并方经理的感受

对于在单向组织文化预览组的主并方经理，当问及预览效果时，同样也是大多数被试觉得预览对实验成绩是有积极作用的。他们普遍认为，由于被并方员工了解了自己小组描述图片的大致方式，在并购后就可以基本按照自己企业原本的描述方式进行工作，不用再去过多地调整描述图片方式。有一名主并方公司经理提道："我感觉有自己的一套对图片描述的分类方式，如直接用'电视台''天花板'等很简单的词语就说明清楚了，标志性很强。相信被并方的员工听了工作录音后，应该对我们的工作方式有所了解，会提高并购后的工作效率。但是，即使其没有让被并方员工听录音，我也会这么描述，因为我觉得自己这样的方式很正常，不过听录音还是有些效果的。”也就是说，并购中，可能有些主并方的管理者，在无论被并方员工是否理解和接受主并方组织文化的情况下，都会按照主并方自己的组织文化来管理被并方员工。另外，有一名经理谈到一个非常关键的问题：“预览是有一定效果的，但是不确定预览对员工的帮助程度有多高!”也就是说，预览的作用如果无法具体量化，那么主并方经理在进行工作时还是会产生顾虑，因为主并方经理不仅需要考虑被并方员工理解主并方组织文化的程度，还要考虑其能够接受这种文化的程度。

(二)双向组织文化预览组对预览的感受

1. 被并方员工的感受

在问到关于听主并方录音的感受时，大部分被并方员工的回答和单向组织文化预览组是相似的：“刚开始不安，因为感觉到主并方公司和自己的公司行事风格有差异，但是听主并方公司录音是有帮助的，因为之后可以比较好地理解和调整。”“听了主并方公司的录音后，并不是完全记忆，而是能够发现他们的描述方式，如‘开放式或者隔断式的房间’，这是一个很好的特征描述。”“听了主并方公司的录音，没有全部记忆，而是了解主并方公司如何描述的，尤其是对于人少的图片的描述方式，有了比较充分的了解。”“能够记忆2～4幅图，那些没有听到的，在实验中也会觉得好做些，因为听了录音，能发现主并方公司怎么描述动作，知道了主并方的工作方式。”可见，被并方员工对于听到主并方实验录音的感受基本和单向预览组相同，都认为所听的录音对实验成绩有一定的帮助，无论记忆了多少图片，都能总体上了解主并方描述图片的大致特征，在进行测验时效果就会更好。不过，在问及主并方在听了被并方录音后，对实验成绩的帮助效果时，被并方员工的回答却大相径庭。有的认为：“主并方公司听了我们公司原来的录音后，采纳了一些我们原先描述图片的方式，我觉得主并方比较重视我们原来企业的工作方法。”“主并方经理听了我们原先的描述后，部分采纳了我们原先的做法，尤其是对某几幅图片的描述特征，如‘网格衬衫’和‘两台电脑’等。”不过也有不少被并方员工认为，主并方公司经理基本上没有采纳被并方的做法，或者仅采纳了很小的一部分，也就是说，被并方员工认为，主并方经理没有足够重视他们原先企业的描述图片的方式，包括一些他们认为是优于主并方的工作方式。

2. 主并方经理的感受

尽管不少被并方员工认为主并方没有足够采纳他们原先公司描述图片的方式，但是，无论是主并方经理还是员工都认为他们已经采纳了不少被并方公司的工作方式，并且做出了实质上的调整。主并方经理对于这个问题的回答是："听了被并方公司的录音，一开始会采纳，但是会用自己公司的方式转化。""对于被并方的描述内容，着重采纳了其描述简单的几幅图片，一下子能够引起员工注意的内容，如D图被并方称为'植物'，我一开始也加入了'植物'这一说法。""虽然采用的相对比较少，但是，还是采用了一些。如有幅图片被并方公司叫作'花很小'，而我们原先叫作'最浅'，但是我在描述这幅图片时，两种方式都用了。""听了被并方公司的录音，发现被并方比较注重一些人数的描述，还有比较细节的方面，如装饰，我在第二阶段实验任务中就会利用这些，提示被并方员工。""稍微应用了一些，如'项链'，但是，怕我们主并方员工无法辨别被并方公司的做法，因而没有太多采纳。""发现被并方对于B图的描述会说'穿西装开会'，而我们对这幅图片的描述没有提到开会，不过在第二阶段实验中我采纳了被并方的做法。"当然，也有主并方公司经理直接表示，基本没有参照被并方描述图片的方式，如："被并方公司进来的员工反应很快，第二阶段首先是看被并方员工能否理解自己，试探了两轮，感觉被并方公司员工理解力很好，就按照自己的方式，没有参考被并方的方式。""听了被并方的录音，发现有的图片特点两个公司是相同的，不过也有不同的，但是基本没有参照被并方的方式，因为如果参照他们的东西，那么，我们公司原来的员工可能就会降低绩效。"另外，主并方的经理普遍认为，被并方员工在听了录音后，其工作效率要超出他们原先的预期，反映效果很好。

3. 主并方员工的感受

主并方员工听了被并方公司的录音后，对实验成绩作用的感受基本上是和主并方经理一致的。他们也大都认为，并购后主并方经理采纳了部分被并方原先描述图片的方式。"听了录音，感觉不同点就是一些细节，在实验进程中，补充一些自己公司之前忽略的，但被并方公司所重视的内容。""我们公司经理为了照顾被并方员工，的确加入了部分内容。""被并方和我们是有共性的，但是，有些图片标识是不同的，不过我们的经理在第二阶段实验中明显采用了被并方公司便于识别的语言。”“经理在听了被并方公司录音后，的确是采纳了不少被并方的做法，如D图，原本我们是称为‘树’，后来变成了被并方所说的‘植物’；又如另一幅图，原本称为‘鸽子笼’，后来也改成了被并方所说的‘三个人背着’。”“经理还是采纳了一些被并方的做法，如在描述图片时采用了被并方公司所说的‘项链’‘网格衬衫’等。”

第三节　预览有效性的讨论

一、预览是否有效的讨论

(一)组织文化预览的模拟成效

我们开展了组织文化预览对于企业并购的影响机制研究，实验中的组织文化是对于现实世界的一种简化，实验中每组被试的确都发展出了一套属于他们自己的共享知识和经验(每个组别对每幅图片有特定的语言描述)，来保证他们高效地完成实验任务。这种共享的知识或者说语言可以视为广义上的组织文化，因为在我们的日常工作生活中，到处可以见到这类精练的语言，如在警务工作、空中交通管控、导演电影、部队等各个领域。在实验中，每个模拟的公司在并购前阶段的最后一轮时，基本都形成了独具特色的比较成熟的组织文化，而预览主要采用了听取并购前最后一轮录音的方式。在今后现实企业中，组织文化预览的方式可能不仅局限于影音资料，还可以采用书面报告、当面交流和模拟情境等方式。在本研究中描述及选出图片是实验的主要任务，相当于企业中的工作任务。本研究中完成实验任务的时间，就模拟了企业完成工作任务的财务绩效，便于测量和分析。实验任务完成得快就相当于绩效高，反之亦然。当然在现实企业中，组织绩效不仅有财务数据，还包括运营、技术等各方面的绩效，这些还需要进一步探索。

在实验中，两个模拟的公司需要完成相同任务的实验，采用了现实中常见的高绩效公司并购低绩效公司的方式。并购后，模拟公司的实验任务不变，相对于现实即企业一般在并购后主营业务变化不大。相对而言，现实世界的并购情况更加纷繁复杂，如存在横向并购、纵向并购和混合并购等并购方式，并购企业的规模也大小不一，这些同样需要今后在企业中具体探索。本研究较为严格地控制了各种干扰变量，保证了较高的内部效度，而各项模拟的指标均基于现实情境和一定的理论基础，虽无法完全模拟复杂的现实企业情况，但总的来说，为探索并购中组织文化的相关问题开辟了一条蹊径，更为组织文化预览应用于实际企业提供了理论依据。

(二)组织文化预览最能发挥效能的时间

过去，整合是提倡慢速转型，认为收购方必须缓慢地、谨慎地整合，才能避免并购中员工在短时间内受到过多的改变的冲击。而Pritchett等人认为，员工都会厌恶慢速的整合过程，这可能会使问题逐步恶化，还会破坏并购所能激发的潜能。在并购过程中，快速推进就是最大的谨慎。一般来说，企业并购整合需要各方面的适应，这段时间企业业绩会有所滑坡，这段时间越长，代表绩效下降的幅度越大(Pritchett et al.，2005)。本研究通过实验室模拟，发现绩效滑坡最严重的阶段是在并购后初期，这段时期直接影响到了并购后整体的业绩水平。在实际企业中，往往就是并购后最初几年的业绩没有达到并购前的预期，企业就会产生重重矛盾，人才流失严重，最终导致并购失败。本实验探索的组织文化预览的主要起效时间应该在并购初期，组织文化预览这一干预措施与并购后进行快速整合的理念是一致的。组织文化预览是一种快速整合的干预措施，尤其是双向组织文化预览，可以在并购后短时间内对企业绩效有积极的促进作用。

那么，组织文化预览究竟能够发挥多长时间的效用呢？在真实工作预览作用机制中，预期是一个非常重要的概念(Breaugh，1983)。本实验同样涉及在不同实验组别中被试对于并购后完成实验任务成绩的预期，结果显示，双向组织文化预览显著降低了对并购后组织绩效的预期，而单向组织文化预览组和控制组之间没有显著差异。由此可以初步推断，双向组织文化预览不仅让企业双方了解到各自组织文化的真实情况，让被并方感受到了尊重和关注，主并方得到了改善工作方式的建议均会影响到对今后企业绩效发展的预期。因为并购双方在进行了双向预览后发现了各自文化的差异，能够更加清楚地认识到今后工作上的困难，从而会适当地降低对并购后企业绩效的预期。对主并方管理者而言，他们会更加宽容地对待被并方员工在工作方式上的差异和工作上出现的一些差错，被并方也可以有一些时间来认可主并方的管理方式等。这一结果无疑能够减少一些不必要的冲突和矛盾，提高企业的凝聚力。

所以，除了初期预览带来的效应之外，还可以维持一段时间的效应，这个时候，两个企业已经逐步融合了。

(三)组织文化预览对主并方评价的作用

在并购中，被并方员工的不适应，一种表现是对主并方企业表示反感。并购后，被并方原先的领导离职或被裁，由主并方管理者来接替进行工作，一般从感情上来讲，被并方的员工容易认为原先企业的管理者优于并购后企业的管理者，从而给企业的正常生产的运行带来阻力。本研究显示，组织文化预览能够提高员工对于主并方经理的工作能力和满意度的评价，尤其是双向组织文化预览提高的程度最快。另外，通过双向组织文化预览还可以帮助被并方员工更为清晰地认识到主并方管理者的工作难度比较大，相对而言会对其工作中的不足给予宽容和理解，对于工作中的表现给予更高的肯定和认可，最终提高了对其能力和满意度的承认。在让并购双方对于组织文化都有所了解后，能够更加体谅对方的难处，尤其是会对主并方管理者给予更高的主观评价。通过问卷调查所得到的对于主并方经理工作能力、难度和满意度的评价结果，和之前对于组织绩效预期结果的推论是基本一致的，即双向组织文化预览可以帮助并购双方人员增加互相的容忍和认可。

最初的研究假设认为，组织文化预览能够提高被并方对于主并方企业文化的认同程度。但是从最终结果来看，被并方员工对主并方文化认同程度并不是最高，有时还可能是最低的；而单向预览组反而评价会高一些。由此可初步认为，即使组织文化预览无法改变人们对于主并方组织文化的赞同程度，但仍然对并购有效性有显著的积极作用。联系到现实的并购活动，采用了双向组织文化预览后，不一定马上能帮助提高文化认同度，因为组织文化的形成是和企业发展、行业环境、组织领导等多种因素息息相关的，需要一个漫长的形成过程。员工对组织文化的认同同样需要经历一个较长时间的适应过程。因而，对于被并方人员在并购后很短时间内适应并且认同新的组织文化是有一定难度的，即使新的组织文化相当有吸引力，也需要一段时间的适应和理解。

双向组织文化预览的影响作用一方面可以减低对未来的预期；另一方面也有可能提高对主并方经理能力的满意度。这次调查结果表明，双向组织文化预览对提高组织文化认同度的作用并不明显，这可能跟样本的数量有关，或者说取样的误差。本实验采用的调查问卷相对比较简单，这些研究发现仅作为对于组织文化预览影响作用的初步探索，是对实验结果的补充解释，详细的问题有待今后进一步地深入研究。

二、主要结论和研究展望

(一)主要结论

本研究以实验室研究为主，初步验证了双向组织文化预览作为一种新的并购整合方法的有效性，从而为今后的理论研究和实践检验提供了依据。本研究辅助以问卷调查和访谈方法，从并购后绩效预期、对经理的评价和对文化认同度的评价等角度，探索了组织文化预览的影响作用。最终获得的主要结论如下：

第一，组织文化预览对提高并购后组织绩效有积极作用，其中双向组织文化预览组在组织绩效、个体绩效方面均显著高于无预览组。单向组织文化预览组对于并购后绩效也有提高，但是，没有达到统计学显著性水平。

第二，组织文化预览主要起效于并购后初期，尤其是双向组织文化预览，在并购后短期内对整合绩效有积极促进作用，利于并购后的快速整合。

第三，双向组织文化预览对于降低并购中人们对于并购绩效的预期有一定的作用，而单向组织文化预览的作用不显著。

第四，组织文化预览并不代表可以加深被并方员工对主并方组织文化的认同程度，但是可以提高被并方员工对主并方管理者的工作能力和满意度的评价，也可以让被并方员工加深认识主并方管理者的工作难度。

(二)研究展望

第一，在实际中进一步验证文化预览的有效性。由于组织文化预览是一个新的概念，如果直接在实际企业进行文化预览的有效性探索，需要花费大量的财力精力，并且操作难度较大，具有一定的风险。所以，本研究采用了实验室研究方法，为今后的企业实践提供较为有力的理论依据。当然，即使本研究有比较好的理论基础和实验范式，在严格控制了内部效度的情况下，实验结果和现实情况还是存在一定的差距。所以，本研究只是探索组织文化预览这一文化整合方法的初步尝试，今后应逐步在实际企业中进行组织文化单向预览组、双向预览组及控制组的比照研究，进一步检验组织文化预览对并购后组织绩效的影响作用。

第二，深入探索并购中组织文化预览的作用机制。本研究通过实验室方法初步探索了组织文化预览对并购绩效的有效性，基本验证了理论假设，即组织文化预览特别是双向文化预览对于并购绩效提高的显著作用。限于实验条件的限制，除了调查问卷结果描述性统计分析之外，对并购后绩效预期、主并方管理者评价、文化认同度改变虽然进行了初步的探索，但是，离深入理解组织文化预览作用还有相当的距离，有待深入探索。

第三，探索基于组织文化预览的并购整合模式。对于今后在现实企业并购中究竟采用哪些文化预览途径、探索哪些预览内容，还需要进行哪些文化评估和调查，在此基础上，有针对性地对企业的不同人群，应采用哪些途径进行组织文化预览，最终形成一套并购整合模式，还需要一个持续深入的研究过程。

第 五 章

员工的自我观念对谏言/沉默的调节作用探索

第一节 员工谏言和沉默的研究设计

一、员工谏言的研究概述

谏言(voice)还是沉默(silence)是很多个体经常面临的选择，这种选择不但关系到个体的发展，更关乎组织整体的命运，不管这个组织是一个民族、国家还是企业。美国前中央情报局负责人 George Tenet(2007)宣称，当时一些分析家选择了保留对发动伊拉克战争的质疑，使得最终呈现给国会、总统、美国以及世界的信息存在很多的问题，而其直接结果是一场带来灾难的战争没有避免。

(一)员工谏言对于组织变革的作用

企业组织对业绩和速度的追求可以让我们在相对短的时间内清晰认识这个问题。如果在裁员决策中，被并方得不到表达的机会，或者得到表达的机会是保持沉默，这就不是双向沟通，这种文化预览可能存在问题。但是一个不可避免的问题是，大多数员工经常担心自己的谏言行为的合法合理性，担心挑战领导的权威、影响组织的和谐氛围，最终不但不能影响管理层的决策，而且会给自己的职业发展带来负面影响。所以，要让员工积极参与到工作设计和企业发展中来，并不是一件容易的事情。因为我们常发现这样一种现象：作为一线员工，他们往往比管理者更早发现运行中的问题，也知道解决的方法，但是在具体的情境下，有时候一些员工会选择说出来，表达自己的想法；而多数时候，他们会选择沉默，保留自己的观点。前一种行为是员工的谏言行为(employee voice)，例如发声、建议、谏言等；后一种行为就是员工沉默(employee silence)。

(二)赫希曼的特殊作用

员工谏言/沉默的相关研究从1970年至今已经经历了几个阶段，对概念、影响因素以及与其他组织行为概念的关系都有所涉及。其中不可否认的是赫希曼(1970)的著作《退出、声音和忠诚：回应公司、组织和国家的衰落》让我们对这个问题开始了有深度的认识和思考。该书讨论了公司、组织和国家是如何衰落的及其如何防止衰落的几种途径。根据他的研究，组织衰落的主要原因在于失去组织成员的“忠诚”，即如果组织成员“退出”了组织，那么组织必然衰落，所以，要防止组织的衰落，就要维持组织成员对组织的“忠诚”。而在面临裁员决策、并购后的融合问题上，保持员工的这种忠诚的途径是，当成员不满意时要允许他们发出声音以使组织找到有效的改善提升途径；如果在组织成员不满的情况下不容许发出“声音”，或者在组织成员发出“声音”后服务依然得不到改善，如果存在“退出”机制的话，那么组织成员就会选择“退出”。一旦选择了“退出”，那么组织的衰落将变得不可避免。

各种组织文化下的员工都会面对谏言/沉默的选择，但是，中国背景下的员工对谏言和沉默的选择更多情况下反映出了一种独特的组织文化的特色。传统价值观和文化规则对员工谏言和沉默的影响已经引起了很多研究者和从业者的思考，例如有研究显示，权力距离比较大的文化下，管理者倾向于跟员工更少交流，给下属提供很少的支持，更少指派代表(Offermann & Hellmann，1997；Savicki，1999)。他们会对管理层的开放性和员工参与不加以关注(Eylon & Au，1999)，而且中国传统文化中既有对“从谏如流”的鼓励，也有“防民之口甚于防川”的论调。

(三)员工谏言对于变革的意义

鉴于中国目前所处的发展时期以及相对复杂的管理理念和传统，在我国开展员工谏言和员工沉默的意义和价值是很大的。

第一，变革和不确定性环境下，特别是并购情境下，需要员工谏言，而风险与不确定导致更多的沉默。作为社会的重要组成单元，企业面临着组织变革。这就需要组织员工必须在一个不确定的、高速运转的情境中相互协调，针对自己对事务的观察、问题、关注发表意见，相互交流。对于企业发展来讲，经验、技能和足够资源的恰当组合是非常必要的。

第二，健康型组织(healthy organization)建设需要信息流畅，过度追求和谐一致也会导致员工沉默。中国文化推崇圆满和谐，认为只有组织内处处融通一致，才能形成一个广大和谐的系统。其实，只要有组织和团队，就必然存在着成员之间的理念、观点、做事方法和原则等差异，这些差异处理得当，团队的凝聚力和创造力才能够得到加强。

第三，我国文化传统带来的中国社会权力距离较大使得员工谏言面临更多的文化理念问题，谏言/沉默的选择顾虑更为复杂。Hofstede(1993)认为，中国是一个高权力距离、高集体主义和高关心长期结果的国家。跨文化研究显示，因为来自权力距离大的国家的员工倾向于遵守权威的规则，与这样的文化规则相适应的管理者也有自己独特的管理风格，例如家族式领导、威权领导以及管理者所习惯的隐喻间接的沟通方式。随着年青一代逐渐成为工作主力，他们相对独立且有自己看待问题的不同角度，这使得对员工谏言/沉默的研究更为必要。

二、研究的总体设计

在此部分，我们将对研究的角度、关注点和拟解决的具体问题进行简要论述。综合员工谏言/沉默的动机模型和关系模型，以及其中可能涉及的来自个体、管理者和组织层面的因素，本研究拟在中国文化背景下同时研究组织中的员工谏言和员工沉默行为，结合影响因素的不同层面系统考察影响个体进行谏言/沉默选择的因素。

(一)研究目的

本研究拟在中国文化背景下对员工谏言和员工沉默行为进行探讨，从具有中国文化特色的员工自我认知、领导风格和组织氛围三个层面探究影响员工谏言/员工沉默的因素以及可能产生的结果。

(二)研究框架

具体见图 5-1 员工谏言/沉默的影响机制假设模型图。

研究一：当员工决定是否把内心的思考和想法说出来时，他们对自我的定位和观念会影响到其谏言和沉默的选择。本研究中，我们会考虑与中国文化价值观念相吻合的自我认知，以厘清自我认知在员工谏言/沉默选择时的作用。

研究二：领导行为是影响个体在工作组织中表现的重要因素，对于员工谏言/沉默来说也不例外。与以往研究只重视积极的领导行为不同，本研究会综合考虑正向和负向的领导行为，探究这些领导行为如何通过影响员工的内心感受进而决定谏言还是沉默。

研究三：员工谏言/沉默选择不单单是员工个体选择的结果，还会受到其所处群体氛围的影响。故而本研究从与员工谏言/沉默相关的组织公平氛围入手，探讨组织层面因素，即组织公平氛围对员工谏言/沉默选择的影响作用。

图 5-1 员工谏言/沉默的影响机制假设模型图

在综合上述三个研究的基础上，本研究以期从员工个体层面、领导—员工关系层面以及团队层面系统分析员工谏言/沉默选择的影响机制问题。本研究首先从个体层面入手，探究员工有对工作的想法但是由于内心自我认知观念的影响，有完全不同的行为表现：谏言还是沉默。其次，考虑到领导行为的重要性以及中国文化背景下领导行为的独特风格，本研究引入纳谏型领导和威权型领导两种领导行为，考察它们如何通过影响员工的心理感受，进而决定谏言还是沉默。再次，考虑到组织氛围对个体的谏言/沉默选择的作用，本研究拟探讨组织公平氛围这一与谏言/沉默紧密相关的团队层面变量，在个体的谏言/沉默选择中的作用，以及如何影响谏言/沉默的结果转化过程(即是否转化为个体的绩效和创造性)。本研究提出了一个总体框架，具体如图 5-2 所示。

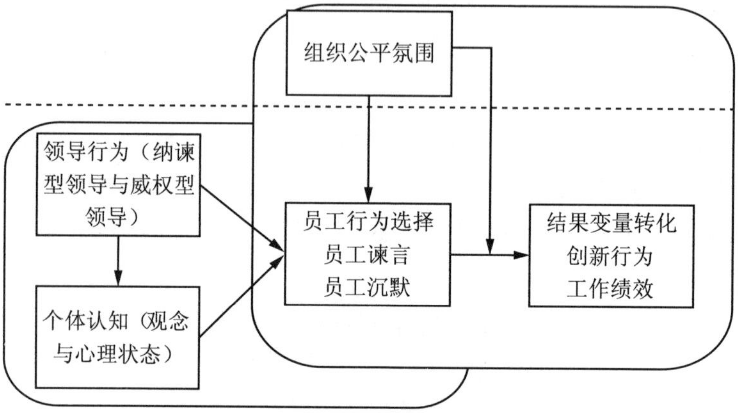

图 5-2 本研究的总体框架示意图

(三)研究内容与假设

根据研究的总体框架，本研究主要包括以下三个具体研究，研究假设会在随后的具体研究中进行详细阐述。

1. 员工的自我观念对谏言/沉默的调节作用探索

通过领导—员工配对样本，考察在员工内心对工作有思考和想法的情况下，其自我观念作为调节条件是否影响其谏言/沉默的行为选择。

2. 领导行为对员工谏言/沉默选择的影响

通过领导—员工配对样本，考察不同的领导行为(威权型领导行为和纳谏型领导行为)如何通过影响个体的内心感受，进而影响谏言或者保持沉默。

3. 组织公平氛围对谏言/沉默的影响作用分析

在控制了个体层面变量的基础上，通过来自多个不同团队的数据，探讨组织公平氛围如何影响个体的谏言/沉默行为选择，以及如何影响谏言/沉默在工作中的结果转化，即是否影响到个体的绩效和创新能力。

(四)研究方法

1. 研究样本

本研究的被试有两批，研究 1、2 的被试主要来自制造业的 398 对员工和其直接上司，是配对取样。研究 3 属于团队研究，被试来自 7 个制造行业公司的 65 个生产部门团队。

2. 具体研究方法

研究方法有文献综述法、问卷调查法和访谈法。问卷调查的数据分析方法主要是描述统计、信度分析、验证性因素分析、多层线性回归分析。数据统计使用 SPSS、AMOS、HLM 软件包。

(五)研究过程与步骤

本研究关注的是组织内部的员工谏言和员工沉默现象，把二者放在平行对等的位置进行考察。研究过程如图 5-3 所示。

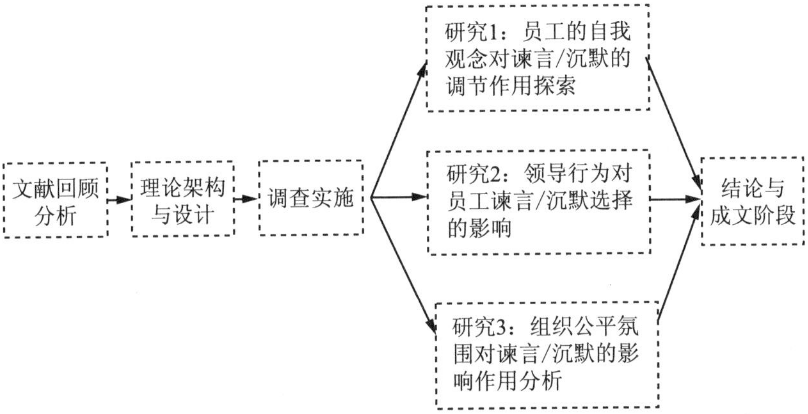

图 5-3　研究流程示意图

(1)文献综述。通过对相关文献的研读，了解员工谏言与员工沉默的已有研究成果和尚未解决的问题，以清晰化研究对象，明确本研究的具体目标。

(2)理论架构与研究工具筛选。在明确研究目标和研究对象的基础上，如何把研究目标落实为具体问题，需要寻求理论支持，选择恰当的研究方法和工具。

(3)调查实施阶段。本研究的主体来自问卷调查，如何选择研究对象并控制问卷调查中的潜在影响因素是本阶段的主要任务。另外需要说明的是，前两个研究关注员工个体层面，采用的是同一个样本；第三个研究是团队研究，采用的是团队取样。

(4)数据分析。包括对研究工具有效性的验证，以及研究模型中各变量之间的关系和研究假设的相应数据分析。

(5)数据结果与模型的质化分析。对比三个研究结果与最初研究的目的，总结分析目标的达成程度以及其他潜在的研究问题。

(6)结论与成文阶段。

第二节　员工的自我观念对谏言/沉默的调节作用

一、研究目的

本研究的目的是，在控制人口统计学变量的基础上，探讨员工对工作有思考和想法时的谏言/沉默选择，并考察员工的自我概念(自我地位感知、权力距离定位、自我审查)在此关系中所起的调节作用。

二、理论背景与研究假设

员工谏言/沉默的相关研究中，一个经常被提到的观点是：我们关注的谏言/沉默是员工有意识的行为，是内心有想法时的决策，而不是一种无意识的或者无话可说时的表现(Van Dyne et al.，2003)。基于此，我们在考察员工自我概念的调节作用时，要以员工内心对工作有思考和想法为前提。正如Frese、Teng和Wijnen(1999)所提出的，员工对工作的想法来自其对工作的热情、兴趣和专注，当员工发现工作中的问题进行思考并力求找到解决问题的办法，他已经在过程中投入了很多的精力和时间，对工作中的问题也相对了解。这时他会有相对高的自信或者说自我效能，希望把内心的想法说出来。

假设1：对工作的思考和想法与员工谏言呈正相关，与员工沉默呈负相关。

假设2：自我地位感知会影响员工决定谏言或者保持沉默的决策过程，感觉自己地位高的员工更倾向于把内心的想法表达出来，即谏言；而感觉自己地位低的员工则更倾向于保持沉默。

假设3：自我审查(谨言慎行)会影响员工决定谏言或者保持沉默的决策过程，自我审查程度低的员工更倾向于把内心的想法表达出来，即谏言；而自我核查程度高的员工则更多倾向于保持沉默。

假设4：权力距离观念会影响员工决定谏言或者保持沉默的决策过程，低权力距离观念的员工更倾向于把内心的想法表达出来，即谏言；而高权力距离观念的员工则更倾向于保持沉默。

三、研究方法

(一)研究对象与抽样方法

本研究采用的是员工与其直接上级的配对取样。考虑到配对取样的复杂性，以及员工和上司互评的敏感性，所有问卷都在调研前进行了处理。对于需要员工填写的问卷，我们在问卷背面的角落处用铅笔做出编号标记，每个编号对应唯一的一名员工。做好标记后，我们将问卷放入一个大信封，信封的封口处贴有双面胶胶条，以便每一名员工在填写完毕问卷后能够亲自将问卷封装，体现本次调研的保密性。为了能够考察领导对于员工的态度，我们同时制作了需要领导填写的问卷，每一份问卷都写明已经被抽到的该领导下属员工姓名和该员工的编号，这样做既可以方便填写问卷的领导针对其下属做出有针对性的回答，又可以确保领导与员工的问卷能够一一配对成功。被试填完问卷后当场回收，在所有问卷收集结束之后，进行废卷处理工作，然后进行统计分析。本研究被试来自山东省某制造型企业的员工与其直接领导，共发放问卷 515 份，回收 480 份，去掉两份无效问卷，员工—上司匹配后的可用问卷 398 份。问卷回收率为 93.2%，回收问卷有效率为 82.9%。员工被试的基本信息见表 5-1 被试基本信息一览表，其中男性占 39.7%，女性占 60.3%，平均年龄为 32.55 岁(标准差为 6.12)，平均工作年限为 10.07 年(标准差为 5.76)，其中大多数为高中或中专及以下学历，约占 70.1%。

表 5-1 被试基本信息一览表

变量	类别	人数	百分比
性别	男	158	39.7%
	女	240	60.3%
教育程度	中专以下	109	27.4%
	中专/高中	170	42.7%
教育程度	大专	84	21.1%
	本科及以上	35	8.8%
		平均数	标准差
年龄		32.55	6.12
工作年限		10.07	5.76

(二)研究工具

本研究包括的变量有：对工作的思考和想法、自我地位感知、自我审查(谨言慎行)、权力距离定位、员工谏言、员工沉默。其中员工谏言和员工沉默是由直属上级进行评定的，其他变量由员工自评，这在一定程度上克服了数据同来源的方法学误差。问卷的中文版本除去已有中文版本的员工谏言问卷，其他5个问卷都通过了“翻译—回译”的方法确定(Brislin，1980)。计分方法都沿用了原问卷的模式，其中对工作的思考和想法、自我地位感知、自我审查(谨言慎行)、权力距离定位采用的是Likert 7点量表(1非常不同意，7非常同意)进行评价；员工谏言与员工沉默采用的是Likert 5点量表(1非常不符合，5非常符合)进行评价。其测量工作分别如下。

1. 对工作的思考和想法

采用的是Frese、Teng和Wijnen(1999)的Having Idea问卷，问卷的题目为“我经常对工作有很多想法”等。本研究中该问卷的信度α系数为0.70。采用主成分分析法对工作的思考和想法问卷进行了探索性因素分析，以特征根大于等于1为因子抽取的原则，并参照碎石图来确定项目抽取因子的有效数目。结果显示：KMO值为0.50，Bartlett球形检验显著，$\chi^2=56.39$，$p<0.000$。结果表明：对工作的思考和想法是一个单维结构，累积方差解释率达到了69.69%，各个项目在相应因子上具有较大的负荷。

2. 自我地位感知

综合了Anderson等人(2006)和Tangirala等人(2008)的问卷，形成了有3道题的自我感知问卷。问卷中的题目为“我在本部门拥有很高的地位”等，本研究中该问卷的信度α系数为0.70。采用主成分分析法等方式与上一维度相同，结果表明：自我地位感知是一个单维结构，累积方差解释率达到了62.48%，各个项目在相应因子上具有较大的负荷。

3. 自我审查

采用的是Hayes等人(2005a)8道题的问卷。问卷题目为“如果我感觉别人不认同我的话，我就很难表达自己的观点”等。本研究中该问卷的信度α系数为0.75。结果表明：自我审查(谨言慎行)是一个单维结构，累积方差解释率达到了44.71%，各个项目在相应因子上具有较大的负荷。

4. 权力距离定位

采用的是 Dorfman 和 Howell(1988)用于中国台湾地区研究的 6 道题的问卷。例题为“管理者应该在没有咨询下属的情况下做大部分决策”等。本研究中该问卷的信度 α 系数为 0.76。采用主成分分析法等方式与上一维度相同，结果表明：权力距离定位是一个单维结构，累积方差解释率达到了 45.95%，各个项目在相应因子上具有较大的负荷。

5. 员工谏言

本量表是由 Van Dyne 和 LePine(1998)编制的，强调通过对传统地位的挑战来改善组织绩效的行为，它表现为即使在他人都反对的情况下也要提出革新意见，包括 6 道题目。例题为“这位下属通常能够对那些能影响团队的事务提出可行性建议”等。本研究中问卷的信度 α 系数为 0.87。采用主成分分析法等方式与上一维度相同，结果表明：员工沉默是一个单维结构，累积方差解释率达到了 66.63%，各个项目在相应因子上具有较大的负荷。

6. 员工沉默

采用的是 Tangirala 等人(2008)的 5 道题的问卷，例题为“虽然他/她对如何改进高能工作有想法，但是一般不会讲出来”等。本研究中该问卷的信度 α 系数为 0.77。采用主成分分析法等方式与上一维度相同，结果表明：员工沉默是一个单维结构，累积方差解释率达到了 66.63%，各个项目在相应因子上具有较大的负荷。

(三)统计分析方法

本研究采用 SPSS16.0 和 AMOS7.0 进行所有的统计分析。为了保证问卷的有效性，首先对所采用的问卷的信效度进行了检验，然后对各变量进行了相关分析，并采用层次回归的方法探索员工在决定谏言还是保持沉默的过程中，传统文化理念的条件性调节作用。

(四)研究结果

1. 验证性因素分析

为了考察各测量工具之间的聚合效度和区分效度，我们在假设检验之前，首先进行了验证性因素分析(Podsakoff, MacKenzie, Lee & Podsakoff, 2003)。本研究中包括六个变量，其中对工作的思考和想法、自我地位感知、自我审查(谨言慎行)、权力距离定位来自员工自评，员工谏言、员工沉默由直属上级进行评定，我们进行了六因素模型(六个变量)、二因素模型(自评项目一个因素，他评项目一个因素)和单因素模型(多个项目对应一个因素)的验证性因素分析。结果显示六因素模型(2/df ＝2.08，CFI＝0.96，RMSEA＝0.05)明显优于二因素模型(2/df ＝3.45，CFI＝0.87，RMSEA＝0.12)和单因素模型(2/df ＝5.73，CFI＝0.79，RMSEA＝0.18)，六因素之间具有良好的区分效度，同来源误差不会影响统计分析结果，可以进行下一步的假设检验分析。另外，回归分析中的共线性检验显示 VIF 普遍小于 1.2，这也说明了共线性问题在该研究中没有达到影响研究结果的程度。

2. 描述性统计分析

本研究所涉及变量的描述性统计分析结果证明，在进一步的分析过程中，引进上述控制变量是必要的，这些变量之间的中等相关关系对于进一步深入探讨直接作用和调节作用提供了数据支持。

3. 对工作的思考和想法是否影响谏言/沉默

为了验证对工作的思考和想法对员工谏言与沉默的直接影响作用，以及三种文化观念的调节作用，本研究采用层次回归的方法，首先将人口统计学变量作为控制变量纳入回归方程；然后将自变量对工作的思考和想法纳入回归方法考察自变量对因变量的直接作用。从表 5-2 可以看出，就直接作用而言，在控制了人口统计学变量的作用后，对工作的思考和想法能够显著预测员工谏言(β＝27，t＝5.15，p＜0.001)，但却无法显著预测员工沉默(β＝－0.02，t＝－0.43，ns)。

根据温忠麟等人(2005)提出的调节作用的分析方法，当自变量和调节变量都是连续变量时，用带有乘积项的回归模型做层次分析：(1)做 Y 对 X 和 M 的回归，得测定系数 R12。(2)做 Y 对 X、M 和 XM 的回归，得测定系数 R22。若 R22 显著高于 R12，则调节作用显著。本研究在验证调节作用时同样采用层次回归的方法，首先将人口统计学变量作为控制变量纳入回归方程；然后将自变量以及三个各自的调节变量纳入回归方程；最后将自变量与调节变量的乘积纳入回归方程。就调节作用而言，权力距离定位会调节对工作的思考和想法与员工谏言之间的关系(对工作的思考和想法 * 权力距离定位：β＝－0.11*，t＝－2.00，p＜0.05)；而三种与文化观念相关的自我认知都会调节对工作的思考和想法与员工沉默之间的关系(对工作的思考和想法 * 自我地位感知：β=－0.11*，t=－2.05，p<0.05；对工作的思考和想法＊自我审查：β=0.21***，t=4.00，p<0.001；对工作的思考和想法＊权力距离定位：β=0.14***，t=2.59，p<0.01）。

表 5-2　传统观念对谏言/沉默选择的调节作用分析

研究假设与统计步骤		自变量：员工谏言				自变量：员工沉默			
		β	Total R^2	ΔR^2	F	β	Total R^2	ΔR^2	F
研究假设 1									
Step 1	性别	－0.07				－0.14*			
	年龄	0.13				－0.11			
	教育水平	0.11*				0.15**			
	工作年限	－0.28***				0.10			
			0.07***	0.07***	6.08***		0.06***	0.06***	4.89***
Step 2	对工作的思考和想法	0.27***				－0.02			
			0.14***	0.07***	10.55***		0.06***	0.00	3.94**
研究假设 2									
Step 1	性别	－0.09				－0.14*			
	年龄	0.19*				－0.11			
	教育水平	0.13*				0.15**			
	工作年限	－0.32***				0.10			
			0.07***	0.07***	6.08***		0.06***	0.06***	4.89***
Step 2	对工作的思考和想法	0.19**				0.03			
	自我地位感知	0.30***				－0.14*			
			0.21***	0.14**	14.58***		0.08**	0.02*	4.31**
Step 3	想法＊地位感知	0.09				－0.11*			
			0.22***	0.01	13.00***		0.09*	0.01*	4.33***
研究假设 3									
Step 1	性别	－0.09				－0.14*			
	年龄	0.19*				－0.11			
	教育水平	0.13*				0.15**			
	工作年限	－0.32***				0.10			
			0.07***	0.07***	6.08***		0.06***	0.06***	4.89***

续表

研究假设与统计步骤		自变量：员工谏言				自变量：员工沉默			
		β	Total R^2	ΔR^2	F	β	Total R^2	ΔR^2	F
Step 2	对工作的思考和想法	0.27***				−0.04			
	自我审查(谨言慎行)	−0.06				0.38***			
			0.14***	0.07**	9.04***		0.19***	0.13***	12.62***
Step 3	想法 * 自我审查	−0.05				0.21***			
			0.14***	0.00	7.83***		0.23***	0.04***	13.58***
研究假设 4									
Step 1	性别	−0.09				−0.14*			
	年龄	0.19*				−0.11			
	教育水平	0.13*				0.15**			
	工作年限	−0.32***				0.10			
			0.07***	0.07***	6.08***		0.06***	0.06***	4.89***
Step 2	对工作的思考和想法	0.26***				0.00			
	权力距离定位	−0.05				0.31***			
			0.14***	0.07***	8.96***		0.15***	0.09***	9.75***
Step 3	想法 * 权力距离定位	−0.11*				0.14**			
			0.15***	0.01*	8.29***		0.17***	0.02**	9.46***

为了更直接地考察在调节变量处于不同水平时，自变量和因变量之间的关系，我们对调节作用显著的交互作用项进行了简单效应分析。为了便于直接观察，本研究进一步绘制了调节变量高(高于平均水平 1 个标注差)、低(低于平均水平 1 个标注差)两种水平时自变量与因变量的关系图。

(1)员工谏言与对工作的思考的想法：权力距离定位的调节作用。

对权力距离定位高的群体来说，对工作的思考和想法不能显著预测员工谏言(β=0.10，t=1.83，ns)。对权力距离定位低的群体来说，对工作的思考和想法对员工谏言有显著的正向预测作用(β=0.24，t=4.94，p<0.01)，如图 5-4 所示。

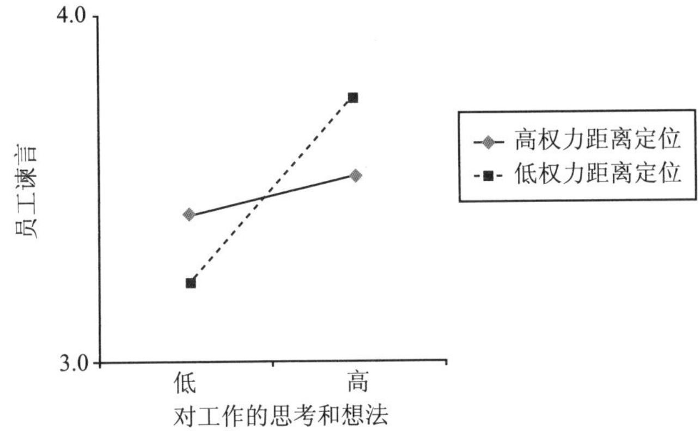

图 5-4　权力距离定位对对工作的思考和想法与员工谏言的调节作用

(2)员工沉默与对工作的思考和想法：地位感知的调节作用。

对自我地位感知高的群体来说，对工作的思考和想法不能显著预测员工沉默(β＝－0.11，t＝－1.21，ns)。对自我地位感知低的群体来说，对工作的思考和想法对员工沉默有临界显著的正向预测作用(β＝0.11，t＝1.63，p＜0.10)。需要注意的是，感觉自己地位高的群体，对工作的思考和想法与员工沉默之间的关系是负向的；而感觉自己地位低的群体，对工作的思考和想法与员工沉默之间的关系有向正向转化的趋势，如图 5-5 所示。

(3)员工沉默与对工作的思考和想法：自我审查的调节作用。

对自我审查高的群体来说，对工作的思考和想法对员工沉默有正向的显著预测作用(β＝0.19，t＝2.53，p＜0.05)。对自我审查低的群体来说，对工作的思考和想法对员工沉默有负向的显著预测作用(β＝－0.21，t＝－3.18，p＜0.01)。需要注意的是，自我审查高的群体，对工作的思考和想法与员工沉默之间的关系是正向的；自我审查低的群体，对工作的思考和想法与员工沉默之间的关系有向负向转化的趋势；而且自我审查高的群体，其沉默水平高于自我审查低的群体，如图 5-6 所示。

(4)员工沉默与对工作的思考和想法：权力距离定位的调节作用。

对权力距离定位高的群体来说，对工作的思考和想法对员工沉默有正向的显著预测作用(β＝0.15，t＝1.93，p＜0.05)。对权力距离定位低的群体来说，对工作的思考和想法对员工沉默有负向的显著预测作用(β＝－0.14，t＝

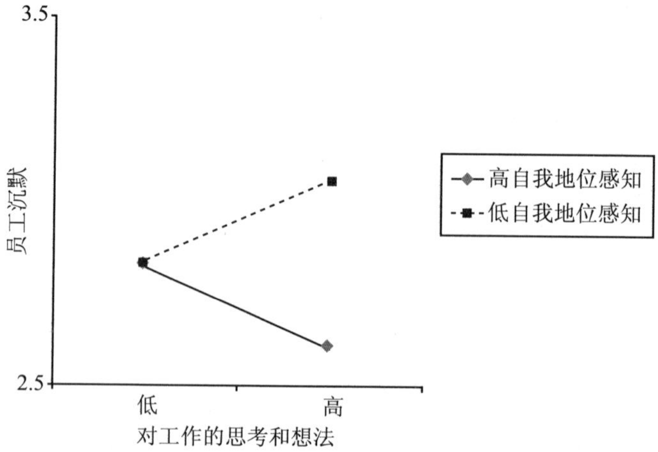

图 5-5　地位感知对对工作的思考和想法与员工沉默的调节作用

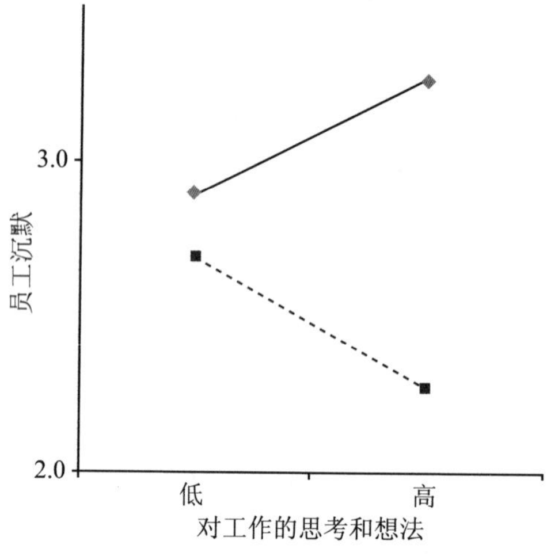

图 5-6　自我审查对对工作的思考和想法与员工沉默的调节作用

-1.90，$p<0.05$)。需要注意的是，权力距离定位高的群体，对工作的思考和想法与员工沉默之间的关系是正向的；权力距离定位低的群体，对工作的思考和想法与员工沉默之间的关系有向负向转化的趋势；而且权力距离定位高的群体，其沉默水平高于权力距离定位低的群体，如图 5-7 所示。

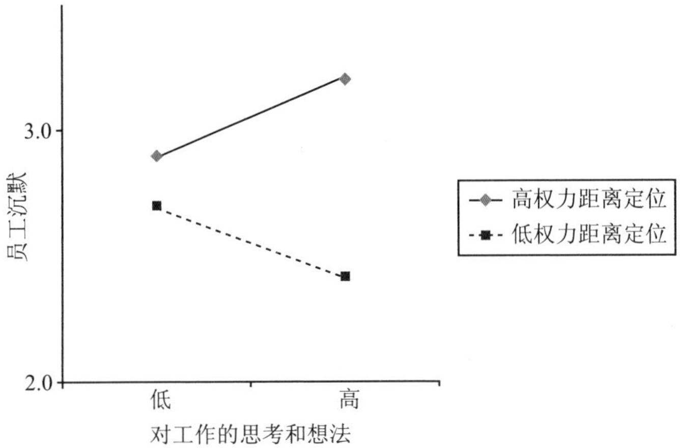

图 5-7　权力距离定位对对工作的思考和想法与员工沉默的调节作用

(五)分析与讨论

本研究通过对制造行业员工—管理者的调查，首先，在控制了人口统计学变量影响的前提下，探讨了对工作的思考和想法与员工谏言/沉默之间的关系，并考察了员工自我认知对该关系的调节作用。研究表明：员工对工作的思考和想法会显著预测员工谏言行为，但不能预测员工沉默。这在一定程度上拓展了我们对于员工谏言与员工沉默关系的认识。除了概念层面的探讨外，大多数的研究者在一个研究中只关注员工谏言或者员工沉默。虽然他们认可 Van Dyne 等人(2003)关于谏言与沉默不是行为的两极的说法，但是，在具体研究中经常用一个行为的研究结果对另一个行为进行相反的推论。本研究的结果说明，谏言作为一种相对可以直接观测的外部行为，是与个体内心的想法紧密相关的，即如果对工作的思考和想法多，就会表现出更多的谏言行为，而如果对工作的思考和想法少，就只有较少的谏言行为。而员工沉默作为一种缺乏外在表现的行为，与个体内在的想法多少没有直接关系。

其次，在控制了人口统计学变量和对工作的思考和想法的基础上考察员工自我观念的主效应，可以相对清晰地显示出与文化规则相关的自我观念对员工谏言/沉默选择的影响。研究发现，在控制了人口统计学变量和对工作的思考和想法之后，自我地位感知对员工谏言的直接作用显著，这说明个体在团队或者组织中的谏言行为是受其地位影响的，即感觉自己地位高的人倾向于谏言。一方面是因为地位高的人会受到相对多的关注和重视(Anderson, John, Keltner & Kring, 2001; Chance, 1967; Fiske, 1993),而这种来自外面的关注和重视会增强个体的自尊和对组织的认同感(Barkow, 1975; Eibl-Eibesfeldt, 1989),综合起来会使得地位高的员工对工作事务有相对高的把控力,而且会让这些员工产生额外的责任感,他们感觉到自己有义务监控、改变、影响工作的进程和结果,所以会倾向于谏言。另外,研究还发现在控制了人口统计学变量和对工作的思考和想法之后,自我地位感知对员工沉默的直接作用不显著,但是,权力距离定位和自我审查对员工沉默的直接作用显著。这一方面说明员工沉默是一种普遍的现象,不管地位高低都会有让其保持沉默的情况;另一方面权力距离定位高使得个体倾向于尊崇一定的组织规则,认为个体需要服从权威,应该接受和支持上司的观点,而不是发表自己的意见(Hofstede, 1980);而自我审查则反映的是个体在群体交流中表现出来的自律性和自我约束,尤其是在面对不同意见时隐藏自己真实观点的倾向(Hayes, 2003; 2006),与自控的研究结果一致(Tangirala & Ramanujam, 2008),个体在不确定情境下或者风险情境下会保持沉默。

最后,本研究中对个体观念的调节变量的探讨有助于研究相同情境下个体在谏言/沉默选择上的差异。就我们所考察的三种与文化规则相关的员工自我观念来讲,自我地位感只对对工作的思考和想法与员工沉默之间的关系起到调节作用;自我审查对对工作的思考和想法与员工沉默之间的关系起到调节作用;而权力距离定位既可以调节对工作的思考和想法与员工沉默之间的关系,也调节了对工作的思考和想法与员工谏言之间的关系。由此可以看出两点:其一是与员工谏言相比,员工沉默是个体更加谨慎的一种决策过程,其中会受到较多条件的限制。其二是权力距离定位是相对更加基础的与文化规则相关的一种自我概念,其可能的原因是高权力定位的个体才会更加重视自己所处的地位,根据自己所处的情境进行谏言/沉默选择;而低权力定位的个体会注重相对公平公开平等的双向交流,他们不会过多重视所处地位和情境,他们之间的基础关系还有待于进一步考察。

就实践意义来讲,本研究所提供的与文化规则相关的自我观念对员工谏言/沉默选择的作用可以帮助我们更好地了解中国员工的谏言/沉默决策过程。只有在对这一过程有了相对清晰认识的基础上,我们才能找到员工在决策过程中的顾虑，进而探寻打破员工顾虑的方法和管理举措。

(六)研究结论

本研究在控制了人口统计学变量的前提下，探讨了员工对工作的思考和想法与员工谏言/沉默之间的关系，以及三种员工自我观念(自我地位感知、权力距离定位、自我审核)对该关系的调节作用，得到如下结论：

第一，对工作的思考和想法能显著影响员工谏言，即员工对工作的思考和想法越多，越倾向于发表自己的观点，进行谏言。

第二，对工作的思考和想法不能显著影响员工沉默，即员工的沉默表现与个体是否对工作有思考和想法是没有直接关系的。

第三，对工作的思考和想法与员工谏言之间的关系会受到权力距离定位的调节作用，即对权力距离定位高的员工来说，对工作的思考和想法不能显著预测员工谏言，对权力距离定位低的员工来说，对工作的思考和想法对员工谏言有显著的正向预测作用。

第四，对工作的思考和想法与员工沉默之间的关系会受到三种自我观念，即地位感知、自我审查、权力距离定位的调节作用。具体表现为：对自我地位感知高的员工而言，对工作的思考和想法不能显著预测员工沉默；对自我地位感知低的员工而言，对工作的思考和想法对员工沉默有临界显著的正向预测作用。对自我审查高的员工而言，对工作的思考和想法对员工沉默有正向的显著预测作用；对自我审查低的员工而言，对工作的思考和想法对员工沉默有负向的显著预测作用。对权力距离定位高的员工而言，对工作的思考和想法对员工沉默有正向的显著预测作用；对权力距离定位低的员工而言，对工作的思考和想法对员工沉默有负向的显著预测作用。

第 六 章

领导行为和组织公平氛围的作用

第一节 领导行为对员工谏言/沉默选择的影响

一、研究目的

在本研究中，我们将同时考察积极和消极两个方面的领导行为——纳谏型领导行为和威权型领导行为——对员工谏言和员工沉默的影响作用；并考察这两种领导行为是如何通过牵动员工的内部心理机制，进而最终影响到其在员工谏言和沉默行为上的表现的。

二、理论背景与研究假设

我们已经了解到如何促进员工谏言，打破员工沉默，而已有的研究大多关注能促进员工谏言的积极领导行为，对潜在的消极领导行为仅限于理论的探讨(Morrison & Milliken，2000)。但是，很多时候领导者不会始终如一地表现出一种领导行为，其展现的是多种领导行为的复杂结合。就像Hennestad(1999)曾指出，管理者很多时候一方面鼓励员工发表意见，另一方面又会有意无意地实施一些非正式的小策略让员工保持沉默，这被称为"double bind leadership"(双重约束领导)(Hennestad，1990)。在本研究中，我们同时考察两种与员工谏言/沉默选择的领导行为：纳谏型领导行为和威权型领导行为。纳谏型领导行为一般会让员工觉得容易接近，并且会对员工的问题立即进行反馈(Saunders et al.，1992)，这样会增加员工谏言的机会和自我效能；而威权型领导行为则强调其权威不容挑战，要求部属服从，并对部属的绩效做严格的监控与要求。员工在这样的领导作风下，通常表现出敬畏与顺服(郑伯壎，2000；Walumbwa et al.，2008)。基于此提出如下假设。

假设1：纳谏型领导行为对员工谏言有积极作用，对员工沉默有消极作用。

假设2：威权型领导行为对员工谏言有消极作用，对员工沉默有积极作用。

另外，前面我们已经了解到领导行为对员工谏言/沉默起作用是通过影响员工的内在心理状态进行的。通过对该复杂心理状态的分析，本研究着重关注三种心理状态：心理授权、心理安全感与愤世嫉俗。

首先，心理授权是从微观(心理)角度出发探讨个体对工作及自己在组织中的角色的知觉或态度。Conger等人(1988)建议授权的相关研究影响从关注领导和组织的授权举措和行为转向对被授权者心理体验的重视，因为只有当被授权者感到“被授权”，才能够调动积极能量产生态度和行为上的改变。与此理论分析一致的是，Spreitzer、De Janasz和Quinn(1990)对财富50强中层管理者的研究显示，心理授权高的中层管理者会更倾向于试图影响上司(upward influence：试图影响高权力人士的努力)。而本研究的谏言行为也适用于这一情况，当员工感到高的心理授权时，即能够体会到工作带给个人的价值，认为自己对他人有影响力，具有胜任工作的自我效能感，对组织和工作有一定的控制力，他们会倾向于谏言以施展自己的影响力和控制力，而较少以沉默的姿态回避。

关于心理授权前因变量的研究中，领导行为对其的领导作用一直是该领域探讨的热点问题，其中变革型领导(Avolio，Zhu & Koh et al.，2004)、领导—成员交换关系(Aryee & Chen，2006)、领导支持(Pecei & Rosenthal，2001)、上司咨询行为(Thomas & Velthouse，1990)等都被发现可以有效提升个体的心理授权水平。纳谏型领导行为既包括对员工建议和意见的及时准确反应，也包括对员工建议和意见的开放工作态度。所以，我们假设这种从态度到行为的双重积极支撑会提升个体的心理授权，进而让员工投入积极谏言行为中。领导的集权化程度会降低员工的心理授权感(Menon，2001)，而威权领导行为不容许下属挑战领导权威，并对下属进行严密的控制，要求下属服从，是领导权力集中化的明显行为表现。故而我们假设威权领导行为会降低员工的心理授权感，进而使其保持沉默。基于此，本研究提出如下假设。

假设3：纳谏型领导行为会促进员工的心理授权感，从而使得员工表现出更多谏言行为，更少保持沉默。

假设4：威权型领导行为会降低员工的心理授权感，从而使得员工倾向于保持沉默，更少谏言行为。

其次，安全感是员工在做谏言/沉默选择时一个重要的心理因素，员工内心的担心或者恐惧会让员工更多的处于防御的情境，他们的行为表现可能是谏言，也可能是沉默。Milliken等人(2003)的访谈研究报告揭示员工的害怕具体体现在：担心被贴上负性标签，担心被报复，担心失去社会资源。其他人的研究结果则相对更具体化，员工会害怕失去一些与自身息息相关的东西，例如，担心失去工作与晋升机会或者蒙受信誉危害(Detert，2003)。Kish-Gephart等人(2009)在总结前人研究的基础上明确提出："害怕"是员工在面对各种工作事务保持沉默的一大原因。不可否认，很多人的谏言行为也是由于担心被贴上一些不积极工作或者不为团队积极贡献的标签。但是，基于前人的研究，安全感应该是员工进行谏言的促进因素，即只有员工在工作场所有了基本的安全感，才会积极投入工作，思考工作中的问题，并为团队献计献策。而员工的安全感多来自领导支持性和开放性的行为，例如领导开放性、变革型领导行为等。纳谏型领导行为体现了对个体意见和建议的尊重和欢迎，会在一定程度上提升个体面对谏言/沉默选择时的心理安全感受；而威权型领导行为表现了管理者对员工和组织进行绝对控制的意图，使员工感觉自己有建议和意见是对管理者权力的挑战，在一定程度上会降低个体自由谏言的安全感。基于此，本研究提出如下假设。

假设5：纳谏型领导行为会促进员工的安全感，从而使得员工表现出更多谏言行为，更少保持沉默。

假设6：威权型领导行为会降低员工的安全感，从而使得员工倾向于保持沉默，更少谏言行为。

再次，研究显示，愤世嫉俗已成为组织情境中一种常见的现象(Atwater & Waldman et al.，2000)。Dean等人(1998)认为，对组织愤世嫉俗反映了个体对组织的一种负面态度，认为组织缺乏诚信、公平的信念。进一步综合

Vance 等人(1995)的观点，对组织愤世嫉俗的理解可以达成以下共识：对组织有愤世嫉俗的态度的人员，一般认为组织是存在严重问题的，这些问题应该是可以解决的，但是，由于决策者、组织成员以及各方面因素，这些问题不但没有解决，而且会越来越恶化。由于这种负面的不抱希望的消极信念和态度，员工会对组织产生一种普遍的怀疑，认为它不可能向好的方面转变(Atwater & Waldman et al.，2000)。就像 James(2005)所形容的，愤世嫉俗反映了个体因为对组织的不信任所导致的失望、挫败和无助感。

Naus 等人(2007)为了完善 Rusbult 等人(1988)的 EVLN 模型以及 Hirschman(1970)的 EVL 模型，把愤世嫉俗(organizational cynicism)纳入对谏言/沉默情境的分析框架。Naus 等人认为，愤世嫉俗是个体在面对不满意情境时的另一可能的行为选择。如果具体到组织领域，员工由于对组织的不满意，会产生一种内在的抵制态度：认为组织缺乏能力，对组织抱有负面的情感，并衍生出与态度情感一致的批判行为。根据上述分析，我们认为，对组织抱有愤世嫉俗情绪的人会倾向于批判和贬低组织，他们不会愿意贡献其具有建设性的意见和建议；对组织不认同的边缘位置会让他们更愿意保持沉默，静观事态发展。纳谏型领导行为由于其对员工意见的积极寻求和尊重，会让员工体会到上司为组织发展所做出的努力，降低其愤世嫉俗情绪，并进一步促进建设性的谏言行为；而威权型领导行为会用强硬的手段控制员工言论(limited voice，参见 Andersson，1996)，这会使得个体对组织事务认识模糊，对管理者失去信任，对自己的影响能力感到挫败，进而增加他们的愤世嫉俗情绪，不再积极参与组织事务，而是抱以一种静观其变的消极沉默态度。基于上述分析，我们提出以下假设。

假设 7：纳谏型领导行为会降低员工的愤世嫉俗情绪，从而使得员工表现出更多谏言行为，更少保持沉默。

假设 8：威权型领导行为会增加员工的愤世嫉俗情绪，从而使得员工倾向于保持沉默，更少谏言行为。

三、研究方法

(一)研究对象与抽样方法

本研究采用的是员工与其直接上级的配对取样。考虑到配对取样的复杂性，以及员工和上司互评的敏感性，所有问卷都在调研前进行了处理。对于需要员工填写的问卷，我们在问卷背面的角落处用铅笔做出编号标记，每个编号对应唯一的一名员工。做好标记后，我们将问卷放入一个大信封，信封的封口处贴有双面胶胶条，以便每一名员工在填写完毕问卷后，能够亲自将问卷封装，体现本次调研的保密性。为了能够考察领导对于员工的态度，我们同时制作了需要领导填写的问卷，每一份问卷都写明已经被抽到的该领导下属员工姓名和该员工的编号，这样做既可以方便填写问卷的领导针对其下属做出有针对性的回答，又可以确保领导与员工的问卷能够一一配对成功。被试填完问卷后当场回收，在所有问卷收集结束之后，进行废卷处理工作，然后进行统计分析。本研究被试来自山东省某制造型企业的员工与其直接领导，共发放问卷 515 份，回收 480 份，员工—上司匹配后的可用问卷 398 份。问卷回收率为 93.2%，回收问卷有效率为 82.9%。员工被试的基本信息见表 6-1 被试基本信息一览表，其中男性占 39.7%，女性占 60.3%，平均年龄为 32.55 岁(标准差为 6.12)，平均工作年限为 10.07 年(标准差为 5.76)，其中大多数为高中或中专及以下学历，约占 70.1%。

表 6-1　被试基本信息一览表

变量	类别	人数	百分比
性别	男	158	39.7%
	女	240	60.3%
教育程度	中专以下	109	27.4%
	中专/高中	170	42.7%
	大专	84	21.1%
	本科及以上	35	8.8%
		平均数	标准差
年龄		32.55	6.12
工作年限		10.07	5.76

(二)研究工具

本研究包括的变量有：纳谏型领导行为、威权型领导行为、心理授权、心理不安全感、愤世嫉俗、员工谏言、员工沉默。其中员工谏言和员工沉默是由直属上级进行评定的，其他变量由员工自评，这在一定程度上克服了数据同来源的方法学误差。其中威权型领导行为、心理授权、员工谏言都已有修订良好的中文问卷，其他的问卷都通过了“翻译—回译”的方法确定(Brislin，1980)。计分方法沿用了原问卷的模式，其中纳谏型领导行为、威权型领导行为、心理授权、心理不安全感、愤世嫉俗采用的是Likert 7点量表(1非常不同意，7非常同意)进行评价；员工谏言与员工沉默采用的是Likert 5点量表(1非常不符合，5非常符合)进行评价。其测量工作分别如下。

1. 威权型领导行为

采用的是Cheng、Chou和Wu(2004)开发的问卷，共包括9道题目，例题为“当任务无法完成时，他会指责我们”等。本研究中该问卷的信度α系数为0.82。采用主成分分析法对威权型领导行为问卷进行了探索性因素分析，以特征根大于等于1为因子抽取的原则，并参照碎石图来确定项目抽取因子的有效数目。结果显示：KMO值为0.83，Bartlett球形检验显著，$\chi^2=885.26$，$p<0.000$。结果表明：威权型领导行为是一个单维结构，累积方差解释率达到了44.01%，各个项目在相应因子上具有较大的负荷。

2. 纳谏型领导行为

采用的是Saunders等人(1992)开发的问卷，共包括13道题目，两个维度：快速反应(responsiveness)和可接近性(approachability)。例题为“我的上司会迅速着手处理我关注的问题”等。本研究中该问卷的信度α系数为0.85。采用AMOS进行验证性因素分析显示该问卷结构良好，各项指标符合统计学要求。

3. 心理授权

采用的是Spreitzer(1995)开发的问卷，之后李超平等人(2006)修订的中文版本，问卷共包括四个维度：工作意义、工作影响、自我效能和自主性，12道题。例题为“对我来说，我的各项工作任务是有意义的”等。本研究中该问卷的信度α系数为0.84。采用AMOS进行验证性因素分析显示该问卷结构良好，各项指标符合统计学要求。

4. 心理不安全感

采用的是Edmondson(1999)开发的问卷，共包括7道题，例题为“我们部门中没有人会故意破坏诋毁他人”等。本研究中该问卷的信度α系数为0.70。采用主成分分析法等方式与上一维度相同，结果显示心理安全感是一个单维结构，累积方差解释率达到了 40.00%，各个项目在相应因子上具有较大的负荷。

5. 愤世嫉俗

采用的是 Stanley、Meyer 和 Topolnytsky(2005)开发的问卷，共包括 5 道题，例题为“我经常质疑团队中管理层的动机”等。本研究中该问卷的信度 α 系数为 0.77。采用主成分分析法等方式与上一维度相同，愤世嫉俗是一个单维结构，累积方差解释率达到了 68.64%，各个项目在相应因子上具有较大的负荷。

6. 员工谏言

采用的是 Van Dyne 和 LePine(1998)编制的问卷，强调通过对传统地位的挑战来改善组织绩效的行为，它表现为即使在他人都反对的情况下也要提出革新意见，包括 6 道题目。例题为“这位下属通常能够对那些能影响团队的事务提出可行性建议”等。本研究中该问卷的信度 α 系数为 0.87。采用主成分分析法等方式与上一维度相同，结果表明：员工沉默是一个单维结构，累积方差解释率达到了 66.63%，各个项目在相应因子上具有较大的负荷。

7. 员工沉默

采用的是 Tangirala 等人(2008)的 5 道题的问卷，例题为“虽然他/她对如何改进高能工作有想法，但是一般不会讲出来”等。本研究中该问卷的信度 α 系数为 0.77。采用主成分分析法等方式与上一维度相同，结果表明：员工沉默是一个单维结构，累积方差解释率达到了 66.63%，各个项目在相应因子上具有较大的负荷。

(三)统计分析方法

本研究采用 SPSS16.0 和 AMOS7.0 进行所有的统计分析。为了保证问卷的有效性，首先对所采用的问卷的信效度进行了检验，然后对各变量进行了相关分析，最后运用多重中介分析法(Preacher et al.，2007)对领导行为如何影响员工的心理状态，并进一步影响员工的谏言和沉默行为进行了分析。

四、研究结果及分析

（一）验证性因素分析

为了考察各测量工具之间的聚合效度和区分效度，我们在假设检验之前，首先进行了验证性因素分析（Podsakoff，MacKenzie，Lee & Podsakoff，2003）。本研究中共调查七个变量，其中纳谏型领导行为、威权型领导行为、心理授权、心理安全感、愤世嫉俗来自员工自评，员工谏言、员工沉默由直属上级进行评定，我们进行了七因素模型（七个变量）、二因素模型（自评项目一个因素，他评项目一个因素）和单因素模型（多个项目对应一个因素）的验证性因素分析。结果显示七因素模型（2/df ＝2.12，CFI＝0.90，RMSEA＝0.06）明显优于二因素模型（2/df ＝3.45，CFI＝0.86，RMSEA＝0.13）和单因素模型（2/df ＝9.27，CFI＝0.78，RMSEA＝0.17）。结果显示七因素之间具有良好的区分效度，同来源误差不会影响统计分析结果，可以进行下一步的假设检验分析。

（二）描述性统计分析

首先，本研究所涉及变量的描述性统计分析结果证明，在进一步的分析过程中，引进上述控制变量是必要的，这些变量之间的中等相关关系对于进一步深入探讨直接作用和调节作用提供了数据支持。

其次，就领导行为与员工心理状态以及谏言/沉默的相关关系而言，纳谏型领导行为与心理授权、心理安全感、员工谏言呈显著正相关（0.68^{***}，0.56^{***}，0.43^{***}），与愤世嫉俗、员工沉默呈显著负相关（-0.25^{*}，-0.13^{*}）；威权型领导行为与心理授权、愤世嫉俗、员工沉默呈显著正相关（0.11^{*}，0.42^{**}，0.25^{**}），与心理安全感呈显著负相关（-0.20^{**}）。

最后，心理状态与员工谏言/沉默的相关关系显示，员工谏言与心理授权、心理安全感呈显著正相关（0.46^{**}，0.21^{*}），而与愤世嫉俗没有显著相关关系；员工沉默与心理授权、心理安全感呈显著负相关（-0.10^{*}，-0.32^{*}），而与愤世嫉俗呈显著正相关（0.36^{**}）。这说明从探讨领导行为如何通过影响员工的心理状态进而影响员工谏言或者沉默的行为选择是具有一定的数据支持的。

（三）领导行为如何影响员工的谏言/沉默

从表 6-2 可以看出，纳谏型领导行为对三个中介变量有显著预测作用（心理授权$\beta=0.61^{***}$；心理安全感$\beta=0.53^{***}$；愤世嫉俗$\beta=-0.29^{***}$)；而三个中介变量中只有心理授权对员工谏言有显著预测作用($\beta=0.24^{***}$)。综合分析结果显示，当三个中介作用纳入模型之后，纳谏型领导行为对员工谏言的预测作用β值从0.28^{***}降到了0.17^{**}，即纳谏型领导行为对员工谏言的直接预测作用为0.17^{**}；间接作用主要是通过心理授权体现($\beta=0.14^{***}$)；此模型中，纳谏型领导行为和心理授权对员工谏言行为的变异量贡献为24%。

表 6-2 纳谏型领导行为、心理状态与员工谏言的多重中介分析结果

自变量到中介变量的关系				
变量关系	β	SE	t	p
纳谏型领导行为→心理授权	0.61	0.04	17.14	0.000
纳谏型领导行为→心理安全感	0.53	0.04	12.56	0.000
纳谏型领导行为→愤世嫉俗	−0.29	0.06	−4.78	0.000
中介变量到结果变量的关系				
变量关系	β	SE	t	p
心理授权→员工谏言	0.24	0.05	4.82	0.000
心理安全感→员工谏言	−0.06	0.05	−1.28	0.200
愤世嫉俗→员工谏言	0.02	0.03	0.77	0.439
多重中介作用分析总结				
	β	SE	t	p
总体作用 c	0.28	0.03	8.75	0.000
直接作用 c′	0.17	0.05	3.81	0.002
间接作用分析总结				
	β		SE	
总体间接作用 ab	0.11		0.03	
中介 1：通过心理授权′	0.14		0.03	
中介 2：通过心理安全感	−0.03		0.02	
中介 3：通过愤世嫉俗	−0.01		0.01	
	R^2	Adj-R^2	F	p
模型总结	0.25	0.24	27.19	0.000

从表 6-3 可以看出，纳谏型领导行为对三个中介变量有显著预测作用(心理授权$\beta=0.61^{***}$；心理安全感$\beta=0.53^{***}$；愤世嫉俗$\beta=-0.29^{***}$)；而三

个中介变量中心理安全感和愤世嫉俗对员工沉默有显著预测作用（心理安全感 β＝－0.24***；愤世嫉俗 β＝0.23***）。综合分析结果显示，当三个中介作用纳入模型之后，纳谏型领导行为对员工沉默的预测作用 β 值从－0.13* 降到了 0.07，即纳谏型领导行为对员工沉默没有直接的预测作用，主要是通过心理安全感（β＝－0.13***）和愤世嫉俗（β＝－0.07***）进行间接影响。此模型中，纳谏型领导行为、心理安全感和愤世嫉俗对员工沉默行为的变异量贡献为 15%。

表 6-3 纳谏型领导行为、心理状态与员工沉默的多重中介分析结果

自变量到中介变量的关系				
变量关系	β	SE	t	p
纳谏型领导行为→心理授权	0.61	0.04	17.14	0.000
纳谏型领导行为→心理安全感	0.53	0.04	12.56	0.000
纳谏型领导行为→愤世嫉俗	－0.29	0.06	－4.78	0.000
中介变量到结果变量的关系				
变量关系	β	SE	t	p
心理授权→员工沉默	－0.01	0.08	－0.10	0.920
心理安全感→员工沉默	－0.24	0.07	－3.37	0.001
愤世嫉俗→员工沉默	0.23	0.05	4.61	0.000
多重中介作用分析总结				
	β	SE	t	p
总体作用 c	－0.13	0.05	－2.41	0.016
直接作用 c′	0.07	0.07	0.98	0.328
间接作用分析总结				
	β		SE	
总体间接作用 ab	－0.20		0.06	
中介 1：通过心理授权′	－0.00		0.05	
中介 2：通过心理安全感	－0.13		0.04	
中介 3：通过愤世嫉俗	－0.07		0.05	
	R^2	Adj-R^2	F	p
模型总结	0.16	0.15	15.76	0.000

从表 6-4 可以看出，威权型领导行为对三个中介变量有显著预测作用（心

理授权 β=0.11*；心理安全感 β=−0.19***；愤世嫉俗 β=0.49***）；而三个中介变量中只有心理授权对员工谏言有显著预测作用(β=0.35***）。综合分析结果显示，当三个中介作用纳入模型之后，威权型领导行为对员工谏言的预测作用 β 值从 0.04 降到了−0.01，即威权型领导行为对员工谏言没有直接预测作用，但是可以影响心理授权而间接影响到员工谏言(β=0.04***）。此模型中，威权型领导行为和心理授权对员工谏言行为的变异量贡献为 20%。

表 6-4 威权型领导行为、心理状态与员工谏言的多重中介分析结果

自变量到中介变量的关系				
变量关系	β	SE	t	p
威权型领导行为→心理授权	0.11	0.05	2.09	0.037
威权型领导行为→心理安全感	−0.19	0.05	−3.67	0.000
威权型领导行为→愤世嫉俗	0.49	0.06	8.46	0.000
中介变量到结果变量的关系				
变量关系	β	SE	t	p
心理授权→员工谏言	0.35	0.04	8.13	0.000
心理安全感→员工谏言	−0.01	0.04	−0.27	0.788
愤世嫉俗→员工谏言	0.02	0.03	0.47	0.636
多重中介作用分析总结				
	β	SE	t	p
总体作用 c	0.04	0.04	0.98	0.326
直接作用 c′	−0.01	0.04	−0.28	0.781
间接作用分析总结				
	β		SE	
总体间接作用 ab	0.05		0.03	
中介 1：通过心理授权′	0.04		0.02	
中介 2：通过心理安全感	0.00		0.01	
中介 3：通过愤世嫉俗	0.01		0.01	
	R^2	Adj-R^2	F	p
模型总结	0.21	0.20	22.60	0.000

从表 6-5 可以看出，威权型领导行为对三个中介变量有显著预测作用(心

理授权 β=0.11*；心理安全感 β=−0.19***；愤世嫉俗 β=0.49***）；而三个中介变量中心理安全感和愤世嫉俗对员工沉默有显著预测作用（心理安全感 β=−0.21***；愤世嫉俗 β=0.19***）。综合分析结果显示，当三个中介作用纳入模型之后，威权型领导行为对员工沉默的预测作用 β 值从 0.25*** 降到了 0.11*，即威权领导行为对员工沉默的预测作用除了直接影响，还有一部分是通过心理安全感（β=0.04***）和愤世嫉俗（β=0.09***）进行间接影响的。此模型中，威权型领导行为、心理安全感和愤世嫉俗对员工沉默行为的变异量贡献为 16%。

表 6-5 威权型领导行为、心理状态与员工沉默的多重中介分析结果

自变量到中介变量的关系				
变量关系	β	SE	t	p
威权型领导行为→心理授权	0.11	0.05	2.09	0.037
威权型领导行为→心理安全感	−0.19	0.05	−3.67	0.000
威权型领导行为→愤世嫉俗	0.49	0.06	8.46	0.000
中介变量到结果变量的关系				
变量关系	β	SE	t	p
心理授权→员工沉默	0.01	0.07	0.11	0.913
心理安全感→员工沉默	−0.21	0.07	−2.99	0.003
愤世嫉俗→员工沉默	0.19	0.05	3.54	0.000
多重中介作用分析总结				
	β	SE	t	p
总体作用 c	0.25	0.05	4.65	0.000
直接作用 c′	0.11	0.06	2.06	0.041
间接作用分析总结				
	β		SE	
总体间接作用 ab	0.13		0.03	
中介 1：通过心理授权′	0.00		0.01	
中介 2：通过心理安全感	0.04		0.02	
中介 3：通过愤世嫉俗	0.09		0.03	
	R^2	Adj-R^2	F	p
模型总结	0.17	0.16	16.72	0.000

五、分析与讨论

为了考察纳谏型领导行为和威权型领导行为如何通过影响三种心理状态(心理授权、心理安全感、愤世嫉俗)，进而影响谏言和沉默的选择，我们采取了多重中介分析方法(Preach et al.，2008)进行了分析。为了方便理解，我们用图 6-1 和图 6-2 对结果进行总结。

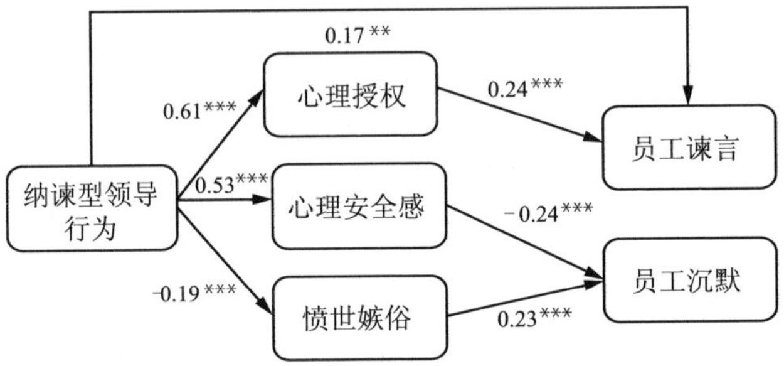

图 6-1 纳谏型领导行为对员工谏言/沉默影响作用图

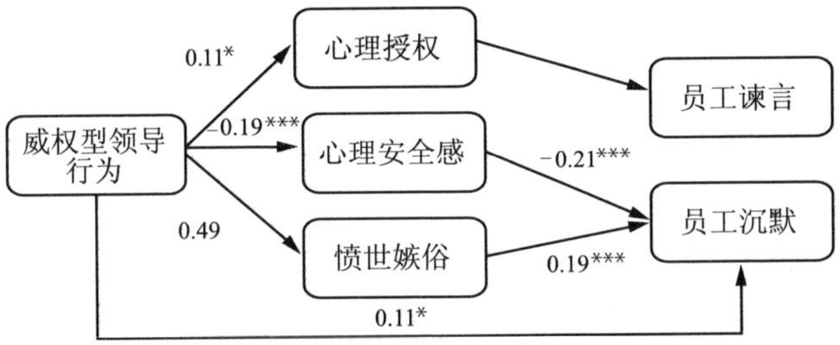

图 6-2 威权型领导行为对员工谏言/沉默影响作用图

首先，本研究同时考察了积极领导行为(纳谏型领导行为)和消极领导行为(威权型领导行为)对员工谏言/沉默选择的影响作用。就直接作用而言，纳谏型领导行为会影响员工谏言，威权型领导行为会影响员工沉默。这一结果说明，如果要促进员工谏言，打破员工沉默现象，只展示正性的领导行为是不够的，还要减少负性的领导行为。

其次，就员工谏言/沉默选择的心理状态而言，虽然前人提出安全感和有用感是员工进行谏言选择时考虑的因素(Detert，2003)，但是本研究显示心理授权才是激发员工谏言的重要心理状态；而心理安全感和愤世嫉俗是员工保持沉默的心理状态。这一结果对于理解员工谏言和员工沉默背后心理状态的不同具有重要意义。

最后，从模型中我们可以看出，纳谏型领导行为对员工谏言/沉默的影响作用有很大一部分是通过激发心理状态的中介作用产生的。具体来讲，纳谏型领导行为通过提升员工的心理授权进而间接提升了员工谏言，通过提升员工的心理安全感、降低员工的愤世嫉俗情绪，从而间接降低了员工沉默；威权型领导行为通过降低员工的心理安全感，提升了员工的愤世嫉俗情绪，从而间接使得员工保持沉默。考察不同类型的领导行为如何通过影响员工的心理状态进而影响员工谏言/沉默的选择，有助于对于管理实践提出具有操作性的建议。

六、研究结论

本研究考察了领导行为影响员工谏言/沉默的选择，研究得出以下几点结论：

第一，纳谏型领导行为对于员工谏言的直接影响作用显著，另外，纳谏型领导行为还可以通过提升员工的心理授权进而间接提升员工谏言。

第二，纳谏型领导行为对于员工沉默没有直接影响作用，但是，可以通过提升员工的心理安全感，降低员工的愤世嫉俗情绪，从而间接影响员工沉默。

第三，威权型领导行为对于员工谏言的影响作用不显著。威权型领导行为对员工沉默具有直接影响作用，而且还可以通过降低员工的心理安全感，提升员工的愤世嫉俗情绪，从而间接促进员工沉默。

第二节　组织公平氛围对员工谏言/沉默的影响作用分析

一、研究目的

本研究从个体公平知觉和组织公平氛围(共享的公平知觉)两个层面进行分析，探讨组织公平如何影响员工谏言/沉默行为的选择，并进一步探究其在员工谏言/沉默转化为最终成果(工作绩效和创新)过程中所扮演的角色。

二、理论背景与研究假设

在员工谏言/沉默的相关研究探讨中，组织公平尤其是程序公平是一个被不断提到的影响因素(Greenberg，2000)。例如，Pinders 等人(2001)在最初对员工沉默进行定义时，就指出沉默是员工对于组织不公平的一种反应。我们可以看到，公平感以及组织公平感的研究由来已久，而且对组织公平的效果变量的研究相对较广，主要包括满意度、工作倦怠、负性情绪、离职倾向、组织承诺、组织公平行为等。而就员工谏言/沉默而言，有以下几个原因可以支持组织公平感对其的预测作用。首先，组织公平被认为可以有效地预测组织公民行为(Organ，1998；Moorman，1991)，其原因在于组织公平行为是一种角色外行为，可以由员工在不违反工作要求的基础上自己管控。这一原因同样适用于谏言/沉默行为，当员工有较高的组织公平感时，他们会基于公平和社会交换的规则进行一定的回馈，反映组织目前存在的问题，表达具有建设性的意见和建议，较少保持沉默；而当员工有较低的组织公平感时，他们会重新考虑自己投入—回报平衡，在不违反工作要求的基础上减少自己对组织的投入，对组织内部的问题有相对较少的关注，不愿意发表自己的意见和建议，更多保持沉默。其次，从程序公平的角度来讲，程序公平知觉不但提供了相对正式可控的沟通渠道，而且让员工感觉到权威寻求和认可他们的意见和想法(Tangirala & Ramanujam，2008)，进而降低了员工公开表达意见的恐惧感(Greenberg，2000)。最后如前所述，分配公平能更多预测与个体有关的结果，例如满意度、离职意向等。正向的情绪状态会激发个体对工作的投入，愿意谏言献计献策；反之则会有负面的心理状态使得其减少自身投入，保持沉默。

基于上述论述，本研究提出如下假设。

假设1：程序公平感和分配公平感对员工谏言有正向的预测作用。

假设2：程序公平感和分配公平感对员工沉默有负向的预测作用。

组织公平的深入研究发现。个体层面的公平感受不是组织公平知觉的核心，组织内部共享的公平知觉(shared perception within workgroup)才是决定其态度和行为的关键(Rupp & Paddock，2010)。群体共享的公平感不是用来衡量自己投入回报的，而是用来进行人际比较的。这种用于人际比较的组织氛围可以作为重要的情境变量影响个体的谏言/沉默行为。根据之前的文献综述，我们可以推论在积极公平的组织情境中，个体会倾向于谏言，较少保持沉默；另有研究显示，只有在高的程序公平氛围中，个体层面的变量(组织认同、职业承诺)才会发挥其降低员工沉默的效用，而在低程序公平氛围中，这些个体变量是无法发挥其效能的(Tangirala & Ramanujam，2008)。基于上述论述，本研究提出组织公平氛围是个体公平感与谏言/沉默之间关系的重要情境调节变量。为了对组织公平氛围进行全面的分析，我们引入两个变量：水平(level)和一致性(consensus)，其中水平是指团队内每个员工组织公平知觉的平均水平，一致性是指各个员工之间公平知觉的差异大小。具体假设如下。

假设 3：程序公平氛围(水平和一致性)会调节程序公平感与员工谏言之间的关系，具体表现为：与低程序公平氛围相比，高程序公平氛围下个体程序公平感对员工谏言有相对较强的正向预测作用。

假设 4：分配公平氛围(水平和一致性)会调节分配公平感与员工谏言之间的关系，具体表现为：与低分配公平氛围相比，高分配公平氛围下个体分配公平感对员工谏言有相对较强的正向预测作用。

假设 5：程序公平氛围(水平和一致性)会调节程序公平感与员工沉默之间的关系，具体表现为：与低程序公平氛围相比，高程序公平氛围下个体程序公平感对员工沉默有相对较强的负向预测作用。

假设 6：分配公平氛围(水平和一致性)会调节分配公平感与员工沉默之间的关系，具体表现为：与低分配公平氛围相比，高分配公平氛围下个体分配公平感对员工沉默有相对较强的负向预测作用。

从理论上来讲，建设性的员工谏言行为会对员工个体和组织有积极作用，有意识地压抑对组织积极建议的沉默行为会对员工个体和组织具有消极作用。但是，由于谏言本身的风险性以及所提建议得到认可的不确定性，这种积极作用并不一定能够成为现实。前人研究显示，管理者会对员工的态度(Kim, Rosen & Lee, 2009)、情绪(Grant, Parker & Collins, 2009)和行为(如助人行为，Van Dyne & LePine, 1998)进行综合的考量，进一步对个体的谏言行为进行积极或者消极的定性判断。而这种定性判断不仅仅是认知层面，随之而来的是管理者实质的支持。如果管理者认为员工谏言是从组织利益出发提高绩效的，就会提供资源技术支持帮助其实现目标；反之，如果认为员工谏言的目标不是从组织利益出发的，就不会有相应的积极支持。而在这个过程中，员工会对管理者的行为进行观察，分析推测管理者对待员工的普遍规律和原则，最终使得员工形成类似组织公平的认知感受。

团队内部共享的知觉集合起来就是团队的组织公平氛围。所以，从团队层面来讲，要把员工谏言的积极作用发挥出来，良好组织氛围的孕育必不可少，而组织公平氛围在一定程度上可以承担这种角色。具体来说，在良好的组织公平氛围下，员工谏言会受到普遍尊重和认可，管理者也会合理分配资源进行支持，进而谏言的积极作用会转化出来；而员工沉默所引发的负面后果的扩展会受到一定程度的遏制。而在低组织公平氛围下，员工在面临谏言/沉默的选择时，更多是基于一种自我保护的心理，由于缺乏一定的组织支持氛围，员工谏言的积极作用和员工沉默的消极作用都会无法以正常逻辑体现。本研究引入工作绩效和员工创新作为结果变量，具体假设如下。

假设7：组织公平氛围(包括程序公平氛围和分配公平氛围)会调节员工谏言和工作绩效之间的关系，具体表现为：与低公平氛围相比，高公平氛围下员工谏言行为对工作绩效有较强的正向预测作用。

假设8：组织公平氛围(包括程序公平氛围和分配公平氛围)会调节员工谏言和员工创新之间的关系，具体表现为：与低公平氛围相比，高公平氛围下员工谏言行为对员工创新有较强的正向预测作用。

假设9：组织公平氛围(包括程序公平氛围和分配公平氛围)会调节员工沉默和工作绩效之间的关系，具体表现为：高公平氛围下员工沉默与工作绩效呈合理的负性关系；而在低公平氛围下这种关系会发生不合理变化，即出现相反的结果。

假设10：组织公平氛围(包括程序公平氛围和分配公平氛围)会调节员工沉默和员工创新之间的关系，具体表现为：高公平氛围下员工沉默与员工创新之间呈合理的负性关系；而在低公平氛围下这种关系会发生不合理变化，即出现相反的结果。

综合本研究的假设，提出研究模型如图6-3所示。

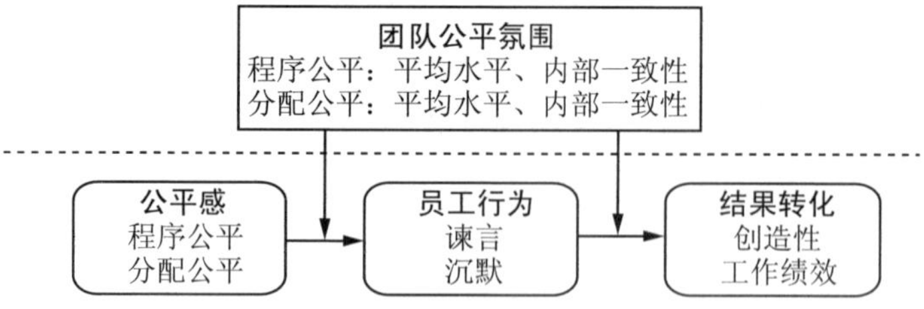

图6-3 组织公平与员工谏言/沉默关系模型

三、研究方法

(一)研究对象与抽样方法

为了探究团队公平氛围对员工谏言/沉默的影响作用，本研究采用团队取样，共取65个团队，共340人，每个团队5～7人。主要的抽样策略是：根据人力资源部门提供的公司组织机构列表(细化至最小的组织单元，该组织单元由正式在册的直线经理与基层员工构成)，随机抽取一个团队(一般称为部门)作为研究样本。该部门中全部人员(包括部门经理和员工)均作为研究对象。

本研究采用的是员工与其直接上级的配对取样。考虑到配对取样的复杂性，以及员工和上司互评的敏感性，所有问卷都在调研前进行了处理。对于需要员工填写的问卷，我们在问卷背面的角落处用铅笔做出编号标记，每个编号对应唯一的一名员工。做好标记后，我们将问卷放入一个大信封，信封的封口处贴有双面胶胶条，以便每一名员工在填写完毕问卷后能够亲自将问卷封装，体现本次调研的保密性。为了能够考察领导对于员工的态度，我们同时制作了需要领导填写的问卷，每一份问卷都写明已经被抽到的该领导下属员工姓名和该员工的编号，这样做既可以方便填写问卷的领导针对其下属做出有针对性的回答，又可以确保领导与员工的问卷能够一一配对成功。被试填完问卷后当场回收，在所有问卷收集结束之后，进行废卷处理工作，然后进行统计分析。本研究被试来自山东省某制造型企业的员工与其直接领导，共65个团队。其中男性员工占29.4%，女性员工占70.6%；平均年龄为32.45岁(标准差为6.49)，平均工作年限为11.56年(标准差为6.98)；教育程度相对平均，其中中专以下占23.8%，中专/高中学历占44.1%，大专学历占21.8%，本科及以上学历占10.3%。具体信息如表6-6所示。

表6-6　被试基本信息一览表

变量	类别	人数	百分比
性别	男	100	29.4%
	女	240	70.6%

续表

变量	类别	人数	百分比
教育程度	中专以下	81	23.8%
	中专/高中	150	44.1%
	大专	74	21.8%
	本科及以上	35	10.3%
		平均数	标准差
年龄		32.45	6.49
工作年限		11.56	6.98

(二)研究工具

本研究包括的变量有：程序公平、分配公平、员工谏言、员工沉默、创造性、工作绩效。其中创造性和工作绩效由直属上级进行评定，其他变量由员工自评，这在一定程度上克服了数据同来源的方法学误差。除了员工谏言有修订良好的中文问卷，其他的问卷都通过了"翻译—回译"的方法确定(Brislin，1980)。计分方法沿用了原问卷的模式，其中程序公平、分配公平采用的是 Likert 7 点量表(1 非常不同意，7 非常同意)进行评价；员工谏言、员工沉默和创造性采用的是 Likert 5 点量表(1 非常不符合，5 非常符合)进行评价；工作绩效采用的也是 Likert 7 点量表，根据每道题目涉及的内容进行评分。其测量工作分别如下。

1. 程序公平

采用的是 Moorman(1991)开发的问卷，共包括 7 道题目，例题为"我们部门制定程序规则的目的是'收集做决策必需的正确信息'"等。本研究中该问卷的信度 α 系数为 0.83。采用主成分分析法对程序公平问卷进行了探索性因素分析，以特征根大于等于 1 为因子抽取的原则，并参照碎石图来确定项目抽取因子的有效数目。结果显示：KMO 值为 0.84，Bartlett 球形检验显著，$\chi^2=871.91$，$p<0.000$。程序公平是一个单维结构，累积方差解释率达到了 50.97%，各个项目在相应因子上具有较大的负荷。

2. 分配公平

采用的是 Moorman(1991)开发的问卷，共包括 5 道题目，例题为"团队成员会得到与责任相当的报酬或奖赏”等。本研究中该问卷的信度 α 系数为 0.84。采用主成分分析法等方式与上一维度相同，分配公平是一个单维结构，累积方差解释率达到了 61.38%，各个项目在相应因子上具有较大的负荷。

3. 员工谏言

采用的是 Van Dyne 和 LePine(1998)编制的问卷，强调通过对传统地位的挑战来改善组织绩效的行为，它表现为即使在他人都反对的情况下也要提出革新意见，包括 6 道题目。例题为“我通常能够对那些能影响团队的事务提出可行性建议”等。本研究中该问卷的信度 α 系数为 0.80。采用主成分分析法等方式与上一维度相同，员工谏言是一个单维结构，累积方差解释率达到了 49.84%，各个项目在相应因子上具有较大的负荷。

4. 员工沉默

采用的是 Tangirala 等人(2008)的 5 道题的问卷，例题为“当我担心工作中的问题时，会选择沉默”等。本研究中该问卷的信度 α 系数为 0.82。采用主成分分析法等方式与上一维度相同，员工沉默是一个单维结构，累积方差解释率达到了 58.71%，各个项目在相应因子上具有较大的负荷。

5. 员工创新问卷

采用的是 Zhou 和 George(2001)开发的问卷，共有 13 道题目。例题为“这位下属能想出提高产品质量的新方法”等。本研究中该问卷的信度 α 系数为 0.89。采用主成分分析法等方式与上一维度相同，员工创新是一个单维结构，累积方差解释率达到了 43.68%，各个项目在相应因子上具有较大的负荷。

6. 工作绩效

采用的是 Denison、Hooijberg 和 Quinn(1995)开发的问卷，共有 5 道题目，由上司分别评价下属的表现，分别为“总体来讲，这位下属(1 非常没有效率，7 非常有效率)”，研究中该问卷的信度 α 系数为 0.85。采用主成分分析法等方式与上一维度相同，员工绩效是一个单维结构，累积方差解释率达到了 63.10%，各个项目在相应因子上具有较大的负荷。

(三)统计分析方法

本研究采用 SPSS16.0、AMOS7.0 和 HLM 进行所有的统计分析。为了保证问卷的有效性，首先对所采用的问卷的信效度进行了检验；其次，对各变量进行了相关分析，运用结构方程进行变量间区分效度的验证；最后，运用多水平回归模型探讨组织公平氛围如何影响员工谏言和沉默行为转化为员工的创新能力和绩效。

四、研究结果

(一)验证性因素分析

为了考察各测量工具之间的聚合效度和区分效度，我们在假设检验之前，首先进行了验证性因素分析(Podsakoff, MacKenzie, Lee & Podsakoff, 2003)。本研究中共调查了六个变量，其中程序公平、分配公平、员工谏言、员工沉默来自员工自评，创造性、工作绩效由直属上级进行评定，我们进行了六因素模型(六个变量)、二因素模型(自评项目一个因素，他评项目一个因素)和单因素模型(多个项目对应一个因素)的验证性因素分析。结果显示六因素模型(2/df =1.57，CFI=0.96，RMSEA=0.05)明显优于二因素模型(2/df =4.57，CFI=0.81，RMSEA=0.10)和单因素模型(2/df =11.06，CFI=0.77，RMSEA=0.11)。结果显示六因素之间具有良好的区分效度，同来源误差不会影响统计分析结果，可以进行下一步的假设检验分析。另外在运用 HLM 进行多水平分析时，对数据做了总平减的处理，这可以减轻共线性的影响。

(二)描述性统计分析

首先，本研究所涉及变量的描述性统计分析结果证明，在进一步的分析过程中，引进上述控制变量是必要的，这些变量之间的中等相关关系对于进一步深入探讨直接作用和调节作用提供了数据支持。

其次，就谏言/沉默与其他变量的相关关系而言，员工谏言与程序公平、分配工作、创造性、工作绩效呈显著正相关(0.49**，0.47**，0.44**，0.38**)；员工沉默与程序公平、分配工作、工作绩效呈显著负相关(−0.19**，−0.17*，−0.20**)。这为进一步探讨各变量之间的关系提供了前提条件。

(三)组织公平对员工谏言和沉默行为的跨层影响作用分析

本研究采用的是团队取样，分析显示员工谏言、员工沉默、创造性、工作绩效的 ICC1 的数值分别为 0.55、0.47、0.53、0.43。这说明对这几个变量来说，团队层面的变异已经无法忽略，而且为了避免团队取样数据非独立性(non-independence)所导致的误差(Hofmann, Griffin & Gavin, 2000)，本研究以下分析需要采用多层次分析即多层线性回归 HLM。

1. 个体层面分析：组织公平知觉对员工谏言和沉默行为的影响作用

(1)组织公平知觉对员工谏言的影响作用。

首先不考虑团队层面的因素，模型中只纳入人口统计学变量和个体层面的程序公平知觉和分配公平知觉，具体分析结果见表 6-7。结果显示，分配公平知觉和程序公平知觉均对员工谏言行为有显著的正向预测作用($\beta=0.10$，$t=2.03$，$p<0.05$；$\beta=0.19$，$t=4.51$，$p<0.001$)。这说明就个体公平知觉而言，个体感觉到越多的分配公平和程序公平，就会越倾向于积极谏言。研究假设 1 得到了完全支持。

表 6-7 组织公平知觉对员工谏言的影响作用分析结果

个体水平变量	β	SE	t	p
性别	−0.01	0.07	−0.15	0.880
年龄	0.03	0.01	4.21	0.000
教育程度	0.05	0.03	1.64	0.101
工作年限	−0.02	0.01	−2.79	0.006
分配公平感	0.10	0.05	2.03	0.046
程序公平感	0.19	0.04	4.51	0.000

(2)组织公平知觉对员工沉默的影响作用。

同样不考虑团队层面的因素，模型中只纳入人口统计学变量和个体层面的程序公平知觉和分配公平知觉，具体分析结果见表 6-8。结果显示，分配公平知觉和程序公平知觉对员工沉默都没有显著的预测作用($\beta=-0.01$，$t=-0.11$，ns；$\beta=-0.07$，$t=-1.20$，ns)。这说明就个体公平知觉而言，个体的分配公平和程序公平知觉并不会与员工沉默有直接关系。研究假设 2 没有得到支持。

表 6-8 组织公平知觉对员工沉默的影响作用分析结果

个体水平变量	β	SE	t	p
性别	0.03	0.10	0.26	0.792
年龄	−0.031	0.01	−1.34	0.181
教育程度	0.01	0.05	0.13	0.898
工作年限	0.01	0.01	0.91	0.364
分配公平感	−0.01	0.05	−0.11	0.911
程序公平感	−0.07	0.06	−1.20	0.237

2. 跨层级研究：组织公平对员工谏言和沉默行为的影响作用

(1)组织公平对员工谏言的影响作用的跨层级分析。

同时考虑个体层面的组织公平知觉(分配公平、程序公平)和团队公平氛围(分配公平一致性、分配公平水平、程序公平一致性、程序公平水平)对员工谏言的影响作用，具体分析结果见表 6-9。

首先，可以看到团队公平氛围对员工谏言具有很强的直接影响作用，除去程序公平水平之外，其他三个变量程序公平一致性(β=0.48，t=2.93，p<0.01)、分配公平一致性(β=0.72，t=3.20，p<0.01)和分配公平水平(β=0.34，t=4.22，p<0.001)都对员工谏言有显著的正向预测作用。

其次，可以看到个体程序公平知觉对员工谏言的影响作用没有受到团队程序公平氛围的调节作用，仍显著正向影响员工谏言(β=0.12，t=2.58，p<0.05)。

表 6-9 组织公平对员工谏言影响作用的跨层级 HLM 分析结果

	β	SE	t	p
团队水平变量				
程序公平一致性	0.48	0.17	2.93	0.007
分配公平一致性	0.72	0.23	3.20	0.003
程序公平水平	−0.00	0.09	−0.02	0.986
分配公平水平	0.34	0.08	4.22	0.000
个体水平变量				
性别	0.00	0.07	0.04	0.969
年龄	0.02	0.01	3.86	0.000
教育程度	0.05	0.03	1.67	0.096
工作年限	−0.02	0.01	−2.44	0.016
跨层级交互作用				
分配公平感	0.03	0.04	0.65	0.520
分配公平感 * 分配公平一致性	−0.17	0.06	−3.08	0.004
分配公平感 * 分配公平水平	0.12	0.04	2.80	0.007
程序公平感	0.12	0.05	2.58	0.013
程序公平感 * 程序公平一致性	−0.04	0.06	−0.79	0.435
程序公平感 * 程序公平水平	−0.04	0.04	−0.82	0.418

最后，可以看到，当同时在回归方程中纳入个体公平知觉和团队公平氛围时，个体分配公平知觉对员工谏言的直接影响作用消失，二者之间的关系受到分配公平一致性和分配公平水平的调节($\beta=-0.17$，$t=-3.08$，$p<0.01$；$\beta=0.12$，$t=2.80$，$p<0.01$)。为了更清楚地了解它们之间的关系，从图 6-4 可以看出，在团队层面的分配公平一致性高的情况下，员工谏言水平远远高于团队层面分配公平一致性低的情况；在高分配公平一致性情况下，个体的分配公平知觉对员工谏言有负向预测作用($\beta=-0.14$，$t=-1.90$，$p<0.05$)；而在低分配公平一致性情况下，个体的分配公平知觉对员工谏言有正向预测作用($\beta=0.20$，$t=3.01$，$p<0.05$)。

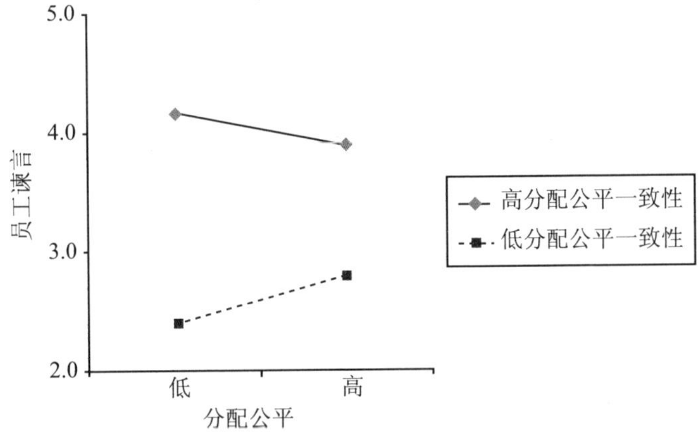

图 6-4　分配公平一致性对个体分配知觉与员工谏言的调节作用

从图 6-5 可以看出，在团队层面的分配公平水平高的情况下，员工谏言水平远远高于团队层面分配公平水平低的情况；在高分配公平水平情况下，个体的分配公平知觉对员工谏言有正向预测作用($\beta=0.15$，$t=1.93$，$p<0.05$)；而在低分配公平水平情况下，个体的分配公平知觉对员工谏言的影响不显著($\beta=-0.09$，$t=-1.72$，ns)。

(2)组织公平对员工沉默的影响作用的跨层级分析。

同时考虑个体层面的组织公平知觉(分配公平、程序公平)和团队公平氛围(分配公平一致性、分配公平水平、程序公平一致性、程序公平水平)对员工沉默的影响作用，具体分析结果见表 6-10。综合分析可以看出，与前人研究(Tangirala & Ramanujam，2008)不一致的是，员工沉默与个体层面和团队层面的组织公平都没有明显的关系。

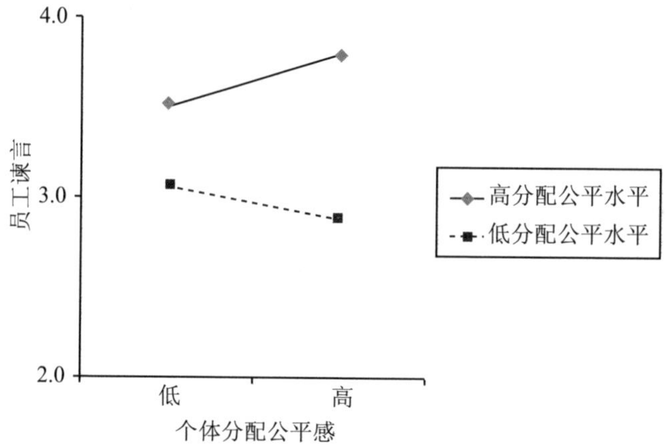

图 6-5　分配公平水平对个体分配知觉与员工谏言的调节作用

表 6-10　组织公平对员工沉默影响作用的跨层级 HLM 分析结果

	β	SE	t	p
团队水平变量	2.59	0.08	29.97	0.000
程序公平一致性	0.40	0.34	1.17	0.245
分配公平一致性	0.06	0.47	0.13	0.900
程序公平水平	−0.04	0.12	−0.35	0.730
分配公平水平	−0.04	0.12	−0.29	0.774
个体水平变量				
性别	0.03	0.10	0.29	0.769
年龄	−0.02	0.01	−1.35	0.177
教育程度	0.00	0.05	0.06	0.953
工作年限	0.01	0.01	0.80	0.424
跨层级交互作用				
分配公平感	−0.01	0.05	−0.26	0.799
分配公平感 * 分配公平一致性	0.08	0.08	1.04	0.302
分配公平感 * 分配公平水平	−0.05	0.05	−1.07	0.289
程序公平感	−0.05	0.07	−0.75	0.454
程序公平感 * 程序公平一致性	−0.02	0.09	−0.21	0.838
程序公平感 * 程序公平水平	0.02	0.07	0.26	0.797

(四)谏言和沉默的结果转化：组织公平氛围的调节作用

控制了个体层面公平感的影响后，考察组织公平氛围如何调节谏言/沉默与结果变量之间的关系。

1. 工作绩效

在控制了个体层面人口统计学变量和个体组织公平感之后，考察团队公平氛围(分配公平一致性、分配公平水平、程序公平一致性、程序公平水平)在员工谏言和员工沉默方面对个体工作绩效的作用，具体分析结果见表 6-11。

表 6-11 组织公平氛围对谏言/沉默与工作绩效的跨层级调节作用 HLM 分析结果

	β	SE	t	p
团队水平变量				
程序公平一致性	−0.28	0.44	−0.66	0.511
分配公平一致性	0.33	0.63	0.52	0.608
程序公平水平	0.22	0.17	1.33	0.189
分配公平水平	0.03	0.17	0.19	0.851
个体水平变量				
性别	0.09	0.09	1.00	0.317
年龄	−0.01	0.01	−0.79	0.428
教育程度	0.05	0.04	1.27	0.206
工作年限	−0.00	0.01	−0.32	0.743
分配公平感	0.11	0.05	2.23	0.027
程序公平感	0.08	0.06	1.25	0.211
跨层级交互作用				
员工谏言	0.11	0.07	1.69	0.095
员工谏言 * 程序公平一致性	0.01	0.38	0.03	0.977
员工谏言 * 分配公平一致性	0.26	0.51	0.51	0.612
员工谏言 * 程序公平水平	−0.08	0.11	−0.74	0.460
员工谏言 * 分配公平水平	−0.00	0.11	−0.01	0.996
员工沉默	−0.06	0.07	−0.88	0.381
员工沉默 * 程序公平一致性	−0.95	0.38	−2.50	0.015

续表

	β	SE	t	p
员工沉默＊分配公平一致性	−1.26	0.53	−2.39	0.020
员工沉默＊程序公平水平	0.05	0.13	0.35	0.731
员工沉默＊分配公平水平	−0.13	0.13	−0.95	0.348

结果显示，员工谏言对工作绩效的作用不受团队公平氛围的调节作用，其直接效应达到了临界显著的程度($\beta=0.11$，$t=1.69$，$p<0.10$)。员工沉默对工作绩效的影响作用受到程序公平一致性和分配公平一致性的调节作用($\beta=-0.95$，$t=-2.50$，$p<0.05$；$\beta=-1.26$，$t=-2.39$，$p<0.05$)。为了更清楚地考察二者的直接关系，调节作用的图解如图 6-6 和图 6-7 所示。简单效应分析发现，在高分配水平一致性条件下，员工沉默与工作绩效之间的关系为显著的负相关($\beta=-1.32$，$t=-9.23$，$p<0.001$)；而在低分配公平一致性条件下，员工沉默与工作绩效之间的关系为显著的正相关($\beta=1.20$，$t=8.31$，$p<0.001$)。

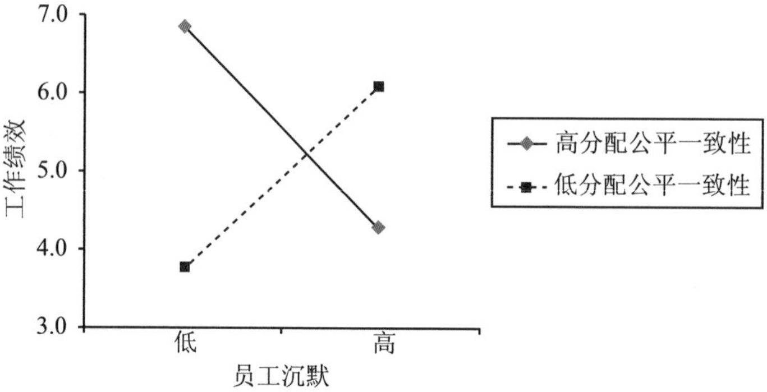

图 6-6　分配公平一致性对员工沉默与工作绩效的调节作用

程序公平一致性对员工沉默与工作绩效的调节作用的进一步简单效应分析发现，在高程序公平一致性条件下，员工沉默与工作绩效之间的关系为显著的负相关($\beta=-1.01$，$t=-7.93$，$p<0.001$)；而在低程序公平一致性条件下，员工沉默与工作绩效之间的关系为显著的正相关($\beta=0.89$，$t=6.97$，$p<0.001$)。

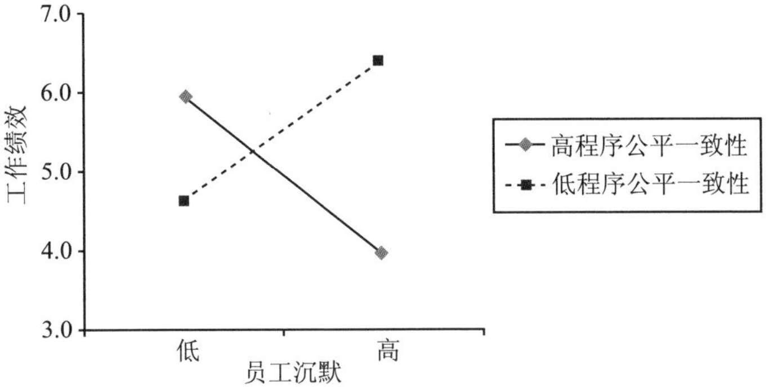

图 6-7　程序公平一致性对员工沉默与工作绩效的调节作用

2. 员工创新

在控制了个体层面人口统计学变量和个体组织公平感之后，考察团队公平氛围(分配公平一致性、分配公平水平、程序公平一致性、程序公平水平)在员工谏言和员工沉默方面对员工创新行为的作用，具体分析结果见表 6-12。

表 6-12　组织公平氛围对谏言/沉默与员工创新的跨层级调节作用 HLM 分析结果

	β	SE	t	p
团队水平变量				
程序公平一致性	0.25	0.30	0.83	0.408
分配公平一致性	0.39	0.44	0.90	0.375
程序公平水平	0.11	0.13	0.86	0.393
分配公平水平	0.14	0.12	1.13	0.263
个体水平变量				
性别	−0.04	0.07	−0.54	0.587
年龄	−0.01	0.01	−1.03	0.306
教育程度	0.07	0.03	2.19	0.029
工作年限	0.00	0.01	0.24	0.810
分配公平感	0.01	0.04	0.17	0.869
程序公平感	0.00	0.04	0.06	0.953

续表

	β	SE	t	p
跨层级交互作用				
员工谏言	0.21	0.06	3.55	0.001
员工谏言 * 程序公平一致性	0.50	0.28	1.82	0.073
员工谏言 * 分配公平一致性	0.66	0.37	1.76	0.082
员工谏言 * 程序公平水平	−0.10	0.09	−1.05	0.299
员工谏言 * 分配公平水平	0.19	0.09	2.10	0.039
员工沉默	0.01	0.03	0.44	0.662
员工沉默 * 程序公平一致性	−0.48	0.20	−2.41	0.019
员工沉默 * 分配公平一致性	−0.63	0.27	−2.32	0.024
员工沉默 * 程序公平水平	0.08	0.07	1.15	0.254
员工沉默 * 分配公平水平	0.03	0.06	0.44	0.660

员工谏言对员工创新行为的直接影响作用显著($\beta=0.21$，$t=3.55$，$p<0.001$)，并且受到分配公平水平的调节作用($\beta=0.19$，$t=2.10$，$p<0.05$)。为了更清楚地考察二者的直接关系，如图 6-8 所示，简单效应发现，在高分配公平水平条件下，员工谏言与员工创新之间的关系为显著的正相关($\beta=0.39$，$t=4.33$，$p<0.001$)；而在低分配公平水平条件下，员工谏言与员工创新之间没有显著关系($\beta=0.01$，$t=0.07$，ns)。

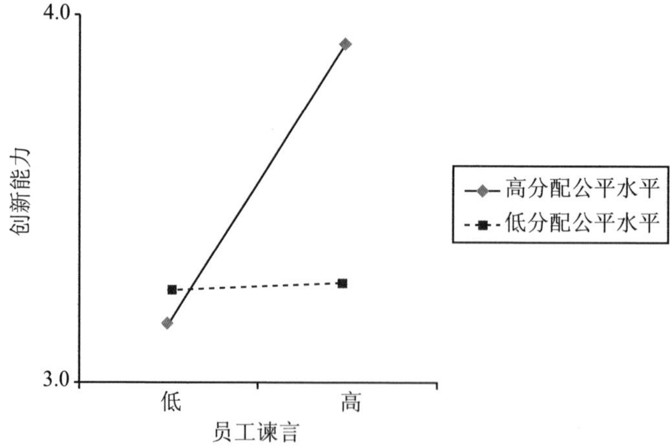

图 6-8　分配公平水平对员工谏言与员工创新的调节作用

员工沉默对员工创新的影响作用受到程序公平一致性和分配公平一致性的调节作用($\beta=-0.48$，$t=-2.41$，$p<0.05$；$\beta=-0.63$，$t=-2.32$，$p<0.05$)。为了更清楚地考察二者的直接关系，调节作用的图解如图6-9和图6-10所示。简单效应分析发现，在高分配水平一致性条件下，员工沉默与员工创新之间的关系为显著的负相关($\beta=-0.62$，$t=-5.23$，$p<0.001$)；而在低分配公平一致性条件下，员工沉默与员工创新之间的关系为显著的正相关($\beta=0.64$，$t=5.31$，$p<0.001$)。

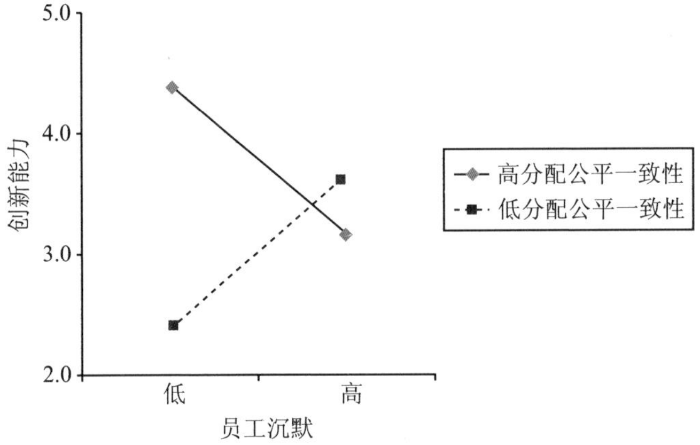

图6-9　分配公平一致性对员工沉默与员工创新的调节作用

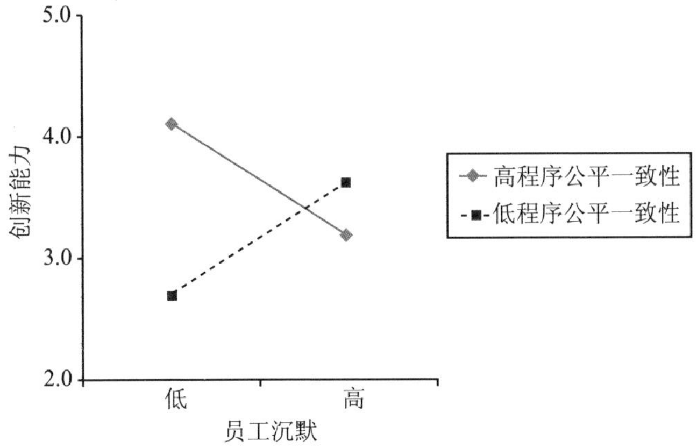

图6-10　程序公平一致性对员工沉默与员工创新的调节作用

另外，简单效应分析还发现，在高程序水平一致性条件下，员工沉默与员工创新之间的关系为显著的负相关（$\beta=-0.47$，$t=-4.94$，$p<0.001$）；而在低程序公平一致性条件下，员工沉默与员工创新之间的关系为显著的正相关（$\beta=0.49$，$t=4.96$，$p<0.001$）。

五、分析与讨论

本研究通过分析员工个体的组织公平知觉和团队组织公平氛围对员工谏言/沉默的影响作用发现，在不考虑组织公平氛围的情况下，个体层面的分配公平知觉和程序公平知觉都会显著预测员工谏言行为；在同时考虑组织公平氛围的情况下，可以看到，团队组织公平氛围会显著影响员工谏言，这时个体层面分配公平知觉对员工谏言的直接作用消失，程序公平知觉对员工谏言的直接作用虽然依然存在，但是，影响效力相对降低。这样的结果说明，我们在考察组织公平对员工谏言的影响作用时，如果只关注个体层面的组织公平知觉，就会忽略组织公平氛围在其中所起的重要作用。这一点对于组织行为学方面的研究，尤其是与员工谏言等相关的积极组织行为的研究都有借鉴意义。

其次，研究结果显示，不管是个体层面的组织公平知觉，还是团队组织公平氛围，都对员工沉默没有显著的影响作用。这与 Pinders 等人(2001)关于员工沉默是对组织不公平的反应的认识是不一致的，但是，值得思考的是 Tangirala 和 Ramanujam(2008)的研究中，也没有发现员工沉默与个体程序公平知觉以及团队程序公平平均水平的显著关系。从这点来讲，组织公平与员工沉默之间的关系有待进一步考察分析。

另外，员工谏言的结果转化过程相对清晰，其对工作绩效的直接作用不受组织公平氛围的影响；员工谏言与员工创新呈显著正相关，而且在高分配公平水平条件下，这种正相关表现得尤其明显。这在一定程度上揭示了员工谏言的积极意义，即员工谏言会促进工作绩效的提升，而且当内部分配公平高，即组织可以对员工的付出提供相关公平的回报时，员工的谏言行为是与其创新能力紧密相关的。这一结果与研究者最初对建设性的谏言行为进行关注的初衷相吻合。

最后，我们注意到员工沉默的结果转化过程相对复杂，尤其是会受到程序公平一致性和分配公平一致性的影响调节。在程序公平一致性和分配公平一致性较高的情况下，即团队内部员工对于组织公平的感知相对一致的情况下，员工沉默与工作绩效和员工创新之间的关系呈符合逻辑的负相关。而在程序公平一致性和分配公平一致性较低的情况下，即团队内部员工对组织公平的感知不一致的情况下，员工沉默与工作绩效和员工创新之间的关系呈正相关关系。这一方面可以说明员工沉默的复杂性以及员工在做出沉默决策与周围员工进行比较时的顾虑；另一方面也说明了保持沉默的员工并不都缺乏提升工作绩效和进行创新的能力，而是看组织情境是否对员工有公平的对待和回报。

本研究的结果可以从组织公平的角度，为如何激发员工谏言提供管理建议，另外，对于员工谏言/沉默是否能转换为工作绩效和创新能力的分析，丰富了该领域对于员工谏言/沉默研究价值的认识。

六、研究结论

本研究通过对组织公平对员工谏言/沉默的影响分析，发现组织公平氛围不仅会影响员工谏言/沉默这一行为层面的选择，还会影响到谏言/沉默的结果转化过程，具体研究结论如下：

第一，个体层面的公平知觉和程序公平知觉，均对员工谏言行为有显著的正向预测作用，而对员工沉默都没有显著的预测作用。

第二，团队公平氛围对员工谏言具有很强的直接影响作用，除程序公平之外，其他三个变量，即程序公平一致性、分配公平一致性和分配公平水平，都对员工谏言有显著的正向预测作用；而团队公平氛围对员工沉默没有直接影响作用。

第三，员工谏言对工作绩效的作用不受团队公平氛围的调节作用，其直接效应达到了临界显著的程度；员工沉默对工作绩效的影响作用受到程序公平一致性和分配公平一致性的调节作用。

第四，员工谏言对个体创造性的直接影响作用显著，并且受到分配公平水平的调节作用，而员工沉默对工作绩效的影响作用受到程序公平一致性和分配公平一致性的调节作用。

第七章

组织文化冲突对并购的影响研究

第一节 组织文化冲突的影响机制系列研究设计

一、组织文化冲突问题的提出

(一)并购与组织文化冲突

企业并购作为一种典型的组织变革形式，影响其变革成功与否的因素来自方方面面，从组织文化到组织战略，从财政到运营、再到员工的行为都与最终的成功与否有着密切的关系。从 20 世纪 70 年代开始，由于西方国家企业管理理论的“非经济因素”转向，一时的“文化热”现象在很大程度上推动了研究者们开始关注并购中的企业文化因素所起到的重要作用(刘磊，2012)。研究发现，85%左右的并购失败是由于并购后组织文化整合失败导致的(Miller，2000)。然而，随着研究的进一步深入，研究者们发现，文化也不是最终的解释因素。虽然在企业并购中，企业的结构以及组织文化都需要考虑，但不可置疑的是，所有企业的运作到最后都是落实到每个员工身上，而所有问题一旦涉及人的因素，就显得格外复杂(Mirvis & Marks，1992)。时代华纳的前 CEO 表示：“在并购中，有关人的因素并没有被我们充分地重视，很多心理因素都被忽略了。”研究者们发现，文化的差异会导致种族优越感、刻板印象、轻视并购方等不良后果的产生(Marks & Mirvis，2011)，而这些都是个体与群体心理因素所导致的。本研究着眼于并购背景，探讨企业并购中组织文化冲突、个体群体心理以及并购策略等的交互影响，并且揭示它们对并购后个体心理指标的影响作用，以期在理论上能对今后的企业并购决策提供一些支持，进而能够在实践上有效地减少由于这些因素的负面影响而导致的并购失败。

(二)组织文化冲突的焦点

在有关文化的研究中，最有影响力的学者之一是 Hofstede。Hofstede(1980)将文化定义为“一个群体的成员区别于其他群体成员的心理程序”。Hofstede 在国家水平上将文化分为权力距离、不确定性规避、个人—集体主义、男性—女性化四个维度，后来，基于对东方文化的研究，Bond 和 Hofstede 等人(1988)又增加了一个维度，即长期—短期取向(Hofstede & Bond，1988)。组织文化的概念源自文化(国家文化)，不过个体获得这两者的途径差异巨大。在 Hofstede 等人(2010)看来，国家文化被看作一种“心智软件”，主要包含了最基本的价值观，而组织文化则关注的是组织实践准则，因此，两者之间的差异主要在于价值观与实践准则在其中的影响比例。另外，Hofstede 还指出，文化是多层次的，且在不同层次上文化都有不同的表现形式。其中文化的最核心层就是价值观，第一层是仪式，第二层是英雄原型，第三层是象征符号。他的这一文化多层水平观点得到了大多数学者的认可(Guldenmund，2000)，但在具体层次上的涵盖对象却有较大差异。

(三)Hofstede 组织文化理论与测量

严格意义上来说，Hofstede 最开始并没有对组织文化下过定义，而是根据其对文化定义中与组织有关的内容，将组织文化的含义进行了如下描述：一个组织的成员区别于其他组织成员的心理程序。按照其文化层次理论，Hofstede 也对组织文化进行了四个水平的划分，即价值观、仪式、英雄原型和象征符号，在此基础上，他通过研究价值观层面得出了三大维度，即安全需求、工作中心化以及权威需求，同时在实践层面上得出了六个维度，即过程导向 VS 结果导向、员工导向 VS 工作导向、本地化 VS 专业化、开放性 VS 封闭性、控制松散 VS 控制严格以及规范化 VS 实用化(Hofstede et al.，1991；张勉、张德，2004)。基于这六个维度的实践准则，Hofstede 开发了一个 43 个项目的量表，但在实际应用中，Hofstede 等人取其中 18 个项目进行测量，每个维度分别包含三个项目。一些研究者也尝试使用该量表进行组织文化的研究(Damanpour et al.，2012；Chow et al.，2002)，但是，这些研究显示，其信度和效度并不是很理想。不过，相比基于组织文化水平开发的维度和问卷，Hofstede 基于国家水平的文化维度在组织应用中更受欢迎(Minkov & Hofstede，2011；Peterson & Søndergaard，2011)。

(四)并购中的组织文化差异与冲突

Rottig 等人(2013)在对 30 年来研究者对组织文化在并购中所起的影响的研究分析的基础上，从国家文化、组织文化以及国家与组织文化的交互效应三个方面对并购结果的影响进行了总结，结果发现，文化间的差异与冲突在其中起关键性作用。然而，当深入分析后发现，其中绝大部分研究是以文化差异为出发点，极少数是关于文化冲突的研究结果，所谓的冲突更多的还是立足于一般的差异视角，如 Weber 和 Camerer(2003)的实验研究。因此，就研究现状而言，研究者更多的只是探讨组织文化差异所产生的影响。

(五)组织文化差异与组织文化预览

鉴于组织文化差异对并购结果可能带来的消极影响，可以采用并购前组织文化预览的方式来缓和组织文化差异可能导致的并购消极结果。Schweiger 和 DeNisi(1991)的真实并购预览(Realistic Merger Preview，RMP)，将其界定为：在企业并购过程中，基于多种评估企业组织文化技术(如问卷调查法、现场观察法、小组讨论等)所获得的复合结果，运用形式各异的恰当的手段(如书面报告、影音资料、团体焦点访谈等)，让并购企业双方了解对方企业的组织文化的精确信息，最终帮助企业有效地进行组织文化整合(杨成君，2010；姚子平，2010)。

在此基础上，杨成君(2010)与姚子平(2010)基于 Weber 和 Camerer(2003)的实验室研究范式，对组织文化预览的影响作用进行了验证，结果发现双向预览能有效地缓和由文化差异所带来的并购消极结果；另外，他们还基于该研究结果对企业进行了干预研究，并获得了良好的效果。这些研究结果都为提高并购有效性策略的实施提供了良好的实证基础。

(六)组织文化与工作投入的关系研究

研究发现，一种支持工作—家庭平衡的组织文化能够促进员工的成长与发展以及对工作的投入程度，Schaufeli 等人(2002)将工作投入定义为：个体在工作时的完满状态，是一种持久且积极的情绪、动机状态，体现为专注

(absorption)、活力(vigor)和奉献(dedication)这三种特征。在这一状态下，个体会觉得时间飞快，并且使他们不愿脱离当前的工作(Schaufeli et al.，2002；林琳、时勘、萧爱玲，2008)。Zigarmi 等人(2012)认为，工作投入这一概念不仅要体现当前的状态，更要体现一种不断评价的过程。在该定义中，Zigarmi 等人与其他研究者一样，都认为工作激情的三个主要成分为认知、情绪和行为意向。他们认为工作认知是对工作所持有的心理图式与思维模式，而这些心理图式和思维模式体现了他们有关工作的特征、印象、感受以及理念。所以，给工作投入一个一致的定义是困难的，但庆幸的是研究者们对工作投入的认识越来越趋于一致，特别是对其核心成分/维度的认识，都越来越趋向认知、情绪和行为意向这三个方面，这一进展也为今后进一步发展工作投入的测量奠定了理论基础。

(七)群体投入模型

群体投入模型(Group Engagement Model，GEM)是从社会心理学的角度，以组织过程特别是资源的分配为切入点，阐述了认同感对员工的工作投入的影响，更加突出了员工心理认知评价过程在其中的影响，因此，也越来越多地受到研究者们的关注。群体投入模型是在关系模型(Tyler & Lind，1992)和群体价值模型(Lind & Tyler，1988)的基础上，通过整合有关群体内合作行为的前因变量研究提出的。该模型着重强调了程序公正对个体在群体内行为的动机作用，同时，作为对社会认同理论在群体内的发展与应用，特别强调了认同感等在组织公正与个体行为间的中介影响(Tyler & Blader，2003)。在群体投入模型看来，群体中的合作行为往往表现在个体对群体中的人际关系、群体任务目标等的投入上，体现了个体对群体所给予的尊重等心理与行为上的合作性反馈，因此，投入是合作的重要表现形式，投入的程度往往体现了个体在群体中的合作意向的程度(Tyler & Blader，2000；2003)。不过，在以往关于群体投入模型的研究中，研究者基本将之应用于一般组织背景，而基于并购背景的研究同样非常少见，特别是针对并购背景下组织文化冲突如何影响员工的组织公正并进一步影响员工的组织认同与工作投入的研究，几乎处于空白状态。因此，研究并购背景下组织文化冲突如何影响群体投入机制，便是本研究的另一个重点。

(八)核心问题还是并购过程中的组织文化冲突

从最开始的组织间的文化差异与冲突等对并购后短期绩效的影响直至并购后的文化整合的成功与否对组织长期绩效的影响，组织文化无不起着重要作用。在组织并购的前期进行组织文化的尽职审查和兼容性分析能够有效地降低由于组织文化间的差异与冲突而带来的组织并购的最终失败，但正如前所述，这里的组织文化对组织的影响并不是直接的，而是通过对组织中成员的影响来达到的，这种影响的心理机制会通过员工在并购过程中体验到的一系列心理感受而实现。在并购中，组织成员对两个组织间的文化相似性的感知(Marmenout，2010)、组织成员对并购前的组织认同、对并购后的组织的认同、组织认同一致性与连续性、在不同的并购方式中组织成员所体验到的地位平等性、并购过程是否公平以及组织过程的公平程度等，都可能最终影响组织并购的成败，而这些因素与组织文化间都有着极为紧密的联系。更为重要的是，组织文化对并购的影响更多地不是文化本身所引发的，而是由于并购双方之间的组织文化的关系而导致的，即所谓的文化差异与冲突。在并购过程中，由于组织文化的差异与冲突是通过组织成员的心理及其变化而最终影响组织并购成败的，因此也应该是本研究关注的核心。

二、本研究关注的核心问题

综上所述，本研究关注的核心问题有如下四个方面。

(一)单独进行组织文化冲突的预览是否可行

真实并购预览对于减轻并购中员工的压力、提高工作满意度和组织承诺均有积极作用，从而有效地降低了并购给员工所带来的不适应。但是，真实并购预览并非明确针对组织文化，组织文化预览的概念显然被大大缩小了。该概念一方面是源于真实并购预览；另一方面也只是源于前人关于组织文化差异对组织并购绩效的影响研究，特别是 Weber 和 Camerer(2003)的实验室模拟研究。细究 Weber 和 Camerer(2003)的实验范式会发现，其所谓的组织文化代码实则只是基于认知心理学研究中所谓的概念特征，实验过程中所形成的组织文化特征描述，其实质上都是一系列对图片材料的非常局部的特征描述，几乎不涉及关系性描述。这种基于组织文化代码属性观点的研究并不能真正意义上反映组织文化所展现的整体性特征。因为组织文化差异对组织并购结果的影响并不一定都是消极的，很多时候由于文化多样性的原因，是有利于并购后企业的发展的。因此，从文化差异的视角来研究组织文化预览的干预效果有可能产生因果之间的混淆，组织文化冲突作为文化差异的消极方面，对组织并购的影响基本上是消极的，如果单独进行组织文化冲突的预览就显得非常有必要。本研究所要解决的第一个核心问题便是，采用其他的文化预览研究范式来对组织文化冲突进行研究是否可行。

(二)并购潜在的消极连续性能否得到后期的改善

组织并购首先会导致并购前组织认同与并购后组织认同之间的紧张关系，强劲的并购后组织认同是并购有效整合的关键因素，因为它能够减少组织内部潜在的冲突以及并购双方及其成员之间的歧视，从而有利于促进双方的合作。并购前的组织认同则是妨碍并购后组织认同形成的一大重要影响因素，这种身份与认同的威胁直接导致了组织成员维持原有认同、抵制改变的一种“惯性”。基于这种“惯性”特点，很多研究者开始考虑并购前的组织认同与并购后组织认同之间的相似性问题，也就是所谓的组织认同的连续性(continuity)(Knippenberg et al.，2002)。认同连续性感知体现的是组织成员在并购后组织中所体验到的其与并购前组织之间的一种延续性，这种延续性主要来自并购后组织所呈现出来的组织表征中所显示的并购前组织表征的成分，它对于组织成员的意义在于，能继续为“原有组织”效力，这在一定意义上缓和了组织并购所带来的不确定性。然而，无论并购后的组织保留多强的原组织表征，毕竟并购所带来的是一系列巨大变革，涉及组织地位、人际关系、组织结构等一系列认同的影响因素，因此，要给组织员工一种明显的认同连续性是非常困难的(Giessner，2011)。而且，组织本身在主动建构认同连续性上是非常有限的，并未有非常一致的结论。鉴于此，本研究所要探讨的第二个核心问题便是，组织文化间的冲突所带来的并购潜在消极影响能否通过共同内群体认同与双重认同的策略加以改善，这两种策略间是否存在差异。

(三)组织文化冲突的不确定性能否减少或消除

不确定性是企业并购过程给员工以及企业所带来的必然心理反应，它会从并购前期开始一直影响到并购结束后的很长一段时间。这种不确定性会导致员工对未来工作、角色任务、奖励、组织地位等各方面产生模糊感，进而影响员工的心理行为，甚至出现严重的变革抵制，而导致不确定性的重要原因则是并购双方现实或者潜在的差异以及由差异所可能带来的潜在冲突。基于不确定性降低理论，在这种不确定的状态下，个体会采取各种手段来获取与新环境有关的信息，并降低自己的这种不确定性，这其中就包括与自己组织身份有关的信息以及组织环境有关的信息。然而，以往关于并购中的不确定性是一种笼统的说法，而这常常导致的结果便是影响因素的过于宽泛，进而使得改善不确定性的目标针对性不够明确，最终可能导致改善策略间不协调甚至会导致改善策略的效果不佳。因此，有必要从产生不确定性的某一方面(因素)入手，探讨相关的策略对其是否有效。鉴于此，本研究所要探讨的第三个核心问题便是，组织文化间的冲突所带来的不确定性能否通过组织认同过程以及组织公正判断而得到降低。

(四)并购中组织文化间的关系是如何影响群体投入机制的

尽管最早开始对工作投入进行研究更多的只是从概念上进行，但后续的研究者们开始从理论层面进行探索，对其产生的原因以及导致的结果做出整合分析，但大部分与之有关的理论都未跳出 JD-R 模型整体框架。一些在组织过程中影响员工工作投入的重要个体心理变量，如组织认同、组织公正等并没有体现出来，而群体投入模型在这一方面恰恰体现出了其独有的优势。群体投入模型对工作投入产生的原因的解释有别于其他模型，它所阐述的解释意义在于组织对其成员在认同保护上所起的作用，而导致成员源自内在的动机性投入，这显然有别于简单的基于资源交换的外在性动机投入。而这种认同保护的一大重要来源便是组织内所体现出来的公正水平，由此研究者们便将公正、认同与投入这三者之间的关系紧密地串联了起来。群体投入模型中所涉及的这些核心变量恰恰能够很好地解释其研究结果，然而，很少有研究者是从群体投入模型的基本假设出发来建构自己的假设模型，对群体投入的原始模型的验证与修订的研究也非常少，更不用说将其应用于并购背景下的组织心理研究了。在现有的关于组织并购的研究中，几乎没有研究者探讨并购所产生的各方面因素是否会影响员工的工作投入。结合当前研究现状中的这两方面不足，我们认为，对并购背景下群体投入模型的影响机制研究具有重要意义。鉴于此，本研究所要解决的第四个核心问题便是，当群体投入模型应用于并购背景时，群体投入模型的影响机制是否与一般组织背景下相同，同时，并购中组织文化间的关系是如何影响群体投入机制的。

三、总体研究设计

(一)总体框架

在并购背景下，探究组织文化冲突对工作投入的影响，并基于不确定性降低理论以及群体投入模型等理论，探索研究组织认同与组织公正在组织文化冲突对工作投入影响中的作用机制，同时探索组织文化预览、认同方式、不同的组织公正水平对缓和组织文化冲突所带来的消极影响的作用，如图 7-1 所示。

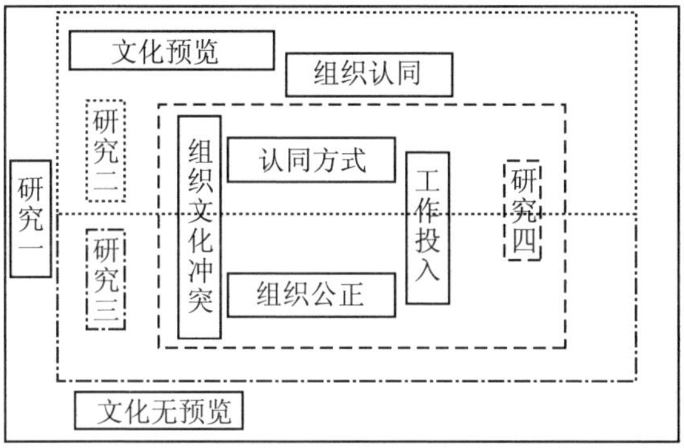

图 7-1　研究的总体逻辑框架

(二)主要研究内容

1. 研究一

组织文化冲突与组织文化预览对并购结果的影响研究。由于组织文化差异与组织文化冲突对并购的结果影响并不一致，有必要基于不确定性降低理论，探讨并购中组织文化冲突情况下组织文化预览是否能够有效缓和并购所带来的消极影响，从而提高员工的工作投入水平。在本研究中，组织文化冲突用潜在组织文化冲突代替。

2. 研究二

组织文化冲突与组织认同对工作投入的影响研究。本研究基于不确定—认同理论，在检验研究一的结果——潜在组织文化冲突对员工工作投入水平影响的基础上，通过引入组织认同以及不同的认同方式，探讨在潜在组织文化冲突的并购背景下，组织认同如何影响员工的工作投入，以及不同组织认同方式对工作投入的影响是否产生不同的效果。

3. 研究三

组织文化冲突与组织公正对工作投入的影响研究。本研究基于不确定性管理理论，在检验潜在组织文化冲突对员工工作投入水平影响的基础上，探讨在潜在组织文化冲突的并购背景下，公正判断与组织公正水平是如何影响员工的工作投入的。

4. 研究四

群体文化冲突对群体投入机制的影响研究。基于群体投入模型的核心假设，采用实验室实验法，以群体任务研究范式为企业并购研究的原型，探索在群体合并的过程中不同公正水平、认同方式以及群体文化冲突是如何交互影响个体的任务投入的。

第二节　组织文化冲突与并购影响的预试研究

一、预试的研究目的

(一)组织文化差异的研究问题

大量研究已经显示，组织文化差异是导致组织间并购失败的一个重要原因，它给并购后的组织带来的消极影响非常广泛。如 Ahammad 等人(2011)发现，组织文化差异太大会导致并购后组织绩效下降(Ahammad & Glaister，2011)，Reus 和 Lamont(2009)也得出了类似的研究结论。除此之外，组织文化差异还可能影响并购后企业的股价波动(Slangen，2006)，并最终导致并购的失败(Weber，Tarba & Bachar，2012)。虽然上述研究结论已被绝大部分研究者们所接受，甚至有些已经成为共识，但是，这些结论同样也受到了很多研究的挑战。基于多元文化主义与文化多样性的观点，研究者们认为，组织间的文化差异是有利于并购后组织的发展的。不过 Stahl 和 Voigt(2008)基于对 46 项研究的元分析结果显示，组织文化差异对并购后的组织的不同方面，其影响结果是不一样的，有些影响起到了积极作用，而有些则是消极的。这一争论悬而未决的关键在于，在当前的研究中，研究者们对于组织文化差异的概念应用过于笼统，对积极性的差异与消极性的差异两者并没有做很好的区分，而是笼统地应用差异这一概念。Weber 和 Camerer(2003)认为，实验法能在一定程度上进行弥补，并通过实证研究检验了实验法的可行性。虽然他们冠名以“文化冲突”，但代码差异实质上只能在一定程度上体现宽泛的组织文化差异的内涵，完全无法体现冲突的内涵。因此，到目前为止，关于组织文化冲突的实验室研究也几乎是空白。

(二)Weber和Camerer的研究存在的不足

组织文化预览(Organizational Culture Preview)的概念是课题组于2009年在真实工作预览与真实并购预览的概念的基础上提出的，并初步界定为：在企业并购过程中，运用恰当的手段(如书面报告、影音资料、团体焦点访谈等)，让并购企业双方了解对方企业的组织文化，最终帮助企业进行有效的组织文化整合。在Weber和Camerer(2003)的实验范式的基础上引入了组织文化预览的干预，结果显示组织文化预览干预能够有效地缓和由于组织文化差异而导致的并购后绩效的下降。但在研究中，组织文化预览的干预材料仍然是实验过程中形成的组织文化代码，另外，该研究仍然是一项针对组织文化差异的研究，而并非针对组织文化冲突。鉴于此，本研究同样试图用文本情境的实验方法在文化冲突的情境下进行组织文化预览的干预研究。

二、预试研究的假设

编制描述组织文化冲突与不冲突启动材料，为后续的正式研究提供研究材料。

假设1：在潜在冲突程度上，有冲突的组织文化描述的两个企业，其冲突程度显著高于相似组织文化描述的两个企业；有差异的组织文化描述的两个企业，其冲突程度与相似组织文化描述的两个企业之间不存在显著差异。即冲突描述组>差异描述组与相似描述组。

假设2：在差异程度上，有冲突的组织文化描述的两个企业，其差异程度显著高于相似组织文化描述的两个企业；有差异的组织文化描述的两个企业，其差异程度显著高于相似组织文化描述的两个企业。即冲突描述组>差异描述组>相似描述组。

假设3：在相似程度上，有冲突的组织文化描述的两个企业，其相似程度显著低于相似组织文化描述的两个企业；且有差异的组织文化描述的两个企业，其相似程度显著低于相似组织文化描述的两个企业。即冲突描述组<差异描述组<相似描述组。

假设4：在组织文化冲突发生可能性上，有冲突的组织文化描述的两个企业，其组织文化间发生冲突的可能性显著高于相似组织文化描述的两个企业；有差异的组织文化描述的两个企业，其发生组织文化冲突可能性与相似组织文化描述的两个企业之间不存在显著差异。即冲突描述组＞差异描述组与相似描述组。

假设5：文化相似程度与文化差异程度、潜在冲突程度以及冲突发生可能性之间存在显著负相关；文化差异程度、潜在冲突程度以及冲突发生可能性之间存在显著正相关。

三、预试研究的情况

(一)被试

选取北京某高校60名在校大学生，剔除一名信息漏填的学生，最终剩余59人。其中男性18人，女性41人。最小年龄为18岁，最大年龄为26岁，平均年龄为21.08岁。根据Hofstede的文化维度理论，选取其中的两个维度进行材料编制。很多研究发现，权力距离与男性化之间的相关程度在四个维度的两两之间相关程度中最强(Robertson，2000；Goktan & Gunay，2011)，并且，在我国传统社会价值观中，高权力距离也更多地与高男性化的特点相联系，因此，在本研究中选取了权力距离与男性化—女性化两个维度进行组织文化材料编制。

(二)编制的材料

本研究共编制了四份文化描述材料，它们之间的相似、差异或者冲突主要体现在以下四个方面：(1)在公司政策制定过程中，员工意见是否获得广泛尊重。(2)领导与员工关系紧密程度。(3)领导鼓励员工之间形成合作氛围的态度。(4)员工在工作中的自主性程度。

首先，编制一份描述属于低权力距离高女性化的组织文化描述；然后，编制三份与之不同的组织文化描述。其中一份与第一份在两个维度的描述方式上有差异，但两者之间的差异程度非常小；一份描述属于高权力距离低女性化组织文化，正好与第一份在两个维度上处于对立冲突状态；还有一份与其在描述方式上基本相似，不过存在一定程度的差异，但未达到对立冲突的程度。将第一份的低权力距离高女性化组织文化与其他三份组织文化材料配对，分别组成组织文化相似组、组织文化冲突组以及组织文化差异组三份组织文化并购材料，并形成问卷。此外，在问卷中，对涉及的关键概念进行解析，这些概念包括并购、企业文化、企业文化差异、企业文化冲突等。采用SPSS20.0对所得数据进行统计分析。

四、预试结果的分析

表7-1　各变量相关分析表

变量	相似程度		差异程度		冲突程度	
	r	p	r	p	r	p
差异程度	−0.661	0.000**				
冲突程度	−0.420	0.001**	0.747	0.000**		
冲突发生可能性	−0.399	0.002**	0.606	0.000**	0.448	0.000**

注：* 表示 $p<0.05$，** 表示 $p<0.01$。

由表7-1所示结果可知，相似程度与差异程度、冲突程度以及冲突发生可能性之间都存在显著的负相关，而差异程度、冲突程度以及冲突发生可能性两两之间都存在显著的正相关。这一结果验证了假设5。采用多元方差分析方法对自变量对四个因变量的影响进行统计分析，结果如表7-2所示。

表7-2　组织文化相似性对组织文化相似程度感知的影响的方差分析

因变量	自变量分组	平均数	标准差	人数
相似程度	组织文化冲突组	3.842	1.708	19
	组织文化相似组	7.150	1.461	20
	组织文化差异组	5.100	1.683	20
差异程度	组织文化冲突组	6.895	1.792	19
	组织文化相似组	4.250	1.803	20
	组织文化差异组	5.400	1.635	20
冲突程度	组织文化冲突组	6.579	2.090	19
	组织文化相似组	3.850	2.007	20
	组织文化差异组	4.500	1.670	20
冲突可能性	组织文化冲突组	6.579	1.953	19
	组织文化相似组	4.400	2.162	20
	组织文化差异组	5.250	1.943	20

通过表7-2可知，被试对不同组织文化相似性程度的组织文化感知间都

存在差异；在文化相似程度上组织文化相似组、差异组以及冲突组之间存在显著差异（F＝20.809，p＝0.000，$\eta_p^2=0.426$），事后分析结果显示，冲突组的相似性感知程度显著低于相似组（MD＝－3.308，p＝0.000）与差异组（MD＝－1.258，p＝0.019）；而差异组的相似性感知程度显著低于相似组（MD＝－2.0508，p＝0.000），这一结果验证了假设3。

表7-3　组织文化相似性对组织文化相似程度感知的影响的事后分析

因变量	变异来源	平方和	自由度	均方	F	p	η_p^2
相似程度	组间	109.158	2	54.579	20.809**	0.000**	0.426
	组内	146.876	56	2.623			
差异程度	组间	68.406	2	34.203	11.244**	0.000**	0.287
	组内	170.339	56	3.042			
冲突程度	组间	78.666	2	39.333	10.580**	0.000**	0.274
	组内	208.182	56	3.718			
冲突可能性	组间	46.852	2	23.426	5.724**	0.005**	0.170
	组内	229.182	56	4.093			

注：* 表示 p＜0.05，** 表示 p＜0.01。

在文化差异程度上，组织文化相似组、差异组以及冲突组之间存在显著差异（F＝11.244，p＝0.000，$\eta_p^2=0.287$），事后分析结果显示，冲突组的差异性感知程度显著高于相似组（MD＝－2.645，p＝0.000）与差异组（MD＝1.495，p＝0.010）；而差异组的差异性感知程度显著高于相似组（MD＝1.150，p＝0.042），这一结果验证了假设2。

在潜在文化冲突程度上，组织文化相似组、差异组以及冲突组之间存在显著差异（F＝10.580，p＝0.000，$\eta_p^2=0.274$），事后分析结果显示，冲突组的冲突性感知程度显著高于相似组（MD＝2.729，p＝0.000）与差异组（MD＝2.079，p＝0.001）；而差异组的冲突性感知程度与相似组不存在显著差异（MD＝0.650，p＝0.291），这一结果验证了假设1。

在文化冲突发生可能性上，组织文化相似组、差异组以及冲突组之间存在显著差异（F＝5.724，p＝0.005，$\eta_p^2=0.170$），事后分析结果显示，冲突组的冲突性感知程度显著高于相似组（MD＝2.179，p＝0.001）与差异组（MD＝1.329，p＝0.045）；而差异组的冲突性感知程度与相似组不存在显著差异

(MD=0.850，p=0.189)，这一结果验证了假设4。

五、讨论与结论

(一)讨论

上述分析结果显示，本研究所编制的不同组织文化配对材料能够有效地区分组织文化间在文化相似程度、差异程度、潜在冲突程度以及发生冲突可能性上的差异。相关分析结果表明，材料间的相似程度越高，它们的差异程度、冲突程度以及冲突发生的可能性就越低，这说明所编制的组织文化配对材料具有较好的区分度。在文化相似程度上，由于文化相似组的两个材料在编写时，其两个维度的描述基本是一致的，所以，它们之间的相似程度是最高的，显著高于文化差异组与文化冲突组；而文化差异组虽然在两个维度的描述上存在差异，但是，它们之间不像文化冲突组那样，在两个维度的描述上是对立的，因此，它们的相似程度便比文化冲突组高，这一结果与以往研究者们的观点一致(Weber & Schweiger，1992；Dé Ishtar，2005)，他们认为，文化冲突可能是文化差异最强烈的表现形式。在文化差异程度上，由于文化冲突组在两个维度的描述上是对立的，因此，它们的差异程度会显著高于文化差异组与文化相似组；而正如前面所述，文化相似组的两个材料在编写时，其两个维度的描述基本是一致的，所以，它们的差异程度便会显著小于文化差异组。在文化冲突程度上，由于文化冲突组在两个维度的描述上是对立的，因此，它们的冲突程度会显著高于文化差异组与文化相似组；不过，由于文化差异组与文化相似组在两个维度上并未出现明显的对立性描述，因此，它们之间在冲突程度上都不存在显著差异。同样的，在冲突发生可能性上，由于文化冲突组在两个维度的描述上是对立的，因此，它们发生冲突的可能性会显著高于文化差异组与文化相似组；而且，文化差异组与文化相似组在两个维度上并未出现明显的对立性描述，因此，它们之间在冲突程度上都不存在显著差异。

(二)研究结论

综合上述的分析结果，我们所编制的组织文化配对材料能够使被试有效地区分出它们之间的相似性、差异性、冲突性以及冲突发生的可能性。而且，基于同一维度两极对立来编制的组织文化材料，能够有效地体现组织文化间的冲突性。因此，本预研究所编制的材料可以用于后续的文化启动实验研究。

第三节　组织文化冲突与组织文化预览对并购的影响

一、研究目的和研究假设

(一)研究目的

本研究采用文本情境实验法旨在探索在并购情境中，潜在组织文化冲突是否会影响并购后员工的工作投入水平、合作水平、并购投入以及对并购后企业的整合预期；同时，本研究还要进一步探索组织文化预览干预是否会有效地缓和由于潜在组织文化冲突可能带来的消极并购结果。

(二)研究假设

首先，已有大量研究显示，组织文化本身对工作投入有显著影响(何立、凌文辁，2008；2012)，然而，很少有关于并购背景下组织文化冲突对员工工作投入影响的研究。组织文化的冲突会导致员工积极情绪降低以及消极情绪上升(Shi & Cai，2013)，积极情绪是工作投入的有效预测变量(李旭培、时雨、王桢、时勘，2013)，甚至在研究者们看来，工作投入就是一种积极情绪状态，因此，它同样会受到这种消极影响。因此，组织文化差异同样会对员工的工作投入产生消极影响，而作为组织文化差异最极端的表现形式，组织文化冲突也会对员工的工作投入产生消极影响。基于上述分析，本研究提出假设 H1：潜在组织文化冲突会对员工的工作投入产生消极影响，即它会导致员工的工作投入水平下降。

H1a：潜在组织文化冲突感知对工作投入具有显著的负向预测作用。

H1b：潜在组织文化冲突条件下员工的工作投入水平显著低于无冲突条件下员工的工作投入水平。

其次，大部分采用问卷法的研究证实了组织文化差异与冲突对合作意向的消极影响。基于此，本研究提出假设 H2：潜在组织文化冲突会对员工的合作意向产生消极影响，即它会导致员工的合作意向水平下降。

H2a：组织文化冲突感知对合作意向具有显著的负向预测作用。

H2b：潜在组织文化冲突条件下员工的合作意向显著低于无冲突条件下员工的合作意向。

再次，并购后组织整合程度常常是衡量组织并购成功与否的重要指标，而组织文化的整合在其中起到了关键性作用。Sarala(2010)的研究显示，文化的差异会导致并购后整合上的冲突，在 Weber 和 Camerer(2003)的研究中，也强调了组织文化冲突与并购后整合预期的关系，不过，他们并未就此进行深入探索。基于此，本研究提出假设 H3：潜在组织文化冲突会对员工的并购整合预期产生消极影响，即它会导致员工并购整合预期水平的下降。

H3a：组织文化冲突感知对并购整合预期水平具有显著的负向预测作用。

H3b：潜在组织文化冲突条件下员工的并购整合预期显著低于无冲突条件下员工的并购整合预期。

另外，以往关于真实并购预览的研究发现，通过这一“交流”过程，员工的不确定性水平能在很大程度上得到改善，同时其工作压力感降低，工作满意度、组织承诺以及对组织的信任程度都有很大的提升(Schweiger & DeNisi，1991)。依据工作要求—资源模型(JD-R)，工作要求的模糊性、角色的模糊性等不确定性因素都是导致员工工作不投入的重要原因(Schaufeli & Taris，2013)；有理由认为，对合作的态度能在很大程度上影响并购后的整合预期。基于此，我们认为，预览同样有利于提高员工对并购整合的预期。通过对组织文化的预览同样能降低并购中的文化不确定性，本研究提出如下假设。

H4：组织文化预览会对工作投入产生积极影响，即组织文化预览条件下员工的工作投入水平显著高于无预览条件下的工作投入水平。

H5：组织文化预览会对合作意向产生积极影响，即组织文化预览条件下员工的合作意向显著高于无预览条件下的合作意向。

H6：组织文化预览会对并购整合预期产生积极影响，即组织文化预览条件下员工的并购整合预期显著高于无预览条件下的并购整合预期。

最后，以往研究还发现，在组织文化差异的背景下，组织文化冲突作为组织文化差异的一种极端表现形式，其对并购结果的作用同样会受到组织文化预览的影响，由此，本研究提出如下假设。

H7：组织文化预览能缓和潜在组织文化冲突所带来的消极并购结果。

H7a：组织文化预览与潜在组织文化冲突交互作用显著，组织文化预览能缓和潜在组织文化冲突所带来的工作投入的下降。

H7b：组织文化预览与潜在组织文化冲突交互作用显著，组织文化预览能缓和潜在组织文化冲突所带来的合作意向的下降。

H7c：组织文化预览与潜在组织文化冲突交互作用显著，组织文化预览能缓和潜在组织文化冲突所带来的并购整合预期的下降。

二、研究方法

（一）方法

本研究采用文本情境实验的方法。本实验采用2×2的完全随机实验设计，自变量共有两个。第一个为潜在组织文冲突，分为两个水平，即潜在组织文化冲突与潜在组织文化不冲突；第二个为组织文化预览，分为两个水平，即组织文化预览与组织文化无预览。

（二）被试

本研究以来自浙江、北京以及新疆的三所高校在校大学生为样本，总共施测样本为205人，回收的样本为200份，有效的样本数为175份，有效回收率为85.37%。其中，男性被试为61人，占总人数的34.9%，女性人数为114人，占总人数的65.1%。被试的最小年龄为18岁，最大年龄为25岁，平均年龄为19.66岁（SD=1.02）。

（三）实验程序

所有实验材料都通过问卷的形式发放给每个学生。上课开始前，由任课老师统一将问卷发放给学生，并宣读问卷指导语。在指导语中告诉被试，该研究是为了了解人们在扮演企业员工时所体验到的心理状态，为进一步进行针对企业员工的调查提供依据；并且说明在该研究中学生需要根据材料所提供的情境将自己想象成材料中的员工，然后，根据自己在角色扮演中体验到的心理状态来回答相应的问题。每个学生只接受四种实验处理中的一种处理。

（四）实验材料

文本情境材料分为五个部分：(1)描述被试在所在公司（迪信公司）中的现状。(2)迪信公司的组织文化描述。(3)并购目的说明。(4)并购另一方公司（菲里斯公司）的组织文化描述。(5)标准结论。其中第一部分与第五部分参照Mottola等人(1997)研究中的材料，进行相应改编。第二部分与第四部分的组织文化描述内容来源于预研究中所编制的材料。另外，参照Marmenout (2010，2011)的研究范式，在并购说明后还有一句描述两家公司是否可能存在组织文化冲突的说明，其关系描述与两家公司组织文化关系一致。阅读完文本情境之后，要求被试对一些相关问题进行回答，并在相应的问题前对个别重要概念进行阐述与解析，主要包括企业文化、企业文化冲突。同时要求被试填写年龄、性别等基本信息。

（五）变量操纵与测量

1. 潜在组织文化冲突

组织文化的描述主要根据 Hofstede 的组织文化理论中的权力距离和男性化—女性化这两个维度进行编写。其中迪信公司的组织文化被描述为低权力距离和高女性化，主要体现在四个方面：在公司政策制定过程中，员工意见是否获得广泛尊重；领导与员工关系紧密程度；领导鼓励员工之间形成合作氛围的态度；员工在工作中的自主性程度。该自变量分为两个水平，即潜在组织文化冲突与潜在组织文化不冲突。在潜在组织文化不冲突的条件下，并购另一方公司菲里斯公司，其组织文化描述内容与迪信公司的组织文化描述内容在两个维度的四个方面上非常相似，同样都属于低权力距离高女性化特征，具体表现为，公司政策制定过程中都能够充分体现出对员工意见的尊重，领导与员工的关系非常紧密，同时领导鼓励员工间形成良好的团队合作氛围并在工作中给予员工充分的自主性；在潜在组织文化不冲突的条件下，并购另一方公司菲里斯公司，其组织文化描述内容与迪信公司的组织文化描述内容在两个维度的四个方面上是对立冲突的，其属于高权力距离低女性化特征，具体表现为，公司政策制定过程中不关心员工的意见，领导与员工之间等级较严格，另外，员工的工作有严格的流程规定，且更多地要求他们独立完成工作任务。

2. 组织文化预览

该自变量分为两个水平，即组织文化预览与组织文化无预览。在无预览条件下，给被试呈现自己所在的公司迪信公司的组织文化描述内容，但不给被试呈现并购另一方公司菲里斯公司的组织文化描述内容，而是给被试呈现一段有关菲里斯公司的发展现状、发展规模以及员工数量等方面的文字描述，其在篇幅上与组织文化描述大致相同。在预览条件下，既给被试呈现自己所在的公司迪信公司的组织文化描述内容，也给被试呈现并购另一方公司菲里斯公司的组织文化描述内容。

（六）自变量操纵检测

为检验两个自变量的操纵是否成功，本研究采用操纵检测对其进行检验。

1. 组织文化预览操纵检测

对该自变量的操纵检测采用两个问题进行，即让被试分别回答在阅读材料中所体现出来的两家公司的组织文化描述的程度，具体如下：针对迪信公司，其检测题目为“在上述有关您所在的迪信公司的一段材料描述中，您觉得有多少内容是与迪信公司的企业文化有关”；针对菲里斯公司，其检测题目为“在上述有关菲里斯公司的一段材料描述中，您觉得有多少内容是与菲里斯公司的企业文化有关”；然后，要求被试选择他们认为最接近的百分比，百分比共分为 11 个等级，从 0 到 100%，以 10%为等级差。

2. 潜在组织文化冲突操纵检测

本研究采用一个项目进行检测，即让被试回答“在迪信公司与菲里斯公司发生并购后，您认为它们之间发生企业文化冲突的可能性有多大”这一问题，然后，要求被试选择他们认为最接近的百分比。

3. 并购方式操纵检测

虽然在阅读材料中指出两家公司合并后是由双方公司管理人员来进行共同管理，但在本研究中所要体现的是平等并购，而非一家公司被另一家公司并购。但由于材料背景整体偏向于被试所在一方的迪信公司，因此，这可能会影响到被试对并购中两家公司间的并购方式理解的偏差，因此，有必要对并购方式进行操作。操纵检测是直接让被试回答三个问题，即“在这次并购中，迪信公司是被菲里斯公司收购的”“在这次并购中，菲里斯公司是被迪信公司收购的”以及“在这次并购中，两家公司平等合并”，被试依据他们对阅读材料的理解，分别对这三个问题与材料的符合程度做 6 级等级评分，其中 1 表示完全不符合，6 表示完全符合。

(七)因变量操纵测量

1. 工作投入测量

本研究采用 Rich 等人(2010)编制的工作投入量表。在很多研究中，研究者们都只采用某量表中的一个或几个与其研究情境最为密切的项目进行测量。在本研究中，对工作投入采用 Rich 等人(2010)量表中的生理投入维度的 6 个项目进行测量，并进行相应地改编，以适应本研究的实验情境。Rich 等人(2010)基于 Kahn 的理论所编制的工作投入量表分为三个维度，即生理投入、情感投入以及认知投入，相比 Schaufeli 等人(2002)编制的 UWES，其在结构上更为清晰，且更易理解。测量生理投入这种行为倾向性的维度更符合本研究的实验情境。生理投入的项目如“在新公司工作时，我会竭尽所能来完成自己的工作”“在新公司工作时，我会为自己的工作付出全部努力”。在本研究中，该6项目量表的α系数为0.891，采用6级等级评分，其中1表示非常不符合，6表示非常符合。

2. 合作意向测量

改编自Marmenout(2011)研究中所采用的3项目测量，即“我会乐意帮助来自菲里斯公司的员工”“我乐意与来自菲里斯公司的员工分享我的工作知识与经验”“我期待与来自菲里斯公司的员工一起工作”。在本研究中，其α系数为0.810，采用6级等级评分，其中1表示非常不符合，6表示非常符合。

3. 整合预期测量

采用图片的方式进行测量。Aron等人(1992)开发的测量个体与他人之间关系亲密程度的图片测量被广泛应用于组织行为学研究中。有些研究者还将之改编成测量个体组织认同程度。在本研究中采用该图片测量的模式考察被试对并购后两个企业整合程度的预期。图7-2中，白色圆圈代表迪信公司，灰色圆圈代表菲里斯公司，两个圆圈之间的距离表示并购后两家公司的整合程度，距离越近表示整合程度越高，反正则越低。要求被试从1～7这7幅图片中选择一张他所预期的整合程度。

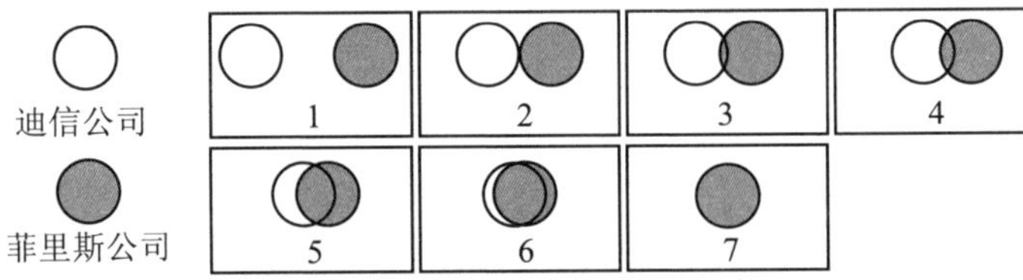

图7-2　可供被试选择的图片

(八)其他变量测量

1. 潜在组织文化冲突感知测量

改编自Chatterjee(1992)编制的组织文化差异量表中的三个与本研究情境最有关联的项目，分别代表了其中的三个维度，即高层管理接触、自主性与决策以及横向整合，具体题目为“在管理者对其下属表示关心并提供支持这方面，迪信公司与菲里斯公司……”“在正式决策的制定时知晓所有员工这方面，迪信公司与菲里斯公司……”以及“在管理者为员工创造并维持良好的沟通与合作环境这方面，迪信公司与菲里斯公司……”在本研究中，其α系数为0.795，采用6级等级评分，其中1表示完全不冲突，6表示完全冲突。

2. 并购投入测量

改编自Knippenberg和Knippenberg(2002)编制的组织变革投入测量，使之适用于组织并购情境，两个项目分别为“我支持这次为了迪信公司未来发展的并购计划”与“我会完全配合这次并购计划的实施”。在本研究中，其α系数为0.619，采用6级等级评分，其中1表示非常不符合，6表示非常符合。

三、研究结果与分析

(一)组织文化冲突操纵检测

首先，需要对实验中的自变量操纵的有效性进行检验。针对潜在组织文化冲突这一自变量的操纵检测，采用独立样本t检验考察在该自变量两个水平上被试在问题“在迪信公司与菲里斯公司发生并购后，您认为它们之间发生企业文化冲突的可能性有多大”上的回答的差异。结果显示，潜在组织文化冲突组被试所感知到的冲突发生可能性(M=7.396，SD=2.010)显著高于潜在组织文化不冲突组(M=5.622，SD=2.070)，$t(171)=5.800$，$p=0.000<0.01$，$d=0.870$。这一结果表明，相比潜在组织文化不冲突组，潜在组织文化冲突组的被试能够感受到更多潜在组织文化冲突，这说明该自变量的操纵是有效的。

(二)组织文化预览操纵检测

针对组织文化预览这一自变量的操纵检测，采用独立样本t检验考察在该自变量两个水平上被试分别在两个问题“在上述有关您所在的迪信公司的一段材料描述中，您觉得有多少内容是与迪信公司的企业文化有关”“在上述有关菲里斯公司的一段材料描述中，您觉得有多少内容是与菲里斯公司的企业文化有关”上的回答的差异。结果显示，在第一个问题的回答中，组织文化预览组被试所感知到的迪信公司企业文化显示的程度(M=6.890，SD=2.043)与无预览组被试所感知到的迪信公司企业文化显示的程度(M=6.870，SD=2.225)没有显著差异，$t(172)=0.064$，$p=0.949>0.05$，$d=0.010$。不过，由于这两组的平均数都与中间等级“6”临近，因此，需要进一步将这两组得分分别与等级“6”进行单一样本t检验，以考察他们选择的是否是随机结果。结果显示，组织文化无预览组被试所感知到的迪信公司企业文化显示的程度

(M=6.870，SD=2.225)显著高于随机选择水平，t(91)=3.749，p=0.000<0.05，d=0.391；组织文化预览组被试所感知到的迪信公司企业文化显示的程度(M=6.890，SD=2.043)显著高于随机选择水平，t(81)=3.946，p=0.000<0.01，d=0.436。

在第二个问题的回答中，组织文化预览组被试所感知到的菲里斯公司企业文化显示的程度(M=6.759，SD=2.228)显著高于组织文化无预览组被试所感知到的菲里斯公司企业文化显示的程度(M=5.304，SD=2.659)，t(173)=3.899，p=0.001<0.01，d=0.590。由于这两组的平均数都与中间等级“6”临近，因此需要进一步将这两组得分分别与等级“6”进行单一样本 t 检验，以考察他们选择的是否是随机结果。结果显示，组织文化预览组被试所感知到的菲里斯公司企业文化显示的程度(M=6.759，SD=2.228)显著高于随机选择水平，t(82)=2.588，p=0.003<0.01，d=0.341；组织文化无预览组被试所感知到的菲里斯公司企业文化显示的程度(M=5.304，SD=2.659)显著低于随机选择水平，t(91)=−2.509，p=0.014<0.05，d=0.262。

相比组织文化无预览组，组织文化预览组的被试能够更多地感受到菲里斯公司的企业文化，而不管是预览组，还是无预览组，都给被试呈现了迪信公司的企业文化，因此两组之间是不存在显著差异的。这一结果表明，该自变量的操纵是有效的。

(三)组织文化冲突材料呈现范式操纵检测

除了上述两个自变量的操纵之外，由于在本研究中，一方面采用了预研究中编制的组织文化冲突启动材料，另一方面根据本研究的研究目的，又在研究中引入了 Marmenout(2010，2011)的研究中的直接告知被试两家公司组织文化是否冲突这一操作，因此，这就要求进一步对预研究中编制的材料在本研究中能否引发被试的潜在组织文化冲突感知做检验。为此，本研究采用了四组样本对在“冲突发生可能性”这一问题上的回答进行单因素方差分析。其中两组来自本研究中的两个实验处理，即组织文化冲突/预览组和组织文化冲突/无预览组，另外，两组来自额外的补充样本，它们分别是组织文化不冲突/预览组和组织文化冲突/预览组，与前面两组样本的另一个不同在于，这两组样本都没有增加 Marmenout(2010，2011)的组织文化冲突操纵范式，这样，既能有效检验预研究所编制材料的实验操纵有效性，也能检验

Marmenout 的实验操纵范式是否会干扰预研究编制材料的实验操纵效果，同时还能进一步检验，在存在 Marmenout 的实验操纵范式下，组织文化预览与否是否会影响被试的潜在组织文化冲突感知。方差检验结果如表 7-4 和表 7-5 所示。

表 7-4　不同实验处理操纵检测描述统计结果

并购方式	平均数	标准差	人数
组织文化不冲突/预览组(无 Marmenout 操纵)	4.375	2.247	48
组织文化冲突/预览组(无 Marmenout 操纵)	8.000	1.852	50
组织文化冲突/预览组(Marmenout 操纵)	7.711	1.926	45
组织文化冲突/无预览组(Marmenout 操纵)	7.087	2.064	46

表 7-5　不同实验处理操纵检测方差分析结果

变异来源	平方和	自由度	均方	F	p	η_p^2
组间	395.388	3	131.796	32.076	0.000**	0.342
组内	760.147	185	4.109			

注：** 表示 $p<0.01$。

由表 7-4 与表 7-5 结果可知，不同实验处理组之间的操纵检测结果是存在显著差异的，F＝32.076，p＝0.000，$\eta_p^2=0.342$。进一步事后检验发现，组织文化冲突/预览组(无 Marmenout 操纵)的得分显著高于组织文化不冲突/预览组(无 Marmenout 操纵)的得分(MD＝3.625，p＝0.000)，这一结果表明，单独采用预实验文化启动材料能够达到自变量操纵的效果；组织文化冲突/预览组(无 Marmenout 操纵)的得分与组织文化冲突/预览组(Marmenout 操纵)的得分不存在显著差异(MD＝0.289，p＝0.489)，这一结果表明，Marmenout 的操纵范式不会干扰预实验编制材料的实验操纵结果；不过，虽然组织文化冲突/预览组(Marmenout 操纵)的得分比组织文化冲突/无预览组(Marmenout 操纵)的得分高出较多(MD＝0.624，p＝0.144)，但并未达到显著水平，而鉴于前文关于组织文化预览的操纵检测已显示出明显的效果，笔者认为，这一方面可能是由于样本量的问题，另一方面可能是由于被试对文化冲突内容的感知未明显体现在文化冲突发生可能性感知上。因此，需要在此进一步对不同组的文化冲突内容的感知水平进行差异检验。方差检验结果如表 7-6 和表 7-7 所示。

表 7-6　不同实验处理组织文化冲突感知描述统计结果

并购方式	平均数	标准差	人数
组织文化不冲突/预览组(无 Marmenout 操纵)	6.104	2.195	48
组织文化冲突/预览组(无 Marmenout 操纵)	12.520	3.059	50
组织文化冲突/预览组(Marmenout 操纵)	12.526	3.161	45
组织文化冲突/无预览组(Marmenout 操纵)	10.936	2.894	46

表 7-7　不同实验处理组织文化冲突感知方差分析结果

变异来源	平方和	自由度	均方	F	p	η_p^2
组间	1 325.032	3	441.677	54.415	0.000**	0.469
组内	1 501.616	185	8.117			

注：** 表示 $p<0.01$。

由表 7-6 与表 7-7 结果可知，不同实验处理组之间的组织文化冲突感知是存在显著差异的，$F=54.415$，$p=0.000$，$\eta_p^2=0.469$。事后检验结果发现，除了组织文化冲突/预览组(Marmenout 操纵)的得分显著高于组织文化冲突/无预览组(Marmenout 操纵)的得分(MD=1.590，$p=0.008$)之外，其他得分差异的趋势与操纵检测检验结果是一致的。综合上述结果分析可知，本研究的两个自变量操纵效果是理想的，可以进一步进行后续结果分析。

(四)并购方式操纵检测

首先，对有关并购方式的三个表述问题的操纵检测项目进行方差分析，结果如表 7-8 与表 7-9 所示。被试对这三种不同并购方式的感知是存在差异的，$F=41.953$，$p=0.000$，$\eta_p^2=0.139$，进一步的事后分析结果发现，被试对平等合并这一并购方式感知程度显著高于迪信公司被并购(MD=1.265，$p=0.000$)以及菲里斯被并购(MD=1.178，$p=0.000$)这两种并购方式的感知，而且对迪信公司被并购的感知与菲里斯被并购的感知，两者之间没有显著差异(MD=−0.087，$p=0.576$)。这一结果说明，在本研究中平等合并的情境设置并未使得被试产生过大歧义，因此说明这一情境设置是合理的。

表 7-8 不同并购方式感知差异描述统计结果

并购方式	平均数	标准差	人数
迪信公司被并购	2.809	1.436	173
菲里斯公司被并购	2.896	1.443	173
两家公司平等合并	4.074	1.442	175

表 7-9 不同并购方式感知差异方差分析结果

变异来源	平方和	自由度	均方	F	p	η_p^2
组间	174.108	2	87.054	41.953	0.000**	0.139
组内	1 074.867	518	2.075			

注：** 表示p<0.01。

1. 潜在组织文化冲突感知对因变量预测作用

采用一元回归对潜在组织文化冲突感知对工作投入、合作意向、整合预期以及组织并购投入的预测作用进行检验，结果如表 7-10 所示。

表 7-10 潜在组织文化冲突感知对因变量的回归分析结果

	B	β	R^2	p
工作投入	−0.379	−0.235	0.055	0.002**
合作意向	−0.209	−0.221	0.049	0.003**
整合预期	−0.124	−0.439	0.192	0.000**
并购投入	−0.204	−0.324	0.105	0.000**

注：** 表示 p<0.01。

由表 7-10 可知，潜在组织文化冲突感知对员工的工作投入($R^2=0.055$, $p=0.002$)、合作意向($R^2=0.049$，$p=0.003$)、并购后整合预期($R^2=0.192$，$p=0.000$)以及组织并购投入($R^2=0.105$，$p=0.000$)都有显著的负向预测作用，这些结果验证了假设 H1a、H2a、H3a。

2. 潜在组织文化冲突与组织文化预览对因变量的影响分析

在本研究中，因变量是非单一变量，并且从上述分析结果可以发现，各因变量之间的相关程度较高，所以，在进行方差分析时不适合分别对每个因变量进行 ANOVA 检验，而应进行 MANOVA 检验，否则容易导致 I 类错误膨胀(甘怡群，2005)。因此采用 MANOVA 检验对潜在组织文化冲突与组织文化预览对因变量的影响进行分析。首先对全模型进行分析，结果显示组织文化预览的主效应显著($\lambda=0.937$，$F=2.825$，$p=0.027$，$\eta_p^2=0.063$)，潜在组织文化冲突的主效应显著($\lambda=0.887$，$F=5.337$，$p=0.000$，$\eta_p^2=0.113$)，组织文化预览与潜在组织文化冲突的交互作用不显著($\lambda=0.957$，$F=1.865$，$p=0.119$，$\eta_p^2=0.043$)。这一结果显示，潜在组织文化冲突与组织文化预览对因变量有显著影响，而两者的交互作用影响不显著。进一步对两个自变量对各因变量的影响进行方差分析，结果如表 7-11 与表 7-12 所示。

由表 7-11 可知，组织文化预览对工作投入存在显著影响($F=9.967$，$p=0.002$，$\eta_p^2=0.055$)，并且在组织文化预览条件下的工作投入水平($M=26.869$)显著高于组织文化无预览条件下的工作投入水平($M=24.373$)。但对合作意向($F=2.396$，$p=0.123$，$\eta_p^2=0.014$)、整合预期($F=0.076$，$p=0.784$，$\eta_p^2=0.000$)以及组织并购投入($F=0.260$，$p=0.611$，$\eta_p^2=0.002$)的影响都不显著。

表 7-11　各实验处理下因变量结果描述统计

因变量	组织文化预览	潜在组织文化冲突	平均数	标准差	人数
工作投入	无预览	不冲突	24.964	5.554	46
		冲突	23.783	5.933	46
	预览	不冲突	28.342	4.270	38
		冲突	25.625	5.712	45
合作意向	无预览	不冲突	12.391	3.441	46
		冲突	10.543	3.331	46
	预览	不冲突	12.895	2.902	38
		冲突	11.556	3.152	45
整合预期	无预览	不冲突	4.946	0.943	46
		冲突	4.625	0.902	46
	预览	不冲突	5.158	1.044	38
		冲突	4.333	0.929	45
并购投入	无预览	不冲突	7.527	2.230	46
		冲突	7.217	2.412	46
	预览	不冲突	8.148	2.075	38
		冲突	6.933	1.947	45

潜在组织文化冲突对工作投入(F=5.557，p=0.020，η_p^2=0.031)、合作意向(F=10.598，p=0.001，η_p^2=0.058)、整合预期(F=15.736，p=0.000，η_p^2=0.084)以及组织并购投入(F=5.318，p=0.022，η_p^2=0.030)都存在显著影响。其中潜在组织文化不冲突条件下工作投入(M=26.492)显著高于冲突条件下工作投入(M=24.694)；潜在组织文化不冲突条件下合作意向(M=12.619)显著高于冲突条件下合作意向(M=11.044)；潜在组织文化不冲突条件下整合预期(M=5.042)显著高于冲突条件下整合预期(M=4.481)；潜在组织文化不冲突条件下并购投入(M=7.808)显著高于冲突条件下并购投入(M=7.077)。

另外，组织文化预览与潜在组织文化冲突并未对上述四个因变量产生显著的交互影响，除了对整合预期的影响处于边缘显著(F=3.047，p=0.083，η_p^2=0.018)。

表 7-12　组织文化预览与潜在组织文化冲突对各因变量影响的方差分析结果

自变量	因变量	平方和	自由度	均方	F	p	η_p^2
组织文化预览	工作投入	296.205	1	296.205	9.967	0.002**	0.055
	合作意向	24.960	1	24.960	2.396	0.123	0.014
	整合预期	0.069	1	0.069	0.076	0.784	0.000
	并购投入	1.233	1	1.233	0.260	0.611	0.002
潜在组织文化冲突	工作投入	165.153	1	165.153	5.557	0.020*	0.031
	合作意向	110.383	1	110.383	10.598	0.001**	0.058
	整合预期	14.253	1	14.253	15.736	0.000**	0.084
	并购投入	25.245	1	25.245	5.318	0.022*	0.030
组织文化预览*潜在组织文化冲突	工作投入	25.630	1	25.630	0.862	0.354	0.005
	合作意向	2.812	1	2.812	0.270	0.604	0.002
	整合预期	2.760	1	2.760	3.047	0.083	0.018
	并购投入	8.901	1	8.901	1.875	0.173	0.011

注：* 表示 $p<0.05$，** 表示 $p<0.01$。

从上述结果可以发现，潜在组织文化冲突能够对工作投入、合作意向、整合预期以及组织并购投入产生消极影响，这些结果验证了研究假设 H1b、研究假设 H2b 以及研究假设 H3b。另外，组织文化预览干预能对工作投入产生积极的影响作用，这一结果验证了假设 H4；不过组织文化预览干预并不能对合作意向、整合预期以及组织并购投入产生积极影响，这些结果并未验证假设 H5 与假设 H6。而且，本研究结果还显示，组织文化预览与潜在组织文化冲突并不能交互影响员工的工作投入、合作意向、整合预期以及组织并购投入，也就是说，组织文化预览并不能有效地缓和由于潜在组织文化冲突所带来的消极并购结果，即组织文化预览不能有效地降低潜在组织文化冲突对工作投入、合作意向以及并购整合预期的消极影响，这一研究结果不支持研究假设 H7。

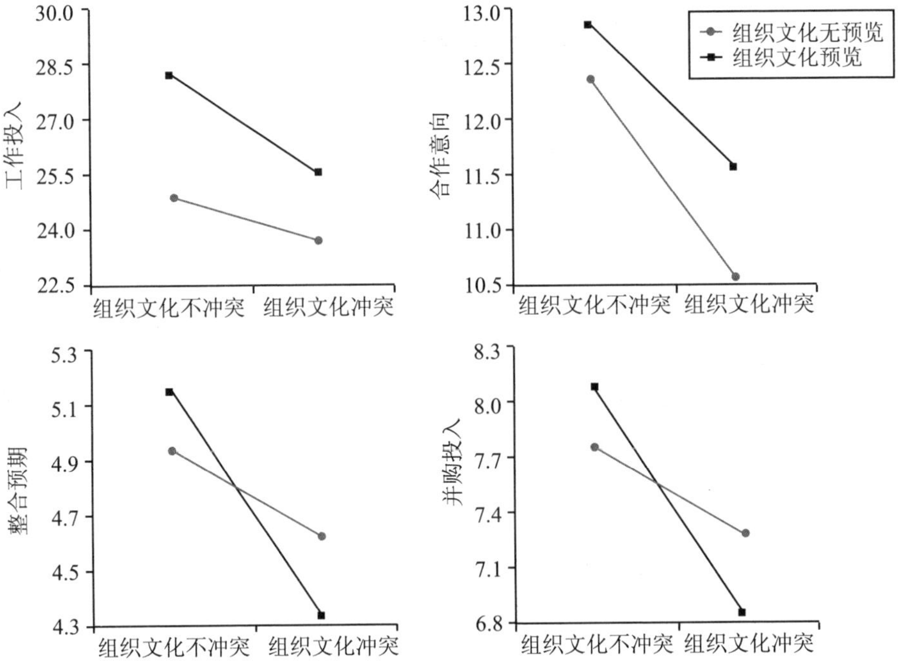

图 7-3　潜在组织文化冲突与组织文化预览对并购结果的影响

因此，总体而言，潜在组织文化冲突对工作投入、合作意向、整合预期以及组织并购投入都能产生显著影响，而组织文化预览对大部分因变量并不产生显著影响作用，且其与潜在组织文化冲突的交互作用也不显著。

四、研究讨论

(一)关于编制的启动材料的有效性

首先，本研究检验了预研究所编制的潜在文化冲突启动材料在文本情境实验中操纵的有效性。结果显示，该材料能够有效地启动被试对并购中两公司间的组织文化冲突，而且本研究还发现，Marmenout(2010，2011)在其研究中所使用的组织文化潜在冲突的操纵对本研究而言并没有产生额外的增益作用，即并没有提高被试对实验情境中的组织文化冲突发生可能性的预期以及对组织文化冲突内容上的感知，因此，本研究认为，我们所编制的实验材料已经能够涵盖 Marmenout(2010，2011)的实验范式所产生的效果。

针对这一结果，我们认为，这可能是由于具体启动材料更能将被试引入实验所设置的情境，使被试产生“身临其境”的感受。启动常常被研究者们定义为让被试在无意识的情况下接受某些刺激以考察这些刺激对后续相关刺激或者任务的影响(Hoogland et al.，2005；Hong et al.，2000)，且在大部分关于文化启动的研究中，研究者们采用的启动材料都是具体的内容，如文字(Homan et al.，2010)、符号(Wong & Hong，2005)以及不同文化情景描述(Kemmelmeier，2003)等，其目的是让被试在这些材料的刺激下，在头脑中自主形成“文化定势”，而非直接简单地告知被试其属于何种文化；另外，那些直接与文化冲突有关的研究也是采用具体的冲突事件描述来进行启动操纵(Pornpitakpan，2003)，同样也不是直接简单告知被试两种文化间存在冲突。

因此，本研究认为，Marmenout(2010，2011)的组织文化冲突操纵并不是严格意义上的启动操纵。另外，鉴于 van Oudenhoven 与 de Boer(1995)在其研究中采用了与预研究中类似的材料来研究文化的相似性，由此在本研究的实验启动中采用了预研究中自编的启动材料。不过，由于本实验的实验目的需求，我们仍然在操纵过程中增加了 Marmenout 范式，虽然已经在研究中验证了 Marmenout 的操纵不存在显著的增益作用，但为减少操纵变量的额外干扰，后续的研究有必要对该操纵进行删除。

(二)潜在组织文化冲突的消极影响

本研究主要探讨了潜在组织文化冲突与组织文化预览对工作投入、合作意向、并购后整合预期以及组织并购投入的影响。研究显示，潜在组织文化冲突对上述几个变量都具有显著的消极影响，从而分别验证了本研究的假设

H1、H2、H3，其中，特别是对潜在组织文化冲突内容的感知能够显著负向预测员工的工作投入、合作意向、并购后整合预期以及组织并购投入。这些结果提示我们，组织文化冲突确实会对企业的并购结果产生非常消极的影响。这一结果验证了以往研究者们的观点，即Ⅱ型组织文化差异所导致的组织文化冲突会对并购后的组织产生消极的影响（Parkhe，1991；Meirovich，2011），并且也与以往关于组织文化冲突对并购有效性的研究结果一致（Cartwright & Cooper，1993；Weber et al.，2012；Weber & Drori，2011；Weber et al.，1996）。

（三）不确定性状态是企业并购中的普遍的心理状态

在企业并购中，潜在组织文化冲突对并购结果的消极影响是由于并购过程中的不确定性造成的。不确定性状态是企业并购中员工产生的一种普遍的心理状态（Kim et al.，2013），这种不确定性会导致员工对未来工作、角色任务、奖励、组织地位等各方面产生模糊感（DiFonzo & Bordia，1998），进而影响员工的心理行为（O'Driscoll & Beehr，1994；Giessner，2011），甚至出现严重的变革抵制（Ito & Brotheridge，2001）。组织文化的不确定性是并购不确定性的一个重要方面（Mariappan，2003；Buono et al.，1985）。组织文化之于企业就如人格之于个体一样，它在一个企业中扮演着十分重要的角色，它被认为是企业员工在问题解决过程中所应遵循的标准，并从不同层面上影响了员工的行为以及企业的运行（Schein，2010）。当企业文化发生变化时，势必会影响到员工的行为。由于没有任何两家企业会存在一模一样的组织文化，因此，当两家企业整合成为一家时，其原本的组织文化发生改变是无法避免的，而对大部分员工而言，放弃原先的某些行为准则的同时，接受另外一些新的行为准则同样是无法避免的，这种潜在的文化接受与放弃就导致了员工的不确定性产生。这种文化的不确定性主要体现在广度的不确定性以及深度的不确定性上，其中广度的不确定性体现为对并购后文化主导性的不确定性，而深度的不确定性则表现为文化间一致性的不确定性（Sarala，2010）。并购后一方文化主导性就意味着处于非文化主导一方的员工必须放弃原先的很多行为准则并接受一些新的行为准则，主导性体现了员工所需接受的与放弃的文化内容多少，双方主导性差异越大，则员工所需改变的文化内容就越多，当这种主导性不确定时，员工的文化不确定性便会产生。一致性的不确定性体现的是并购双方组织文化之间差异程度的不确定性，它意味着员工需要在多大程度上改变原有的文化内容。由于对并购中文化间的差异程度无法做到精确感知与预测，这就导致了一致性的不确定性的产生，而且组织文化冲突作为组织文化差异的极端表现形式，并不一定体现在文化的各个维度上，因此，对其感知与预测就更为困难，这就在一定程度上增加了一致性的不确定性。另外，本研究所关注的是潜在组织文化冲突，这更是进一步提高了一致性的不确定性。由此可以认为，存在潜在组织文化冲突的两个企业，其在并购中会产生非常高的文化不确定性，这种不确定性将导致员工的变革抵制，从而产生消极并购结果，表现为员工的工作不投入(Avey et al.，2008)、不合作(Bellou，2006)以及负性情绪(Kiefer，2005)等。

(四)组织文化预览能降低不确定性，其效果是积极的

本研究显示，组织文化预览对员工的工作投入具有显著的积极影响，而对合作意向、并购后整合预期以及组织并购投入等并购结果则没有显著影响。这一结果验证了本研究的假设 H4，但没有验证假设 H5 与 H6。以往的研究虽然没有对组织文化预览与这些结果变量间的关系进行直接研究，但是，有关真实并购预览与真实工作预览的研究已经取得了部分成果。如 Gill(2007)的研究显示，真实工作预览干预下的员工，其工作投入的水平显著高于没有真实工作预览条件下的员工；真实并购预览被认为是一种并购中的组织交流项目，这种并购预览能够提供给新员工以真实且详细的组织相关信息(Schweiger & DeNisi，1991)，且这种交流能显著正向预测工作投入(Vander et al.，2010)；而更为重要的是，不管是真实工作预览还是真实并购预览，其预览内容中都包含了组织文化的内容(Schweiger & Ivancevich，1985；黄玉清，2007)，因此，本研究关于组织文化预览对工作投入的积极影响的结果是与以往的研究结果一致的。不过，并没有研究直接显示预览能够显著提高并购后员工的合作水平，而是更多地表明其能够提高员工的组织承诺水平(Schweiger & DeNisi，1991)，而变革中的组织承诺与员工的合作意向有着显著的关联(Meyer et al.，2007)。在本研究中，虽然结果并未显示出预览对合作水平的显著提高，但却在一定程度上显示了其积极的效果，特别是在潜在组织文化不冲突条件下，组织文化预览的效果总体而言都是积极的，不管是针对工作投入、合作意向、并购整合预期还是并购投入，而在本研究中，不冲突的文化其实在一定程度上体现了文化的差异。因此，可以认为，本研究的结果在一定程度支持了以往关于文化预览对并购结果的积极影响结论。

依据不确定性降低理论(Berger & Calabrese，1975)，当面对一个新的环境时，个体会产生焦虑、压力、不安全感等不确定性的表现，这些不确定性状态会激发个体采取各种手段来获取与新环境有关的信息，以降低自己的这种不确定性状态。因此，作为组织可以通过提供给新成员以各种有关信息来降低其不确定性，而组织文化预览便是重要手段。组织文化预览就是采取各种方式与手段让员工了解并购另一方的与组织文化有关的信息，从而降低员工由于对组织文化的不确定性而产生的并购消极结果，而这一方法的潜在心理过程就是通过在员工的头脑中形成一种"心理准备"与"整合定势"，来实现他们对并购的适应准备(Marks & Mirvis，2011)。当组织文化预览干预提供的组织文化信息足够丰富且足够明确时，员工的心理不确定性水平就会下降，从而开始有准备地适应新的工作环境，这就会最终导致组织文化预览产生积极的影响。

本研究没有发现任何组织文化预览对潜在组织文化冲突产生的消极影响的缓和效应，而依据真实并购预览以及组织文化并购预览，预览的效果应主要体现在其对并购双方特点上的差异而导致的不确定性心理状态的缓和，即预览能够调节由于组织文化冲突所带来的消极后果，使其消极影响降低，但实验结果并未发现这种情况，因此，本研究的假设 H7 没有得到验证。本研究预期，通过组织文化预览的调节作用，潜在组织文化冲突条件下的被试的工作投入、合作意向以及并购整合预期都能显著提升。这是因为，通过预览员工能了解到并购另一方的文化，因此，其文化的不确定性程度会大大降低，这就会使得不确定性可能带来的消极影响被减弱。已有研究显示，组织文化的潜在冲突与员工的不确定性感知有着极强的负相关(Marmenout，2010)，而预览则能大大降低并购过程中的不确定性水平(Schweiger & DeNisi，1991)。

(五)组织文化预览并不能解决缓和文化冲突的目的

然而，并没有学者直接对文化冲突背景下的预览进行研究，只有杨成君(2010)和姚子平(2010)基于 Weber 和 Camerer(2003)实验范式进行了干预研究，而我们认为，他们研究中的组织文化关系只涉及了一般的文化差异，并未达到对立冲突的状态。因此，可能当双方的文化出现对立冲突时，预览干预的缓和效果就会消失。预览干预的心理学基础来自熟悉效应与群际接触理论，预览给予了个体接触并购另一方的机会，从而能使个体对对方产生熟悉感，进而降低不确定性(Lee，2001)。然而，越来越多的研究者们认为，接触后产生的熟悉虽然能降低不确定性水平，但并不一定会导致群际关系的改善，特别是当这种熟悉的结果产生威胁感时，群际的消极态度不仅不会缓和，反而会增强(Pettigrew，2008；Pettigrew et al.，2011；Pettigrew & Tropp，2011)。在本研究的结果中，虽然这种缓解效应对整合预期的效果未达到显著水平，但其边缘显著水平的结果似乎也提示，这种交互影响的结果是在加强潜在组织文化冲突的消极影响，而非缓和。在企业并购中，一般的组织文化差异就可能导致群体价值、组织结构以及认同等受到威胁(Sarala，2010)，而作为Ⅱ型组织文化差异的组织文化冲突，其对组织功能以及组织长久性等方面的威胁会更大(Meirovich，2011)，因此，这就最终导致在并购情境下，组织文化预览对潜在组织文化冲突所产生的消极影响的缓解效应不显著，这一结果表明了组织文化差异与组织文化冲突之间在效果上的明显差异。总体而言，组织文化预览在组织文化不冲突的背景下对提高并购结果是存在一定积极作用的，但其在冲突背景下的缓和效应并没有体现出来。

在并购中，不确定性因素随处可见，虽然可以通过预览等手段在一定程度上降低这种不确定性，但是，我们仍然无法明确知晓这种不确定性降低的潜在心理机制，这会致使预览干预的无针对性，从而导致预览效果不显著，甚至出现消极作用。由此所产生的问题便是，在这一不确定性降低过程中，员工的哪些心理因素与心理过程起着决定性的作用？依据现有的文献与理论，发现不确定性管理理论(Uncertainty Management Theory)(Van den Bos & Lind，2002)中所阐述的组织公正感以及不确定—认同理论(Uncertainty-Identity Theory)(Hogg，2007)中所阐述的组织认同能在很大程度上解释不确定性降低的心理机制。而且，基于组织公平理论与社会认同理论发展起来的群体投入模型(Tyler & Blader，2000；2003)对组织内的公正感与认同感之间的关系做出了独具特色的阐述，可以很好地解释员工在组织中的投入与合作的心理机制。因此，基于这些理论背景以及相应的实证研究基础，在后续的研究中将着重探讨组织认同、组织公正及其两者之间的关系如何通过降低组织文化冲突的并购背景下员工的不确定性，来提高员工的工作投入与合作行为，进而从人的因素(human side)上探讨有利于并购成功的策略。

五、研究结论

根据以上讨论结果，本研究得出如下结论：

第一，潜在组织文化冲突感知对工作投入、合作意向、整合预期以及组织并购投入都存在显著的负向预测作用。

第二，潜在组织文化冲突对工作投入、合作意向、整合预期以及组织并购投入都存在显著影响，且潜在组织文化不冲突条件下的工作投入、合作意向、整合预期以及组织并购投入显著高于冲突条件。

第三，组织文化预览对工作投入存在显著影响，且预览条件下工作投入水平显著高于无预览条件下的工作投入水平，但对合作意向、整合预期以及组织并购投入的影响不显著。

第四，组织文化预览与潜在组织文化冲突对工作投入、合作意向、整合预期以及组织并购投入的交互影响不显著。

第 八 章

组织文化冲突与组织认同对工作投入的影响研究

第一节 组织文化冲突与组织认同

一、引言

组织并购带来的一个共同问题是员工在并购过程中不确定性水平的提高，这种不确定往往表现为焦虑体验。基于不确定性降低理论(URT)，随着不确定性水平的提高，激发员工减少不确定性的动机也不断增强，于是员工便通过各种手段与方式来获取新组织的有关信息，来降低自身的不确定性(Berger & Calabrese，1975)。在社会认同理论看来，社会认同的过程实际上是解决个体在社会生活中知觉、态度、感受、行为以及自我概念的不确定性的过程，而这一过程是通过在自我分类的过程中，个体将自我概念转化、同化成与之相对应的原型而达到的(Hogg & Terry，2000)，由此，Hogg(2007)提出了不确定—认同理论。在该理论看来，对自我的不确定性是个体不确定的一个非常重要的方面，由于不确定性会威胁到个体的闭合需求(Webster & Kruglanski，1994)，因此，当这种闭合需求增强时，就会强烈驱动个体去寻求不确定性的降低，而在社会认同过程中，个体通过对实体存在的群体的行为规范的遵循，从而达到了自我不确定性的降低。在组织并购中，个体即将成为并购后新组织的一员，由此便会产生一系列不确定性，其中包含了在组织中角色与身份的不确定性。在这种不确定性状态的驱使下，个体采取各种手段获取与其组织角色与组织身份相关的信息来降低自身的不确定性，而组织认同便是一个有效的途径。

组织认同的过程是个体对作为组织成员实现归属需要的一个认知感受过程，它体现了个人的价值观与组织的价值观达到一致的过程，即个体将组织的价值观内化为自身价值观的过程，因此，对组织中文化的认同往往处于组织认同的核心地位(魏钧、陈中原、张勉，2007；Ashforth & Mael，1989)，组织认同的很多问题也往往体现的是对组织文化认同的问题。并购中文化的不确定性所带来的员工不确定水平的提高会对员工的心理与行为产生消极的影响，而鉴于组织认同与组织文化认同的关系以及不确定—认同理论所阐述的关于认同在不确定性降低过程中所起的积极作用，由并购中组织文化所产生的不确定性水平，同样可以通过员工的组织认同过程而得到降低，进而影响到员工的工作投入与合作行为。鉴于此，本研究将试图探索在潜在组织文化冲突的并购背景下组织认同是如何实现其积极影响的。

二、研究目的和研究假设

(一)研究目的

本研究采用文本情境实验法，在检验研究一的结果——潜在组织文化冲突对工作投入与合作意向消极影响的基础上，通过引入组织认同以及不同的组织认同方式，探讨在潜在组织文化冲突的并购背景下，组织认同如何影响员工的工作投入与合作意向，以及不同组织认同方式对工作投入与合作意向的影响是否产生不同的效果。

(二)研究假设

首先，与研究一相同，本研究提出假设 H1：潜在组织文化冲突会对员工的工作投入产生消极影响，即它会导致工作投入水平下降。

H1a：潜在组织文化冲突感知对工作投入具有显著的负向预测作用。

H1b：潜在组织文化冲突条件下的工作投入显著低于无冲突条件下的工作投入。

假设 H2：潜在组织文化冲突会对员工的合作意向产生消极影响，即它会导致员工的合作意向水平下降。

H2a：潜在组织文化冲突感知对合作意向具有显著的负向预测作用。

H2b：潜在组织文化冲突条件下的合作意向显著低于无冲突条件下的合

作意向。

其次，文化不兼容与冲突是威胁个体对新群体产生认同的重要原因(Grant，2007)。在现有的文献中并未发现直接针对组织文化差异、组织认同以及工作投入这三者之间的关系进行探讨，鉴于此，组织文化差异同样可能通过员工的组织认同的中介作用而对其工作投入水平产生影响；而根据组织文化差异与组织文化冲突的关系以及研究一的结果，我们可以进一步推论，组织文化冲突也可能会通过员工的组织认同的中介作用而对他们的工作投入产生影响。另外，在并购中，员工所涉及的认同至少存在两种类型，一种是对并购前组织的认同(pre-merger identification)，另一种则是对并购后组织的认同(post-merger identification)，而这两种认同对组织并购以及并购后的整合的影响是完全不同的。基于上述分析，本研究提出假设 H3：潜在组织文化冲突感知能显著预测员工的组织认同。

H3a：潜在组织文化冲突感知对并购前组织认同具有显著正向预测作用。

H3b：潜在组织文化冲突感知对并购后组织认同具有显著负向预测作用。

假设 H4：组织认同对员工工作投入与合作意向具有显著预测作用。

H4a：对并购前组织认同对员工的工作投入水平具有显著负向预测作用。

H4b：对并购前组织认同对员工的合作意向具有显著负向预测作用。

H4c：对并购后组织认同对员工的工作投入水平具有显著负向预测作用。

H4d：对并购后组织认同对员工的合作意向具有显著负向预测作用。

假设 H5：潜在组织文化冲突感知通过组织认同的中介作用影响员工工作投入与合作意向。

H5a：潜在组织文化冲突感知通过对并购前组织认同的中介作用而影响员工的工作投入。

H5b：潜在组织文化冲突感知通过对并购前组织认同的中介作用而影响员工的合作意向。

H5c：潜在组织文化冲突感知通过对并购后组织认同的中介作用而影响员工的工作投入。

H5d：潜在组织文化冲突感知通过对并购后组织认同的中介作用而影响员工的合作意向。

另外，由于在并购中员工会将并购另一方感知为外群体，因此，他们往往会增强自己对并购前原组织的认同，而对并购另一方产生消极态度，而这并不利于并购后组织的长效发展。Dovidio 等人(2010)认为，这种认同威胁与消极的态度可以通过提倡一种共同的内群体认同(common ingroup identity)得到改善，如果成员感知到两群体的认同存在不一致时，共同的内群体认同非但不能减少群际偏见，甚至还会增加其强度。如果这些认同涉及那些对个体具有重大意义或者具有根深蒂固影响的价值时，双重认同(dual identity)能很好地解决这一问题(Dovidio et al.，2007)，在并购双方的文化存在冲突的情况下，若简单引入共同的内群体认同，很有可能会引起员工原有的认同威胁，进而不利于并购双方消极态度的缓和。鉴于此，本研究提出假设 H6：不同认同方式对员工工作投入与合作意向的影响存在显著差异。

H6a：双重认同条件下员工的工作投入水平显著高于共同内群体认同条件下员工的工作投入水平，并且共同内群体认同条件下员工的工作投入水平，显著高于对原组织维持认同条件下的工作投入水平。

H6b：双重认同条件下员工的合作意向显著高于共同内群体认同条件下员工的合作意向，并且共同内群体认同条件下员工的合作意向，显著高于对原组织维持认同条件下的合作意向。

假设 H7：认同方式与潜在组织文化冲突对工作投入与合作意向的影响存在交互作用。

H7a：在不存在潜在组织文化冲突条件下，双重认同条件下的工作投入水平显著高于共同内群体认同条件下的工作投入水平，且共同内群体认同条件下的工作投入水平显著高于对原组织维持认同条件下的工作投入水平。

H7b：在潜在组织文化冲突条件下，双重认同条件下的工作投入水平显著高于对原组织维持认同条件下的工作投入水平，且对原组织维持认同条件下的工作投入水平显著高于共同内群体认同条件下的工作投入水平。

H7c：在不存在潜在组织文化冲突条件下，双重认同条件下的合作意向显著高于共同内群体认同条件下的合作意向，且共同内群体认同条件下的合作意向显著高于对原组织维持认同条件下的合作意向。

H7d：在潜在组织文化冲突条件下，双重认同条件下的合作意向显著高于对原组织维持认同条件下的合作意向，且对原组织维持认同条件下的合作意向显著高于共同内群体认同条件下的合作意向。

三、研究方法

(一)实验设计

本研究采用文本情境实验的方法。在本研究中将采用在组织文化预览条件下的实验研究。本实验为2×3的完全随机实验设计，自变量共有两个：第一个为潜在组织文化冲突，分为两个水平，即潜在组织文化冲突与不冲突；第二个为认同方式，分为三个水平，即对原组织的维持认同(以下简称“维持认同”)、共同内群体认同(以下简称“共同认同”)以及双重认同。

(二)实验被试

本研究以来自浙江、北京以及新疆的五所高校在校大学生为样本，总共施测样本为300人，回收的样本为285份，有效的样本数为253份，有效回收率为84.33%。其中，男性被试为77人，占总人数的30.4%，女性被试为174人，占总人数的68.8%，性别缺失2人，占总人数的0.8%。被试的最小年龄为17岁，最大年龄为25岁，年龄缺失3人，平均年龄为19.64岁(SD=1.19)。

(三)实验程序

所有实验材料都通过问卷的形式发放给每个学生。上课开始前，由任课老师统一将问卷发放给学生，并宣读问卷指导语。在指导语中告诉被试，该研究是为了了解人们在扮演企业员工时所体验到的心理状态，为进一步进行针对企业员工调查提供依据；并且说明在该研究中，学生需要根据材料中所提供的情境将自己想象成材料中的员工，然后，根据自己在角色扮演中体验到的心理状态来回答相应的问题。每个学生只接受六种实验处理中的一种处理。

(四)实验材料

文本情境材料分为六个部分：(1)描述被试在所在公司(迪信公司)中的现状。(2)迪信公司的组织文化描述。(3)并购目的说明。(4)并购另一方公司(菲里斯公司)组织文化描述。(5)认同方式操纵。(6)标准结论。其中，除第五部分是本研究新增加的实验操纵，其余内容均与研究一相同。另外，鉴于研究一正式实验的结果显示Marmenout(2010，2011)的研究范式可能会在一定程度上影响文化启动的效果，因此，本研究中不添加其范式，即在并购说明后增加一句描述两家公司是否可能存在组织文化冲突的说明。阅读完文本情境之后，要求被试对一些相关问题进行回答，并在相应的问题前对个别重要概念进行阐述与解析，主要包括企业文化、企业文化冲突。同时要求被试填写年龄、性别等基本信息。

（五）变量操纵与测量

1. 自变量操纵

（1）潜在组织文化冲突。与研究一的材料和操纵方式相同，同样分为两个水平，即潜在组织文化冲突与不冲突。在不冲突条件下，双方组织文化在两个维度的四个方面上的描述非常相似，都属于低权力距离高女性化；在冲突条件下，迪信公司属于低权力距离高女性化特征，而菲里斯公司则属于高权力距离低女性化特征，它们在两个维度的四个方面上是对立冲突的。

（2）认同方式。该自变量分为三个水平，即维持认同、共同认同以及双重认同。虽然在很多关于组织认同的研究中采用了文本情境的启动方法（Van Knippenberg et al.，2006；De Cremer et al.，2006），但本研究并未发现基于不同认同方式的文本情境实验研究范式，且对认同方式的文本情境实验研究主要来自移民问题与种族问题。鉴于此，本研究借鉴 Glasford 与 Dovidio（2011）关于民族认同的研究范式，并对其进行改编，使之适用于组织并购情境；另外，由于 Glasford 与 Dovidio 的研究中只涉及了双重认同与共同认同两个水平，而在实际情境中还可能存在那些只认同原来组织而不认同新形成的组织的情况，即并购后会产生两个相互独立的组织（Giessner & Mummendey，2008），因此，本研究同样引入了只对原组织认同的认同方式（即维持认同）。在维持认同条件下，强调公司并购后，公司的员工只需要保持对原来所在公司的认同，而不强调对新公司的认同；在共同认同条件下，强调公司并购后，公司的员工只需要对新公司产生认同，而不强调原公司认同的作用；在双重认同条件下，强调公司并购后，公司的员工既要对新公司产生认同，又要保持对原来所在公司的认同。以下是维持认同操纵举例。

两家企业合并后，不管是迪信公司的员工，还是菲里斯公司的员工，都仍然是原来各自公司的成员，我们基本只需要各自保持着原有的特点。很多并购成功与失败的事实都告诉我们，在并购后，要强调维持对各自原来公司的认同，在原来各自公司特点的基础上，通过对并购后的新公司进行整合，进而有利于公司今后的发展。

2. 操纵检测

为检验两个自变量的操纵是否成功，在本研究中采用了系列操纵检测项目对其进行检验。

(1)潜在组织文化冲突操纵检测。与研究一的检验方法相同，让被试回答“在迪信公司与菲里斯公司发生并购后，您认为它们之间发生企业文化冲突的可能性有多大”这一问题，然后，要求被试选择他们认为最接近的百分比，百分比总共分为 11 个等级，从 0 到 100%，以 10%为等级差异。

(2)认同方式操纵检测。对该自变量的操纵检测采用三个问题进行检验，即“在新公司工作时，基本只需认同新公司及其各项规定”(该项目检测共同认同)、“在新公司工作时，既要认同新公司及其各项规定，又要认同原公司及其各项规定”(该项目检测双重认同)、“在新公司工作时，基本只需认同原公司及其各项规定”(该项目检测维持认同)，被试依据他们对阅读材料的理解，分别对这三个问题与材料的符合程度做 6 级等级评分，其中 1 表示完全不符合，6 表示完全符合。

(3)并购方式操纵检测。与研究一的检验方法相同，直接让被试回答三个问题，即“在这次并购中，迪信公司是被菲里斯公司收购的”“在这次并购中，菲里斯公司是被迪信公司收购的”以及“在这次并购中，两家公司平等合并”，被试依据他们对阅读材料的理解，分别对这三个问题与材料的符合程度做 6 级等级评分，其中 1 表示完全不符合，6 表示完全符合。

3. 因变量测量

(1)工作投入测量。与研究一相同，在本研究中同样采用 Rich 等人(2010)量表中的身体投入维度的 6 个项目进行测量，并进行相应地改编，以适应本研究的实验情境。身体投入的项目如“在新公司工作时，我会竭尽所能来完成自己的工作”“在新公司工作时，我会为自己的工作付出全部努力”。在本研究中，该 6 项目量表的 α 系数为 0.901，采用 6 级等级评分，其中 1 表示非常不符合，6 表示非常符合。

(2)合作意向测量。与研究一相同，采用改编自 Marmenout(2011)研究中的 3 项目测量，即“我会乐意帮助来自菲里斯公司的员工”“我乐意与来自菲里斯公司的员工分享我的工作知识与经验”“我期待与来自菲里斯公司的员工一起工作”。在本研究中，其 α 系数为 0.843，采用 6 级等级评分，其中 1 表示非常不符合，6 表示非常符合。

4. 其他变量测量

(1)组织文化冲突感知测量。与研究一相同，改编自 Chatterjee(1992)编制的组织文化差异量表中的三个项目，即“在管理者对其下属表示关心并提供支持这方面，迪信公司与菲里斯公司……”“在正式决策的制定时知晓所有员工这方面，迪信公司与菲里斯公司……”以及“在管理者为员工创造并维持良好的沟通与合作环境这方面，迪信公司与菲里斯公司……”在本研究中，其 α 系数为 0.862，采用 6 级等级评分，其中 1 表示完全不冲突，6 表示完全冲突。

(2)对原组织的认同测量。即对并购前组织的认同，改编自 Korschun 等人(2013)编制的组织认同量表，同样鉴于实验研究中不宜采用过多的测量项目，因此本研究使用了该量表中三个载荷较高的项目，并改编使之指向迪信公司；三个项目分别为“我对原来所在的迪信公司有着强烈的归属感”“我对原来所在的迪信公司有着非常强的认同感”以及“我强烈地感受到自己是原来所在的迪信公司的一员”。在本研究中，其 α 系数为 0.874，采用 6 级等级评分，其中 1 表示非常不符合，6 表示非常符合。

(3)对新组织的认同测量。即对并购后组织的认同，同样改编自 Korschun 等人(2013)编制的组织认同量表中三个载荷较高的项目，使之指向并购后的新公司；三个项目分别为“我对并购后的新公司有着强烈的归属感”“我对并购后的新公司有着强烈的认同感”以及“我强烈地感受到自己是并购后新公司的一员”。在本研究中，其 α 系数为 0.891，采用 6 级等级评分，其中 1 表示非常不符合，6 表示非常符合。

四、研究结果与分析

(一)实验操纵检测

1. 潜在组织文化冲突操纵检测

首先，需要对实验中的自变量操纵的有效性进行检验。针对潜在组织文化冲突这一自变量的操纵检测，采用独立样本 t 检验考察在该自变量两个水平上被试在问题“在迪信公司与菲里斯公司发生并购后，你认为它们之间发生企业文化冲突的可能性有多大”上的回答的差异。结果显示，潜在组织文化冲突组被试所感知到的冲突发生可能性(M=7.340，SD=2.094)显著高于不冲突组($M=4.684$，$SD=2.075$)，$t(251)=10.107$，$p=0.000<0.01$，$d=1.27$。这一结果表明，相比不冲突组，冲突组的被试能够感受到更多的潜在组织文化冲突，这说明该自变量的操纵是有效的。

2. 认同方式操纵检测

以认同方式(三个水平)与检测项目(三个水平)分别为自变量，采用双因素方差分析检验其对在三个题目上的得分的影响。结果显示，检测项目的主效应显著，$F=3.113$，$p=0.045<0.05$，$\eta_p^2=0.008$。事后检验发现，双重认同检测项目的得分显著高于共同认同($MD=0.259$，$p=0.048$)，另外，认同方式与检测项目的交互作用显著，$F=17.857$，$p=0.000<0.01$，$\eta_p^2=0.087$。简单效应分析结果显示，检测项目在维持认同水平上存在显著差异，$F=12.58$，$p=0.000<0.01$，对该水平上的三个项目的得分进一步进行方差分析的事后检验发现，维持认同检测项目的得分显著高于共同认同检测项目的得分($MD=0.906$，$p=0.000<0.01$)以及双重认同检测项目的得分($MD=0.537$，$p=0.004<0.01$)，且双重认同检测项目的得分显著高于共同认同检测项目的得分($MD=0.369$，$p=0.046<0.05$)；检测项目在双重认同水平上存在显著差异，$F=16.18$，$p=0.000<0.01$，对该水平上的三个项目的得分进一步进行方差分析的事后检验发现，双重认同检测项目的得分显著高于共同认同检测项目的得分($MD=0.953$，$p=0.000<0.01$)以及维持认同检测项目的得分($MD=0.810$，$p=0.000<0.01$)，检测项目在双重认同水平上存在显著差异，$F=10.22$，$p=0.000<0.01$，对该水平上的三个项目的得分进一步进行方差分析的事后检验发现，共同认同检测项目的得分显著高于双重认同检测项目的得分($MD=0.553$，$p=0.002<0.05$)以及维持认同检测项目的得分($MD=0.803$，$p=0.000<0.01$)。双重认同检测项目高于其他两个项目的得分，这可能是因为在并购这种情境下，被试都会或多或少地认为既应该对原来组织保持忠诚，同时也应该尊重组织的并购决定，因此，他们就会显示出对双重认同检测项目普遍地较高认同。不过，在每种实验条件下，接受相应处理的被试对该项目的反应得分都显著高于其他两个项目得分，这一结果说明，认同方式的操纵是有效的。

3. 并购方式操纵检测

同样，本研究还对有关并购方式的三个表述问题的操纵检测项目进行了方差分析。结果显示，被试对这三种不同并购方式的感知是存在差异的，$F=158.656$，$p=0.000<0.01$，$\eta_p^2=0.296$，进一步的事后分析发现，被试对平等合并这一并购方式感知程度显著高于迪信公司被并购（MD＝2.095，$p=0.000<0.01$）以及菲里斯被并购（MD＝1.978，$p=0.000<0.01$）这两种并购方式的感知，而且对迪信公司被并购的感知与菲里斯被并购的感知，两者之间没有显著差异（MD＝－0.117，$p=0.378>0.05$）。这一结果说明在本研究中平等合并的情境设置并未使得被试产生过大歧义，因此，说明这一情境设置是合理的。

（二）变量描述统计结果分析

首先，对各变量间的关系进行描述统计分析，结果如表 8-1 所示。

表 8-1 研究各变量相关关系矩阵

	平均数	标准差	人数	1	2	3	4	5
1 潜在组织文化冲突感知	3.142	1.331	253	(0.862)				
2 原组织认同	4.691	1.024	253	0.160*	(0.874)			
3 新组织认同	3.463	1.072	253	−0.254**	−0.128*	(0.891)		
4 工作投入	4.280	1.008	253	−0.270**	0.095	0.408**	(0.901)	
5 合作意向	4.313	1.555	253	−0.126*	0.044	−0.325**	0.376**	(0.843)

注：* 表示 $p<0.05$，** 表示 $p<0.01$。

从表 8-1 的统计结果可知，各因变量的测量工具的信度均较高，并且，除了原组织认同与工作投入及合作意向之间不存在显著相关外，其余各变量间两两相关都非常显著。鉴于此，本研究还对各变量做了共同方法偏差检验，探索性因素分析结果显示，第一个因素的贡献率只有 31.8%，因此，可以认为几个测量间的共同方法偏差不严重。

依据研究假设，以潜在组织文化冲突感知、原组织认同、新组织认同为潜变量，工作投入与合作意向为显变量，建立假设模型 M1（见图 8-1）。采用 Amos22.0 对上述模型进行统计分析，结果显示模型 M1 的各项拟合指标都良好（$\chi^2=68.433$，df＝38，$\chi^2/df=1.801$，CFI＝0.978，IFI＝0.978，GFI＝0.951，RMSEA＝0.056），各路径系数如表 8-2 所示。

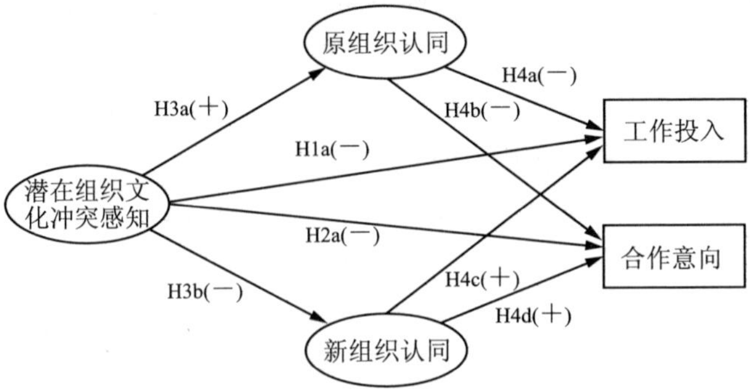

图 8-1　模型 M1 图

表 8-2　模型 M1 检验路径系数表

因变量		自变量	B	SE	β	p
原组织认同	←	潜在组织文化冲突感知	0.149	0.061	0.175	＜0.05
新组织认同	←	潜在组织文化冲突感知	－0.225	0.056	－0.285	＜0.01
工作投入	←	潜在组织文化冲突感知	－0.173	0.052	－0.217	＜0.01
工作投入	←	原组织认同	0.189	0.057	0.201	＜0.01
合作意向	←	原组织认同	0.169	0.094	0.117	0.072
合作意向	←	新组织认同	0.511	0.103	0.330	＜0.01
工作投入	←	新组织认同	0.381	0.064	0.378	＜0.01
合作意向	←	潜在组织文化冲突感知	－0.086	0.083	－0.070	0.301

从表 8-2 可以发现，除了原组织认同与潜在组织文化冲突感知对合作意向的直接预测作用不显著之外，其余的路径系数都显著，去除不显著的两条路径获得模型 M2(见图 8-2)，模型具体路径系数如表 8-3 所示，其各项拟合指标同样良好(χ^2＝72.253，df＝40，χ^2/df ＝1.806，CFI＝0.976，IFI＝0.976，GFI＝0.948，RMSEA＝0.057)。

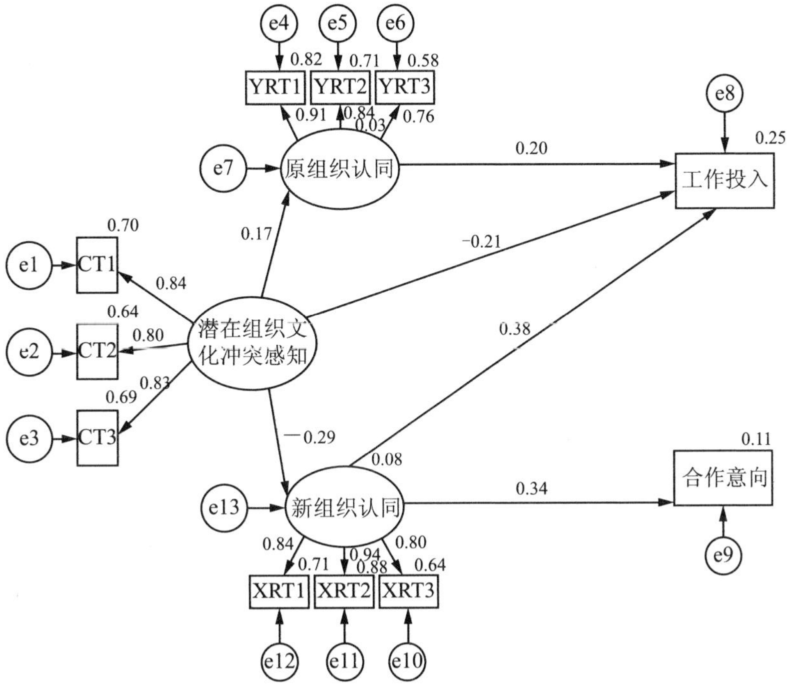

图 8-2　模型 M2 图

表 8-3　模型 M2 检验路径系数表

因变量		自变量	B	SE	β	p
原组织认同	←	潜在组织文化冲突感知	0.149	0.061	0.174	＜0.05
新组织认同	←	潜在组织文化冲突感知	−0.227	0.056	−0.286	＜0.01
工作投入	←	潜在组织文化冲突感知	−0.169	0.051	−0.212	＜0.01
合作意向	←	新组织认同	0.520	0.099	0.337	＜0.01
工作投入	←	原组织认同	0.182	0.057	0.195	＜0.01
工作投入	←	新组织认同	0.382	0.064	0.379	＜0.01

进一步采用 Bootstrap 方法对上述路径中的三条中介路径进行中介效应显著性检验，结果如表 8-4 所示。

表 8-4 中介效应检验结果

因变量	自变量	中介变量	直接效应(p)	间接效应(p)	上限	下限	完全/部分中介
合作意向	潜在组织文化冲突感知	新组织认同	—	0.001	−0.050	−0.198	完全中介
工作投入	潜在组织文化冲突感知	新组织认同	0.011	0.000	0.061	0.002	部分中介
工作投入	潜在组织文化冲突感知	原组织认同	0.001	0.024	−0.036	−0.156	部分中介

从上述路径分析及中介效应检验结果可以发现，潜在组织文化冲突感知能显著负向预测工作投入，这一结果验证了假设 H1a；潜在组织文化冲突感知对合作意向不存在直接的显著负向预测作用，这一结果并未验证假设 H2a；潜在组织文化冲突感知能显著正向预测原组织认同，这一结果验证了假设 H3a；潜在组织文化冲突感知能显著负向预测新组织认同，这一结果验证了假设 H3b；原组织认同对工作投入具有显著的正向预测作用，这一结果并未验证假设 H4a；原组织认同对合作意向不具有显著预测作用，这一结果并未验证假设 H4b；新组织认同对工作投入具有显著的正向预测作用，这一结果验证假设 H4c；新组织认同对合作意向具有显著的正向预测作用，这一结果验证假设 H4d；原组织认同在潜在组织文化冲突感知与工作投入的关系中起部分中介作用，这一结果验证假设 H5a；新组织认同在潜在组织文化冲突感知与工作投入的关系中起部分中介作用，这一结果验证假设 H5c；原组织认同在潜在组织文化冲突感知与合作意向的关系中不起中介作用，这一结果并未验证假设 H5b；新组织认同在潜在组织文化冲突感知与合作意向的关系中起完全中介作用，这一结果验证假设 H5d。

(三)潜在组织文化冲突与认同方式对工作投入与合作意向的影响

由于本研究中同样不止一个因变量，因此同样需要进行 MANOVA 检验，采用 MANOVA 检验对潜在组织文化冲突与认同方式对工作投入与合作意向的影响进行分析。首先对全模型进行分析，结果显示潜在组织文化冲突的主效应显著($\lambda=0.942$，$F=7.597$，$p=0.001<0.01$，$\eta_p^2=0.058$)，认同方式的

主效应显著($\lambda=0.906$，$F=6.240$，$p=0.000<0.01$，$\eta_p^2=0.048$)，认同方式与潜在组织文化冲突交互作用显著($\lambda=0.962$，$F=2.421$，$p=0.048<0.05$，$\eta_p^2=0.019$)。这一结果显示，潜在组织文化冲突与认同方式对因变量影响显著，而且两者的交互作用影响显著。进一步对两个自变量对工作投入与合作意向的影响进行方差分析，结果如表 8-5 和表 8-6 所示。

表 8-5　各实验处理下工作投入与合作意向结果的描述统计

因变量	潜在组织文化冲突	认同方式	平均数	标准差	人数
工作投入	不冲突	维持认同	4.180	0.933	39
		双重认同	4.549	0.906	38
		共同认同	4.796	0.793	41
	冲突	维持认同	3.846	1.063	45
		双重认同	4.456	0.950	47
		共同认同	3.905	1.049	43
合作意向	不冲突	维持认同	3.891	1.137	39
		双重认同	4.921	2.990	38
		共同认同	4.829	0.910	41
	冲突	维持认同	3.708	1.046	45
		双重认同	4.769	0.953	47
		共同认同	3.799	0.937	43

表 8-6　认同方式与组织文化冲突对工作投入与合作意向影响的方差分析结果

自变量	因变量	平方和	自由度	均方	F	p	η_p^2
认同方式	工作投入	10.499	2	5.249	5.738	0.004**	0.044
	合作意向	45.833	2	22.917	10.487	0.000**	0.078
组织文化冲突	工作投入	12.149	1	12.149	13.280	0.000**	0.051
	合作意向	13.032	1	13.032	5.964	0.015*	0.024
认同方式 * 组织文化冲突	工作投入	7.021	2	3.510	3.837	0.023*	0.030
	合作意向	10.413	2	5.207	2.382	0.094	0.019

注：* 表示 $p<0.05$，** 表示 $p<0.01$。

由表 8-6 可知，认同方式对工作投入存在显著影响($F=5.738$，$p=0.004<$

0.01，$\eta_p^2=0.044$），并且在双重认同条件下的工作投入水平（M=4.503）显著高于维持认同条件下的工作投入水平（M=4.013）（MD=0.496，$p=0.001<0.01$）；共同认同条件下的工作投入水平（M=4.350）显著高于维持认同条件下的工作投入水平（M=4.013）（MD=0.338，$p=0.023<0.05$）；共同认同条件下的工作投入水平（M=4.350）与双重认同条件下的工作投入水平（M=4.503）不存在显著差异（MD=−0.158，$p=0.284>0.05$）。

认同方式对合作意向存在显著影响（F=10.487，$p=0.000<0.01$，$\eta_p^2=0.078$），并且在双重认同条件下的合作意向（M=4.845）显著高于维持认同条件下的合作意向（M=3.799）（MD=1.044，$p=0.001<0.01$）；共同认同条件下的合作意向（M=4.314）显著高于维持认同条件下的合作意向（M=3.799）（MD=0.509，$p=0.027<0.01$）；双重认同条件下的合作意向（M=4.845）与共同认同条件下的合作意向（M=4.314）不存在显著差异（MD=−0.536，$p=0.019<0.05$）。

潜在组织文化冲突对工作投入存在显著影响（F=13.280，$p=0.000<0.01$，$\eta_p^2=0.051$），并且潜在组织文化不冲突条件下的工作投入水平（M=4.508）显著高于冲突条件下的工作投入水平（M=4.069）；潜在组织文化冲突对合作意向存在显著影响（F=5.964，$p=0.015<0.05$，$\eta_p^2=0.024$），并且潜在组织文化不冲突条件下的合作意向（M=4.547）高于冲突条件下的合作意向（M=4.092）。另外，认同方式与潜在组织文化冲突对工作投入存在显著的交互影响（F=3.837，$p=0.023<0.05$，$\eta_p^2=0.030$），对合作意向的交互影响处于边缘显著（F=2.382，$p=0.094>0.05$，$\eta_p^2=0.019$）。具体如图 8-3 所示。

由于认同方式与潜在组织文化冲突对工作投入存在显著的交互影响，因此需进一步进行简单效应检验。结果显示，认同方式在潜在组织文化不冲突条件下存在显著差异（F=4.12，$p=0.017<0.05$）。对潜在组织文化不冲突条件下的不同认同方式下的工作投入进一步进行方差分析及事后检验发现，共同认同条件下的工作投入水平（M=4.796）显著高于维持认同条件下的工作投入水平（M=4.180）（MD=0.616，$p=0.002<0.01$），双重认同条件下的工作投入水平（M=4.550）与维持认同条件下的工作投入水平（M=4.180）的差异存在边缘显著（MD=0.369，$p=0.067>0.05$），共同认同条件下的工作投入水平（M=4.796）与双重认同条件下的工作投入水平（M=4.550）不存在显著

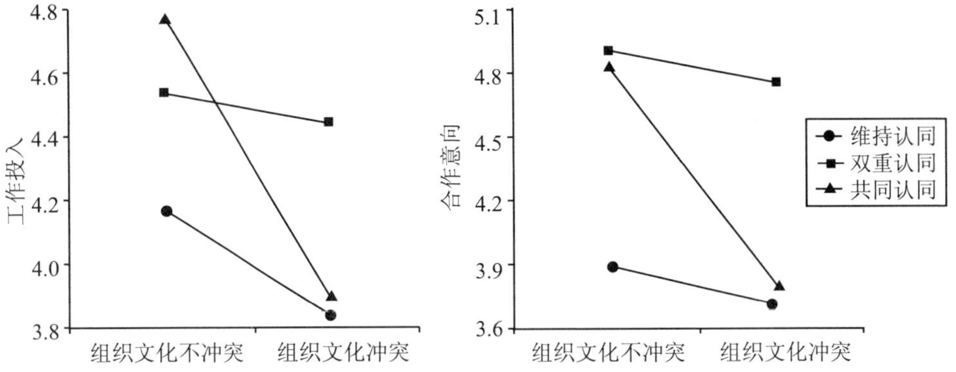

图 8-3　潜在组织文化冲突与认同方式对工作投入与合作意向的影响

差异(MD=0.246，p=0.215>0.05)。同时，在潜在组织文化冲突条件下也存在显著差异(F=5.19，p=0.006<0.05)，同样进一步进行方差分析及事后检验发现，双重认同条件下的工作投入水平(M=4.456)显著高于维持认同条件下的工作投入水平(M=3.846)(MD=0.609，p=0.005<0.01)，双重认同条件下的工作投入水平(M=4.456)显著高于共同认同条件下的工作投入水平(M=3.905)(MD=0.551，p=0.012<0.05)，共同认同条件下的工作投入水平(M=3.905)与维持认同条件下的工作投入水平(M=3.846)不存在显著差异(MD=0.058，p=0.790>0.05)。

虽然认同方式与潜在组织文化冲突对合作意向的交互影响未达到显著水平，但从图 8-3 可以发现，在潜在组织文化冲突的不同水平下，不同认同方式下的合作意向仍可能存在显著差异，因此，同样也进行简单效应检验。结果显示，认同方式在潜在组织文化不冲突条件下存在显著差异(F=5.71，p=0.004<0.01)，进一步进行方差分析及事后检验发现，双重认同条件下的合作意向(M=4.921)显著高于维持认同条件下的合作意向(M=3.891)(MD=1.030，p=0.019<0.05)，共同认同条件下的合作意向(M=4.829)显著高于维持认同条件下的合作意向(M=3.891)(MD=0.938，p=0.029<0.05)，双重认同条件下的合作意向(M=4.921)与共同认同条件下的合作意向(M=4.829)不存在显著差异(MD=0.092，p=0.829>0.05)；同时，认同方式在潜在组织文化冲突条件下存在显著差异(F=6.97，p=0.001<0.01)，进一步进行方差分析及事后检验发现，双重认同条件下的合作意向(M=4.769)显著

高于维持认同条件下的合作意向(M＝3.708)(MD＝1.062，p＝0.000＜0.01)，双重认同条件下的合作意向(M=4.7691)显著高于共同认同条件下的合作意向(M=3.799)(MD=0.971，p=0.000<0.01)，共同认同条件下的合作意向(M=3.799)与维持认同条件下的合作意向(M=3.708)不存在显著差异(MD=0.091，p=0.664>0.05)。

从上述结果可以发现，潜在组织文化冲突条件下的员工的工作投入与合作意向都显著低于不存在冲突条件下的员工的工作投入与合作意向，这一结果验证了研究假设 H1b 与研究假设 H2b；共同认同与双重认同条件下的工作投入与合作意向都显著高于维持认同条件下的工作投入与合作意向，不过双重认同条件下的工作投入与合作意向并没有显著高于共同认同条件下的合作意向，这一结果只部分验证了研究假设 H6a 与研究假设 H6b；潜在组织文化冲突条件下双重认同条件下的工作投入显著高于共同认同与维持认同条件下的工作投入，但维持认同条件下的工作投入并没有显著高于共同认同条件下的工作投入，这一结果只部分验证了研究假设 H7b；在组织文化不冲突的条件下共同认同条件下的工作投入显著高于维持认同条件下的工作投入，但并没有发现双重认同与共同认同、双重认同与维持认同条件下的工作投入存在任何显著差异，这一结果只部分验证了研究假设 H7a；潜在组织文化冲突条件下双重认同条件下的合作意向显著高于共同认同与维持认同条件下的合作意向，但维持认同条件下的合作意向并没有显著高于共同认同条件下的合作意向，这一结果只部分验证了研究假设 H7d；在潜在组织文化不冲突的条件下共同认同与双重认同条件下的合作意向显著高于维持认同条件下的合作意向，但并没有发现双重认同与共同认同条件下的合作意向存在任何显著差异，这一结果只部分验证了研究假设 H7c。

(四)假设检验结果总结

通过上述研究发现，在本研究中部分研究假设得到验证，部分未得到验证，还有部分假设得到了部分验证，具体情况如表 8-7 所示。

表 8-7　研究假设验证结果汇总

假设	主要内容	检验结果	验证情况
H1a	冲突→投入(一)	(一)	验证
H1b	冲突→投入(一)	(一)	验证
H2a	冲突→合作(一)	—	未验证
H2b	冲突→合作(一)	(一)	验证
H3a	冲突→原认同(＋)	(＋)	验证
H3b	冲突→新认同(一)	(一)	验证
H4a	原认同→投入(一)	(＋)	未验证
H4b	原认同→合作(一)	—	未验证
H4c	新认同→投入(＋)	(＋)	验证
H4d	新认同→合作(＋)	(＋)	验证
H5a	冲突→原认同→投入	部分中介	验证
H5b	冲突→原认同→合作	无中介	未验证
H5c	冲突→新认同→投入	部分中介	验证
H5d	冲突→新认同→合作	完全中介	验证
H6a	投入：双重＞共同＞维持	双重，共同＞维持	部分验证
H6b	合作：双重＞共同＞维持	双重，共同＞维持	部分验证
H7a	投入(不冲突)：双重＞共同＞维持	共同＞维持	部分验证
H7b	投入(冲突)：双重＞认同＞共同	双重＞共同，维持	部分验证
H7c	合作(不冲突)：双重＞共同＞维持	双重，共同＞维持	部分验证
H7d	合作(冲突)：双重＞维持＞共同	双重＞共同，维持	部分验证

第二节　关于组织文化冲突与组织认同的讨论

一、研究讨论

(一)组织文化冲突材料的有效性

首先，在研究一中，虽然采用了自编的潜在组织文化冲突启动材料进行实验启动，不过由于研究一实验目的的需求，还在实验启动中增加了Marmenout(2010，2011)研究范式，因此，为检验更纯粹的启动效应，在本研究中放弃该范式，单独采用了自编材料。结果如预期一样，启动效果非常显著，这进一步验证了组织文化冲突启动材料的有效性。而且，本研究结果同样显示，潜在组织文化冲突会消极地影响并购后员工的工作投入与合作意向，这一结果与研究一以及以往的研究结果是一致的。虽然在模型中并未显示出潜在组织文化冲突对合作意向的直接消极影响作用，但是，一元线性回归结果显示，潜在组织文化冲突确实能显著负向预测合作意向（$\beta=-0.126^{*}$）。

（二）员工对于组织的认同能提高工作投入和合作行为

本研究进一步探讨了潜在组织文化冲突感知以及并购前后的组织文化认同对工作投入以及合作意向的影响作用。在社会认同理论看来，个体将自身与组织关联在一起，这使得个体会将组织的目标当成自己的目标，从而为组织目标的实现而花费额外的时间与精力（van Knippenberg，2000），而这种精力往往涵盖了身体、认知以及情绪等方面；另外，Pratt（1998）认为对组织的认同能满足个体的归属需要这一人类基本需求，而依据自我决定理论，归属需要的满足会进一步推动员工的自主性动机的满足（Deci & Ryan，1985），进而促进员工的工作自主性（Wang & Zheng，2012），而自主性则是工作投入的重要成分（Meyer et al.，2010）。因此，员工对组织的认同往往能在很大程度上提高他们的工作投入水平。同样基于社会认同理论，对组织的认同会带来员工对所在组织内成员的积极态度，特别是对组织以及组织成员的信任，而这种信任往往是合作的基础（Polzer，2004），因此，对组织的认同同样能够有效地提高员工的合作水平。而且，在基于社会认同理论基础上发展起来的群体投入模型中，Tyler 和 Blader（2000，2003）将投入的状态与行为看成是员工合作的一个重要方面，而对组织的认同便是这两者形成的重要原因（Tyler & Blader，2000；2003）。因此，不管是工作投入还是合作行为，都与组织认同有着千丝万缕的联系。

（三）潜在组织文化冲突对员工的新旧组织认同具有显著的预测作用

本研究显示，潜在组织文化冲突对员工的原组织认同具有显著的正向预测作用。基于社会认同理论，当个体感知到两群体间存在巨大差异时，个体会提高对原组织的认同，从而维护自己以及所在群体的地位与自尊（Hogg，2006），因此，在本研究中，当个体感知到并购双方在组织文化上存在的潜在冲突程度越大时，他们对自己原有组织的认同水平也就越高。而恰恰与之相反，如果当员工感知到并购双方的组织文化存在很大差异时，那么对并购后组织产生认同就可能意味着员工需要认同那些本来与自己业已形成的组织身份与价值观相对立的内容，这显然会造成个体认知上的不协调(Burnes & James，1995)，因此，他们也就可能很难在心理上产生对新组织产生非常强烈的认同感；而且更为重要的是，并购双方存在的潜在冲突所导致的员工对原组织的认同同样是造成阻碍员工对并购后组织产生认同的重要因素(Giessner et al.，2012)，本研究也确实发现原组织认同与新组织认同两者存在非常显著的负相关(r=－0.128*)；鉴于这两方面的原因，最终导致了本研究的结果——潜在组织文化冲突对员工的新组织认同具有显著的负向预测作用。

员工在进入组织之后，需要经过一系列的组织社会化过程，将组织诸多方面内容内化为自身的内在价值，而对组织的认同是这一社会化过程的基本实现途径(Wiener，1982)，而且更为重要的是，不论是组织社会化过程还是组织认同过程，对组织文化的内化与认同都处于核心的地位。组织文化作为一个组织的精神所在，只有将其真正内化到员工身份认同当中去，才意味着员工在组织中的社会化是成功的。在并购中，不管并购双方的文化是相似的还是存在冲突，员工如果想更好地适应并购后的新组织，就必须接受这种文化相似或者差异，即需要认可这种相似或者差异，而这种认可的有效途径便是通过对组织认同，这种认同既包括对并购前的组织认同，也包括对并购后的组织的认同。对并购前的组织认同对于原组织文化来说具有重要意义，而对并购后的新组织的认同则对新组织形成或者即将形成的组织文化具有重要意义。因此，不管是对新组织的认同还是对原组织的认同，其在组织文化的内化过程中都具有重要意义。

(四)对新组织的认同能够显著地正向预测工作投入与合作意向

本研究还显示，对新组织的认同能够显著地正向预测工作投入与合作意向，这与本研究的假设是一致的，也与以往的研究结果一致。对并购后的组织产生认同是并购后员工是否能够在新组织中保持忠诚、继续努力工作的关键，因此，高水平的并购后的组织认同往往被认为是并购后整合成功的关键所在，它能为并购后的组织与员工带来更高的工作满意度、更多的组织公民行为、更多的积极情绪以及更高的绩效等(Giessner et al.，2011)。不过，本研究并没有发现对原组织的认同能显著地消极预测员工的工作投入，反而发现其影响效果是积极的。以往也有研究显示，对并购前原组织的认同能够显著地正向影响与工作投入极为密切的工作满意感(Van Dick et al.，2004)，而这很可能是由于员工将并购后的组织认同为原组织的一种延续所造成的。Van Knippenberg 和 Van Leeuwen(2001)认为，组织连续性的感知对并购中员工对并购后新组织的态度有着至关重要的影响，如果员工对并购后的组织的认同与并购前组织的认同之间具有很强的认同连续性，那么对并购前原组织的认同同样可能导致其积极影响并购后的员工的心理行为。原组织认同之所以积极影响并购后的工作投入可能就是由于认同连续性的存在。不过，在本研究中，这种连续性可能源自两种不同的原因：一种存在于非冲突组的被试，他们所体验到的认同连续性可能与 Van Knippenberg 等人相似，是由于并购前与并购后的组织文化的相似所造成的；而另一种存在于冲突组的被试，他们所体验的认同连续性则更可能是由于在文化冲突的情况下增强了对并购前的组织的认同，从而将这种增强的认同带入到了并购后的组织中，这同样会导致一种认同的连续性。另外，本研究同样没有发现原组织认同对合作意向具有显著的预测作用，这可能是由于原组织认同更多地涉及个体与原组织的关系，而合作意向则涉及的是并购后个体与新成员之间的关系，因此，最终导致两者的关联不显著。

(五)双重认同能保证工作投入、合作水平是最高的

本研究还着重探讨了不同认同方式以及认同方式与潜在组织文化冲突二者的交互作用，对员工的工作投入以及合作意向的影响。虽然认同方式对工作投入与合作意向的影响结果与本研究的假设并未完全一致，但是本研究发现，交互作用的效果还是明显的，因此，对其进行解释更有意义。本研究发现，不管是组织文化冲突还是不冲突，大部分情况下，双重认同条件下的工作投入水平与合作水平都是最高的，这一点与本研究的假设是非常一致的，这一结果与以往大多数研究结果是相符的，它体现了双重认同所具有的独特优势(González & Brown，2006；吴小勇等，2011)。首先，基于不确定—认同理论，在并购中员工通过对并购后的新组织产生认同能有利于他们降低由于并购所产生的不确定性。其次，双重认同模型认为，在提倡双重认同的情境下，组织首先强调了并购双方员工的共同认同，这是一种再分类化(recategorization)的过程。在这一过程中，并购双方员工通过对并购后新组织的共同认同，会使其感知到并购双方的共性与相似性，而这种相似性是导致不确定性降低的重要因素(Morry，2005)，而且，这种共同认同的干预实际上是增强了员工对并购后组织的认同，它同样有利于降低员工的并购不确定性，最终提高员工的工作投入与合作水平。另外，更为重要的是，双重认同在强调并购双方的认同相似性的同时，依旧提倡员工对原组织认同的维持，这是有利于降低并购双方员工的群际偏见的(Gleibs et al.，2010)，这一举措在文化冲突的背景下显得格外有效。单纯强调共同认同的条件下，员工对其原组织的认同是处于一种被忽略的状态，这一方面不利于个体满足与他人的区分性需求，更为重要的是，被忽略的认同往往意味着他们原本的组织文化及价值观不受到重视，这容易导致员工对其业已形成的组织身份重要性的怀疑(Dovidio et al.，2009)，而如果当并购双方的组织文化可能存在冲突时，这也就意味着组织所强调的共同认同中可能包含着与员工本身组织文化和组织身份所对立的价值观等元素，进而也就意味着他们需要放弃自身原有的组织文化，而接受这些与之相对立的组织文化，这将会导致员工的组织身份与认同受到严重的威胁，进而影响他们对并购后组织形成强有力的组织认同。而基于不确定—认同理论，认同过程的受阻也就意味着员工无法通过组织认同这一途径来实现其不确定性水平的降低，这也最终导致他们工作投入以及合作行为水平无法改善。双重认同强调对原组织的认同这一举措恰恰有效地避免了这一问题的发生，一方面它不会破坏员工对原组织的认同，这实际上是在一定程度上控制了并购过程中员工不确定水平的增强；另一方面如上所述，它不会阻碍员工对新组织形成认同，这同样有利于员工不确定水平的下降。如果并购双方的组织文化不存在冲突或者相似，那么对于员工而言，这种相似性意味着员工在新组织中不会产生如上所述严重的组织认同威胁，他们还很有可能感知到并购后的组织是对原组织的延续，而这种认同的连续性往往能够控制不确定性的产生，从而实现对并购后组织认同有效形成(Giessner，2011)。在双重认同下，不论是组织文化冲突还是不冲突，员工的工作投入与合作意向都维持在了较高的水平。而在单纯强调共同认同时，则出现了巨大的差异，这便是本研究结果中冲突与不冲突两种条件下，共同认同下的工作投入与合作意向会有如此显著的变化。不过本研究结果并没有显示在潜在文化存在冲突的条件下，共同认同条件下的工作投入与合作意向显著低于维持认同条件下的工作投入与合作意向，这可能是因为，本研究的文化冲突情境是一种潜在情境，个体并非经历业已发生的冲突情境，这就可能导致个体确实感受到冲突所带来的真正影响，进而降低了冲突情境的消极影响水平。而对于只强调维持认同而言，由于其缺乏对两个组织间关系或者认同间关系的积极干预，而且对原组织的认同本身是不利于并购后对新组织产生认同(Giessner et al.，2012)的，虽然员工在一定程度上控制了由于原组织认同遭到破坏而导致的不确定性水平的提升，但是这并不能降低他们在并购后面对新组织所产生的各种不确定性，因此，在这一状况下，工作投入与合作意向一直处于较低水平。另外，本研究还显示在不冲突的情况下，共同认同的积极效果有时候会大于双重认同的积极效果，这可能也是由于对原组织维持认同本身对并购后组织认同形成所具有的潜在消极影响而导致的。

(六)在并购中引导双方员工产生适合的方式达成一致是最重要的

本研究的大部分研究假设得到了验证。研究中我们发现，不管是对并购前组织的认同还是对并购后组织的认同都在并购中起着重要作用，最后都会影响合作与工作投入。在并购中员工会体验到并购双方在文化上不同程度的差异感，甚至冲突感，虽然这种差异或者冲突的感知会不利于员工的工作投入与合作，但是，本研究的结果告诉我们，通过提高员工的组织认同，不管是对并购前的组织认同，还是对并购后的新组织的认同，都是非常有利于改善员工的工作投入与合作意向的。另外，我们对不同认同方式的进一步研究还发现，虽然对原组织的认同能在一定程度上有利于员工工作投入，但相比双重认同和共同认同，其效果还是双重认同能带来并购后工作投入与合作意向的整体水平的大幅度提高。这一结果告诉我们，在并购中，引导并购双方的员工形成一种既保持对原组织认同，又有意识地提高他们对并购双方作为一个新整体的这种共同性的感知，是非常有益的。虽然单纯的共同内群体认同未能在组织文化冲突条件下显示出其积极的一面，但是在文化相似的情况下，其积极的一面有时候甚至超过了双重认同。这些结果都在提示我们，在并购中不管并购双方的组织文化是相似的，还是存在差异的，甚至是存在冲突的，如果能在并购实施中采用适当的方式，引导双方员工产生适合的认同方式，那么，它就能在很大程度上改善由于并购引发的不确定性所带来的并购消极后果。

二、研究结论

根据以上的多层次讨论，本研究得出如下结论：

第一，潜在组织文化冲突感知对工作投入与合作意向存在显著的负向预测作用。

第二，潜在组织文化冲突感知通过新组织认同与原组织认同的部分中介作用影响员工的工作投入，且潜在组织文化冲突感知通过新组织认同的完全中介作用影响员工的合作意向。

第三，潜在组织文化冲突感知对原组织认同存在显著的正向预测作用，而对新组织认同则存在显著的负向预测作用。

第四，原组织认同对工作投入存在显著的正向预测作用，新组织认同对工作投入与合作意向都存在显著的正向预测作用。

第五，潜在组织文化冲突对工作投入与合作意向的影响显著，且潜在组织文化不冲突条件下的工作投入水平与合作意向显著高于潜在组织文化冲突条件。

第六，双重认同能够缓和潜在组织文化冲突对工作投入与合作意向所产生的消极影响，而共同认同与维持认同不存在缓和效应。

第九章

潜在组织文化冲突与组织公正对工作投入的影响研究

第一节 潜在组织文化冲突与组织公正

一、问题的提出

从社会认同的视角来探讨不确定性，一方面是探索个体是如何通过对群体产生认同，从而实现不确定性水平降低的，更多地涉及个体对自我以及身份方面的不确定性；另一方面则是信息的不确定性，它侧重的是社会判断中个体所获得的信息少于所需的量的情况(Greifeneder et al.，2011)。对于信息的不确定性，Van den Bos 和 Lind(2002)认为，通过公正判断更有利于它的降低，鉴于此，他们基于不确定性管理理论对此进行了解释。在不确定的环境中，个体会寻求各种有关信息来降低自身的不确定感。然而，在很多情况下，与情境直接相关的信息并不充分，因此，个体无法直接通过这些信息来达到降低不确定性的目的。在这种情境下，依据公平启发理论(Van den Bos et al.，2001)，个体会通过寻求与公平有关的信息来形成公平判断，这种公平的判断有利于个体对所在情境与人的可信程度的判断，进而影响他们对所在情境的明确程度，最终导致其不确定性水平的降低(Van den Bos & Lind，2002)。也就是说，个体会通过对公正信息的获取与判断，来降低情境中信息等方面的不足而导致的不确定感。

组织文化为组织中的员工提供了一系列行为与问题解决的规则与准则，它以各种信息的方式存在于组织当中(Rajasekar，2014)，因此，明确清晰的组织文化所提供的各类组织信息，能够有效地降低员工在组织中的不确定感(Alisa & Senija，2010)。在并购中，并购双方的组织文化难免会经历一系列转变，而在这一过程中，组织文化的不确定性将会显现出来，不仅包括文化不确定性的广度，还包括文化不确定性的深度(Sarala，2010)，而这些都将通过各种信息的不确定性表现出来。因此，并购中的与文化有关的不确定性同样会影响员工的公正判断，并进一步影响并购中员工的心理与行为。鉴于此，本研究将试图探索在潜在组织文化冲突的并购背景下，个体如何通过对组织公正信息的判断进而影响其工作投入与合作意向。

二、研究目的和研究假设

(一)研究目的

本研究采用文本情境实验法，在检验潜在组织文化冲突对员工工作投入水平与合作意向的消极影响的基础上，进一步探讨在潜在组织文化冲突的并购背景下，公正判断与组织公正如何影响员工的工作投入与合作意向。

(二)研究假设

首先，与研究一相同，本研究提出假设 H1：潜在组织文化冲突会对员工的工作投入产生消极影响，即它会导致员工的工作投入水平下降。

H1a：潜在组织文化冲突感知对工作投入具有显著的负向预测作用。

H1b：潜在组织文化冲突条件下的工作投入水平显著低于无冲突条件下的工作投入水平。

假设 H2：潜在组织文化冲突会对员工的合作意向产生消极影响，即它会导致员工的合作意向水平的下降。

H2a：潜在组织文化冲突感知对合作意向具有显著的负向预测作用。

H2b：潜在组织文化冲突条件下的合作意向显著低于无冲突条件下的合作意向。

其次，关于组织公正对员工的工作投入的积极影响已在研究者间达成共识，有研究显示，公正感与工作投入的关系还受到很多中介变量的影响(李金波、许百华、陈建明，2006)，但两者间的直接效应仍然显著(孟凡蓉、吴建南，2014；黄桂，2010)。同样，组织公正对员工的合作行为也能起到积极预测的作用(魏光兴、覃燕红，2008；吕晓俊，2007)。对组织文化与组织公正之间关系的研究同样已有很多成果，其中组织文化之间的差异与冲突是造成员工不公正体验的重要原因(Leung & Stephan，1998；Huo et al.，1996)，虽然已有研究显示，组织公正在组织文化与结果变量间的关系上会起到中介作用(Baker et al.，2006)，但更多的研究显示，组织文化与组织公正间存在相互调节的影响(Schneider et al.，2013；王宇清、龙立荣、周浩，2012)，特别是在文化差异与跨文化背景下，这两者的相互调节关系就更为明显(Greenberg，2001；Gelfand et al.，2007)。Luo(2005)的研究发现，合作对象间的差异文化距离越大，则合作对象间的合作受组织公正感的影响就越大，这一结果显示了文化差异对组织公正与合作意向的调节作用。另外，虽然没有直接针对文化差异、组织公正以及工作投入这三者的关系的研究，但是，已有的跨文化研究结果显示，组织文化能在组织公正与工作满意度的关系中起到调节作用(Lam et al.，2002)，而工作满意度与工作投入有着非常紧密的关联(Mone & London，2009)，基于群体投入模型，工作投入是合作行为的一种重要表现形式(Tyler & Blader，2000；2003)，因此，我们可以认为，文化差异同样也会影响到组织公正与工作投入之间的关系。

虽然在大部分关于组织文化与组织公正之间关系的研究中，都将组织文化作为调节变量，但是，在信息不确定的状况下，个体通过对公正信息的判断来检验其所处的环境，并会进而影响其心理行为，因此在这一理论背景下，公正判断更多地体现了调节变量特性；另外，本研究的目的是为了探讨潜在组织文化冲突对工作投入与合作意向的消极影响，因此，潜在组织文化冲突更适合作为研究的自变量。鉴于上述分析与前两项研究的结果，我们认为，潜在组织文化冲突会通过员工的组织公正的调节作用而影响他们的工作投入与合作。

基于上述分析，特提出假设 H3：潜在组织文化冲突感知能显著负向预测员工的组织公正。

假设 H4：组织公正对员工的工作投入与合作意向具有显著的预测作用。

H4a：组织公正对员工的工作投入具有显著的正向预测作用。

H4b：组织公正对员工的合作意向具有显著的正向预测作用。

假设 H5：潜在组织文化冲突感知通过组织公正的调节作用影响员工的工

作投入与合作意向。

H5a：组织公正能缓和潜在组织文化冲突感知对工作投入的消极影响。

H5b：组织公正能缓和潜在组织文化冲突感知对合作意向的消极影响。

另外，在以往研究中，研究者大多采用两个水平的程序公正，即高公正(voice)与低公正(no-voice)(Ullrich et al.，2009)，而 Van den Bos(1999)认为，外显(explicit)的操纵与非外显(implicit)的操作会有不一样的效果，因此，他在其研究中同时采用了外显的公正操纵、外显的低公正操纵以及非外显的低公正操纵。在现有的研究中，并未发现在没有其他可替代性信息的不确定性条件下，外显的高公正、非外显的低公正操纵与外显的低公正操纵之间的不同效果，鉴于此，本研究试图对这三者的差异进行探讨。

基于不确定性管理理论，可获得的明确的公正与否的信息会有利于减少不确定性水平，进而影响员工的心理行为；当公正信息不明确时，则有可能进一步提高个体对情境的不确定性感知，从而进一步增强不确定性的消极作用。在并购背景下，虽然员工处于一种不确定状态，但是，在组织文化预览的情境中，员工仍然能从组织文化的信息中找到与公正有关的信息，从而实现公正判断。因此，对公正判断而言，文化预览是一种相对确定的情境。不过，这一状况只是针对并购双方的组织文化不存在冲突而言，若并购双方的组织文化存在冲突，对员工而言，其所获得的来自两方面的公正信息同样可能存在不一致与冲突。

鉴于此，本研究提出假设 H6：组织公正与潜在组织文化冲突对工作投入与合作意向的影响存在交互作用。

H6a：在不冲突条件下，外显高公正条件下的工作投入显著高于非外显低公正条件下的工作投入，且非外显低公正条件下的工作投入显著高于外显低公正条件下的工作投入。

H6b：在冲突条件下，外显高公正条件下的工作投入显著高于外显低公正条件下的工作投入，且外显低公正条件下的工作投入显著高于非外显低公正条件下的工作投入。

H6c：在不冲突条件下，外显高公正条件下的合作意向显著高于非外显低公正条件下的合作意向，且非外显低公正条件下的合作意向显著高于外显低公正条件下的合作意向。

H6d：在冲突条件下，外显高公正条件下的合作意向显著高于外显低公正条件下的合作意向，且外显低公正条件下的合作意向显著高于非外显低公正条件下的合作意向。

三、研究方法

(一)实验设计

本研究同样采用文本情境实验的方法。与前一研究相同，本研究同样采用在组织文化预览条件下的实验研究。本实验为 2×3 的完全随机实验设计，自变量共有两个：第一个为潜在组织文化冲突，分为两个水平，即潜在组织文化冲突与不冲突；第二个为组织公正，分为三个水平，即外显高公正、非外显低公正以及外显低公正。

(二)实验被试

本研究以来自浙江、北京以及新疆的五所高校在校大学生为样本，总共施测样本为 300 人，回收的样本为 282 份，有效的样本数为 271 份，有效回收率为 90.33%。其中，男性被试为 112 人，占总人数的 41.3%，女性初试为 159 人，占总人数的 58.7%。被试的最小年龄为 17 岁，最大年龄为 25 岁，平均年龄为 19.63 岁(SD=1.243)。

(三)实验程序

所有实验材料都通过问卷的形式发放给每个学生。上课开始前，由任课老师统一将问卷发放给学生，并宣读问卷指导语。在指导语中告诉被试，该研究是为了了解人们在扮演企业员工时所体验到的心理状态，为进一步进行针对企业员工调查提供依据；并且说明在该研究中，学生需要根据材料中所提供的情境将自己想象成材料中的员工，然后，根据自己在角色扮演中体验到的心理状态来回答相应的问题。每个学生只接受六种实验处理中的一种处理。

(四)实验材料

文本情境材料分为六个部分：(1)描述被试在所在公司(迪信公司)中的现状。(2)迪信公司的组织文化描述。(3)并购目的说明。(4)并购另一方公司(菲里斯公司)组织文化描述。(5)组织公正操纵。(6)标准结论。其中，除第五部分不同外，其余内容均与研究二相同。阅读完文本情境之后，要求被试对一些相关问题进行回答，并在相应的问题前对个别重要概念进行阐述与解析，主要包括企业文化、企业文化冲突。同时要求被试填写年龄、性别等基本信息。

(五)变量操纵与测量

1. 自变量操纵

(1)潜在组织文化冲突。该自变量分为两个水平，即潜在组织文化冲突与不冲突。在不冲突条件下，双方组织文化在两个维度的四个方面上的描述非常相似，都属于低权力距离高女性化；在冲突条件下，迪信公司属于低权力距离高女性化特征，而菲里斯公司属于高权力距离低女性化特征，它们在四个方面上是对立冲突的。

(2)组织公正。该自变量分为三个水平，即外显高公正、非外显低公正以及外显低公正。大量研究显示，发言权(voice/no-voice)是组织公正(程序公正)一种最有效的操纵方式(De Cremer & Tyler，2007)，因此，本研究也采用该方法进行组织公正的操纵。不过，在以往的发言权操纵中，研究者基本只区分两个水平，即有明显提示有发言权的处理(高发言权条件)和有明显提示没有发言权的处理(低发言权条件)，Van den Bos(1999)基于不确定性管理理论，认为有必要区分出第三种发言权条件，即没有明确指出是否有发言权的信息，但实际上是没有发言权，Van den Bos 将其定义为非外显低发言权(implicit no-voice)。鉴于在并购背景下也存在明显的不确定因素，因此，本研究同样引入 Van den Bos(1999)研究中的第三种发言权条件。所谓高发言权条件，即外显高公正，是指在新公司政策制定过程中，管理者会给员工发表与政策制定相关的意见；低发言权条件，即外显低公正，是指在新公司政策制定过程中，管理者明显表露不给员工发表与政策制定相关的意见；而非外显低公正则指的是在新公司政策制定过程中，管理者未明显表露不给员工发表与政策制定相关的意见。以下是外显低公正操纵举例。

在公司合并过程中，两家公司需要开会协商并购后新公司的整个薪酬体系以及福利制度等。为了更好地整合两家公司的薪酬特点，公司高层决定邀请员工代表参加讨论会。你作为原来迪信公司的部门经理，也被选为代表参加了该会议。在会议过程中，迪信公司和菲里斯公司的高层都表达了各自原来薪酬体系以及福利制度等的特点，不过，他们并没有请你对并购后公司的薪酬设置提出自己的建议。

2. 操纵检测

为检验自变量操纵是否成功，本研究采用了系列操纵检测项目对其进行检验。

(1)潜在组织文化冲突操纵检测。同样让被试回答“在迪信公司与菲里斯公司发生并购后，您认为它们之间发生企业文化冲突的可能性有多大”这一问题，然后，要求被试选择他们认为最接近的百分比，百分比总共分为11个等级，从0到100%，以10%为等级差异。

(2)组织公正操纵检测。改编自De Cremer和Blader(2006)在其研究中所使用的公正操纵检测方式，即让被试回答“在两家企业合并过程中，您觉得您在薪酬制定过程中的建议会在多大程度上被上级关注和采纳”这一问题，然后要求被试选择他们认为最接近的等级，其中1表示程度非常小，7表示程度非常大。

(3)并购方式操纵检测。同样直接让被试回答三个问题，即“在这次并购中，迪信公司是被菲里斯公司收购的”“在这次并购中，菲里斯公司是被迪信公司收购的”以及“在这次并购中，两家公司平等合并”，被试依据他们对阅读材料的理解，分别对这三个问题与材料的符合程度做6级等级评分，其中1表示完全不符合，6表示完全符合。

3. 因变量测量

(1)工作投入测量。同样采用Rich等人(2010)量表中的身体投入维度的6个项目进行测量，并进行相应地改编，以适应本研究的实验情境。身体投入的项目如“在新公司工作时，我会竭尽所能来完成自己的工作”“在新公司工作时，我会为自己的工作付出全部努力”。在本研究中，该6项目量表的α系数为0.909，采用6级等级评分，其中1表示非常不符合，6表示非常符合。

(2)合作意向测量。采用改编自Marmenout(2011)研究中的3项目测量，即“我会乐意帮助来自菲里斯公司的员工”“我乐意与来自菲里斯公司的员工分享我的工作知识与经验”“我期待与来自菲里斯公司的员工一起工作”。在本研究中，其α系数为0.629，采用6级等级评分，其中1表示非常不符合，6表示非常符合。

4. 其他变量测量

(1)组织文化冲突感知测量。改编自Chatterjee(1992)编制的组织文化差异量表中的三个项目，即“在管理者对其下属表示关心并提供支持这方面，迪信公司与菲里斯公司……”“在正式决策的制定时知晓所有员工这方面，迪信公司与菲里斯公司……”以及“在管理者为员工创造并维持良好的沟通与合作环境这方面，迪信公司与菲里斯公司……”在本研究中，其 α 系数为 0.877，采用 6 级等级评分，其中 1 表示完全不冲突，6 表示完全冲突。

(2)组织公正测量。改编自 Van Prooijen 等人(2006)采用的程序公正的三个项目的测量，相应修改表述，以适应该研究背景。具体项目为“总体上，您觉得新公司在制定政策的过程中公平吗”，采用 7 级等级评分，其中 1 表示非常不公平，7 表示非常公平；“总体上，您觉得公司制定政策的过程公正吗”，采用 7 级等级评分，其中 1 表示非常不公正，7 表示非常公正；“总体上，您觉得公司制定政策的过程恰当吗”，采用 7 级等级评分，其中 1 表示非常不恰当，7 表示非常恰当。在本研究中，其 α 系数为 0.884。

(3)并购公正测量。在并购中，作为组织公正的一种，员工同样会对并购这一过程是否公正产生公正感知。已有研究结果显示，对并购过程的公正感知会影响员工的并购中及并购后的心理行为(Gleibs et al.，2008；Kroon et al.，2009)，并且有研究显示了其可能在并购中所存在的调节效应(Lipponen et al.，2004)，因此，在本研究中同样将并购公正感作为一个辅助的组织公正变量进行考察，其测量改编自 Kroon 等人(2009)的三项目测量，即“这次并购决议对两家公司都没有利益损害”“总体而言，这次并购对您所在的迪信公司来说是公平的”以及“就目前状况，迪信与菲里斯两家公司在并购过程中应该是公平的”。采用 6 级等级评分，其中 1 表示完全不同意，6 表示完全同意。在本研究中，其 α 系数为 0.767。

四、研究结果与分析

(一)实验操纵检测

1. 潜在组织文化冲突操纵检测

首先，需要对实验中的自变量操纵的有效性进行检验。针对潜在组织文化冲突这一自变量的操纵检测，采用独立样本 t 检验考察在该自变量两个水平上被试在问题“在迪信公司与菲里斯公司发生并购后，您认为它们之间发生企业文化冲突的可能性有多大”上的回答的差异。结果显示，冲突组被试所感知到的冲突发生可能性(M＝7.407，SD＝1.728)显著高于不冲突组(M＝

4.562，SD=1.798)，t(265)=13.171，p=0.000<0.01，d=1.28。这一结果表明，相比不冲突组，冲突组的被试能够感受到更多的潜在冲突，这说明该自变量的操纵是有效的。

2. 组织公正操纵检测

采用单因素方差分析考察在该自变量三个水平上被试在问题“在两家企业合并过程中，您觉得您在薪酬制定过程中的建议会在多大程度上被上级关注和采纳”上的回答的差异。结果显示，这三组的回答存在显著差异，F=8.748，p=0.000<0.01，$\eta_p^2=0.062$。事后检验发现，外显高公正组的检测项目得分显著高于非外显低公正组(MD=0.506，p=0.014)与外显低公正组(MD=0.850，p=0.000)，且非外显低公正组的检测项目得分与外显低公正组不存在显著差异(MD=0.344，p=0.091)。这一结果表明，相比公正组，两个不公正组感受到更少的程序公正，这说明该自变量的操纵是有效的。

3. 并购方式操纵检测

同样，本研究还对有关并购方式的三个表述问题的操纵检测项目进行方差分析。结果显示，被试对这三种不同并购方式的感知是存在差异的，F=49.146，p=0.000<0.01，$\eta_p^2=0.108$，进一步的事后分析结果发现，被试对平等合并这一并购方式感知程度显著高于迪信公司被并购(MD=0.911，p=0.000<0.01)以及菲里斯被并购(MD=1.114，p=0.000<0.01)这两种并购方式的感知，而且对迪信公司被并购的感知与菲里斯被并购的感知，两者之间没有显著差异(MD=0.203，p=0.090>0.05)。这一结果说明在本研究中平等合并的情境设置并未使得被试产生过大歧义，因此，这一情境设置是合理的。

(二)变量描述统计结果分析

首先，对各变量间的关系进行描述统计分析，结果如表9-1所示。从统计结果可知，各因变量的测量工具的信度均较高，并且各变量间两两相关都非常显著。鉴于此，本研究还对各变量做了共同方法偏差检验，探索性因素分析结果显示，第一个因素贡献率仅37.1%，因此，可以认为几个测量间的共同方法偏差不严重。

表 9-1　研究各变量相关关系矩阵

	平均数	标准差	人数	1 潜在组织文化冲突感知	2 组织公正	3 并购公正	4 工作投入	5 合作意向
1	3.060	1.388	271	(0.877)				
2	4.384	1.142	271	−0.409**	(0.884)			
3	3.618	0.990	271	−0.214**	0.563**	(0.767)		
4	4.282	1.037	271	−0.378**	0.407**	0.349**	(0.909)	
5	4.385	1.116	271	−0.251**	0.302**	0.257**	0.416**	(0.629)

注：** 表示 $p<0.01$。

(三)潜在组织文化冲突感知对工作投入与合作意向的影响：公正的调节作用

1. 假设模型建构

依据研究假设，以潜在组织文化冲突感知、组织公正、并购公正、潜在组织文化冲突感知、组织公正以及潜在组织文化冲突感知的并购公正为潜变量，工作投入与合作意向为显变量，建立假设模型 M3 与 M4(见图 9-1、图 9-2)。

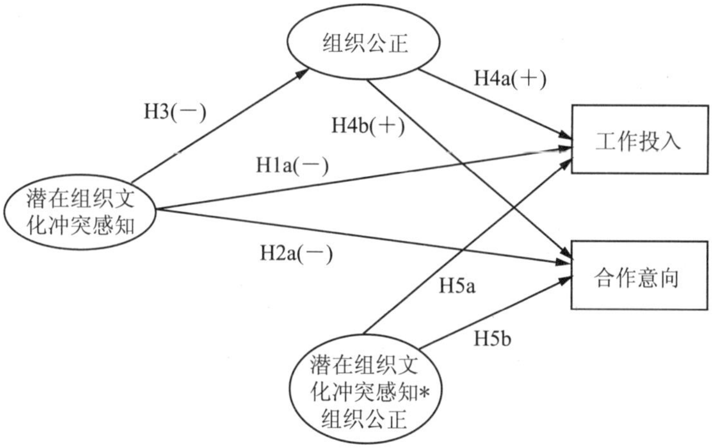

图 9-1　模型 M3 图

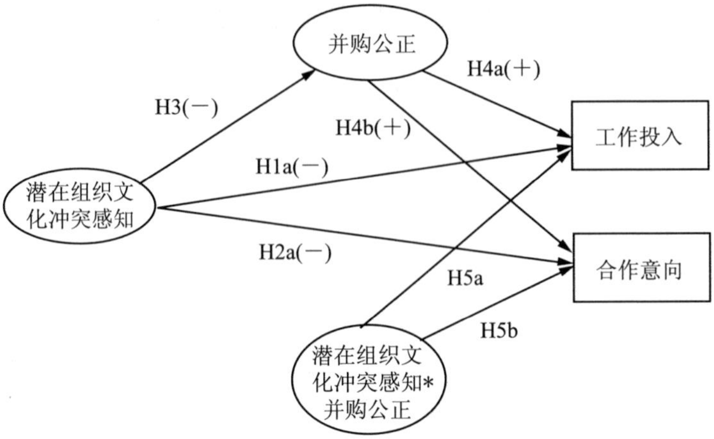

图 9-2　模型 M4 图

2. 假设模型 M3 检验

采用 Amos22.0 对上述模型进行统计分析。由于本研究中的自变量与调节变量均采用的是潜变量，根据潜变量调节变量的指标配对策略(温忠麟、吴艳，2010)，我们首先将自变量潜在组织文化冲突感知的三个测量指标以及调节变量组织公正的三个测量指标分别去中心化，之后依据各自三个指标的因子载荷高度进行高—高、中—中、低—低配对相乘，最后获得调节项潜在组织文化冲突感知、组织公正的测量指标，并进一步在此基础上对模型 M3 进行检验。

模型检验各项拟合指标如下：$\chi^2=54.449$，df=39，$\chi^2/df=1.396$，CFI=0.987，IFI=0.988，GFI=0.965，RMSEA=0.038。从这些拟合指标可以发现，该模型的拟合良好，模型各路径系数如表 9-2 所示。

表 9-2　模型 M3 检验路径系数表

因变量		自变量	B	SE	β	p
组织公正	←	潜在组织文化冲突感知	−0.371	0.055	−0.459	<0.01
合作意向	←	潜在组织文化冲突感知	−0.121	0.062	−0.139	0.051
工作投入	←	潜在组织文化冲突感知	−0.194	0.054	−0.239	<0.01
工作投入	←	组织公正	0.329	0.067	0.328	<0.01
合作意向	←	组织公正	0.284	0.077	0.262	<0.01

续表

因变量		自变量	B	SE	β	p
工作投入	←	潜在组织文化冲突感知＊组织公正	0.112	0.043	0.167	<0.01
合作意向	←	潜在组织文化冲突感知＊组织公正	0.132	0.049	0.182	<0.01

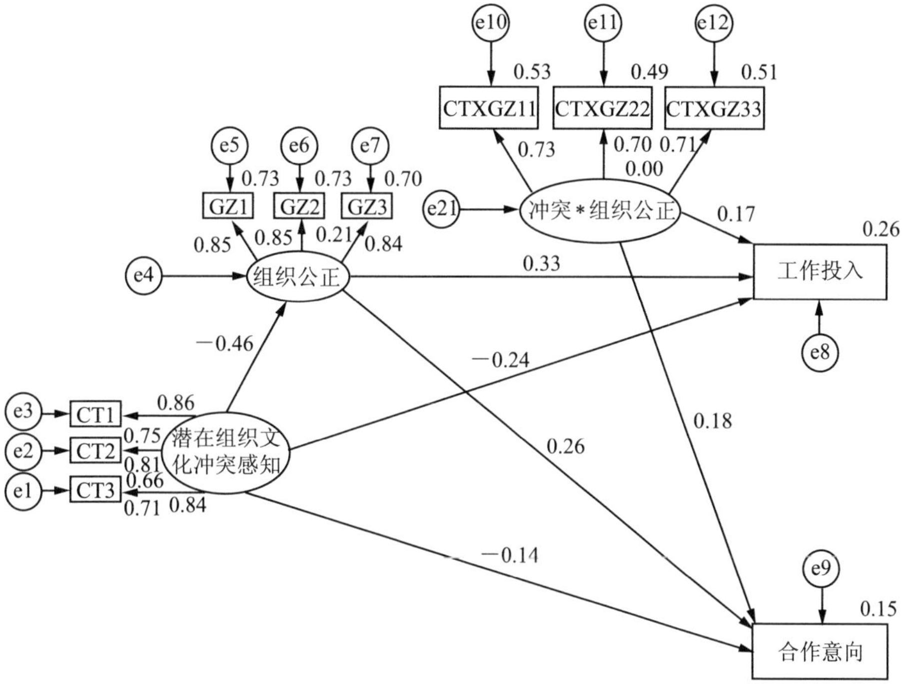

图 9-3　模型 M3 验证结果

从表 9-3 结果可以发现，组织公正对潜在组织文化冲突感知与工作投入、合作意向之间的关系具有显著的调节作用。为进一步清晰阐明调节作用的方向，本研究采用 Aiken 和 West(1991)所提出的简单斜率分析方法，用组织公正的平均数加一个标准差为组织公正的高分组，减一个标准差为组织公正的低分组，然后，以工作投入、合作意向为因变量，潜在组织文化冲突感知为自变量，组织公正的高分组与低分组分别为调节变量，检验组织公正高分组与低分组条件下，潜在组织文化冲突感知对工作投入与合作意向的影响，进而分析组织公正对潜在组织文化冲突与工作投入、合作意向之间的关系的调节作用。结果显示，在组织公正高的条件下，潜在组织文化冲突对工作投入有显著的负向预测作用(Simple slope＝－0.821，t＝－3.382，p＝0.001)，而在组织公正低的条件下，潜在组织文化冲突对工作投入同样具有显著的负向预测作用(Simple slope＝－0.581，t＝－3.926，p＝0.000)，但在组织公正低的条件下的预测作用要大于在组织公正高的条件下的预测作用；在组织公正高的条件下，潜在组织文化冲突对合作意向有显著的负向预测作用(Simple slope＝－0.812，t＝－3.142，p＝0.002)，而在组织公正低的条件下，潜在组织文化冲突对合作意向同样具有显著的负向预测作用(Simple slope＝－0.533，t＝－3.385，p＝0.001)，但在组织公正低的条件下的预测作用要大于在组织公正高的条件下的预测作用。这一结果表明，随着组织公正水平的提高，潜在组织文化冲突对工作投入与合作意向的消极影响逐渐减弱，即组织公正能缓和潜在组织文化对工作投入与合作意向的消极影响。简单斜率分析如图 9-4 所示。

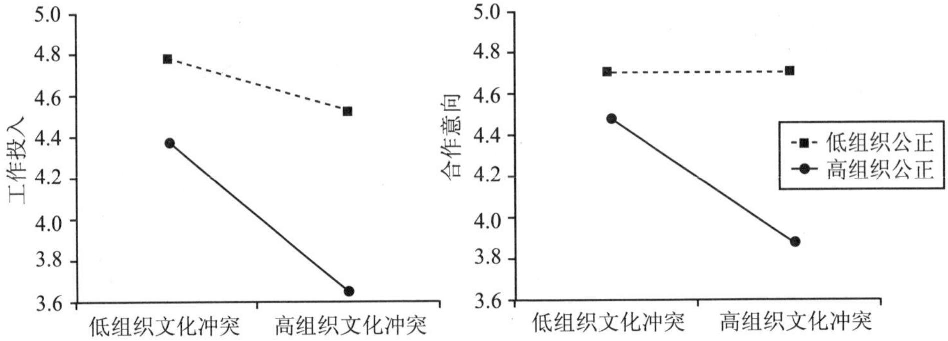

图 9-4　简单斜率分析图

3. 假设模型 M4 检验

同样依据上述潜变量调节效应方法，获得调节项潜在组织文化冲突感知并购公正的三个测量指标，并进一步在此基础上对模型 M4 进行检验。由模型 M4 的验证结果发现，各项拟合指标均良好，具体如下：χ^2＝78.514，df＝39，χ^2/df＝2.013，CFI＝0.954，IFI＝0.955，GFI＝0.950，RMSEA＝0.061。

模型各路径系数如表 9-3 所示。

表 9-3　假设模型 M4 检验路径系数表

因变量		自变量	B	SE	β	p
并购公正	←	潜在组织文化冲突感知	−0.205	0.047	−0.345	<0.01
合作意向	←	潜在组织文化冲突感知	−0.165	0.059	−0.188	<0.01
工作投入	←	潜在组织文化冲突感知	−0.236	0.052	−0.289	<0.01
工作投入	←	并购公正	0.448	0.103	0.325	<0.01
合作意向	←	并购公正	0.363	0.112	0.245	<0.01
工作投入	←	潜在组织文化冲突感知＊并购公正	0.095	0.074	0.216	0.202
合作意向	←	潜在组织文化冲突感知＊并购公正	0.143	0.086	0.212	0.098

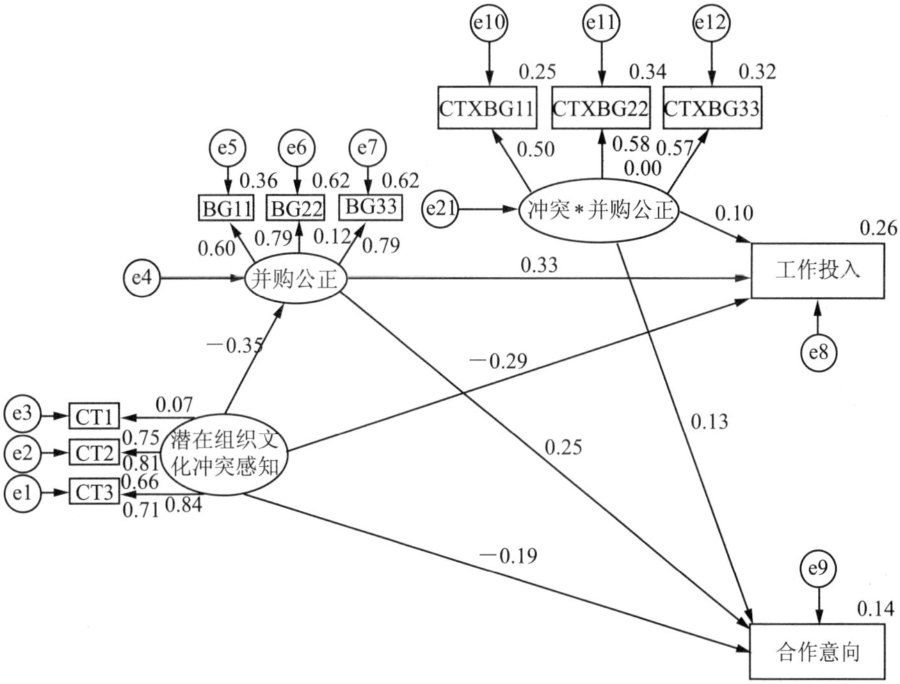

图 9-5　模型 M4 验证结果

从表 9-3 可以发现，并购公正对潜在组织文化冲突感知与工作投入、合作意向之间的关系的调节作用不显著。从上述潜变量调节模型的分析结果可以发现，潜在组织文化冲突感知能显著负向预测工作投入，这一结果验证了假设 H1a；潜在组织文化冲突感知能显著负向预测合作意向，这一结果验证了假设 H2a；潜在组织文化冲突感知能显著负向预测组织公正与并购公正，这一结果验证了假设 H3；组织公正与并购公正对工作投入具有显著的正向预测作用，这一结果验证了假设 H4a；组织公正与并购公正对合作意向具有显著的正向预测作用，这一结果验证了假设 H4b；组织公正在潜在组织文化冲突感知与工作投入的关系中起调节作用，这一结果验证了假设 H5a；组织公正在潜在组织文化冲突感知与合作意向的关系中起调节作用，这一结果验证了假设 H5b；不过，并购公正在潜在组织文化冲突感知与工作投入和合作意向之间的调节作用不显著。

4. 潜在组织文化冲突与组织公正对工作投入与合作意向的影响

已有的研究表明，并购过程中产生的公正感同样会影响并购的结果 (Kroon et al.，2009)，且上述潜变量模型结果也表明，并购公正确实会影响工作投入与合作意向，但并未在潜在组织文化冲突感知与工作投入和合作意向的关系中起调节作用，因此，可以将其视为一个协变量进行协方差分析。由于并购公正感的差异往往是由于并购地位不平等所导致的，而在本研究中所涉及的并购方式是一种平等的并购，因此，本研究认为，并购公正不会随着实验处理的不同而产生显著差异，这在一定程度上符合协变量的要求。另外，虽然本研究中未有明显的并购地位相关操纵，但由于并购后可能会存在薪酬调整、裁员以及岗位调整等一系列问题，会导致员工对整个并购过程是否有利于原来所在公司形成一些判断，并产生并购是否公正的感知，因此，需要将其进行考虑。

为进一步检验并购公正是否符合上述要求，本研究检验了并购公正与潜在组织文化冲突对工作投入、合作意向的交互影响以及并购公正与组织公正对工作投入、合作意向的交互影响。结果显示，并购公正与潜在组织文化冲突对工作投入的交互影响不显著，$F=0.019$，$p=0.889>0.05$，$\eta_p^2=0.000$；并购公正与组织公正对工作投入的交互影响不显著，$F=0.373$，$p=0.689>0.05$，$\eta_p^2=0.003$。并购公正与潜在组织文化冲突对合作意向的交互影响不显著，$F=0.001$，$p=0.970>0.05$，$\eta_p^2=0.000$；并购公正与组织公正对合作意向的交互影响不显著，$F=0.3352$，$p=0.684>0.05$，$\eta_p^2=0.003$。由此结果可知，在本研究中，并购公正可以作为一个协变量。

由于在本研究中同样不止一个因变量，因此同样需要 MANOVA 检验，采用 MANOVA 的协方差检验对潜在组织文化冲突与组织公正对工作投入与合作意向的影响进行分析。首先对全模型进行分析，结果显示，并购公正对工作投入的影响显著($\lambda=0.878$，$F=18.344$，$p=0.000<0.01$，$\eta_p^2=0.122$)；潜在组织文化冲突的主效应显著($\lambda=0.959$，$F=5.564$，$p=0.004<0.01$，$\eta_p^2=0.041$)，组织公正的主效应显著($\lambda=0.874$，$F=9.148$，$p=0.000<0.01$，$\eta_p^2=0.065$)，认同方式与潜在组织文化冲突的交互作用显著($\lambda=0.937$，$F=4.346$，$p=0.002<0.01$，$\eta_p^2=0.032$)。这一结果显示，潜在组织文化冲突与组织公正对因变量有显著影响，而且两者的交互作用影响显著。进一步对两个自变量对工作投入与合作意向的影响进行方差分析，结果如表 9-4 和表 9-5 所示。

表 9-4　各实验处理下工作投入与合作意向结果的描述统计

因变量	潜在组织文化冲突	组织公正	平均数(调整)	标准差	人数
工作投入	不冲突	非外显低公正	4.444(4.362)	0.936	47
		外显低公正	4.485(4.452)	0.893	45
		外显高公正	4.583(4.399)	0.906	47
	冲突	非外显低公正	3.792(3.815)	1.103	44
		外显低公正	3.928(4.069)	1.048	45
		外显高公正	4.436(4.590)	1.113	43
合作意向	不冲突	非外显低公正	4.377(4.310)	1.170	47
		外显低公正	4.112(4.085)	1.054	45
		外显高公正	4.610(4.460)	0.903	47
	冲突	非外显低公正	4.839(4.857)	1.032	44
		外显低公正	3.703(3.818)	0.957	45
		外显高公正	4.684(4.809)	1.206	43

表 9-5 组织公正与组织文化冲突对工作投入与合作意向影响的方差分析结果

自变量	因变量	平方和	自由度	均方	F	p	η_p^2
并购公正	工作投入	28.748	1	28.748	32.026	0.000**	0.108
	合作意向	19.211	1	19.211	18.287	0.000**	0.065
组织公正	工作投入	3.736	1	3.736	4.161	0.042*	0.016
	合作意向	2.714	1	2.714	2.584	0.109	0.010
组织文化冲突	工作投入	7.492	2	3.746	4.173	0.016*	0.031
	合作意向	25.769	2	12.884	12.265	0.000**	0.085
组织公正 * 组织文化冲突	工作投入	6.628	2	3.314	3.692	0.026*	0.027
	合作意向	8.123	2	4.061	3.866	0.022*	0.028

注：上述结果中，协变量并购公正的平均分数为 3.618；* 表示 $p<0.05$，** 表示 $p<0.01$。

由表 9-5 结果可知，并购公正对工作投入与合作意向的主效应显著（$F=32.026$，$p=0.000<0.01$，$\eta_p^2=0.108$；$F=18.287$，$p=0.000<0.01$，$\eta_p^2=0.065$）。组织公正对工作投入影响的主效应显著（$F=4.173$，$p=0.016<0.05$，$\eta_p^2=0.031$），并且外显高公正条件下的工作投入（$M=4.494$）显著高于非外显低公正条件下的工作投入（$M=4.088$）（$MD=0.406$，$p=0.004<0.01$）；外显高公正条件下的工作投入（$M=4.494$）与外显低公正条件下的工作投入（$M=4.261$）不存在显著差异（$MD=0.233$，$p=0.101>0.05$）；外显低公正条件下的工作投入（$M=4.261$）与非外显低公正条件下的工作投入（$M=4.088$）不存在显著差异（$MD=0.172$，$p=0.225>0.05$）。组织公正对合作意向影响的主效应不显著（$F=2.584$，$p=0.109>0.05$，$\eta_p^2=0.010$）。潜在组织文化冲突对工作投入存在显著影响（$F=4.173$，$p=0.016<0.05$，$\eta_p^2=0.031$），并且不冲突条件下的工作投入（$M=4.404$）显著高于冲突条件下的工作投入（$M=4.158$）；潜在组织文化冲突对合作意向存在显著影响（$F=12.265$，$p=0.000<0.01$，$\eta_p^2=0.085$），并且不冲突条件下的合作意向（$M=4.495$）高于冲突条件下的合作意向（$M=4.285$）。另外，组织公正与潜在组织文化冲突对工作投入存在显著的交互影响（$F=3.692$，$p=0.026<0.05$，$\eta_p^2=0.027$），对合作意向也存在显著的交互影响（$F=3.866$，$p=0.022<0.05$，$\eta_p^2=0.028$）。具体如图 9-6 所示。

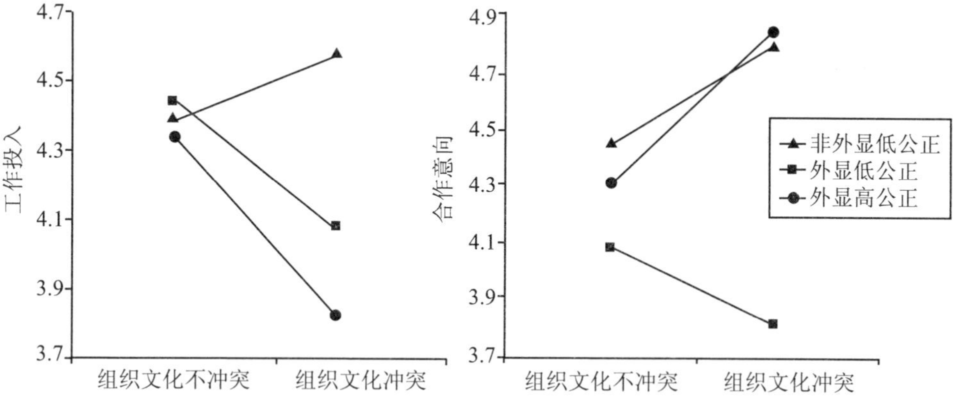

图 9-6 潜在组织文化冲突与组织公正对工作投入与合作意向的影响

由于组织公正与潜在组织文化冲突对工作投入存在显著的交互影响，因此需要进一步进行简单效应检验。结果显示，组织公正在潜在组织文化不冲突条件下不存在显著差异($F=0.110$，$p=0.896>0.05$)，而在冲突条件下存在显著差异($F=7.700$，$p=0.001<0.01$)，对冲突条件下的不同水平组织公正下的工作投入进一步进行方差分析及事后检验发现，外显高公正条件下的工作投入($M=4.482$)显著高于非外显低公正条件下的工作投入($M=3.712$)($MD=0.770$，$p=0.001<0.01$)以及外显低公正条件下的工作投入($M=3.962$)($MD=0.520$，$p=0.020<0.05$)，外显低公正条件下的工作投入($M=3.962$)与非外显低公正条件下的工作投入($M=3.712$)不存在显著差异($MD=0.250$，$p=0.263>0.05$)。另外，潜在组织文化冲突在非外显低公正条件下存在显著差异($F=7.020$，$p=0.009<0.01$)，且不冲突条件下的工作投入($M=4.444$)显著高于冲突条件下的工作投入($M=3.792$)；但潜在组织文化冲突在外显高公正条件不存在显著差异($F=0.650$，$p=0.419>0.05$)，在外显低公正条件下差异处于边缘显著($F=3.530$，$p=0.062>0.05$)。

同样，组织公正与潜在组织文化冲突对合作意向存在显著的交互影响，因此，也需进一步进行简单效应检验。结果显示，潜在组织文化冲突在非外显低公正条件下存在显著差异($F=5.870$，$p=0.016<0.05$)，且冲突条件下的合作意向($M=4.839$)显著高于不冲突条件下的合作意向($M=4.377$)；但潜在组织文化冲突在外显高公正条件下($F=2.390$，$p=0.124>0.05$)以及外显低公正条件下（F＝1.190，p＝0.276＞0.05）均不存在显著差异。另外，组织公正在不冲突条件下不存在显著差异（F＝1.600，p＝0.205＞0.05），而在冲突条件下存在显著差异（F＝14.500，p＝0.000＜0.01）。进一步事后检验发现，外显高公正条件下的合作意向（M＝4.721）显著高于外显低公正条件下的合作意向（M＝3.731）（MD＝0.991，p＝0.000＜0.01），非外显低公正条件下的合作意向（M＝4.773）显著高于外显低公正条件下的合作意向（M＝3.731）（MD＝1.042，p＝0.000＜0.01），而非外显低公正条件下的合作意向（M＝4.773）与外显高公正条件下的合作意向（M＝4.721）不存在显著差异（MD＝0.052，p＝0.818＞0.05）。

5. 实验操纵结果与潜变量模型结果对比检验

在潜变量模型分析中发现，随着组织公正水平的提高，潜在组织文化冲突感知对工作投入与合作意向的消极影响下降。这一结果也在实验操纵的结果中出现。然而，对潜变量调节模型的简单斜率分析发现，组织公正高分组情况下，潜在组织文化冲突对工作投入与合作意向的影响仍然为负向预测，而在实验操纵结果所显示的图中可以发现，外显高公正条件下潜在组织文化冲突对工作投入与合作意向的影响可能是正向的。因此，有必要对这两个不同效果进行进一步检验。

首先，以工作投入与合作意向为因变量，以潜在组织文化冲突感知与组织公正为自变量对外显高公正条件下、外显低公正条件下以及非外显低公正条件下的数据分别进行多元线性回归，结果如表 9-6 所示，在外显高公正条件下，潜在组织文化冲突感知对工作投入与合作意向的预测作用不显著；在非外显低公正条件下，潜在组织文化冲突感知对工作投入有显著的负向预测作用，而对合作意向的预测作用不显著；在外显低公正的条件下，潜在组织文化冲突感知对工作投入与合作意向均具有显著的负向预测作用；在低公正条件下（包括非外显低公正与外显低公正），潜在组织文化冲突感知对工作投入与合作意向均具有显著的负向预测作用。

表 9-6　潜在组织文化冲突、组织公正对工作投入、合作意向的影响的回归分析

公正条件	自变量	因变量	B(SE)	β	ΔR^2
外显高公正	潜在组织文化冲突	合作意向	0.027(0.102)	0.034	0.140**
	组织公正		0.362(0.118)	0.395**	
外显高公正	潜在组织文化冲突	工作投入	0.064(0.091)	0.085	0.246**
	组织公正		0.478(0.106)	0.546**	
非外显低公正	潜在组织文化冲突	合作意向	−0.140(0.089)	−0.168	0.039
	组织公正		0.081(0.117)	0.073	
非外显低公正	潜在组织文化冲突	工作投入	−0.337(0.070)	−0.425**	0.337**
	组织公正		0.334(0.092)	0.321**	
外显低公正	潜在组织文化冲突	合作意向	−0.238(0.077)	−0.340**	0.137**
	组织公正		0.059(0.102)	0.063	
外显低公正	潜在组织文化冲突	工作投入	−0.206(0.073)	−0.299**	0.188**
	组织公正		0.197(0.098)	0.214*	
低公正	潜在组织文化冲突	合作意向	−0.174(0.060)	−0.216**	0.098**
	组织公正		0.172(0.076)	0.170*	
低公正	潜在组织文化冲突	工作投入	−0.270(0.051)	−0.365**	0.236**
	组织公正		0.211(0.064)	0.227**	

注：* 表示 $p<0.05$，** 表示 $p<0.01$。

其次，对不同公正条件下的组织公正水平进行单因素方差分析，结果显示，不同公正条件下的组织公正水平存在显著的差异，$F=14.192$，$p=0.000<0.01$，$\eta_p^2=0.096$；且事后分析显示，外显高公正条件下的组织公正水平（M＝4.676）显著高于外显低公正条件下的组织公正水平（M＝3.886）（MD＝0.789，$p=0.000<0.01$），非外显低公正条件下的组织公正水平（M＝4.587）显著高于外显低公正条件下的组织公正水平（M＝3.886）（MD＝0.701，$p=0.000<0.01$），外显高公正条件下的组织公正水平（M＝4.676）与非外显低公正条件下的组织公正水平（M＝4.587）不存在显著差异（MD＝0.088，$p=0.586>0.05$）。

由上述两方面的分析结果，我们认为，由于随着组织公正水平的提高，潜在组织文化冲突感知对工作投入与合作意向的消极影响逐渐降低，而在外显高公正条件下，由于组织公正水平整体较高，且较为集中，所以，最终会导致潜在组织文化冲突感知对工作投入与合作意向的消极影响不显著，甚至可能随着公正水平的进一步提高，会显示出积极的影响作用，从而从总体上最终达到了缓和效果。因此，在高组织公正条件下，潜变量模型验证结果与实验操纵所得结果并不冲突。不过，在非外显低公正条件下，潜在组织文化冲突感知对工作投入与合作意向的影响出现了明显差异，这可能是由于非外显低公正所产生的情境对两者的影响方式不同，针对这一结果可能产生的原因，我们将在讨论中进一步阐述。

从上述结果可以发现，潜在组织文化冲突条件下的工作投入与合作意向都显著低于不冲突条件下的工作投入与合作意向，这一结果验证了研究假设H1b与研究假设H2b；组织公正在潜在组织文化不冲突条件下对工作投入的影响不存在显著差异，这一结果并未验证研究假设H6a；组织公正在潜在组织文化不冲突条件下对合作意向的影响不存在显著差异，这一结果并未验证研究假设H6c；组织公正在潜在组织文化冲突条件下对工作投入的影响存在显著差异，且外显高公正条件下的工作投入显著高于非外显低公正条件下的工作投入，外显高公正条件下的工作投入与外显低公正条件下的工作投入不存在显著差异，外显低公正条件下的工作投入与非外显低公正条件下的工作投入不存在显著差异，这一结果部分验证了研究假设H6b；组织公正在潜在组织文化冲突条件下对合作意向的影响存在显著差异，且外显高公正条件下的合作意向显著高于外显低公正条件下的合作意向，非外显低公正条件下的合作意向显著高于外显低公正条件下的合作意向，而非外显低公正条件下的合作意向与外显高公正条件下的合作意向不存在显著差异，这一结果部分验证了研究假设H6d。

6. 假设检验结果的总结

通过上述研究发现，在本研究中，部分研究假设得到验证，部分未得到验证，还有部分假设得到了部分验证，具体情况如表9-7所示。

表 9-7　研究假设验证结果汇总

假设	主要内容	检验结果	验证情况
H1a	冲突→投入(－)	(－)	验证
H1b	冲突→投入(－)	(－)	验证
H2a	冲突→合作(－)	(－)	验证
H2b	冲突→合作(－)	(－)	验证
H3	冲突→公正(－)	(－)	验证
H4a	公正→投入(＋)	(＋)	验证
H4b	公正→合作(＋)	(＋)	验证
H5a	公正调节(冲突→投入)	缓和	部分验证
H5b	公正调节(冲突→合作)	缓和	部分验证
H6a	投入(不冲突)：高＞非＞低	—	未验证
H6b	投入(冲突)：高＞低＞非	高＞非	部分验证
H6c	合作(不冲突)：高＞非＞低	—	未验证
H6d	合作(冲突)：高＞低＞非	高，非＞低	部分验证

注：高＝外显高公正，非＝非外显低公正，低＝外显低公正。

第二节　关于潜在组织文化冲突与组织公正的讨论

一、研究讨论

(一)潜在组织文化冲突会消极地影响并购后员工的工作投入与合作意向

首先，与前两项研究以及以往的研究结果相同，潜在组织文化冲突会消极地影响并购后员工的工作投入与合作意向。本研究在以往关于组织文化以及组织文化差异与组织公正对结果变量的影响的基础上，进一步探讨了潜在组织文化冲突感知以及组织公正对工作投入以及合作意向的影响作用。研究显示，组织公正与并购公正能够显著地负向预测员工的工作投入与合作意向，这一结果与研究的假设一致，也与以往的研究结果一致。Xue-lin 和 Jie(2011)的研究显示，组织公正的不同维度对工作投入有着不同影响效果，而且同一维度的组织公正对工作投入的不同维度的影响也存在差异，Ghosh 等人(2014)的研究结果也验证了这一点；并且还有研究显示，总体的公正体验也会对工作投入产生显著的正向预测作用(Alarcon & Lyons, 2011)。同样地，以往的研究也显示了组织公正对员工的合作行为的积极预测作用(魏光兴、覃燕红，2008；吕晓俊，2007)。

(二)组织公正对工作投入与合作意向具有正向预测作用

在本研究中，组织公正主要通过程序公正(voice)的操纵体现出来，因此，也就体现了程序公正对工作投入与合作意向的正向预测作用；虽然并购公正并不属于组织公正四维度中的任一维度，但其所体现出来的对整个并购过程的公正感知更类似总体公正感，因此，它同样也显示出对工作投入与合作意向的正向影响。

以往研究显示，组织公正对员工的心理幸福感、工作满意感有着积极的预测作用(Kausto et al., 2005)，Cropanzano 等人(2001)认为，这是因为组织不公正会从工具性、关系性以及道德性三方面动机上影响员工的幸福感与满意感。工作投入作为一种员工在工作中体验到的积极情绪以及幸福体验，同样也会受到组织公正的影响(Moliner et al., 2008)。从社会交换的视角来看，组织公正之所以会对工作投入产生影响，是因为员工与组织间由于对特定规则的长期遵守而发展起来的信任、忠诚以及相互承诺等关系，进而导致各自间的互利互惠行为(Karatepe, 2011)；具体而言，可能表现在组织中员工的工作往往会获得来自组织的各方面资源支持，而员工作为回报组织的一种方式就是积极的工作投入。也就是说，员工会选择不同水平工作投入来回报他从组织中获得的资源或者利益(Saks, 2006)。因此，员工对组织的公正判断往往能在很大程度上提高他们的工作投入水平。同样基于社会交换理论，对组织过程中产生的公正判断也能导致合作行为。这是因为公正的体验会使员工产生对组织的一种报答的责任，这种责任感将诱发员工对组织产生积极态度，并进而产生与组织或者组织中成员间的合作(Blader & Tyler, 2005)，而在此过程中，员工同样会产生对组织与他人的信任(Colquitt et al., 2013)，这种信任对于互惠合作行为至关重要，因为信任的产生有利于降低对互惠对象行为的不确定性感知(Colquitt et al., 2012)，而这一因素恰恰反映了不确定性管理理论的核心假设(Lind & Van den Bos, 2002；Van den Bos & Lind, 2002)，更为重要的是，信任是合作的基础(Polzer, 2004)。另外，在基于社会认同理论基础上发展起来的群体投入模型中，Tyler 和 Blader(2000, 2003)

将投入的状态与行为看成是员工合作的一个重要方面，而对组织的公正判断便是这两者形成的重要原因(Tyler & Blader，2000；2003)。因此，不管是基于社会交换理论，还是基于社会认同理论，组织公正与工作投入和合作行为都有着紧密的关联。

(三)潜在组织文化冲突对组织公正以及并购公正有显著的负向预测作用

与研究假设一致，本研究显示，潜在组织文化冲突感知对组织公正以及并购公正有着显著的负向预测作用。如前文分析中所述，组织文化本身包含了该组织对公正的态度，能够为员工提供关于公正的有关信息，特别是其权力距离维度所体现出来的对不公正的接受程度(Hofstede，1980)。因此，当并购双方的组织文化存在冲突时，就意味着并购双方在对不公正的接受程度上存在冲突，同时也意味着并购双方员工需要接纳与原本组织关于公正的截然相反的标准。在本研究中，员工(被试)所处的原有组织文化属于低权力距离，这也就意味着在该组织文化下，企业对不公正的容忍水平较低，因而可以在一定程度上认为其组织内部的整体公正水平较高。当员工意识到并购对方的文化属于高不公正容忍水平时，也就意味着他们会意识到将必须接受低公正的组织文化氛围，从而形成对并购后组织的一种不公正文化的判断，而依据公正启发理论，这种公正判断将反过来进一步影响员工对程序公正、分配公正以及互动公正的判断(龙立荣，2004)，这最终导致了本研究的结果，即潜在组织文化冲突感知水平越高，其组织公正水平也就越低。虽然本研究中未有明显的并购地位相关操纵，但由于并购后可能会存在薪酬调整、裁员以及岗位调整等一系列问题，会导致员工对整个并购过程是否有利于原来所在公司形成一些判断，并产生并购是否公正的感知，而同样依据公正启发理论，对并购后组织文化的不公正判断也可能影响对整个并购过程的低公正判断，最终也就导致潜在组织文化冲突感知对并购公正有着显著的负向预测作用。然而，需要明确的是，由于本研究并购情境的设置，这一结果只能适用于原组织文化属于低权力距离的员工，而不能将之推及高权力距离组织文化的员工身上。

(四)潜在组织文化冲突对工作投入与合作意向的影响受到组织公正的调节作用

本研究还显示，潜在组织文化冲突感知对工作投入与合作意向的影响会受到组织公正的调节作用，并且，这种调节效果是一种缓和效应，即组织公正能缓和潜在组织文化冲突对工作投入与合作意向的消极影响，这一结果验证了本研究的假设。虽然以往的研究中并没有针对它们之间的调节关系直接进行检验，但相关的研究验证了本研究的结果(Luo，2005；Lam et al.，2002)。在并购过程中，组织文化冲突会进一步提高并购所带来的不确定性，正如前两项研究的结果所示，这种不确定性的提高会进一步导致工作投入与合作意向降低，而如何降低或者消除并购过程所带来的不确定性，除了组织认同外，组织公正同样能起到重要的作用。依据不确定性管理理论，当组织中的个体身处不确定的环境时，同样会寻找相关信息来降低自身的不确定感，而当环境中缺乏直接与其有关的信息时，个体则会通过寻求有关公正的信息来形成对当前环境的公正判断，从而提高对环境的信任程度，最终降低其不确定性水平(Lind & Van den Bos，2002；Van den Bos & Lind，2002)。因此，如果环境中所提供的信息公正水平越高，那么个体对环境的信任程度就越高，进而其对环境的不确定性水平也就越低，最终有利于个体的工作投入与合作水平的提高；反之，如果环境中所显现出的信息是不公正的，那么个体的不确定性水平将会提高(Reb et al.，2006)，这最终也将会对工作投入与合作水平产生更为消极的影响；这一过程也就体现在组织公正在潜在组织文化冲突与工作投入、合作意向间关系的调节效应上。不过，本研究的结果并未显示出并购公正在其中的调节效应，这可能是因为研究材料中并未直接涉及与并购地位等有关的信息，因此导致个体无法获得充足的并购公正信息，从而也就无法体现出其调节价值。另外，我们认为，并购公正判断可能更多地源自程序公正的信息判断，这也就解释了其与组织公正之间的高相关且在对工作投入与合作意向的多元线性回归中，大部分的贡献率被组织公正所解释。

虽然本研究总体上验证了组织公正在潜在组织文化冲突与工作投入、合作意向的关系中的调节作用，但进一步深入探索则发现，虽然外显高公正与外显低公正水平下，潜在组织文化冲突感知对工作投入与合作意向的影响与假设的总体趋势一致，但是，在非外显低公正的条件下，潜在组织文化冲突对工作投入的影响则与对合作意向的影响出现了明显趋势上的差异。与这一研究假设一致，在潜在组织文化冲突条件下，非外显低公正下的工作投入降到了最低水平，且显著低于外显高公正水平下的工作投入，不过并未显示出显著低于外显低公正水平下的工作投入。导致这一结果的原因可能是，一方面外显的低公正信息所引起的不信任进而导致的不确定性水平的提高与非外显低公正所直接带来的不确定性水平的提升效果非常接近，从而导致两者之间未能有显著差异；另一方面则可能是题目作答的高分倾向(各组平均数都大于3.5)，导致两者之间的差异未能区分，这同样体现在外显高公正条件下的工作投入并未与外显低公正条件下的工作投入存在显著差异上。对于合作意向来说，其结果出现了明显的不同。虽然与研究假设一致，在潜在组织文化冲突条件下，外显高公正水平下的合作意向显著高于外显低公正水平下的合作意向，但是，非外显低公正条件下的合作意向却提高到了最高水平，甚至高于外显低公正水平，而这与工作投入所出现的结果完全相反。针对这一结果，我们认为，这和工作投入与合作的对象以及不同的公正信息敏感性有极其重要的关联。

(五)结果的公正与明确与否对非外显低公正的判断有着决定性的影响

对工作投入而言，其对象更多的是工作本身，不确定性对其的影响更主要地体现在与工作本身有关的不确定性上，如自身及工作价值的不确定性，而这种不确定性的降低更可能依赖于组织工作进行中本身所体现出来的公正，如程序公正、互动公正等，且正如Moliner等人(2008)所指出的，工作幸福感(投入)对这类公正信息更为敏感，因此，当员工处于不确定性状态时，首先会去寻求这类公正信息。由于在非外显低公正条件下，程序公正与否的信息同样不明确，而依据不确定性管理理论，个体会首先寻求与之最接近的公正信息，而已有的研究结果显示，结果的公正与明确与否对非外显低公正的判断有着决定性的影响(Van Prooijen et al.，2007；Van den Bos，1999)，然而，在本研究的实验情境中，同样未给出明确的结果信息与公正信息，因此，由不确定性导致的工作投入水平下降并未得到缓和，反而因为公正信息的不明确而进一步导致不确定性水平的提高。然而对合作意向来说，情况并非如此。并购中的合作更多地涉及并购双方员工间的合作，因此其对那些涉及并购双方之间是否公平的信息更为敏感，这也是导致在与并购有关的公正感研究中，公正测量的绝大多数是并购过程中的程序是否公正、并购双方分配是否公正等方面的信息(Luo，2009)。在非外显低公正条件下，由于缺乏明确的公正信息，因此，个体同样需要寻求与并购过程相联系的公正信息(Melkonian et al.，2011)。在本研究中，虽然并未直接说明属于平等并购，但是与之有关的信息都体现出了并购双方的公平地位，因此，基于公正启发原理，对于合作意向而言，其所体现出来的程序、分配等信息都是公正的，而这也解释了在该条件下合作意向提升到了最高水平是因为并购过程中的公正信息降低了并购带来的不确定性。但需要进一步指出的是，相对实验操纵中的程序公正信息而言，并购过程中所体现出来的公正与否的信息仍然属于间接性的公正信息，而基于公正启发理论所假设的公正的启发遵循着可得性与便捷性原理，那些突出的公正信息将首先被个体所用而出现明显的首因效应(Lind et al.，2001)，这也就解释了为什么在外显高公正条件下以及外显低公正条件下，个体依然强烈受到组织内部公正信息的影响而显示出与研究假设一致的趋势；不过，情况也可能是由于组织内部的公正信息被启发为了组织间的公正信息，从而导致个体体验到并购过程的公正性。

(六)在不冲突条件下，并购所带来的不确定性程度相对较低

另外，在本研究中，我们并未发现在不冲突的条件下三种不同公正下的工作投入与合作意向存在显著差异。导致这一结果的可能原因是：在不冲突条件下，并购所带来的不确定性程度相对较低，因此，个体对通过公正信息来判断所处情境的可信任程度的依赖程度也相对较低，这一结果也符合 Van den Bos(1999)所提出的观点，即在确定的情境中，个体对外界公正信息的依赖程度是最低的。同时，由于组织文化本身已经体现出了高公正倾向，而文化不冲突也就同样意味着并购另一方也属于高公正文化，因此，在这一总体公正水平较高的文化背景下，不管是工作投入还是合作意向，其水平都不低。

(七)组织公正在潜在组织文化冲突与工作投入、合作意向关系中存在调节作用

总体而言，基于不确定性管理理论，本研究的结果支持了组织公正在潜在组织文化冲突与工作投入、合作意向关系中的调节作用。具体而言，低公正会进一步增强潜在组织文化冲突对工作投入与合作意向的消极影响，而高公正恰恰能缓和这一消极结果。由于并购本身可能带来的不确定性水平的提升，因此，不管是组织运行过程中的各种公正信息，还是并购过程中的公正信息，抑或是并购前组织文化本身所体现出来的公正信息，都有可能被不确定性情境下的员工用于组织的公正判断以降低其不确定性水平。然而，由于不同心理行为对不同类型的公正信息需求以及敏感性具有很大的差异，因此，在采用组织公正进行不确定性管理时，应当针对具体心理行为采取相应敏感的公正信息，以达到事半功倍的效果。并且更需注意的是，为使公正信息的缓和作用达到效果，另一个关键的步骤便是明确将其表达与体现出来，否则将如本研究中非外显低公正条件下的情境，个体可能会寻求那些与计划完全相反的信息，以达到降低不确定性的目的，而这往往是事倍功半的。

二、研究结论

本研究根据以上分析和获得的结果，得出如下结论：

第一，潜在组织文化冲突感知对工作投入与合作意向存在显著的负向预测作用。

第二，潜在组织文化冲突感知对组织公正与并购公正存在显著的负向预测作用。

第三，组织公正与并购公正对工作投入与合作意向存在显著的正向预测作用。

第四，潜在组织文化冲突感知通过组织公正的调节作用影响员工的工作投入与合作意向。

第五，外显高公正能够缓和潜在组织文化冲突对工作投入与合作意向所产生的消极影响，非外显低公正能够缓和潜在组织文化冲突对合作意向所产生的消极影响，外显低公正不存在缓和效应。

第十章

群体文化冲突对群体投入机制的影响研究

第一节 群体合并中文化冲突实验材料的编制研究

一、研究背景和研究目的

(一)研究背景

在并购背景下，潜在组织文化冲突能通过员工的组织认同与组织公正进而影响到其工作投入以及合作意向水平。基于不确定—认同理论，并购过程中产生的不确定性可以通过员工对组织认同的增强而实现其降低的效果，进而减少由于不确定性所带来的消极影响。基于不确定性管理理论，并购过程中产生的不确定性同样可以通过增强组织与并购中的公正信息来降低不确定性，进而缓和不确定性所带来的消极影响。

大量研究都显示了组织公正的不同维度对组织认同的不同影响，而在这些研究中，最为一致的结果则是程序公正与人际公正对组织认同的正向预测作用(Cho & Treadway，2011；Cheung & Law，2008)。针对两者间的紧密联系，以 Tyler 和 Blader(2000，2003)为代表的研究者们开始从理论的视角深入阐述组织公正与组织公正间的影响机制，并进一步解释了两者对工作投入(合作)的影响，即群体投入模型。当同样存在信息的不确定性以及认同的不确定性时，个体可以通过与公正有关的信息判断来影响自己的认同判断，即前文所述的组织公正对组织认同的保护作用，而最终影响员工的工作投入与合作。因此，基于上述理论与实证结果的分析，我们认为，在并购中由于组织文化潜在冲突所引起的不确定性水平的提升，同样可以通过组织公正与组织认同的影响机制而进一步影响员工的工作投入与合作意向。

(二)研究目的

大量研究显示，个人的文化价值取向可以通过实验启动的方法暂时性地被改变(Oyserman & Lee，2007)，通过让被试回忆个人主义经历或者集体主义经历，便可以启动被试的个人主义价值取向或者集体主义价值取向；Kemmelmeier(2003)则采用文本情境启动的方法，让被试阅读一段与个人主义或集体主义有关的材料来达到启动他们不同价值取向的目的。这些研究都表明，在实验室研究中，可以通过启动技术来暂时性地引发个体特定的文化价值取向。如 Pornpitakpan(2003)在其研究中，直接通过文本情境描述了不同文化适应程度来启动被试的文化冲突感知。然而，极少有研究是通过分别描述两种文化来实现启动被试对两种文化的冲突感知的。因此，在本研究中，同样需要编制群体文化材料作为文化冲突启动的刺激，编制描述群体文化冲突与不冲突的启动材料，为正式研究提供研究材料。

二、研究假设

假设 1：在潜在冲突程度上，有冲突的群体文化描述的两个群体，其冲突程度显著高于相似群体文化描述的两个群体。

假设 2：在差异程度上，有冲突的群体文化描述的两个群体，其差异程度显著高于相似群体文化描述的两个群体。

假设 3：在相似程度上，有冲突的群体文化描述的两个群体，其相似程度显著低于相似群体文化描述的两个群体。

假设 4：在群体文化冲突发生可能性上，有冲突的群体文化描述的两个群体，其群体文化间发生冲突的可能性显著高于相似群体文化描述的两个群体。

假设 5：文化相似程度与文化差异程度、潜在冲突程度以及冲突发生可能性之间存在显著负相关；文化差异程度、潜在冲突程度以及冲突发生可能性三者之间存在显著正相关。

三、研究方法与研究程序

(一)研究对象

选取北京某高校 40 名在校研究生，剔除一名信息漏填的学生，最终剩余

39 人。其中男性 19 人，女性 20 人。最小年龄为 21 岁，最大年龄为 33 岁，平均年龄为 23.28 岁。

(二)研究材料与研究过程

根据 Hofstede 的文化维度理论，选取其中的两个维度进行材料编制。由于本研究为实验室研究，在实验中所涉及的内容与具体的企业文化关系不是非常密切，因此，研究一的文化刺激材料不能在本研究中使用，但为了与前面的文化内容保持相对一致，本研究同样采用了 Hofstede 的文化理论中的维度。Taras 等人(2010)对 30 年来基于 Hofstede 组织文化理论所进行的研究进行了元分析，其结果显示，在群体层面，个人主义—集体主义与权力距离两个维度对工作投入与合作意向的影响是最大的，因此，本研究将采用这两个维度进行群体文化刺激材料的编制。另外，为结合本研究中的具体实验任务，我们还在材料中增加了问题解决思维风格这一内容，即整体性思维风格与分析性思维风格。很多研究者认为，整体性认知风格与分析性认知风格是一个维度的对立两级(Gati et al.，2012；Beyler & Schmeck，1992)，是存在冲突的；而且，在 González 和 Brown(2006)的研究中，他们将整体性认知风格与分析性认知风格作为对立虚假分组的标签，并给予相应的特征反馈，因此，在本研究中，我们将该内容也纳入文化材料，并将所编材料作为“小组特点”反馈给被试。

基于前面三个研究的研究一的预研究结果，在与文化冲突有关的两个问题的回答上，只有对立性描述的文化内容才能与相似性描述的文化内容产生显著差异，而差异性描述的文化内容与相似性描述之间没有显著差异。因此，本研究只编制三份文化描述材料，配对形成文化冲突组与文化相似组。并且基于上述分析，这三份材料的异同主要体现在三个方面：(1)团队利益与个人利益哪个更重要。(2)问题解决自主性程度。(3)整体性问题解决风格还是分析性问题解决方式。

首先，编制一份属于低权力距离、高个人主义以及分析性问题解决方式的群体文化描述，然后再编制两份与之不同的群体文化描述。其中一份描述属于高权力距离、高集体主义以及整体性问题解决风格的群体文化，与第一份在三个方面都处于对立冲突状态；另一份与第一份在三个方面上的描述略有不同，但内容基本相似，两者之间的差异程度非常小。将第一份群体文化描述分别与其他两份群体文化材料配对，分别组成群体文化相似组和群体文化冲突组的文化描述材料，并形成问卷。

(三)研究变量

本研究采用单因素两水平的完全随机试验设计。自变量为群体文化相似性，分为两个水平，即群体文化相似与群体文化冲突。因变量测量则直接采用四个问题考察被试所感知到的实验材料中的群体文化相似程度、差异程度、潜在冲突程度以及冲突发生可能性。即：(1)"您认为群体A与群体B之间的群体特点相似程度有多大?"采用10点量表进行等级评分，1表示完全不相同，10表示完全相同，等级越高，表示相似的程度越大。(2)"您认为群体A与群体B之间的群体特点差异程度有多大?"采用10点量表进行等级评分，1表示完全没差异，10表示差异非常大，等级越高，表示差异的程度越大。(3)"您认为群体A与群体B之间的群体特点冲突程度有多大?"采用10点量表进行等级评分，1表示完全不冲突，10表示完全冲突，等级越高，表示冲突的程度越大。(4)"如果群体A与群体B进行合并，您认为发生群体特点冲突的可能性有多大?"采用10点量表进行等级评分，1表示完全不会发生，10表示肯定发生，等级越高，表示发生冲突的可能性越大。

四、研究结果与分析

相关分析结果显示，相似程度与差异程度、冲突程度以及冲突发生可能性之间都存在显著的负相关($r=-0.761^{**}$，$p=0.000$；$r=-0.634^{**}$，$p=0.000$；$r=-0.640^{**}$，$p=0.000$)，而差异程度与冲突程度之间存在显著的正相关($r=0.585^{**}$，$p=0.000$)，差异程度与冲突发生可能性之间存在显著的正相关($r=0.663^{**}$，$p=0.000$)，冲突发生可能性与冲突程度之间存在显著的正相关($r=0.723^{**}$，$p=0.000$)。这一结果验证了假设5。采用独立样本t检验对自变量对四个因变量的影响进行统计分析，结果如表10-1所示。

表10-1　群体文化相似性对群体文化相似程度感知的影响的差异检验分析结果

因变量	自变量分组	平均数	标准差	人数	自由度	t	p
相似程度	群体文化冲突组	3.842	1.608	19	37	-3.594^{**}	0.001
	群体文化相似组	6.100	2.245	20			

续表

因变量	自变量分组	平均数	标准差	人数	自由度	t	p
差异程度	群体文化冲突组	7.158	1.740	19	37	3.827**	0.000
	群体文化相似组	4.700	2.227	20			
冲突程度	群体文化冲突组	6.316	1.858	19	37	3.125**	0.003
	群体文化相似组	4.200	2.331	20			
冲突发生可能性	群体文化冲突组	7.053	1.985	19	37	4.348**	0.000
	群体文化相似组	4.050	2.305	20			

注：** 表示 $p<0.01$。

由表 10-1 可以发现，被试对不同群体文化相似性的群体文化感知间都存在显著差异；在文化相似程度上，冲突组的相似性感知程度显著低于相似组($t=-3.594$，$p=0.001$)，这一结果验证了假设 3；在文化差异程度上，冲突组的差异性感知程度显著高于相似组($t=3.827$，$p=0.000$)，这一结果验证了假设 2；在潜在文化冲突程度上，冲突组的冲突性感知程度显著高于相似组($t=3.125$，$p=0.003$)，这一结果验证了假设 1；在文化冲突发生可能性上，冲突组的冲突性感知程度显著高于相似组($t=4.348$，$p=0.000$)，这一结果验证了假设 4。

五、讨论与结论

上述分析显示，本研究所编制的不同的群体文化配对材料能够有效地区分群体文化间在文化相似程度、差异程度、潜在冲突程度以及发生冲突可能性上的差异。另外，结合本研究的预实验结果，我们认为，本研究所编制的群体文化配对材料能够有效地体现群体文化间的冲突性，因此，在后续研究中，可将之作为群体文化冲突的启动实验材料。

第二节　基于群体投入模型的机制研究

一、研究目的

基于群体投入模型的核心假设，本研究采用实验室实验法，以群体任务研究范式为企业并购研究的原型，探索在群体合并的过程中不同公正水平、认同方式以及群体文化冲突如何交互影响个体的任务投入与合作行为。

二、研究假设

首先，基于前面的三项研究的结果，本研究提出如下假设。

假设 H1：群体文化冲突条件下个体的任务投入水平显著低于不冲突条件下个体的任务投入水平。

假设 H2：群体文化冲突条件下个体的合作水平显著低于不冲突条件下个体的合作水平。

假设 H3：高程序公正条件下个体的任务投入水平显著高于低程序公正条件下个体的任务投入水平。

假设 H4：高程序公正条件下个体的合作水平显著高于低程序公正条件下个体的合作水平。

假设 H5：双重认同条件下个体的任务投入水平显著高于共同认同条件下个体的任务投入水平。

假设 H6：双重认同条件下个体的合作水平显著高于共同认同条件下个体的合作水平。

假设 H7：群体文化冲突与认同方式交互影响个体的任务投入与合作水平。

H7a：在不冲突条件下，双重认同条件下的任务投入水平与共同认同条件下的任务投入水平不存在显著差异。

H7b：在冲突条件下，双重认同条件下的任务投入水平显著高于共同认同条件下的任务投入水平。

H7c：在不冲突条件下，双重认同条件下的合作水平与共同认同条件下的合作水平不存在显著差异。

H7d：在冲突条件下，双重认同条件下的合作水平显著高于共同认同条件下的合作水平。

假设 H8：群体文化冲突与程序公正交互影响个体的任务投入与合作水平。

H8a：在不冲突条件下，高程序公正条件下的任务投入水平显著高于低程序公正条件下的任务投入水平。

H8b：在冲突条件下，高程序公正条件下的任务投入水平显著高于低程序公正条件下的任务投入水平。

H8c：在不冲突条件下，高程序公正条件下的合作水平显著高于低程序公正条件下的合作水平。

H8d：在冲突条件下，高程序公正条件下的合作水平显著高于低程序公正条件下的合作水平。

其次，在以往关于群体融合(并购)的实验研究中，公正与认同方式的关系研究基本上只集中在并购地位差异所引起的不公正感与认同方式之间的联系，而且在这些研究中也并未直接将公正感作为变量进行研究，而更多的是考察不同并购地位的个体对不同认同方式的偏好，且比较一致的研究结果表明，处于地位低的一方的群体成员更偏好双重认同，而地位高的一方更偏好共同认同，而这可能是因为并购中处于低地位的群体，感受到更多的并购所带来的不公正体验(González & Brown，2006；Dovidio et al.，2007)，由此可以推测，不同水平的公正条件下的群体，对不同认同方式的敏感程度是不一样的，Zomeren 等人(2008)的研究支持了这一观点。更直接的证据来自 Huo 等人(2005)的研究，他们发现，相对于单一分类组而言，双重分类组对公正水平更为敏感，且在高公正条件下双重分类组产生的积极反应显著高于共同分类组。虽然他们的研究是从群体多样性视角来进行考察，并未直接涉及群体融合与并购，但却为群体融合与并购的研究提供了实证基础。

鉴于此，本研究提出假设 H9：认同方式与程序公正交互影响个体的任务投入与合作水平。

H9a：在双重认同条件下，高程序公正条件下的任务投入水平显著高于低程序公正条件下的任务投入水平。

H9b：在共同认同条件下，高程序公正条件下的任务投入水平与低程序公正条件下的任务投入水平不存在显著差异。

H9c：在双重认同条件下，高程序公正条件下的合作水平显著高于低程序公正条件下的合作水平。

H9d：在共同认同条件下，高程序公正条件下的合作水平与低程序公正条件下的合作水平不存在显著差异。

最后，鉴于组织文化冲突、认同方式以及程序公正都对任务投入以及合作水平有显著影响，且两两之间都交互影响任务投入以及合作水平，因此，本研究进一步提出假设 H10：组织文化冲突、认同方式以及程序公正三者交互影响任务投入以及合作水平。

H10a：组织文化冲突、认同方式以及程序公正三者交互影响任务投入。

H10b：组织文化冲突、认同方式以及程序公正三者交互影响合作水平。

三、研究方法

(一)实验设计

本研究采用实验室情境模拟法来进行。由于受前面的研究一、研究二与研究三文本情境实验法本身的实验范式所限制，在本研究中，我们无法直接探讨个体的冲突感知，而只能以冲突发生可能性的方式来研究可能发生的潜在组织文化冲突，另外，文本情境实验同样无法直接测量个体的合作行为，只能以合作意向的形式来代替之。同时，工作投入对个体而言是一种心理状态感受，它更多地体现了一段时间内工作时的一种"心境"，而这种心境可能会随着不同的工作内容而有所差异，因此，在 Schaufeli 和 Salanova(2011)看来，完成某一任务时的投入状态对于了解特定任务执行的心理影响研究可能更具意义，因此，他们认为任务投入(task engagement)也非常重要。同时能解决这三个问题的方式便是直接测量在特定任务中的心理以及外显行为，因此，在本研究中将以实验室情境模拟法来代替文本情境实验。

本研究的实验范式主要整合了 Giessner 和 Mummendey(2008)研究中的实验步骤、González 和 Brown(2006)实验中的实验任务以及 Homan 等人(2007)与 Van Knippenberg 等人(2007)的关于虚假群体特征形成方法，同时还增加和改编了一些实验步骤与实验任务。

本实验为 2×2×2 的完全随机实验设计，自变量共有三个。第一个为群体文化冲突，分为两个水平，即群体文化不冲突与群体文化冲突；第二个为程序公正，分为两个水平，即高程序公正与低程序公正；第三个为认同方式，分为两个水平，即双重认同与共同认同。

(二)实验被试

本研究以在校大学生为被试，实验人数为 284 名，剔除题目漏答过多的被试 4 名，剔除所有测量满分作答的被试 6 名，最后获得有效实验被试 274 名，有效率为 96.5%。其中男性 126 人，占总人数的 46.0%，女性 148 人，占总人数的 54.0%。被试的最小年龄为 17 岁，最大年龄为 25 岁，平均年龄为 20.06 岁(SD=1.956)。

(三)变量操纵与测量

1. 自变量操纵

(1)群体文化冲突。采用预研究所编制的群体文化冲突启动材料。该自变量分为两个水平，即冲突与不冲突。群体文化冲突启动材料主要从个人主义—集体主义、权力距离以及整体性—分析性问题解决思维风格三方面来体现两个合并群体间的差异。具体表现在：团队利益与个人利益哪个更重要、问题解决自主性程度、整体性问题解决风格还是分析性问题解决风格。在群体文化不冲突的条件下，被试所在的红队与合并另一方(蓝队)都属于低权力距离(高自主性)、高个人主义(高个人利益取向)以及分析性问题解决方式的群体文化；在群体文化冲突条件下，被试所在的红队为低权力距离(高自主性)、高个人主义(高个人利益取向)以及分析性问题解决方式的群体文化，而合并另一方(蓝队)则属于高权力距离(低自主性)、高集体主义(高集体利益取向)以及整体性问题解决方式的群体文化。

(2)程序公正。除了大多数研究者所采用的"发言权"(voice)操纵以外，程序公正也可以通过评价标准的公正性程度来进行操纵。发言权操纵更多地体现了 Leventhal(1980)程序公正六大原则中的代表性原则(representativeness)，而评价标准的公正性体现的是六大原则中的精确性原则(accuracy)。在 Lin 等人(2009)的研究中，他们以全部信息与部分信息分别作为结果筛选标准来操纵个体的程序公正，在全部信息筛选标准下为高程序公正组，而在部分信息筛选标准下则为低程序公正组，且其他研究者也证明了该程序公正操纵的有效性(Bianchi & Brockner，2012)。因此，本研究将采用这种范式进行程序公正操纵。在高程序公正条件下，被试被告知每个小组的最后成绩为三人成绩的平均分；而在低程序公正条件下，被试被告知每个小组的最后成绩为三人的成绩中随机选择一人的成绩作为该组的最后成绩。

(3)认同方式。该自变量分为两个水平，即共同认同以及双重认同。参照 Giessner 和 Mummendey(2008)的群体表征实验操作方法，通过电脑屏幕呈现两者不同的认同方式表征，具体操作成分如表 10-2 所示。

表 10-2　实验操作关键成分

成分	电脑联网视觉条件	背景	组名称	队长
共同认同组	六台电脑图标重新相互连接，从而形成一个互联的网络，两组成员间隔安插，形成一个正六边形	电脑图标都变成蓝色，且整个联网背景也变成蓝色	大组名称改为蓝队	只有一个组长来自蓝队，命令由组长实施
双重认同组	六台电脑图标重新相互连接，从而形成一个互联的网络，两组成员分别安排在不同侧，形成一个正六边形	电脑图标维持原来颜色，即红队依然为红色，蓝队依然为蓝色，但整个联网背景变成蓝色	大组名称改为蓝队	仍保持两个组长，但命令由蓝队组长实施

为检验自变量的操纵是否成功，采用系列操纵检测项目进行检验：

(1)群体文化冲突操纵检测。让被试回答“您觉得您所在的红队与蓝队在问题解决风格上是否存在冲突”这一问题，然后要求被试选择他们认为最接近的等级，其中 1 表示完全不冲突，6 表示完全冲突，从 1 到 6 表示冲突程度越来越大。

(2)程序公正操纵检测。让被试回答“我觉得组长确定的计算小组任务成绩的方法是公平的”这一问题，要求被试选择他们认为最接近的等级，其中 1 表示完全不同意，6 表示完全同意，从 1 到 6 表示同意程度越来越大。

(3)认同方式操纵检测。对该自变量的操纵检测采用两个问题进行检验，即“在上面头脑风暴中，我觉得整个 6 人团队就是一个整体”“在上面头脑风暴中，我觉得整个 6 人团队就是由两个小团队组成的大群体”，要求被试分别针对两个问题选择他们认为最接近的等级，其中 1 表示完全不同意，6 表示完全同意，从 1 到 6 表示同意程度越来越大。

(4)并购方式操纵检测。与前三项研究的并购情境不同，本研究中的并购并非是两个小组的平等合并，而是红队被蓝队合并，但所有被试都属于红队成员，因此，同样需要对这一操作过程进行检测。该操纵检测是直接让被试回答两个问题，即“在头脑风暴中，红队是被蓝队合并的”“在头脑风暴中，蓝队是被红队合并的”，要求被试分别针对两个问题选择他们认为最接近的等级，其中 1 表示完全不同意，6 表示完全同意，从 1 到 6 表示同意程度越来越大。

2. 因变量测量

(1)任务投入测量。与前三项研究的情境不同，在前面的研究中是想象情境下的场景，因此身体投入上的想象更为容易；而在本研究中，工作投入涉及的是特定的头脑风暴实验任务，因此，它更多地会涉及认知方面的问题；另外，鉴于目前有关工作投入测量中情绪投入方面的测量更多地涉及的是对个体所从事的工作本身的自豪感等方面的情绪，因此，并不适合用于本研究测量。鉴于此，本研究拟采用认知投入来测量个体的任务投入水平。测量包括六个项目，其中三个来源于 Shirom(2005)的活力量表中的认知活力量表，另外三个来自 Rich 等人(2010)的认知投入分量表，同时将测量的内容进行修改，以适用于实验任务本身，认知活力的项目如“在实验任务中，我感觉自己思绪敏捷”，认知投入的项目如“在实验任务中，我被任务所吸引”。在本研究中，该 6 项目量表的 α 系数为 0.759，采用 6 级等级评分，其中 1 表示完全不同意，6 表示完全同意。

(2)合作意向测量。改编自 Morgeson 等人(2006)的合作意向量表，共四个项目，具体如“在实验任务中，我非常乐于与蓝队成员分享有关信息”。在本研究中，该 4 项目量表的 α 系数为 0.829。采用 6 级等级评分，其中 1 表示完全不同意，6 表示完全同意。

(3)合作行为测量。由于合作意向仍然无法测量外显的合作行为，因此，在本研究中增加了测量合作行为的研究范式，即公共品博弈实验。

(4)头脑风暴绩效测量。头脑风暴绩效分为两部分：一部分为风暴所获得条目数总和，另一部分则是字数总和。由于这两部分都不能从单方面说明个体在任务过程中的合作行为与工作投入，因此，在本研究中将之进行结合(乘积)，视为既是对实验任务的投入程度的体现，也是对与团队中其他成员合作的体现。

(四)实验程序与实验步骤

六名被试被分别安排在六个独立的行为实验室中。实验总共分为两个阶段。在实验第一阶段，首先通过计算机告诉他们六人划分为人数均等的两组，然后在计算机中进行相应的实验任务，该阶段操作是为保证形成初始小群体；

在实验的第二阶段，通过计算机提示他们两个小组将进行合并，在合并后将共同进行一些实验任务；最后，在两个实验任务都结束后，被试回答相应的问题，然后离开实验室。实验主要步骤如下：

第一步，被试来到实验室，然后各自进入单独的行为实验室，被试被告知总共有六人参与本实验，他们将进行群体合作实验。但实际上每个被试都是单独完成实验任务，实验中所形成的小组均为虚假小组。

第二步，通过计算机对被试进行虚假随机编号，被试实际上都为 5 号。

第三步，在计算机上进行虚假测验，结果作为分组标准。测验结束后，反馈给被试，根据他们的测验得分，将六人分为两组，即红队和蓝队，其中被试属于红队，并给予小组特征描述，红队小组特征被描述为高自主性、高个人利益取向以及分析性问题解决方式的群体文化，同时指出其组长及其领导风格。两队的视觉区分主要通过电脑屏幕中的符号颜色及其组合来实现。

第四步，进行实验任务一，告知被试红队与蓝队分别进行“沙漠求生任务”，两队结果将依据标准答案进行打分，将两队得分进行比较，获胜方有奖励。

第五步，进行红队群体认同测量。

第六步，群体文化冲突与认同方式操作。

告知被试两队进行合并共同完成后续实验任务，且是红队将被合并入蓝队。在共同认同条件下，由蓝队的组长担任新小组的组长；在双重认同条件下，由蓝队的组长担任新小组的组长，红队的组长担任新小组的副组长。此时，给被试呈现蓝队的小组特征描述以及队长领导风格。在群体文化不冲突条件下，蓝队与红队的特征相似，都属于高自主性、高个人利益取向以及分析性问题解决方式的群体文化。在群体文化冲突条件下，蓝队则属于低自主性、高集体利益取向以及整体性问题解决方式的群体文化。随后呈现合并后新群体的群体视觉表征图，具体如上述自变量操纵所述。

第七步，程序公正操作。被试被告知新大组队长将决定任务一的成绩计算方式，在高程序公正的条件下，成绩计算方式为三人平均结果；在低程序公正的条件下，成绩计算方式为三人中随机一人的成绩作为结果。

第八步，进行实验任务二：对牛仔裤用途进行头脑风暴。在共同认同组条件下，告知被试他将随机与原来蓝队的两名被试共同完成这项任务；在双重认同条件下，告知被试他将与原来红队的两名被试共同完成这项任务。并且他们的结果将与其他三名被试的共同任务结果进行整合，整合的结果将与先前做过实验的那些被试的结果的平均值做比较，如果高于平均值，将获得奖励，否则就没有奖励，并告知被试结果将在实验最后反馈。随后呈现合并后的大群体视觉表征图，具体如上述自变量操纵所述，且用相同颜色箭头连接，表示同一小组。被试在答题纸上填写头脑风暴结果。

第九步，实验操纵检测与相关变量测量。

第十步，进行公共品博弈实验。如果现在给你们 6 人每人 10 元人民币，然后，将其分成 100 份，即每份 1 角。你们可以随意将自己的 100 角中的任意份额(0～100 角)投入公共储蓄罐中，然后，你的投入数量将随机与大组中的另外两名成员的投入数量相加，并乘 2，最后的总数将再次平均分配给你们 3 人。你最终得到的钱的数量将是你手中剩余的钱加上 3 人投入总和数量的 2 倍再除以 3。因此，也就是说，共同投入的数量越多，最终你们每个人获得的将会越多，最多是 200 角；如果共同投入越少，最终你们每个人获得的将会越少，最少的情况是你投入了 100 角，但另外两人并没有投入，最终你将只获得 200/3 角。那么，在这种情况下，你愿意在公共储蓄罐中投入多少份额的钱(0～100 角任意数额)？

第十一步，保存被试结果，退出计算机实验。

四、研究结果与分析

(一)实验操纵检测

1. 群体文化冲突操纵检测

首先，需要对实验中自变量操纵的有效性进行检验。针对群体文化冲突这一自变量的操纵检测，采用独立样本 t 检验考察在该自变量两个水平上被试在问题“您觉得您所在的红队与蓝队在问题解决风格上是否存在冲突”上的回答的差异。结果显示，冲突组所感知到的冲突水平($M=4.759$，$SD=1.013$)显著高于不冲突组($M=2.414$，$SD=1.060$)，$t(272)=18.725$，$p=0.000<0.01$，$d=2.263$。这一结果表明，相比不冲突组，冲突组的被试能够感受到更多的文化冲突，这说明该自变量的操纵是有效的。

2. 程序公正操纵检测

同样采用独立样本 t 检验考察在该自变量两个水平上被试在问题“我觉得

组长确定的计算小组任务成绩的方法是公平的”上的回答的差异。结果显示，高程序公正组所感知到的公正水平（M＝4.703，SD＝1.070）显著高于低程序公正组（M＝2.279，SD＝1.191），t(272)＝17.727，p＝0.000＜0.01，d＝2.142。这一结果表明，相比高程序公正组，低程序公正组的被试能够感受到更高的不公正，这说明该自变量的操纵是有效的。

3. 认同方式操纵检测

以认同方式（两个水平）与检测项目（两个水平）分别为自变量，采用双因素方差分析检验其对“在上面头脑风暴中，我觉得整个 6 人团队就是一个整体”“在上面头脑风暴中，我觉得整个 6 人团队就是由两个小团队组成的大群体”这两个题目上的得分的影响。结果显示，认同方式的主效应显著，F＝4.868，p＝0.028＜0.05，η_p^2＝0.009，且共同认同条件下的得分显著高于双重认同条件下的得分。另外，认同方式与检测项目的交互作用显著，F＝168.031，p＝0.000＜0.01，η_p^2＝0.236，简单效应分析结果显示，检测项目在双重认同水平上存在显著差异，F＝81.660，p＝0.000＜0.01，且双重认同检测项目的得分（M＝4.365）显著高于共同认同检测项目的得分（M＝3.007）；检测项目在共同认同水平上存在显著差异，F＝85.210，p＝0.000＜0.01，且共同认同检测项目的得分（M＝4.613）显著高于双重认同检测项目的得分（M＝3.226）。共同认同条件下的总体得分高于双重认同条件下的总体得分可能是由于在本实验操纵中，所有组最后都进行了合并，因此，被试在整体上会更倾向于将合并后的组看一个整体，从而导致共同认同的得分偏高。不过，在每种实验条件下，接受相应处理的被试对该项目的反应得分都显著高于另一个项目的得分，这一结果说明，认同方式的操纵是有效的。

4. 合并方式操纵检测

同样，本研究还对有关合并方式的两个表述问题的操纵检测项目进行独立样本 t 检验。结果显示，被试在问题“在头脑风暴中，红队是被蓝队合并的”上的得分（M＝4.668，SD＝1.376）显著高于在问题“在头脑风暴中，蓝队是被红队合并的”上的得分（M＝2.427，SD＝1.459），t(546)＝18.497，p＝0.000＜0.01，d＝1.580。由于在本实验的设置中是红队被蓝队合并，这一结果说明本研究的情境设置是合理的。

(二)群体文化冲突、认同方式与程序公正对任务投入与合作意向的影响

首先对不同实验处理条件下因变量结果进行描述统计，结果如表 10-3 所示。

表 10-3 各实验处理条件下因变量的描述统计

因变量	自变量			平均数	标准差	人数
	文化冲突	程序公正	认同方式			
任务投入	不冲突	低公正	双重认同	4.160	0.449	34
			共同认同	4.971	0.858	33
		公正	双重认同	4.848	0.622	32
			共同认同	4.393	0.621	34
	冲突	低公正	双重认同	4.233	0.657	35
			共同认同	4.233	0.464	34
		公正	双重认同	4.967	0.847	36
			共同认同	4.240	0.722	36
合作意向	不冲突	低公正	双重认同	4.946	0.657	34
			共同认同	4.752	0.701	33
		公正	双重认同	4.689	0.635	32
			共同认同	5.060	0.625	34
	冲突	低公正	双重认同	4.707	0.860	35
			共同认同	4.168	0.702	34
		公正	双重认同	5.047	0.661	36
			共同认同	4.785	0.727	36
客观合作	不冲突	低公正	双重认同	69.500	21.037	34
			共同认同	67.788	27.562	33
		公正	双重认同	77.063	24.582	32
			共同认同	68.353	23.502	34
	冲突	低公正	双重认同	65.200	27.108	35
			共同认同	67.471	27.386	34
		公正	双重认同	74.889	21.346	36
			共同认同	77.167	19.981	36

续表

因变量	自变量			平均数	标准差	人数
	文化冲突	程序公正	认同方式			
客观投入	不冲突	低公正	双重认同	1.571	0.656	34
			共同认同	1.571	0.668	33
		公正	双重认同	1.759	0.597	32
			共同认同	1.509	0.586	34
	冲突	低公正	双重认同	1.620	0.596	35
			共同认同	1.324	0.682	34
		公正	双重认同	1.593	0.591	36
			共同认同	1.673	0.649	36

注："客观合作"指标为公共品博弈原始得分；"任务投入"指标为认知投入平均分；"合作意向"指标为合作意向平均分；"客观投入"指标为头脑风暴条目数的对数乘以风暴总字数的对数。

同样，由于在本研究中因变量不止一个，因此，需要进行 MANOVA 检验。首先对全模型进行分析，结果显示，群体文化冲突的主效应不显著($\lambda=0.973$，$F=1.805$，$p=0.128>0.05$，$\eta_p^2=0.027$)，认同方式的主效应不显著($\lambda=0.975$，$F=1.707$，$p=0.149>0.05$，$\eta_p^2=0.025$)，程序公正的主效应显著($\lambda=0.930$，$F=4.973$，$p=0.001<0.01$，$\eta_p^2=0.070$)；群体文化冲突与认同方式的交互作用显著($\lambda=0.945$，$F=3.812$，$p=0.005<0.01$，$\eta_p^2=0.055$)，群体文化冲突与程序公正的交互作用($\lambda=0.964$，$F=2.473$，$p=0.045<0.05$，$\eta_p^2=0.036$)，认同方式与程序公正的交互作用($\lambda=0.791$，$F=17.423$，$p=0.000<0.01$，$\eta_p^2=0.209$)，群体文化冲突、认同方式以及程序公正的三项交互作用处于边缘显著($\lambda=0.968$，$F=2.200$，$p=0.069>0.05$，$\eta_p^2=0.032$)。这一结果显示，群体文化冲突、认同方式以及程序公正三者对因变量都有显著影响。进一步对三个自变量对任务投入以及合作意向的影响进行方差分析，结果如表 10-4 所示。

表 10-4 群体文化冲突、认同方式与程序公正对任务投入影响的方差分析

变异来源	平方和	自由度	均方	F	p	η_p^2
群体文化冲突	2.092	1	2.092	4.634	0.032*	0.017
程序公正	3.092	1	3.092	6.849	0.009**	0.025
认同方式	0.590	1	0.590	1.307	0.254	0.005
群体文化冲突 * 程序公正	1.704	1	1.704	3.774	0.053	0.014
群体文化冲突 * 认同方式	5.002	1	5.002	11.080	0.001**	0.040
程序公正 * 认同方式	16.979	1	16.979	37.609	0.000**	0.124
群体文化冲突 * 认同方式 * 程序公正	1.249	1	1.249	2.767	0.097	0.010

注：* 表示 $p<0.05$，** 表示 $p<0.01$。

由表 10-4 可知，群体文化冲突对任务投入存在显著影响（$F=4.634$，$p=0.032<0.05$，$\eta_p^2=0.017$），并且群体文化不冲突条件下的任务投入水平（$M=4.593$）显著高于群体文化冲突条件下的任务投入水平（$M=4.418$）；程序公正对任务投入存在显著影响（$F=6.849$，$p=0.009<0.01$，$\eta_p^2=0.025$），并且高程序公正条件下的任务投入水平（$M=4.593$）显著高于低程序公正条件下的任务投入水平（$M=4.418$）；认同方式对任务投入的影响不显著（$F=1.307$，$p=0.254>0.05$，$\eta_p^2=0.005$）；群体文化冲突与程序公正对任务投入的交互影响达到边缘显著（$F=3.774$，$p=0.053>0.05$，$\eta_p^2=0.014$）；群体文化冲突与认同方式对任务投入存在显著的交互影响（$F=11.080$，$p=0.001<$

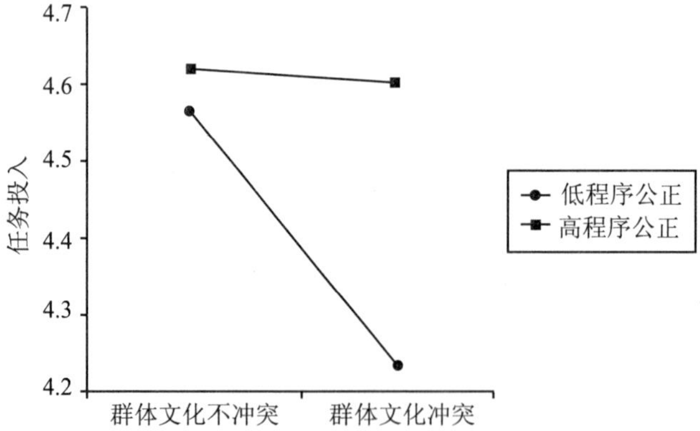

图 10-1 群体文化冲突与程序公正对任务投入的影响

0.01，η_p^2=0.040)；程序公正与认同方式对任务投入存在显著的交互影响(F=37.609，p=0.000<0.01，η_p^2=0.124)；群体文化冲突、程序公正与认同方式对任务投入的交互影响不显著(F=2.767，p=0.097>0.05，η_p^2=0.010)。

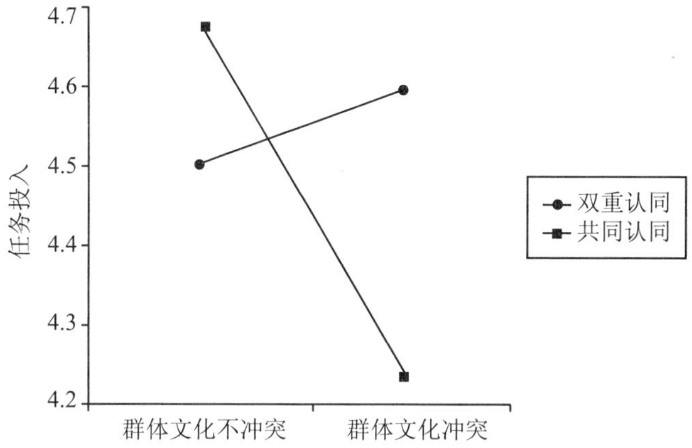

图 10-2　群体文化冲突与认同方式对任务投入的影响

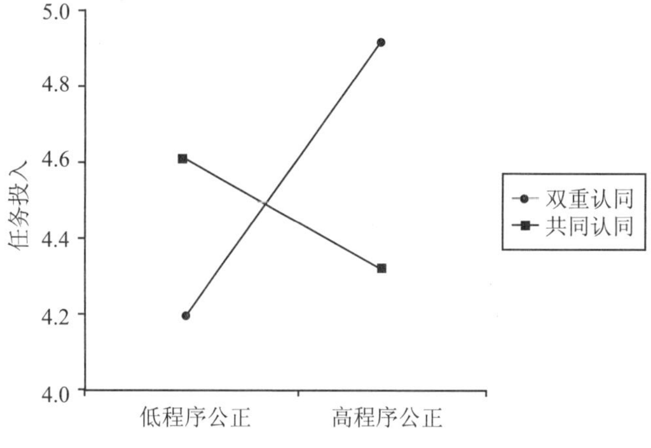

图 10-3　程序公正与认同方式对任务投入的影响

由于程序公正与群体文化冲突对任务投入的交互影响接近显著，因此，有必要对其进行简单效应检验。结果显示，在群体文化不冲突的条件下，高程序公正条件下的任务投入水平(M=4.621)与低程序公正条件下的任务投入水平(M=4.566)不存在显著差异(F=0.17，p=0.680>0.05)；在群体文化冲突条件下，高程序公正条件下的任务投入水平(M=4.603)显著高于低程序公正条件下的任务投入水平(M=4.233)(F=8.81，p=0.003<0.01)；在低程序公正条件下，群体文化不冲突条件下的任务投入水平(M=4.566)显著高于群体文化冲突条件下的任务投入水平(M=4.233)(F=6.81，p=0.010<0.05)；在高程序公正条件下，群体文化不冲突条件下的任务投入水平(M=4.621)与群体文化冲突条件下的任务投入水平(M=4.603)不存在显著差异(F=0.00，p=0.994>0.05)。

认同方式与群体文化冲突对任务投入的交互影响显著，进一步进行简单效应检验结果显示，在共同认同条件下，群体文化不冲突条件下的任务投入水平(M=4.682)显著高于群体文化冲突条件下的任务投入水平(M=4.237)(F=12.67，p=0.000<0.01)；在双重认同条件下，群体文化不冲突条件下的任务投入水平(M=4.504)与群体文化冲突条件下的任务投入水平(M=4.600)不存在显著差异(F=0.85，p=0.358>0.05)；在群体文化不冲突的条件下，双重认同条件下的任务投入水平(M=4.504)与共同认同条件下的任务投入水平(M=4.682)不存在显著差异(F=2.13，p=0.146>0.05)；在群体文化冲突条件下，双重认同条件下的任务投入水平(M=4.600)显著高于共同认同条件下任务投入水平(M=4.237)(F=8.89，p=0.003<0.01)。

认同方式与程序公正对任务投入的交互影响显著，进一步进行简单效应检验结果显示，在低程序公正条件下，共同认同条件下的任务投入水平(M=4.602)显著高于双重认同条件下的任务投入水平(M=4.197)(F=11.21，p=0.001<0.01)；在高程序公正条件下，双重认同条件下的任务投入水平(M=4.908)显著高于共同认同条件下任务投入水平(M=4.316)(F=24.74，p=0.000<0.01)；在共同认同条件下，低程序公正条件下的任务投入水平(M=4.602)显著高于高程序公正条件下任务投入水平(M=4.316)(F=5.75，p=0.017<0.05)；在双重认同条件下，高程序公正条件下的任务投入水平(M=4.908)显著高于低程序公正条件下任务投入水平(M=4.316)(F=8.81，p=0.003<0.01)。

表 10-5　群体文化冲突、认同方式与程序公正对任务投入影响的简单效应检验

自变量 1	自变量 2 水平	平方和	自由度	均方	F	p
程序公正	双重认同	17.410	1	17.410	36.130	0.000**
	共同认同	2.770	1	2.770	5.750	0.017*
认同方式	低程序公正	5.510	1	5.510	11.210	0.001**
	高程序公正	12.160	1	12.160	24.740	0.000**
群体文化冲突	双重认同	0.450	1	0.450	0.850	0.358
	共同认同	6.720	1	6.720	12.670	0.000**
认同方式	群体文化不冲突	1.140	1	1.140	2.130	0.146
	群体文化冲突	4.750	1	4.750	8.890	0.003**
群体文化冲突	低程序公正	3.700	1	3.700	6.810	0.010*
	高程序公正	0.000	1	0.000	0.000	0.994
程序公正	群体文化不冲突	0.090	1	0.090	0.170	0.680
	群体文化冲突	4.750	1	4.750	8.810	0.003**

注：* 表示 $p<0.05$，** 表示 $p<0.01$。

关于群体文化冲突、认同方式以及程序公正对合作意向的影响，获得的结果如表 10-6 所示。

表 10-6　群体文化冲突、认同方式与程序公正对合作意向影响的方差分析

变异来源	平方和	自由度	均方	F	p	η_p^2
群体文化冲突	2.339	1	2.339	4.764	0.030*	0.018
程序公正	4.356	1	4.356	8.870	0.003**	0.032
认同方式	1.669	1	1.669	3.399	0.066	0.013
群体文化冲突 * 程序公正	3.501	1	3.501	7.128	0.008**	0.026
群体文化冲突 * 认同方式	4.099	1	4.099	8.346	0.004**	0.030
程序公正 * 认同方式	3.033	1	3.033	6.176	0.014*	0.023
群体文化冲突 * 认同方式 * 程序公正	0.355	1	0.355	0.724	0.396	0.003

注：* 表示 $p<0.05$，** 表示 $p<0.01$。

由表 10-6 可知，群体文化冲突对合作意向存在显著影响（$F=4.764$，$p=0.030<0.05$，$\eta_p^2=0.018$），并且不冲突条件下的合作意向（$M=4.862$）显著高于冲突条件下的合作意向（$M=4.677$）；程序公正对合作意向存在显著影响

($F=8.870$，$p=0.003<0.01$，$\eta_p^2=0.032$)，并且高程序公正条件下的合作意向($M=4.895$)显著高于低程序公正条件下的合作意向($M=4.643$)；认同方式对合作意向影响处于边缘显著($F=3.399$，$p=0.066>0.05$，$\eta_p^2=0.013$)；群体文化冲突与程序公正对合作意向交互影响显著($F=7.128$，$p=0.008<0.01$，$\eta_p^2=0.026$)；群体文化冲突与认同方式对合作意向交互影响显著($F=8.346$，$p=0.004<0.01$，$\eta_p^2=0.030$)；程序公正与认同方式对合作意向交互影响显著($F=6.176$，$p=0.014<0.05$，$\eta_p^2=0.023$)；群体文化冲突、程序公正与认同方式对合作意向交互影响不显著($F=0.724$，$p=0.396>0.05$，$\eta_p^2=0.003$)。

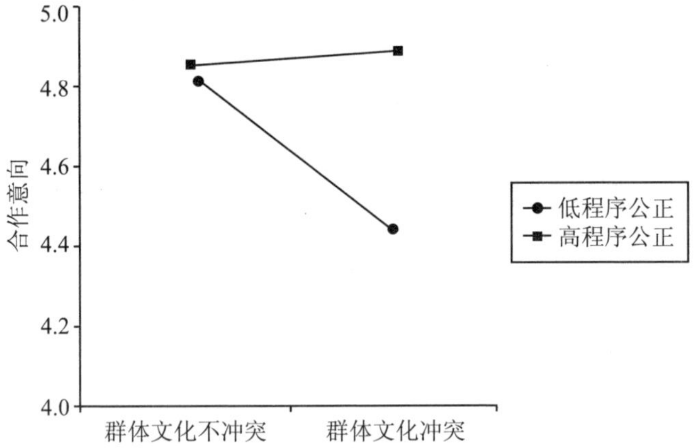

图 10-4　群体文化冲突与程序公正对合作意向的影响

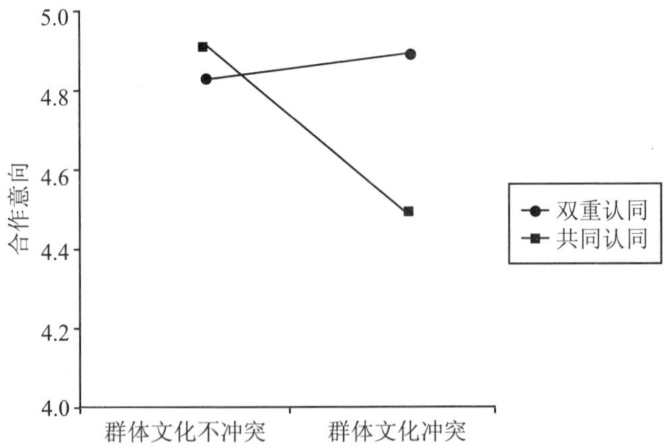

图 10-5　群体文化冲突与认同方式对合作意向的影响

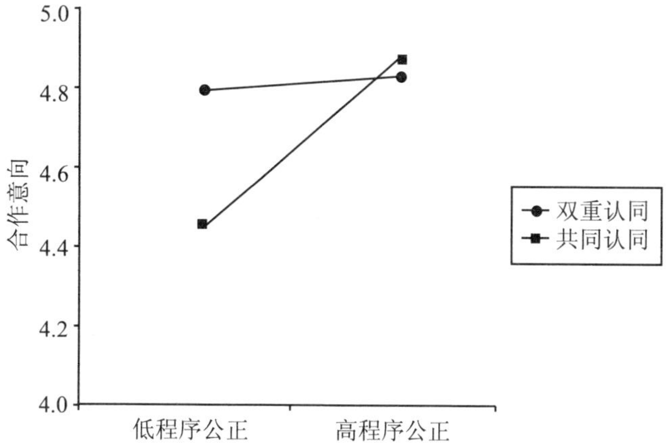

图 10-6 程序公正与认同方式对合作意向的影响

程序公正与群体文化冲突对合作意向的交互影响显著，进一步进行简单效应检验结果显示，在群体文化不冲突的条件下，高程序公正条件下的合作意向水平(M=4.875)与低程序公正条件下的合作意向水平(M=4.849)不存在显著差异(F=0.05，p=0.818>0.05)；在群体文化冲突的条件下，高程序公正条件下的合作意向水平(M=4.916)显著高于低程序公正条件下的合作意向水平(M=4.437)(F=14.89，p=0.000<0.01)；在低程序公正条件下，群体文化不冲突条件下的合作意向水平(M=4.849)显著高于群体文化冲突条件下的合作意向水平(M=4.437)(F=10.87，p=0.001<0.01)；在高程序公正条件下，群体文化不冲突条件下的合作意向水平(M=4.875)与群体文化冲突条件下的合作意向水平(M=4.916)不存在显著差异(F=0.14，p=0.708>0.05)。

认同方式与群体文化冲突对合作意向的交互影响显著，进一步进行简单效应检验结果显示，在共同认同条件下，群体文化不冲突条件下的合作意向水平(M=4.906)显著高于群体文化冲突条件下的合作意向水平(M=4.476)(F=11.76，p=0.001<0.01)；在双重认同条件下，群体文化不冲突条件下的合作意向水平(M=4.817)与群体文化冲突条件下的合作意向水平(M=4.877)不存在显著差异(F=0.26，p=0.608>0.05)；在群体文化不冲突的条件下，双重认同条件下的合作意向水平(M=4.817)与共同认同条件下的合作意向水平(M=4.906)不存在显著差异(F=0.49，p=0.485>0.05)；在群体文化冲突的条件下，双重认同条件下的合作意向水平(M=4.877)显著高于共同认同条件下合作意向水平(M=4.476)(F=10.24，p=0.002<0.01)。

结果表明，认同方式与程序公正对合作意向的交互影响显著，进一步进行简单效应检验结果还显示，在低程序公正条件下，双重认同条件下的合作意向水平(M=4.826)显著高于共同认同条件下的合作意向水平(M=4.460)(F=8.47，p=0.004<0.01)；在高程序公正条件下，双重认同条件下的合作意向水平(M=4.868)与共同认同条件下的合作意向水平(M=4.923)不存在显著差异(F=0.12，p=0.727>0.05)；在共同认同条件下，高程序公正条件下的合作意向水平(M=4.923)显著高于低程序公正条件下的合作意向水平(M=4.460)(F=13.75，p=0.000<0.01)；在双重认同条件下，高程序公正条件下的合作意向水平(M=4.868)与低程序公正条件下的合作意向水平(M=4.826)不存在显著差异(F=0.18，p=0.670>0.05)。

群体文化冲突、认同方式以及程序公正对客观合作的影响有如下结果。

表 10-7　群体文化冲突、认同方式与程序公正对合作意向影响的简单效应检验

自变量 1	自变量 2 水平	平方和	自由度	均方	F	p
程序公正	双重认同	0.100	1	0.100	0.18	0.670
	共同认同	7.240	1	7.240	13.570	0.000**
认同方式	低程序公正	4.540	1	4.540	8.470	0.004**
	高程序公正	0.070	1	0.070	0.120	0.727
群体文化冲突	双重认同	0.140	1	0.140	0.260	0.608
	共同认同	6.230	1	6.230	11.760	0.001**
认同方式	群体文化不冲突	0.260	1	0.260	0.490	0.485
	群体文化冲突	5.450	1	5.450	10.240	0.002**
群体文化冲突	低程序公正	5.780	1	5.780	10.870	0.001**
	高程序公正	0.070	1	0.070	0.140	0.708
程序公正	群体文化不冲突	0.030	1	0.030	0.050	0.818
	群体文化冲突	4.750	1	4.750	8.810	0.003**

注：* 表示 p<0.05，** 表示 p<0.01。

表 10-8　群体文化冲突、认同方式与程序公正对客观合作影响的方差分析

变异来源	平方和	自由度	均方	F	p	η_p^2
群体文化冲突	17.493	1	17.493	0.030	0.863	0.000
程序公正	3235.954	1	3235.954	5.534	0.019*	0.020
认同方式	147.471	1	147.471	0.252	0.616	0.001
群体文化冲突＊程序公正	541.774	1	541.774	0.927	0.337	0.003
群体文化冲突＊认同方式	958.049	1	958.049	1.639	0.202	0.006
认同方式＊程序公正	208.894	1	208.894	0.357	0.551	0.001
群体文化冲突＊认同方式＊程序公正	209.755	1	209.755	0.359	0.550	0.001

* 表示 $p<0.05$，** 表示 $p<0.01$。

由表 10-8 可知，群体文化冲突对客观合作的影响不显著($F=0.030$，$p=0.863>0.05$，$\eta_p^2=0.000$)；程序公正对客观合作存在显著影响($F=5.534$，$p=0.019<0.05$，$\eta_p^2=0.020$)；认同方式对客观合作的影响不显著($F=0.252$，$p=0.616>0.05$，$\eta_p^2=0.001$)；群体文化冲突与程序公正对客观合作的交互影响不显著($F=0.927$，$p=0.337>0.05$，$\eta_p^2=0.003$)；群体文化冲突与认同方式对客观合作的交互影响不显著($F=1.639$，$p=0.202>0.05$，$\eta_p^2=0.006$)；程序公正与认同方式对客观合作的交互影响不显著($F=0.357$，$p=0.551>0.05$，$\eta_p^2=0.001$)；群体文化冲突、程序公正与认同方式对客观合作的交互影响不显著($F=0.359$，$p=0.550>0.05$，$\eta_p^2=0.001$)。

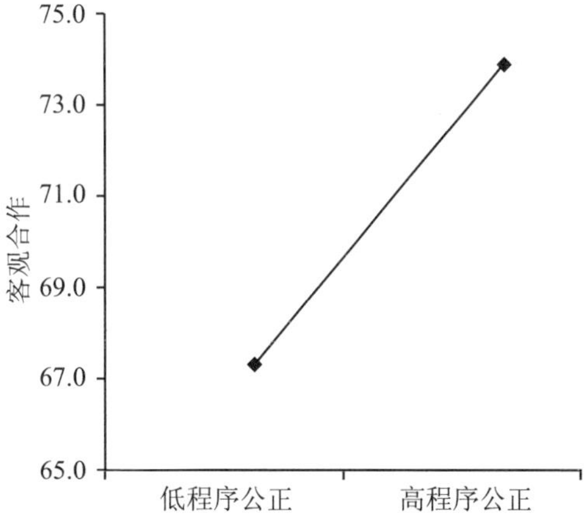

图 10-7　程序公正对客观合作的影响

表 10-9 群体文化冲突、认同方式与程序公正对客观投入影响的方差分析

变异来源	平方和	自由度	均方	F	p	η_p^2
群体文化冲突	0.171	1	0.171	0.432	0.512	0.002
程序公正	0.854	1	0.854	2.160	0.143	0.008
认同方式	0.927	1	0.927	2.345	0.127	0.009
群体文化冲突 * 程序公正	0.164	1	0.164	0.414	0.520	0.002
群体文化冲突 * 认同方式	0.005	1	0.005	0.012	0.913	0.000
程序公正 * 认同方式	0.066	1	0.066	0.167	0.683	0.001
群体文化冲突 * 程序公正 * 认同方式	1.676	1	1.676	4.240	0.040*	0.016

注：* 表示 $p<0.05$，** 表示 $p<0.01$。

方差分析结果如表 10-9 所示，群体文化冲突对客观投入的影响不显著($F=0.432$，$p=0.512>0.05$，$\eta_p^2=0.002$)；程序公正对客观投入的影响不显著($F=2.160$，$p=0.143>0.05$，$\eta_p^2=0.008$)；认同方式对客观投入的影响不显著($F=2.345$，$p=0.127>0.05$，$\eta_p^2=0.009$)；群体文化冲突与程序公正对客观投入的交互影响不显著($F=0.414$，$p=0.520>0.05$，$\eta_p^2=0.002$)；群体文化冲突与认同方式对客观投入的交互影响不显著($F=0.012$，$p=0.913>0.05$，$\eta_p^2=0.000$)；程序公正与认同方式对客观投入的交互影响不显著($F=0.066$，$p=0.167>0.05$，$\eta_p^2=0.001$)；群体文化冲突、程序公正与认同方式对客观投入的交互影响显著($F=4.240$，$p=0.040<0.05$，$\eta_p^2=0.016$)。

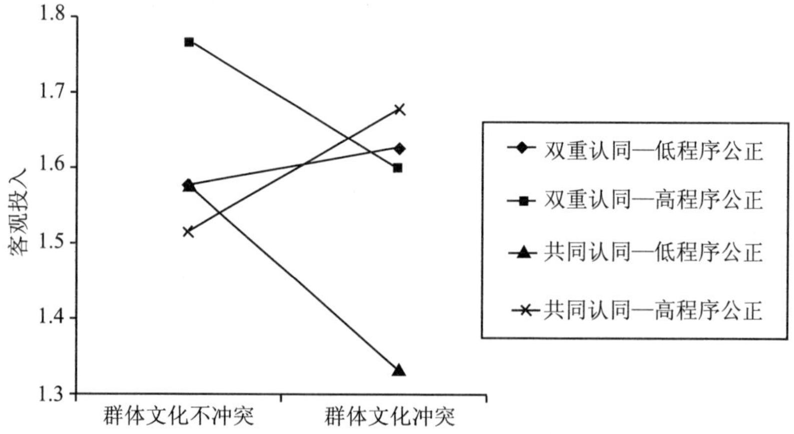

图 10-8 群体文化冲突对客观投入的影响

群体文化冲突、程序公正与认同方式对客观投入的交互影响显著，进一步对其进行简单效应检验结果显示，在群体文化冲突且共同认同条件下，高程序公正条件下的客观投入水平(M＝1.672)显著高于低程序公正条件下的客观投入水平(M＝1.324)。

表 10-10　群体文化冲突、认同方式与程序公正对客观投入影响的简单效应检验

自变量 1	自变量 2 水平	自变量 3 水平	平方和	自由度	均方	F	p
认同方式	群体文化不冲突	低程序公正	0.000	1	0.000	0.000	0.995
		高程序公正	1.000	1	1.000	2.540	0.112
	群体文化冲突	低程序公正	1.480	1	1.480	2.940	0.074
		高程序公正	0.110	1	0.110	0.290	0.592
程序公正	群体文化不冲突	双重认同	0.550	1	0.550	1.400	0.238
		共同认同	0.070	1	0.070	0.170	0.678
	群体文化冲突	双重认同	0.010	1	0.010	0.030	0.861
		共同认同	2.070	1	2.070	5.230	0.023*
群体文化冲突	低程序公正	双重认同	0.040	1	0.040	0.110	0.743
		共同认同	1.060	1	1.060	2.650	0.105
	高程序公正	双重认同	0.400	1	0.400	1.020	0.314
		共同认同	0.470	1	0.470	1.190	0.276

注：* 表示 $p<0.05$。

综合上述研究结果可以发现，群体文化冲突对任务投入、合作意向存在显著影响，且不冲突条件下的得分高于冲突条件下的得分，这一结果验证了假设 H1 和假设 H2；但群体文化冲突对客观合作与客观投入的影响不显著，这一结果未验证假设 H1 和假设 H2；因此，假设 H1 和假设 H2 得到部分验证。程序公正对任务投入、合作意向、客观合作存在显著影响，且高程序公正条件下的得分高于低程序公正条件下的得分，这一结果验证了假设 H3 和假设 H4；但程序公正对客观投入的影响不显著，这一结果未验证假设 H3；因此，假设 H3 得到部分验证。认同方式对任务投入、合作意向、客观合作以及客观投入的影响都不显著，因此假设 H5 和假设 H6 都未得到验证。

群体文化冲突与认同方式对任务投入、合作意向的交互影响显著，且在群体文化冲突条件下，双重认同条件下的得分高于共同认同条件下的得分，这一结果验证了假设 H7b 与假设 H7d；在群体文化不冲突条件下，双重认同条件下的得分与共同认同条件下的得分不存在显著差异，这一结果验证了假设 H7a 与假设 H7c；不过，群体文化冲突与认同对客观合作与客观投入的交互影响不显著，这一结果未验证假设 H7a、H7b、H7c、H7d；因此，假设 H7 得到部分验证。

群体文化冲突与程序公正对任务投入、合作意向的交互影响显著，且在群体文化冲突条件下，高程序公正条件下的得分高于低程序公正条件下的得分，这一结果验证了假设 H8b 与假设 H8d；在群体文化不冲突条件下，高程序公正条件下的得分与低程序公正条件下的得分不存在显著差异，这一结果验证了假设 H8a 与假设 H8c；另外，群体文化冲突与程序公正对客观合作与客观投入的交互影响不显著，这一结果未验证假设 H8a、H8b、H8c、H8d；因此，假设 H8 得到部分验证。

认同方式与程序公正对任务投入的交互影响显著，且在双重认同提条件下，高程序公正条件下的任务投入水平显著高于低程序公正条件下的任务投入水平，这一结果验证了假设 H9a；但在共同认同条件下，低程序公正条件下的任务投入水平显著高于高程序公正条件下的任务投入水平，这一结果未验证假设 H9b；认同方式与程序公正对合作意向的交互影响显著，但在双重认同条件下，高程序公正条件下的合作水平与低程序公正条件下的合作水平不存在显著差异，这一结果未验证假设 H9c；且在共同认同条件下，高程序公正条件下的合作水平显著高于低程序公正条件下的合作水平，而这一结果同样未验证假设 H9d；另外，认同方式与程序公正对客观合作、客观投入的交互影响不显著，这一结果未验证假设 H9a、H9b、H9c、H9d；因此，假设 H9 得到部分验证。

最后，群体文化冲突、认同方式、程序公正对客观投入的交互影响显著，对任务投入的影响处于边缘显著，假设 H10a 得到部分验证；但对合作意向以及客观合作的交互影响不显著，因此，假设 H10b 未得到验证。

(三)假设检验结果总结

通过上述研究发现，在本研究中部分研究假设得到验证，部分未得到验证，还有部分假设得到了部分验证，具体情况如表 10-11 所示。

表 10-11　研究假设验证结果汇总

假设	主要内容	检验结果	验证情况
H1	投入：不冲突＞冲突	不冲突＞冲突	部分验证
H2	合作：不冲突＞冲突	不冲突＞冲突	部分验证
H3	投入：高公正＞低公正	高公正＞低公正	部分验证
H4	合作：高公正＞低公正	高公正＞低公正	部分验证
H5	投入：双重＞共同	—	未验证
H6	合作：双重＞共同	—	未验证
H7a	投入(不冲突)：双重＝共同	双重＝共同	部分验证
H7b	投入(冲突)：双重＞共同	双重＞共同	部分验证
H7c	合作(不冲突)：双重＝共同	双重＝共同	部分验证
H7d	合作(冲突)：双重＞共同	双重＞共同	部分验证
H8a	投入(不冲突)：高公正＞低公正	—	未验证
H8b	投入(冲突)：高公正＞低公正	高公正＞低公正	部分验证
H8c	合作(不冲突)：高公正＞低公正	—	未验证
H8d	合作(冲突)：高公正＞低公正	高公正＞低公正	部分验证
H9a	投入(双重)：高公正＞低公正	高公正＞低公正	部分未验证
H9b	投入(共同)：高公正＝低公正	高公正＜低公正	未验证
H9c	合作(双重)：高公正＞低公正	—	未验证
H9d	合作(共同)：高公正＝低公正	高公正＞低公正	未验证
H10a	投入：三项交互显著	三项交互显著	部分验证
H10b	投入：三项交互显著	三项交互不显著	未验证

注：高公正＝高程序公正，低公正＝低程序公正，不冲突＝群体文化不冲突，冲突＝群体文化冲突，双重＝双重认同，共同＝共同认同。

五、研究讨论

本研究基于不确定—认同理论以及不确定性管理理论，在群体投入模型假设的基础上，探索了群体融合过程中群体的文化冲突、认同方式以及程序公正的水平对个体在群体任务中的任务投入与合作水平的影响，这也是对前述关于组织文化冲突与组织认同对工作投入、合作意向、组织公正影响研究的进一步深入研究。

(一)关于群体任务对任务投入、合作意向的研究

本研究对于群体任务对任务投入、合作意向的影响的假设基本上得到了验证，可以说，本研究的结果与前两项研究的实验结果是基本一致的。一方面，验证了群体文化冲突对任务投入与合作意向的影响，发现在群体文化冲突条件下的任务投入与合作意向显著低于群体文化不冲突条件下的任务投入与合作意向，这一结果至少说明群体合并过程中由于文化冲突产生的不确定性能在心理水平上影响个体的反应，也验证了 De Cremer 和 Leonardelli (2003)关于群体合并中不确定性对合作所带来的消极影响，同时这一结果也支持了 Leeson(2006)异质性群体间的冲突关系的克服，首先必须解决由异质性问题所引起的不确定性，而不管是任务投入还是合作意向，都在很大程度上依赖于个体对组织的信任，并且说清楚了群体投入模型在投入的状态与行为方面的作用。

(二)关于群体任务与认知方式的影响机制

群体文化冲突与认同方式交互影响了个体的任务投入与合作意向，并且同样显示了双重认同在缓和群体文化冲突所带来的消极影响上的积极作用；与之相反，共同认同不仅没有缓和这种消极影响，反而增强了这种关系。由于双重认同同时强调原群体认同的重要性，同时又强调新群体认同的重要性，这就不会导致个体在冲突背景下由于原有身份认同受到威胁而产生消极反应(Dovidio et al.，2009)，从而体现了双重认同所具有的独特优势(吴小勇等，2011)，这种既强调原认同又强调新认同的策略，一方面突出了原群体与新群体的相似，降低了个体的不确定性；另一方面也突出了两个群体间的相似。这一结果同样验证了以往关于不同群体地位对不同认同方式的偏好。在很多研究看来，在群体融合或者并购中，处于低地位的群体更偏好双重认同，而处于高地位的群体则偏好共同认同。在本研究中，作为红队成员的个体在群体合并中是被蓝队合并的，因此，这种相对被动的地位容易导致个体产生在新群体中地位相对低于蓝队的感觉(尽管在人数上两个群体是相当的)，从而导致他们相对偏好双重认同，并且基于社会认同理论的假设，当个体感知到两群体间存在巨大差异时，个体会提高对原组织的认同，从而维护自己以及所在群体的地位与自尊。由于双重维持认同了个体对原组织认同这一特点，这就导致在冲突条件下两者的差异进一步扩大。同样，从不确定性降低的视角来看，低地位群体对双重认同的偏好是因为在新群体中感知到可能会有来自高地位群体强势文化的冲击，而不得不大量放弃原有的群体价值观，而这一过程是不确定性增强的过程。由于短时间内放弃业已形成的价值观而去认同另一种价值观非常困难，因此，为在主观上应对这一消极过程，个体需要增强对原群体的认同成分，这样便有利于主观不确定性水平的缓和，最终导致他们更倾向于喜欢双重认同。

(三)关于群体任务与程序公平、认同方式的关系研究

群体文化冲突对任务投入与合作意向的影响会受到程序公正的调节作用，并且这种调节效果同样是一种缓和效应，即程序公正能缓和群体文化冲突对工作投入与合作意向的消极影响。正是由于高程序公正所产生的个体对群体的公正判断，导致个体会进一步产生对群体的信任，并最终降低其不确定性水平；而在程序公正低的条件下个体便会形成低公正判断，从而进一步提高个体的不确定性水平。另外，本研究还检验了程序公正与认同方式对任务投入的交互影响，但结果只部分验证了研究假设。相对于共同认同，双重认同对公正信息的敏感性更高，且随着程序公正水平的提高，个体对双重认同的偏好程度急剧上升，这一结果与 Huo 等人(2005)的研究结果是一致的。不过，研究中还发现，在高程序公正的条件下，个体对双重认同的偏好显著高于对共同认同的偏好，而这一点并未在 Huo 等人(2005)的研究结果中体现出来。这可能是因为，在群体文化冲突的条件下，双重认同与高程序公正对任务投入是一种协同增益的效果，而共同认同与高程序公正则是相互抵消的效果，而这两者之间造成的效果差异并未因为在与群体文化不冲突条件下结果相混合后而明显下降；与之相反的是，在低程序公正条件下，个体对共同认同的偏好显著高于对双重认同的偏好，这一结果同样未体现在 Huo 等人(2005)的研究结果中，但却与 Jaśko 和 Kossowska(2013)的研究结果是一致的。Jaśko 和 Kossowska(2013)认为，对群体少数派而言，共同认同恰恰有利于提高他们对不公平的接受程度，而当他们认同低群体地位时，却得到了相反的效果，也就是说，共同认同有利于改善不公平所引起的消极影响，原群体认同则是不利于改善这种消极影响的。

(四)关于群体任务中双重认同、共同认同的差异

同样，双重认同也是在共同认同的框架下(Dovidio et al.，2007)进行，但在双重认同条件下是对原群体认同的，也就意味着认同低地位群体，这对不公正而言恰恰是不利的，因为低地位群体往往对不公正更为敏感，这就可能导致这一原群体认同策略削弱了共同认同所带来的积极效果。在本研究中，被试处于被合并一方者，相对而言在新群体中属于低地位群体，因此，基于上述分析，在低程序公正的条件下，共同认同条件下程序不公正所带来的消极效果就会小于双重认同条件，从而使得个体的任务投入水平显著高于双重认同条件，而这一趋势实际上在 Huo 等人(2005)的研究中也有一定的体现，虽然没有达到显著水平。

(五)关于群体投入模型对于个体的认同态度和投入问题

在群体投入模型的观点看来，群体内部的公正与否会影响个体对群体所形成的群体认同程度，进而影响个体在群体中的投入，而这一影响机制是通过公正信息所引发的认同保护过程实现的。具体而言，从公正启发视角来看，在个体看来，群体内所受到对待公正与否体现了其在群体中的价值，而这种群体价值感是群体认同形成的基础。当个体受到公正待遇时，他们会认为自己在该群体是有价值的，这将使得他们对群体形成强烈的认同，进而影响他们在群体中的投入程度；而当所受待遇是不公正时，这种群体价值感就会大大降低，从而不利于群体认同的形成，也不利于他们投入到群体中去。在本研究中，被试作为群体少数派，在不公平的条件下，共同认同的策略能够提高他们对不公平的接受程度，而双重认同没有这样的功能，这也就意味着在共同条件下，他们对相同程度的不公平信息的体验可能会低于双重认同条件，进而也就导致他们所产生的群体价值感会高于双重认同，从而也就对个体的群体认同产生了保护作用。因此，在这种低公正的条件下，基于群体投入模型的假设，个体会更偏好采用共同认同策略。

(六)关于建立一个更大的群体框架，将原来的群际边界涵盖其中

然而我们也发现，上述这一结果并未出现在程序公正与认同方式对合作意向的交互影响上，且结果呈现出与任务投入截然相反的趋势。在低程序公正条件下，双重认同条件下的合作意向显著高于共同认同条件，而在高程序公正条件下，这两者间不存在显著差异，这一结果完全不支持研究假设，且无法用上述关于任务投入的观点对其进行解释。对此结果，我们认为可能是对群体关系的表征方式上和公正信息的解释框架上存在差异。首先，在群体合并的情境下，合作信息一方面提供给个体关于双方互动关系性质的内容，还提供了这一关系的前提，那便是双方处于两个群体下。另外，不管是双重认同还是共同认同，它们的手段并不是消除业已存在的群际边界，而是建立一个更大的群体框架，将原来的群际边界涵盖其中(Gaertner et al.，1993)。就此而言，原来的群际区分以及群际关系仍然是存在的，只是在不提供有关群际线索时，这种群际边界的凸显性是不明显的，它会以群体内差异的状态存在，而一旦群际线索出现，这种群际边界的效果就可能表现出来。显然，合作信息中提供了关于个体与合作对象两者的群际线索，而任务投入信息并未有相关信息提示，这就可能最终导致个体在处理两种任务时所采用的群体关系表征是不同的，即在任务投入中更倾向于采用内群体表征。因此，对于被试而言，内群体的地位显得较为重要；而在合作任务中更倾向于采用群际表征，在此情境下，被试的内群体低群体地位的信息将可能被弱化，而更关注群际关系信息。还有，正如前一研究所阐述的，基于不确定性管理理论，公正信息具有启发效应(Lind & Van den Bos，2002)，因此，当涉及两群体间的合作时，群体内部的公正信息将可能被启发成关于群际的公正信息，而群际的公正与否往往是导致群际关系能否改善的重要因素(Dovidio et al.，2004)。

(七)关于双重认同的独特作用机制

当处于低公正条件下时，对共同认同而言，由于在分类过程中并未体现或强调原群体的价值观，因此，在这种状况下，个体业已形成的对原群体的公正价值判断会受到威胁，这是因为共同认同所代表的新群体本身体现出了不公正信息；同样也意味着个体必须接受在合作过程中可能产生的不公正待遇，而这将可能降低个体在群体中的价值感。因此，基于群体投入模型的假设，这种共同认同是不利于个体的认同保护的，从而使得个体在不公正的条件下显示出了较低的合作水平。而双重认同虽然也处于共同认同的框架下，但是由于个体仍然保持这对原群体的认同，即仍然强调原群体的价值观，所以在这种状况下，双重认同本身已经体现出了一定程度的认同保护作用，因此，其所产生的群体价值感的下降会低于共同认同条件，最终体现在较高的合作意向水平上。

(八)关于高程序公正的独特作用

虽然群体文化冲突、认同方式以及程序公正这三者对任务投入与合作意向的交互影响不显著，但其对客观投入的影响显著，并且在群体文化冲突共同认同条件下，高程序公正条件下的客观投入显著高于低程序公正条件，这一突出的显著差异可能是因为高程序公正对文化冲突带来的消极影响的缓和效应，能够抵消文化冲突对共同认同所产生的消极影响，也就是说，公正感与认同方式对群体合并过程中所产生的文化消极影响的缓和作用可能存在重大差异，这一结果需要后续的研究进一步检验。本研究的客观合作的设计是一种纯假设的投币测试，并且与被试的实际奖惩结果并不挂钩，因此，被试可能会更乐意产生一种亲社会行为。与合作意向的测量不同，客观合作选择的合作对象是随机来自其余五名成员中的两名，由于先在红队群体认同，个体对其信任的程度较高，因此，他们也会更乐意产生一种亲社会行为，更加合作。不管是哪种原因，最后都体现为他们较高的整体合作水平，这一点可以从客观合作的总体平均数(M＝70.949)高于一般研究中的结果看出。这种类似天花板效应的结果可能造成不同条件下的合作水平差异。不过，程序公正的影响是显著的，这一结果也得到以往研究结果的支持。在研究者们看来，在公共品博弈实验中，公正感在其中起着非常重要的作用(章平、许志成、闫佳，2015)，而这一结果也验证了本研究的假设。这与任务投入的结果不太相同，可能是因为在任务投入测量中，本研究更侧重认知投入维度，而客观投入可能涉及了生理投入与认知投入两个方面，同时也可能会混入作答情绪方面的问题，因此，会造成两者间的差异。依据群体投入模型，公正所导致的认同产生是因为个体的群体价值感的提升，而价值感更倾向于情绪性维度，因此，认为情绪性投入对公正信息的敏感程度可能更高。

(九)关于今后研究中应该考虑并购双方的思考

总体而言，本研究的大部分假设得到了验证，特别是关于主观心理层面的结果变量。不过同样需要指出的是，在本研究中，所有被试都是处于被并购的条件下，虽然任务投入与合作意向的研究结果与前三项研究的结果是一致的，但是前三项研究同样未考虑并购双方的问题，因此，针对主并方而言，其影响方式与影响机制又是如何，并不能通过本研究的结果进行推论，特别是在关于认同方式与程序公正的交互影响问题上，本研究更多的是从并购地位而产生的地位不公正感出发，虽然以往的研究者已经证明会产生该效应，但在本研究也未对其进行直接检验。

六、研究结论

本研究得出如下结论：

第一，群体文化冲突对任务投入存在显著影响，且不冲突条件下的任务投入水平显著高于冲突条件；程序公正对任务投入存在显著影响，且高程序公正条件下的任务投入水平显著高于低程序公正条件，不过，认同方式对任务投入不存在显著影响。

第二，程序公正能缓和群体文化冲突对任务投入的消极影响；双重认同能够缓和群体文化冲突对任务投入的消极影响，而共同认同不存在缓和效应；程序公正与认同方式交互影响任务投入，且双重认同对程序公正更敏感。

第三，群体文化冲突对合作意向存在显著影响，且不冲突条件下的合作意向显著高于冲突条件；程序公正对合作意向存在显著影响，且高程序公正条件下的合作意向显著高于低程序公正条件；认同方式对合作意向的影响存在边缘显著；程序公正能缓和群体文化冲突对合作意向的消极影响；双重认同能够缓和群体文化冲突对合作意向的消极影响，而共同认同不存在缓和效应。

第四，程序公正与认同方式交互影响着任务投入，且共同认同对程序公正更敏感；程序公正对客观合作存在显著影响，且高程序公正条件下的客观合作显著高于低程序公正条件；群体文化冲突、程序公正与认同方式交互影响客观投入。

第 十一 章

本研究的总体讨论和结论

第一节 总体讨论

一、关于组织文化对企业并购的影响机制

(一)组织文化认同对并购有效性的影响作用显著

本研究发现，组织文化认同对组织并购有效性有正向积极影响作用，同时，对组织承诺有正向影响作用，这说明，影响并购有效性的更为关键的因素是组织文化认同度。并购双方企业之间组织文化客观上存在一定差异，被并方可能对自身企业文化认同度也并不高，但随着双方认知的加深，可能会更加认同主并方的组织文化。因此，在并购中，即使双方文化差异很大，如果被并方认同主并方企业文化，也能较快地融入新的环境，产生较好的绩效。另外，将组织文化认同同样细分成四个文化特质，进行与组织并购有效性和高管组织承诺的相关分析，结果发现，四个文化特质的认同均与组织并购有效性呈正相关，而只有文化特质“一致”的认同与高管组织承诺呈正相关。但是，一旦发现被并方能够认同这一文化特质，对并购双方来说均是一个的惊喜。被并方在今后工作中能够很快地和主并方的员工合作共事，不易出现在共事过程中的各类冲突，较好地体现对企业的组织承诺，同样对组织绩效大有裨益。

(二)组织文化差异和组织文化认同可以求同存异

概括而言，组织文化差异和组织文化认同对于组织并购有效性的影响作用，可以用“求同存异”一词来诠释。在企业并购整合过程中，让并购双方企业文化完全趋于一致，这是不可能的，也是不现实的。文化差异本身是客观存在的，但是主并方如果能够通过一系列整合措施的投入，让被并方逐渐认同自身文化，从而提高并购的有效性，特别是在跨国并购时，不同国家文化背景差异很大，只有抓住双方企业文化中的核心文化指标，加深被并方对主并方核心文化指标的认同度，即使在存在文化差异的情况下，也可以保证并购后整合的顺利进行。

(三)整合投入度对并购有效性有积极影响作用

整合投入度对并购有效性有积极影响作用，整合投入度越高，并购有效性越好。整合投入度指主并方在并购后进行文化整合时，所投入的财力、物力和时间。整合投入度强调过程，突出在整合的过程中，让被并方感受到主并方对并购整合的重视程度。整合投入需要运用最佳的方式方法，让被并方感受到主并方对其充分的理解和尊重。不少企业在这方面存在一定的理解误区，将整合投入度和权力剥夺相联系，认为所谓的整合就是在被并方企业中照搬主并方的战略方针、管理手段乃至一切规章制度，被并方经营管理决策权统一划归主并方所有。应该说，这样的方法只是整合方式的一种“吸纳”。Nahavandi 和 Malekzadeh(1988)提出了四种主要的文化整合模式(modes of acculturation)，即同化(integration)模式、吸纳(assimilation)模式、分离(separation)模式和消亡(deculturation)模式。四种文化整合模式均有其应用的不同条件。从当今世界范围内并购整合形势来看，即使采用吸纳的方式，也需要在并购过程中让被并方感受到主并方的理解和尊重。事实上，主并方不可能在任何方面都优于被并方企业。很多时候企业被兼并不仅仅是因为落后的科技或者生产方式，其中更多情况是由于财务问题，比如资金链断裂、外部经济环境出现大的波动等情况。正如探索的并购有效性指标体系一样，并购有效性指标的衡量需要考虑双向的交流和影响。在组织文化整合过程中，更需要双向的交流和互动。随着中国经济的腾飞，我国企业实力日益增强，当中国企业逐渐走出国门进行国际并购时，经常会遇到被并方的管理或者科技能力都优于自身的情况(如吉利收购沃尔沃、联想收购 IBM PC 业务)，这时就更需要双向的沟通和理解，尊重对方的组织文化，谦虚地向被并方学习其优势项目，提高组织文化整合投入程度，让被并方感受到理解和尊重。因此，在并购整合过程中，采取双向影响互动的方式提高组织并购有效性是必要的。

(四)组织承诺中介组织文化认同对组织并购有效性的影响作用

本研究发现，高管组织承诺和并购有效性呈正相关，组织承诺完全中介组织文化认同对组织并购有效性有正向影响作用。这与前人研究结论是一致的。Weber(1996)通过实证研究发现，被并方高层管理团队承诺越高，整合的效率越高，主并方组织文化吸引力得到被并方员工的承认，将会对并购产生很好的影响，也可以直接影响并购后协同效应。如果被并方企业员工认同主并方企业组织文化，自然倾向于留在企业中工作，保持对企业的工作热情和忠诚度。所以，组织认同度作为一种情绪感受，会在并购中发挥积极的作用。这项研究主要的意义在于：首先，当被并方企业规模和主并方规模相近，甚至比主并方规模更大时，并购有效性较低，这主要是由于被并方企业规模过大，主并方在进行兼并整合时，各项整合措施推动难度大，推广耗时较长。当主并方企业规模是被并方企业规模1～5倍时效果会更好。其次，组织文化构成指标之间存在差异，变革创新指标可能是组织文化的12个指标中差异最大的组织文化构成指标，也是被并方最认同主并方的组织文化指标；社会责任是唯一一项得分低于平均分一个标准差以下的文化指标，由此表明，现实中大多数国内企业高管在并购时，对于社会责任的重视程度尚显不够。最后，被并方最不认同主并方的组织文化指标是个性化关怀，尤其是主并方对于被并方员工的关心方面。在并购过程中，主并方需要重点加强对被并方员工的尊重和关心。本研究发现，组织文化差异对并购有效性的影响作用并非像平常人们想象中那么重要，即文化差异和组织并购有效性并不完全相关。最后，随着双方认知的加深，可能会更加认同主并方的组织文化。

二、关于企业并购中的组织文化预览

(一)组织文化预览的有效性问题

组织文化预览可以显著提高并购后的组织绩效，本研究获得的研究结果是，双向组织文化预览对并购后组织绩效显著高于控制组，而单向预览虽然也有效用，但是没有达到统计学意义上的显著效应。所以，双向组织文化预览较之于单向预览提高并购后绩效的效果更佳。Mirvis 和 Marks(1992b)曾指出，解决并购中文化冲突的一个重要手段，就是在并购企业双方建立起一种相关尊重的关系。Appelbaum 等人(2000)也在研究中强调，在并购过程中双方需要保持真诚、公开的姿态。Schweiger 和 DeNisi(1991)的研究也发现，真实并购预览内容并不是最为重要的，关键是让员工感受到企业给予足够的重视和关怀，而在进行双向组织文化预览时，就可以让并购双方员工都感到足够的重视。因为在双向预览后，主并方管理者或多或少会采纳一部分被并方优秀的组织文化，使双方员工都能够适应新的组织文化。这对于弱势方的被并方员工而言，一方面他们容易适应新的企业，更重要的是，他们会因为原先公司的组织文化受到了足够重视而对新的企业产生信任。应该说，在并购中双方企业都有沟通的意愿和权利，只有当双方都可以相对平等地交流时，才能让员工感受到足够的关注和尊重，而双向组织文化预览就提供了这样的一个平台。

(二)客观地评价单项预览的作用

反过来看，单向组织文化预览对于并购绩效提高也是有一定作用的，但是，效果远不及双向组织文化预览那么显著。这可能是由于在进行单方面的组织文化预览时，虽然也能让被并方员工了解不少主并方企业的信息，对并购整合产生一定效应，但是，无法让被并方员工感受到足够的关注和信任。另外，在访谈中也发现，由于主并方经理在完全不了解被并方企业文化的情况下，他们会认为，被并方的员工在经过单向组织文化预览后，理应已经比较清楚主并方的组织文化，所以，在并购后会直接沿用原先的组织文化(并购后相对比较放心地保留自己原先的描述图片的方式)。在现实情境中，这样的观点势必会造成被并方员工没有完全理解或者认同主并方组织文化的情况下，主并方却认为单向组织文化预览已经起到了信息传递的作用，从而在工作管理中完全沿用了自身原先的文化，忽略了被并方的感受，其结果可能导致文化冲突和矛盾的升级，这就是单向组织文化预览存在的问题之一。在现阶段我国企业并购过程中，一般对于组织文化的关注相对较弱，即使有企业认识到了文化的重要性，也大多采用的是对被并方进行形式上的宣传，宣传也主要以自身文化为主，即单向的信息传递，这是很难让被并方接受的。

(三)双向组织文化预览具有更大的作用

双向组织文化预览对于主并方和被并方员工的绩效提高都是具有显著效用的。前面已经述及了被并方员工绩效的提高可能是由于感受了被关注，对新的企业产生了信任，而主并方员工绩效的提高也可能会受到这方面的影响。这是因为，在一个企业中工作，员工之间是需要互相合作的，当双向组织文化预览帮助被并方员工更加快速地融入新的企业时，即代表能够更好地与主并方的企业员工合作，自然也会影响主并方员工的行为，进而影响他们的工作热情。其次，双向组织文化预览可以让主并方经理更加准确地把握双方组织文化的差异。在访谈中发现，经过双向预览之后，有时会奇妙地发现并购双方的工作方式是存在共性的，应该说这可能也是双向文化预览产生的有益作用。在现实并购中，双向文化预览能够让主并方认识到主并双方企业组织文化的异同，在进行文化整合时，兼顾双方组织文化的优劣，可以整合出最便于双方员工适应的组织文化，在帮助了被并方员工的同时，也帮助了主并方员工绩效的提高。当然，单向组织文化预览在现实中也是有一定的效用的，但其效果可能并不是最理想的。因为在单向预览和无预览的情况下，主并方管理者无法清晰地了解被并方企业的组织文化，加之并购中的优势地位，容易使主并方采取强势态度，直接将自己的文化强加于被并购企业，这无疑对并购整合是不利的。

(四)组织文化预览的途径存在差异

关于组织文化预览的途径，研究发现，真实工作预览的途径不同产生的效果也会存在差异。在本实验中模拟的组织文化预览采用的是听录音，但是，如果将组织文化预览实际应用于现实的并购企业，相信不同的组织文化预览途径的效果也会有一定的差异。在现实并购中，组织文化预览的途径可以是进行传统的座谈、研讨会或者说明会议；也可以是分发与组织文化相关的宣传手册、观看与组织文化相关的影像资料和参与非正式的活动，如技术竞赛、运动会等；还可以是进行团队培训或者现场观摩等方式。这些不同预览途径的优劣比较还有待于进入企业开展实证调研。关于组织文化预览后的措施问题，在访谈中，我们发现对于主并方公司接受被并方公司的组织文化(图片描述方式)得到预览后，在实验第二阶段所采取的具体图片描述方式，并购双方的观点会存在较大的分歧。被并方员工认为，主并方经理没有采纳足够多的原公司的组织文化，而主并方的经理和员工却认为已经采纳了不少被并方的文化内容，并在访谈中列举了一些例子来证明自己的观点。在本实验中无法具体衡量这一采纳组织文化的程度，但是，从这一分歧可以看出，在进行组织文化预览之后，如何实施具体的整合措施，又如何来衡量这些措施的合理性，是一个相当关键的问题，这直接关系到被并方人员对主并方的信任。应该说，组织文化预览只是文化整合的一部分，并购双方如何整合出最合适企业发展的组织文化是一个需要综合考虑的问题。一般来说，并购双方都会更加认同自身原有的组织文化，尤其是让处于强势位置的主并方接受被并方的文化是需要过程的。同时，被并方也会清醒地认识到，在经过双向组织文化预览之后，不能一味地认为主并方有义务来适应被并方的文化，而是应该让自己更加努力地去适应新企业的组织文化。

(五)组织文化预览存在副作用

和真实工作预览一样，组织文化预览也可能存在有些负面作用。因为之前的研究已经得出结论，双向组织文化预览会显著降低人们对并购后绩效的预期，那么，是否对某些个体实施真实工作预览后，也会直接导致离职等情况的出现呢(Meglino et al.，1993)？在对某些人群使用双向组织文化预览时，会造成他们过度降低对今后组织绩效的预期，从而导致这些个体更强的焦虑和不安。因为双向组织文化预览能够让并购双方都清晰地认识到对方组织文化情况，如果被并方某些人员对原先的组织文化认同度非常高，而主并方与原先企业组织文化差异很大时，是否有可能造成他们直接选择离职？这些问题有待今后在企业实践中进一步探索。

(六)快速推进就是最大的谨慎

在并购过程中，快速推进就是最大的谨慎。一般来说，企业并购整合需要各方面的适应，这段时间企业业绩会有所滑坡，这段时间越长代表绩效下降的幅度越高。双向组织文化预览不仅让企业双方了解到各自组织文化的真实情况，让被并方感受到了尊重和关注，主并方也得到了改善工作方式的建议，这些均会影响对于今后企业绩效发展的预期。在并购中，被并方员工的不适应，一种表现是对主并方企业表示反感。一般从感情上来讲，被并方的员工容易认为原先企业的管理者优于并购后企业的管理者，从而给企业的正常生产的运行带来阻力。本研究显示，通过双向组织文化预览可以帮助被并方员工更为清晰地认识到主并方管理者的工作难度比较大，相对而言会对其工作中的不足给予宽容和理解，对于工作中的表现给予更高的肯定和认可，最终提高对其能力和满意度的承认。即使组织文化预览无法改变人们对于主并方组织文化的认同程度，但仍然会对并购有效性有显著的积极作用。采用了双向组织文化预览后，员工对组织文化的认同同样需要经历一个较长时间的适应过程。但是，双向组织文化预览也会显著降低人们对并购后绩效的预期。如果被并方某些人员对原先的组织文化认同度非常高，而主并方与原先企业组织文化差异很大时，有可能造成他们直接选择离职，所以，快速推进也许是短期解决这一问题的措施之一。当然，这些问题还有待今后在企业实践中进一步探索。

三、关于员工谏言和员工沉默的心理行为机制

为了考察相对典型的企业员工的谏言/沉默行为及其面临的企业内外部环境的变化，本研究聚焦于正面临并购和经营模式转型的制造业，目的是探讨中国企业员工面临谏言/沉默选择时会有什么样的心理顾虑，以及面对这种选择时的犹豫是由哪些个体、领导和组织氛围的因素造成的。本研究的假设基本得到了验证，与国外的研究既有一定的相似性，也有一些具有中国文化特色的发现，这拓展了我们对员工谏言/沉默的认识。

(一)员工谏言与员工沉默的关系

员工谏言和员工沉默从行为表现来看是行为的两极，就像 Van Dyne 等人(2003)所说的，如果单单从外在谏言行为的有无进行划分会把这个概念框架简单化。从本研究的三个子研究结果可以看出，员工谏言和员工沉默的个体观念、领导行为、组织氛围的影响因素是有差异的，不能反向互相推论。例如，研究一中员工对工作的思考和想法对员工谏言有显著的正向预测作用，但是却与员工沉默并无显著关系；调节作用分析显示，员工要想把内心的想法说出来，即谏言，只会受到权力距离定位的调节作用；而员工要压抑内心的想法，即保持沉默，则会有相对复杂的考量，即会受到所考察的三种自我观念(权力距离定位、自我地位感知、自我审核)的调节作用。研究二显示，员工进行谏言时的心理状态是心理授权的结果，而保持沉默是因为内心缺乏安全感且有愤世嫉俗情绪；就直接作用来讲，员工谏言只与积极的领导行为(纳谏型领导行为)相关，而员工沉默只与消极的领导行为(威权型领导行为)

相关。研究三发现，员工谏言会受到个体层面组织公平感和团队层面组织氛围的影响，而员工沉默则与这两者没有直接关系。所以，这些结果都显示，员工谏言和员工沉默是受不同的影响因素和心理状态影响的，不能反向推论。

员工谏言的界定相对清晰，例如 Detert(2005)对相关概念的分析提出，员工谏言是一个相对中立的概念，研究中涉及与员工谏言相关的概念有更宽泛的含义。这样说来，员工谏言的研究进展快于员工沉默，是因为其在概念层次上有清晰的归属关系，既可以隶属于相对宽泛的研究范畴，也可以细分为不同类型性质的谏言行为。而对员工沉默的概念的探讨仍处于相对模糊的阶段，虽然 Van Dyne(2003)提出，可以根据员工沉默的动机不同，细分为默许沉默、防御沉默和亲社会沉默，郑晓涛等人(2008)对中国文化背景下员工沉默行为进行研究也提出了三种不同的类型：默许沉默、漠视沉默和防御沉默，但这些仍然限于概念本身的探讨，对于其所处概念框架的外延、内涵以及行为表现仍缺乏一定的研究支持。本研究中所显示的员工谏言和员工沉默在影响因素和心理状态上的不同，以及通过对两个概念的比较分析，可以看出对于员工谏言和员工沉默之间的关系仍然需要更细致的探讨。另外，在考察员工谏言和员工沉默的关系时，不应该只看到两者的区别，还应该看到它们之间的联系，例如，在一种情境下面对一定的对象保持沉默的个体可能会选择对其他人说出其内心的想法。只有在对员工谏言和员工沉默所有的概念框架和其行为表现有更多了解的情况下，才能更加准确地把握二者的关系。

(二)员工自我概念与员工谏言/沉默选择

同样的环境中为什么有的员工选择谏言，而有的员工选择保持沉默，这说明个体差异肯定是有的。前人普遍关注的个体差异主要包括：亲社会人格(Crant，2003)、自尊(Brockner，et al.，1998)、自我效能(Parker，1993)、控制点(Premeaux，2003)、自我监控(Premeaux，2003)以及“大五”人格维度(Van Dyne & LePine，1998)。而跨文化研究显示，相对于西方文化来讲，中国的组织文化中有更多忍受、顺从和附和集体的观念。这些观念与前面提到的个体差异不同，它们是在特定的文化背景下形成的，但是，会让个体在面临行为选择时遵从不同的规则。从本研究的结果可以看出，中国传统文化下形成的自我观念确实对员工的谏言/沉默选择起着重要作用。作为个体概念中的文化情境变量，员工的特定自我观念(如自我地位感知、权力距离定位和自我核查)会对员工在决定把内心的想法说出来还是保持沉默的决策过程中起到参照作用。具体来说，受这些观念影响较深的个体，会在谏言/沉默选择时有相对多的顾虑，更倾向于保持沉默，不发表自己的意见；而受这些观念影响较少的个体，面对谏言/沉默选择时顾虑较少，行为相对直接，倾向于有意见就表达出来，没有意见就保持沉默。与文化价值观和文化规则相关的研究一般在跨文化研究领域中体现较多，而随着探讨的深入，研究者们发现，同一文化背景下的个体在这些观念上也会存在很大的差异(Leung et al.，1997；Lee，Pillutla & Law，2000)。尤其是在当前背景下，中国员工由于其所处的年代和区域的不同，其受中国传统文化理念的影响程度也会各异，所以，探讨与文化规则相关的员工自我理念在其谏言/沉默选择中的作用，具有非常重要的理论价值和实际意义。

(三)领导行为对员工谏言/沉默选择的作用

由于领导掌握着组织内部相对多的资源，而且处于可以对员工工作表现进行评价的地位，因此领导的行为表现在很大程度上会影响员工的认知以及工作状态。Detert 和 Burris(2007)提出，只有积极的领导行为(如变革型领导)能够真正打开员工谏言的大门。很少有领导能够忍受自己制定的政策或规则被质疑，所以，员工谏言很多时候被认为是一种反抗(Frese & Fay，2001)，甚至被作为一种反角色行为(counter-role)，而不是一种角色外行为(extra-role)(Staw & Boettger，1990)。领导行为的复杂性理论(Quinn & Rohrbaugh，1981；1983)提出，管理者大多不会只展现出一种领导行为，而是会根据情境的不同采取不同的领导行为。研究中同时考察了积极和消极两种领导行为对员工谏言/沉默的影响作用，对于理解员工行为对员工谏言/沉默选择的作用具有相对全面的参考价值。就研究中所考察的纳谏型领导行为和威权型领导行为来讲，纳谏型领导行为不但可以促进谏言行为，还可以间接弱化员工沉默；而威权型领导对员工谏言没有直接影响，但是会加重员工沉默。

从领导行为如何促进员工谏言、打破沉默螺旋的角度来考虑，可以更加清晰地理解这个问题。纳谏型领导行为可以削弱沉默螺旋的形成力量，进而带动员工积极的谏言行为；而威权型领导行为会加剧沉默螺旋的形成。所以，仅仅关注类似于纳谏型领导行为的此类积极的领导行为，而忽视起重大消极作用的威权型领导行为，会使得积极领导行为的作用无形中减弱。

（四）员工面对谏言/沉默选择时的心理状态

对员工谏言/沉默心理状态的描述众多，其中最全面的莫过于 Van Dyne 等人(2003)指出的那样，员工谏言和沉默背后有三种平行的心态：顺从、害怕、亲社会合作。随后的实证研究很难对上述三点进行全面的印证，但是，对于员工谏言时的心态的研究相对系统。例如，Detert(2003)曾经指出，员工在决定是否谏言时会考量两点：是否安全，是否有用。尤其是心理安全感(即类似谏言的冒险行为不会给个人带来危害的信念)已经被证实是促进个体谏言的重要因素(Detert & Burris，2007；Morrison & Milliken，2000)；Withey 和 Copper(1989)提出，个体的自我效能是影响其谏言选择的核心因素。而对于员工沉默的心理状态研究，主要关注点是其背后的恐惧心理。例如，Kish-Gephart 等人(2009)深入分析了沉默背后的恐惧有哪些因素，它们是如何产生的，会引发何种类型的沉默以及最终可能导致的后果。本研究在分析员工面临谏言/沉默决策时可能的心理状态的基础上，结合 Hirschman 的 EVL(退出—谏言—忠诚)模型以及随后发展的 EVLN(退出—谏言—忠诚—漠视)模型，综合提出并考察了谏言/沉默决策时三种可能的心理状态：心理授权、心理安全、愤世嫉俗。研究表明，由心理授权所带来的控制感、胜任感、意义感以及自我效能感会激发个体的谏言行为；而与心理的不安全和由于失望所引发的愤世嫉俗会让个体在组织中保持沉默。虽然 Van Dyne 等人的多种平行动机的多维度概念结构有其独特的价值，但是，本研究对于三种不同心理状态的探讨对于该领域的进一步发展也是具有启发意义的，也可以在管理实践中对于员工谏言/沉默的理解提供参照。

（五）组织氛围与员工谏言/沉默

员工谏言/沉默的选择不单单是涉及个体认知的选择，更多是在一定组织规则、组织氛围下的决策过程。例如 Edmondson(1999)指出，“具有支持性的氛围”会影响员工的心理安全感受，进而会激发其谏言行为；Morrison 和 Milliken(2000)也提出，某些不合理的“组织结构和政策”和“管理实践”是形成组织沉默氛围的主要原因。组织内部沟通是由个体和情境变量同时影响的社会过程(Gouran，1999)，一般情况下，个体层面的变量会激发个体谏言/沉默行为选择的内在动机，而群体氛围在由动机到行为转化的过程中起着重要作用(Ajzen，1991)。基于这种认识，本研究探讨了与员工谏言/沉默联系密切的组织公平氛围，在员工谏言/沉默选择以及其对工作的实际影响(工作绩效和创造性)过程中所起的作用。研究显示，组织公平会在很大程度上影响员工谏言，相比较而言，员工沉默是个体相对内在隐藏的选择，不会受到组织公平氛围的影响。在员工谏言和员工沉默转化为实际工作绩效和创造性的过程中，员工谏言的转化过程相对简单，即谏言行为还会转化为高工作绩效和高创造力，组织公平氛围越好，这种转化越明显。而员工沉默的转化过程则相对困难一些，尤其需要注意的是当组织公平氛围不好时，员工沉默与工作绩效、创造力的关系是负向的。有关组织公平氛围对员工谏言/沉默的作用的研究也具有一定的启发意义，即在关注员工谏言/沉默行为时，应该从对其前因影响因素的探讨拓展到对其可能结果的全面考察，这样才能更好地理解员工谏言和员工沉默对于组织的价值。

四、组织文化对于工作投入的影响

本研究以不确定性降低理论为基础，在改进已有实验范式的基础上，首先探索了单纯的信息接触与了解组织文化、再到组织文化干预对潜在组织文化冲突所导致的不确定水平的影响效应，进而以不同的实验范式，基于不确定性管理理论的基础，在组织文化预览的条件下，探索了并购过程中影响员工的关键心理因素——组织认同与组织公正，特别是其在降低潜在组织文化冲突方面所带来的影响作用，并进一步探索了不同的公正水平、不同的认同方式在其中可能存在的不同影响效果，最后，通过实验室实验的方法，基于群体投入模型的理论假设，进一步探索了不同的认同方式、不同的组织公正水平及其二者的相互作用，从而达到降低潜在组织文化冲突所带来的不确定水平之目的的全过程。总体而言，本研究验证了组织文化冲突对工作投入、合作意向的消极影响，这种消极影响可以由并购所带来的不确定性进行解释，这种不确定性可能来自双方的陌生感，也可能来自身份认同紧张，同样也可能是由管理环境信息等方面带来的不确定性。反复考虑之后，本研究有如下几点收获是值得注意的。

(一)组织文化的预览效果

在陌生感所导致的不确定性方面，已有学者从组织文化差异的角度，和组织文化预览的策略来进行干预性研究。研究表明，当双方了解对方的组织文化之后，可以从心理上对其产生熟悉感，进而有利于降低由陌生感而带来的不确定性水平的提升。但遗憾的是，这种单纯的文化预览在双方文化存在冲突时是无效的，即组织文化预览并不能缓和由于组织文化冲突所带来的消极影响，甚至有时候会出现相反的效果。究其原因，很重要的一个方面是我们忽略了个体情绪在其中的能动性。基于社会心理学的研究结果，所谓纯粹曝光效应的重要前提是，最开始出现在个体面前的刺激对于个体来说，其情绪效价是中性的，至少是正性的。因此，当我们忽略这一重要前提时，就会理所当然地认为，这种纯粹的信息曝光是有效的，至少在一般的文化差异背景下，双方只体现出了程度上的差异以及内容上的差异，因此，这种对并购另一方的文化的情绪效价似乎不是强烈的负性特征。然而，组织文化冲突却不同，它是心理不适应的体现，这种不适应伴随的是各种不同的负性情绪，而负性情绪则会导致纯粹曝光效应反面效果的出现(Crisp et al.，2009)。

(二)组织认同的缓和效应

基于不确定—认同理论的假设，认同对缓和组织文化冲突所带来的消极影响所起的作用是因为通过组织认同，能够降低个体的不确定性水平。这种认同带来的不确定性降低至少可以从以下三方面来进行解释。首先，组织认同是一个组织社会化的结果，员工会通过这一过程了解该组织的各方面信息，并将之内化，这也意味着员工会通过信息的了解与内化过程，逐渐消除对组织的不熟悉与不确定性。在并购过程中，对并购后新组织的认同同样意味着对该组织的信息的了解与内化，因此，也就有利于降低由于并购过程所带来的不确定性水平。其次，基于社会认同理论的假设，对一个群体的认同就意味着个体会将该群体视为内群体，这种内群体的感知会反过来影响个体对群体的认同程度，这种认同也会有利于个体积极地将组织的各方面信息内化。而在这些基础上，更为重要的方面是，对组织认同的核心是对组织价值观的认同，因此，组织认同对并购带来的不确定性的缓和作用，其实很重要的方面便是体现在对并购后组织文化的认同上，可以达到信息内化，进而降低不确定性。最后，对并购后新组织的认同则包含了对新组织的组成部分——原组织——的认同，这种认同的连续性实际上从新组织与原组织间的相似性与共同性方面降低了由并购所带来的不确定性。因此，从组织认同角度采取有效的干预措施，应该需要考虑这几方面可能存在的积极影响与消极影响。在本研究中，维持认同、共同认同以及双重认同都在一定程度上反映了上述三方面的影响：维持认同基本只体现认同的连续性问题，而其最终的效果更多地取决于并购双方的共同性以及对原组织的认同强度。但是，对原组织认同的强度恰恰又会反过来阻碍个体对新组织的认同的形成，因此，不论在何种并购条件下，它都是不利的。共同认同是在某种程度上放大两个组织间的共同性，并且弱化对原组织的认同强度，因此，在非冲突的背景下，往往能显示出其积极效果；然而，在冲突条件下，情况出现了明显的变化。依据社会认同理论的假设，群体间的差异越大，那么个体的内群体偏好就越明显，外群体的偏见也就越突出，而且当这两种身份内涵需要进行融合时，又同时会忽略个体原有的认同，两者间的差异就会被进一步放大，基于认同保护以及区分性需求的心理，就会对原认同产生威胁(Banfield & Dovidio，2013)。恰恰双重认同的策略既拥有共同性的优势，又满足了个体区分性需求的满足，最终使得双重认同不论在普通背景下还是在冲突背景下都能够产生积极的效果。

(三)组织公正的启发效应

与认同的影响机制不同，公正的缓和效应是通过公正信息的启发效应而实现的。并购产生的不确定性，除了上述内涵之外，同样涉及个体对并购另一方以及并购后新组织是否可信赖这一问题上。而在不确定性管理理论看来，公正意味着组织的可信赖，这种信任是组织内可合作性以及组织间可合作性的基础。在并购中，这种公正信息所导致的信任是不确定性降低的另一个重要因素，而不公正所带来的不信任则有可能会进一步导致不确定性水平的增强。公正的信息可源自多方面，在本研究中，主要涉及了三个方面，即组织文化本身所体现的公正信息、组织内部决策过程的公正信息以及对并购过程可能产生的地位相关的公正信息。决策过程的公正信息通常情况下是明确的，当决策过程是公正时，这种公正直接意味着新形成的组织内部是公正的，而这种公正有可能进一步泛化，使个体认为所处的文化也是一种公正的文化，同时，并购的过程也是公正的，这些都将进一步给予个体以一种信任感，进而降低不确定性水平；而当信息是不公正时，信任感会遭遇破坏，并使得个体对组织是否值得继续信任产生怀疑，而不确定性也就随之上升。在并购双方文化不存在冲突的情况下，对于个体而言，其所在的文化背景是相对稳定和明确的，因此，不确定性水平相对较低，此时的公正启发作用影响较小；

而当并购双方出现文化冲突时，不确定性水平则大大提升，并进而导致公正启发效应的增强。另外，当并购双方的组织文化不存在冲突时，也就意味着双方文化中所体现出来的公正信息是不存在冲突的，如果员工原本所在的文化是一种公正水平较高的文化，那也就意味着并购另一方的文化也是如此，由此也明确了并购后组织文化的公正水平，而最终由此产生的公正启发结果便是，无论如何并购，另一方并购后的新组织都是可信任的，这也最终能导致不确定性水平降低。然而，当组织文化存在冲突时，双方之间的公正的信息冲突就会导致信任的冲突与不确定，因此，就需要更为直接的公正信息来进行启发。不过，在很多时候，不管是决策过程还是公正信息，其明确性往往不确定，因此，进一步寻求其他公正信息就会继续下去，而当公正信息越少、越不明确时，即使微小的公正线索都有可能成为个体公正启发的初始状态，最终也会影响个体的整体信任感判断。不仅如此，公正信息对于组织认同同样具有启发效应。从群体投入模型来看，公正信息不仅能够启发个体关于组织是否可信任的心理状态，同样能够进一步启发个体在群体中的价值感，从而影响其对群体的认同程度。这一结果同样也说明了组织认同与不确定性降低之间的紧密联系：一方面，不确定性水平可以通过个体对组织产生认同的过程而得到降低；另一方面，公正启发所产生的不确定性水平的降低同样有利于个体对组织产生认同，就此而言，两者相辅相成。

(四)工作投入与合作意向的分离效应

研究结果都在不同程度上体现了工作投入与合作意向不同而导致所利用的解释框架不同，以及在解释框架基础上所利用的信息方式的不同。在群体投入模型的原假设基础看来，投入是一种群体内合作的重要表现形式，它体现了对群体所给予的尊重等心理行为上的合作性反馈，而此时不管是投入还是合作，所针对的对象都是内群体的工作与成员，因此，在这一视角下，两者的影响机制是相同的。然而，在并购背景下，这种机制就会发生改变。并购涉及的是群际关系，不论是从群际接触理论还是从共同认同或是双重认同理论出发，群际边界都是永远存在的，并不会随着这些策略的使用而消失，而且从社会认同理论的视角来看，这种边界会随着群际的差异的凸显程度不同而显现出不同的效果。因此，当群际边界信息凸显时，即使是在新的大群体中，个体仍然会从群际的视角来看待自己与合作另一方的关系。由此，这种合作所利用的信息就会更倾向于群际线索。而在此时，投入所针对的对象仍然属于组织本身，所体现出的群际线索仍旧是模糊的，因此，个体更倾向于从内群体的视角来进行信息框架的解释，这也最终导致了不管是文化冲突、公正信息还是认同方式，都在一定程度上体现出对合作与投入两者影响效应的不一致。由此得到的管理启示还在于信息的匹配性。尽管很多信息具有启发性，特别是公正信息，但是，对于信息启发的范围、方向以及准确性，往往不是依赖于信息的提供者，而在于信息的接受者，因此，信息的启发过程是提供者不可控的。正如结果所示，非外显低公正的信息对合作影响的效应最终可能是受到了并购公正信息的影响而产生与假设相反的效应。因此，为了最大限度地减少这种启发过程的不确定性，信息提供者(组织)应该从最开始就有针对性地提出明确的信息。另外，需要明确的是，信息启发的过程同样会让个体感觉到很多不确定性，即使最终获得了启发信息，个体同样会对其启发的结果持不确定性的看法，因此，尽量减少启发信息的使用，为个体提供更为直接的信息，这样才有利于从根源上消除不利的启发因素的影响。

第二节 研究结论

本研究经过四项子研究，探索了组织文化对企业并购的影响，获得了如下研究结论：

第一，探索了组织文化对企业并购的有效性的影响机制。通过对企业高管进行访谈与问卷调查，探索出了我国企业并购情境下的组织文化指标特征，同时构建了并购有效性指标体系，然后将两项指标结合起来，开展了组织文化对并购有效性的影响机制研究，提炼出双向组织文化预览结合影响机制的整合干预模式。这项研究发现，个性化关怀、社会责任等组织文化指标更适用于我国企业并购情境，获得的结论是，并购有效性指标体系是由组织和个体两个层面组成的：组织层面突出了并购双方信息和能力的双向互动影响，个体层面包含了过去研究缺失的高管组织承诺和离职意向两项指标。此外还发现，组织文化差异对并购有效性影响作用并不显著，而对高管组织承诺有显著负向影响；组织文化认同和整合投入度对并购有效性有显著正向影响作用，组织承诺对文化认同度和并购有效性有中介影响作用。最后，通过引入组织文化双向预览整合概念，结合组织文化对并购有效性影响机制的研究结论，提出了基于并购有效性影响机制的组织文化双向预览整合干预模式。在这个整合干预模式中，我们强调了淡化文化差异、加强文化认同和适度整合投入，这项整合模式在实际并购企业中进行实践应用，取得了较好的应用效果。这项研究特别强调的是：应综合考虑多种文化因素(文化差异性、文化认同度、文化容忍度、整合投入度)的影响作用；开发的结合财务绩效和协同效应的并购有效性指标体系和一套适用于我国企业并购情境组织的文化差异和文化认同的调查问卷具有可行性。

第二，探讨了企业并购中的组织文化预览的规律。这项研究以实验室研究为主，专门验证了双向组织文化预览作为一种新的并购整合方法的有效性，从而为今后的理论研究和实践检验提供了依据。本研究辅助以问卷调查和访谈方法，从并购后绩效预期、对经理的评价和对文化认同度的评价等角度，探索了组织文化预览的影响作用。最终得以明确的是，首先，组织文化预览对提高并购后组织绩效有积极作用，其中双向组织文化预览组在组织绩效、个体绩效方面的效果均显著高于无预览组。单向组织文化预览组对并购后绩效也有提高作用，但是没有达到统计学显著性水平。其次，组织文化预览主要起效于并购后初期，尤其是双向组织文化预览，在并购后短期内对整合绩效尚有积极促进作用，有利于并购后的快速整合。再次，双向组织文化预览对于降低并购中人们对于并购绩效的预期有一定的作用，而单向组织文化预览的作用不显著。最后，组织文化预览虽然并不代表被并方员工对主并方组织文化的认同程度，但可以提高被并方员工对主并方管理者的工作能力和满意度的评价水平，也可以让被并方员工加深认识到主并方管理者的工作难度。

第三，揭示了员工谏言/员工沉默对企业并购的影响机制。在已有文献回顾的基础上，通过对 738 对员工—管理者(包括两次取样，第一次 398 对被试，第二次为团队取样，共 65 个团队，340 对被试)的问卷调查，相对系统地探讨了个体自我观念、领导行为和组织氛围对员工谏言/沉默的影响机制问题，得到了如下结论：首先，员工的自我观念对谏言还是保持沉默具有调节作用。研究所关注的三种与谏言/沉默选择有关的自我观念为地位感知、自我审查、权力距离定位。结果发现：对工作的思考和想法(having idea)能正向预测员工谏言，并且二者之间的关系会受到权力距离定位的调节作用；对工作的思考和想法不能直接预测员工沉默，二者之间的关系会受到地位感知、自我审查、权力距离定位的调节作用。其次，领导行为影响员工谏言/沉默的选择，在很大程度上是以员工的心理状态为中介进而达到影响员工谏言/沉默选择的目的的。具体表现为，谏言型领导行为对员工谏言有正向的直接作用；而威权型领导行为会对员工沉默有较大的影响作用。组织公平氛围不但会影响员工谏言/沉默这一行为层面的选择，还会影响谏言/沉默的结果转化过程。团队公平氛围对员工谏言具有很强的直接影响作用。其他三个变量，即程序公平一致性、分配公平一致性和分配公平水平都对员工谏言有显著的正向预测作用。此外，员工谏言的直接效应达到了临界显著的程度，员工沉默对工作绩效的影响作用受到程序公平一致性和分配公平一致性的调节作用。

第四，获得了组织文化冲突对工作投入的影响机制。我们的研究对组织文化冲突、组织认同、组织公正、认同方式对工作投入的影响进行了探索。首先，探索了潜在组织冲突的感知的影响机制，采用完全随机实验设计的文本情境实验法探索了潜在组织文化冲突的感知对并购后员工的工作投入、合作水平、并购投入以及对企业的整合预期的影响。研究发现，潜在组织文化在不冲突条件下对工作投入、合作意向、整合预期有影响作用，不冲突条件下的组织并购投入效益显著高于组织文化冲突条件，且预览条件下的工作投入水平显著高于无预览条件下的工作投入水平。其次，潜在组织文化冲突感知对工作投入与合作意向存在显著的预测作用，新组织认同对工作投入与合作意向都存在显著的正向预测作用。同时发现，潜在组织文化不冲突条件下对工作投入与合作意向的效果显著高于潜在组织文化冲突条件下的效果；双重认同能够缓和潜在组织文化冲突对工作投入与合作意向所产生的消极影响，进一步探讨发现，潜在组织文化冲突感知对组织公正与并购公正存在显著的负向预测作用，外显高公正能够缓和潜在组织文化冲突对工作投入与合作意向所产生的消极影响。以群体任务研究范式为企业并购研究的原型发现，在不冲突条件下的任务投入水平显著高于冲突条件的任务投入水平，且高程序公正条件下的任务投入水平显著高于低程序公正条件。双重认同能够缓和群体文化冲突对任务投入的消极影响，在不冲突条件下的合作意向显著高于冲突条件；双重认同能够缓和群体文化冲突对合作意向的消极影响。

第　十二　章

组织文化预览的实践研究

为了检验本研究的理论成果，深入探索组织文化对并购有效性的影响机制及其实践路径，本章选取案例研究方法，有机融合各种研究方法的长处，洞察实际应用的具体路径，引发更为深入的思考，并为提出相应的整合模式奠定基础。下面，本项研究将通过双案例分析以及课题组参与的并购澳大利亚 OZ 公司的案例，重点探索组织文化在企业并购中的作用机制问题。

第一节　并购的案例研究

一、攀钢集团的并购案例研究

(一)并购双方的企业背景

主并方攀钢集团有限公司(简称攀钢集团)是国务院国资委直接管理的中央企业，资产实力雄厚，目前，已形成年产铁 830 万吨、钢 940 万吨、钢材 890 万吨的综合生产能力。而被并方成都无缝钢管厂始建于 1958 年，注册资金 5.18 亿元，主要产品为无缝钢管，是当时国内规模较大、品种规格最齐全的专业化无缝钢管生产企业。20 世纪 90 年代以来，由于企业重大决策失误、管理松弛、整体装备水平落后等原因，成都无缝钢管厂生产经营状况逐步恶化，从 1995 年开始连续多年亏损。截至重组前 1999 年年末，账面累计亏损额高达 5.1 亿元，所有者权益为－2.3 亿元。1999 年，攀钢重组成都无缝钢管厂和成都钢铁厂，属于国有企业之间横向同业并购，主并方是被并方企业规模的5～10倍，并购时间超过5年。

点评：并购双方的规模比重合适，并购时间超过5年，开展并购活动条件成熟。

(二)攀钢重组的调查工作

通过调查和诊断，了解到并购重组各方企业文化的特性，发现企业在各发展历程中，都形成了自身独有的文化和价值取向。攀钢集团认识到，文化差异和文化冲突是重组企业普遍存在的客观事实，主并方企业必须正视而不是回避这一客观事实。攀钢公司还认为，不同文化在磨合过程中会发生一些冲突，而且这种冲突是不可避免的，在文化融合初期首先要正视冲突、容忍冲突，通过分析原因、查找问题，最终解决矛盾和文化冲突。主并方提出差异应逐步缩小，在此背景下才能实现融合的想法。

攀钢考虑到原来两家企业员工的工作生活习惯、思维行为方式、管理决策模式的差异，在管理决策上注意既不能"急火猛攻"，又不能"冷水泡茶"，而是渐进融合、不断升温，改进调整整合工作。另外，攀成钢非常注重协调母子公司文化关系，坚持母公司共性化文化基础上的子公司特色个性化文化，母子公司文化在兼收并蓄基础上实现共同创新，从而进行母子文化之间的良性互动。经过坚持不懈地践行融合文化差异模式，攀成钢员工从重组当初的无所适从、怀疑观望，逐步过渡到对新企业、新同事的认知、理解和认同，逐步建立了对新公司文化的认同感和满意感。随着攀成钢发展战略的确定，企业效益的不断增长，新文化的不断渗透，员工切身利益的逐步保障，攀钢员工的精神面貌发生了根本性的变化，企业凝聚力和向心力大大增强。

点评：攀钢正视双方的差距，并没有"急火猛攻"，也没有"冷水泡茶"，特别是做好母子公司的共性文化基础的调查，承认并尊重双方的文化差距，使得双方的文化预览异常成功，打好了并购的第一枪。

(三)并购工作的初步尝试

并购双方企业相互文化认同的过程，是"辩证扬弃"的过程，既是并购双方企业优秀核心文化继承升华的过程，又是不良企业文化消失退去的过程，还是并购双方新企业核心价值观的创新形成过程。基于以上对文化认同的认知，攀钢集团提出"资金和技术有限注入的同时，无限投入文化建设"的企业并购重组思路。通过广泛发动职工参与讨论理念，征集并培育新的攀成钢公司文化理念，经过几上几下多次讨论，达成了文化认同。考虑到核心文化内涵，形成了以攀成钢文化为主导，具有攀成钢特色的企业文化理念。取得被重组企业员工的理解、信任以及重组各方利益相关人的支持。攀成钢集团充分依靠被并方企业员工，在干部会、职代会上把企业现状、重组过程、目前的困难及重要决策、职工关心的问题原原本本地与职工交流，取得被并方企业职工的理解、信任和支持。

可见，上述的每一条加强文化认同的举措，都是直接为被并方员工谋福祉的，尤其是对于中高层管理者，薪酬的分配、交流的途径、文化建设的权利下放、增加培训机会等措施，无疑能够提高员工对组织的忠诚度和企业的向心力，大大提高了员工和管理者的组织承诺。它不仅实现了攀成钢文化的再造和文化创新，而且使企业文化逐渐成为攀成钢软实力的重要体现，成为攀成钢核心竞争力的重要组成部分。

点评："资金和技术有限注入的同时，无限投入文化建设"，在加强文化建设的每一举措中，把企业现状、重组过程、目前困难及重要决策、职工关心的问题原原本本地与职工交流，取得被并方企业职工的理解、信任和支持。初战告捷！这种做法使得双方的组织文化预览得以实现，薪酬的分配、交流的途径、文化建设的权利下放、增加培训机会等措施，无疑能够提高员工对组织的忠诚度和企业的向心力，大大提高了员工和管理者的组织承诺。

(四)攀成钢对待文化差异的办法

新成立的攀成钢公司承认现实中各方企业之间、员工之间的文化差异，通过开展文化审计和文化调研，客观评价企业文化各自的长处和不足，在逐渐磨合中寻求一致。攀成钢进行了文化审计和文化调研，对待文化差异的具体办法如下：

第一，进行企业文化背景调查。包括攀钢、成都无缝、成都钢铁厂三家企业的历史背景、发展历程、管理制度、人员构成等基本情况调查。

第二，进行企业文化积淀调查。包括攀钢、成都无缝、成都钢铁厂三家企业的企业文化形成、发展过程，核心价值观、文化理念、职工行为习惯等文化要素调查。

第三，进行企业文化现状调查。按照企业文化建设的要素规定，对攀成钢领导者和员工的企业文化认识水平，企业精神文化、制度文化、物质文化等的建设情况进行全面估计和评价。

第四，进行企业文化诊断。遵循企业文化建设发展规律，对评估结果进行综合分析和理性判断，找出制约攀成钢发展的文化因素，明确文化建设的努力方向，在充分认识文化差异的基础上，慎重考虑需要继承什么、需要摒弃什么、需要创新什么。

提示：对待文化差异的方法值得借鉴。这里的每一步的前导活动都是调查、研究。调查工作的态度审慎，特别关注的是组织文化中可能出现的冲突因素，不强加于人。这样的结果，体现了双重认同的优越性。

(五)攀成钢所采取的并购措施

通过开展“英雄攀成钢”活动，邀请被并方人员一同参与筹划攀成钢文明列车专场文艺晚会、文化宣讲主题报告会等活动，显示出对于被并方的充分尊重。攀成钢文化宣讲团每年都要深入攀成钢的下属企业，全面介绍攀钢发展战略，逐步强化下属并购企业员工对攀成钢文化的认知和认同，增强对企业发展的信心，为文化融合奠定了坚实的思想基础。攀成钢集团定期组织被并方公司干部到攀钢本部参加集中轮训，到相关岗位对口挂职锻炼，使其在学习具体业务和先进经验的同时，亲身体验和感受攀成钢文化，加深对攀成钢价值理念的理解和认同，成为传播攀成钢文化的“种子”，成为践行攀钢文化的示范者和先行者，进而对本企业员工产生强烈的影响。同时，安排攀钢本部职能部门员工到被并方企业相关部门进行对口交流。

依靠被并方职工，激励被并方职工，使被并方职工把自己的命运与企业发展联系起来，使被并方职工感到“攀成钢需要我，我更需要攀成钢”，从而为新成立的企业贡献自己的全部智慧。攀成钢公司本着“干什么，学什么，缺什么，补什么”的原则，有针对性地对新成立企业员工进行培训。提高员工的文化知识和技术业务能力。

提示：安排攀钢本部职能部门员工到被并方企业相关部门进行对口交流，使被并方职工感到“攀成钢需要我，我更需要攀成钢”。在解决双方的沟通顾虑之后，有针对性地对新成立企业员工进行培训，这里，没有拖延，及时推进，奏效明显。

(六)并购整合的效果

攀钢重组成都无缝和成都钢铁厂以后，生产经营逐渐良性发展，多项生产经营指标位于成都市工业企业前列。2000 年，攀钢兼并成都无缝钢管公司第一年，成都无缝甩掉了亏损的帽子，2002 年，重组成立攀成钢集团成都钢铁有限责任公司，当年即实现销售收入 40 亿元、利润 1.5 亿元，销售收入名列成都市工业企业首位，创造了国有大型企业当年兼并重组当年扭亏盈利的奇迹。2008 年销售收入达到 132 亿元，钢材产量 199 万吨，分别比重组前 2002 年增加 226%和 39%，充分体现和展示了攀成钢文化融合的巨大成果，彰显了攀成钢实施和推进文化融合的显著成效。

提示：分别比重组前 2002 年增加 226%和 39%，充分体现和展示了攀成钢文化融合的巨大成果，彰显了攀成钢实施和推进文化融合的显著成效。并购的绩效上来了，背后是强大的组织文化建设做后盾。

二、建龙集团的并购案例研究

(一)并购双方的企业背景

北京建龙重工集团有限公司(以下简称“建龙集团”)创建于 1999 年，是一家集资源产业、钢铁产业等为一体的大型民营企业集团。到 2008 年年底，总资产 319 亿元，控股企业实现销售收入 407 亿元，实现利润 26 亿元。钢铁产业板块目前共有唐山建龙、承德建龙、吉林钢铁、黑龙江建龙、抚顺新钢铁五家控股子公司，2010 年控股企业产钢规模突破 1800 万吨。建龙集团成立 10 多年来，积淀了“只争第一，点滴做起”的企业精神和“诚信、规则、团队、卓越、共赢”的核心价值观。建龙集团追求大胆创新，践行通过快速并购重组实现裂变式发展的扩张路径。通化钢铁集团股份有限公司(以下简称“通钢集团”)，始建于 1958 年，是吉林省最大的省属钢铁国有企业，国务院振兴东北老工业基地重点支持的钢铁企业，现具备年产钢 600 万吨的生产能力。

提示：通钢和建龙在并购之前，条件还是符合双边要求的，特别是通钢集团，是最大的省属钢铁国有企业，国务院振兴东北老工业基地重点支持的钢铁企业，有很多国有企业的有利条件。

2005 年 12 月，在吉林省国资委主导下，建龙集团以近 12 亿元收购了通钢集团，持有 36.19%的股权。通钢集团建厂 52 年，员工近 3 万名，作为吉林省最大的省属钢铁企业，改制前，职工工作、生活、学习高度组织化，生产经营系统、行政系统、党群系统、后勤系统一应俱全，形成一张覆盖整个企业的网络，企业成为一个相对封闭的小社会，职工的各种矛盾、问题、困难、纠纷都可以通过网络中的不同节点予以解决。党群各系统通过各种活动调动职工的积极性和凝聚力，通畅的民意表达渠道、和谐的干群关系，使职工的民主权利得到切实保障，彰显出计划经济体制下典型的传统国有企业的组织文化。

提示："改制前，职工工作、生活、学习高度组织化，生产经营系统、行政系统、党群系统、后勤系统一应俱全，形成一张覆盖整个企业的网络，企业成为一个相对封闭的小社会，职工的各种矛盾、问题、困难、纠纷都可以通过网络中的不同节点予以解决。党群各系统通过各种活动调动职工的积极性和凝聚力"，这是很多老国企的做法，如果利用得好，将是并购后组织文化建设的有利条件。当然，这里也蕴含着双向沟通不畅可能带来的危机，关键是事先调查工作要细致，对策要紧跟，措施要得当。

(二)建龙集团的文化整合措施

建龙集团入主通钢集团后，没有充分考虑国企员工所怀有的人本文化意识，没有重视优势民营企业与典型传统老国有企业之间的巨大文化差异。2005—2009年的5年，建龙集团非但没能抹平与通钢集团巨大的企业文化差距，一系列的改革反而让这两种企业文化变得更为对立。主要采取的文化整合措施有如下三个方面。

首先，建龙减员采用了"增效一刀切"的做法。在这一过程中，企业与职工的关系成了纯粹的雇佣关系，成千上万通钢下岗职工的主人翁感、企业归属感荡然无存。在盈利为本的经营理念指导下，"减员"成了建龙集团"增效"的重要法宝。建龙集团在通钢职工身份置换过程中，对于30年工龄以上的职工"一刀切"，7000余人内退和下岗。企业虽然"增效"了，但职工收入却锐减，由3000元降至1000元，到了金融危机时只有300元。通钢集团在改制前一直承担着自己对工人应尽的责任和义务。在非常困难的时候，通钢集团提出一个口号：让1/3的人学习，1/3的人到新岗位，1/3的人在老岗位，不轻易让一个职工下岗。建龙集团与通钢集团之前的传统做法形成巨大反差。

提示："在这一过程中，企业与职工的关系成了纯粹的雇佣关系，成千上万通钢下岗职工的主人翁感、企业归属感荡然无存"，这与"不轻易让一个职工下岗"完全是两路做法，"增效一刀切"显然违背了冲突的组织文化下举措的慎重性原则，而且，这一裁员举措是反对认同、倡导不公正的典型，员工怎么能接受这种仓促之举呢？

其次，建龙集团高管盲目引进台湾中钢管理方式，短时间内对通钢集团进行大幅改革，引入新的薪酬体系，扩大管理层和普通职工的收入差距，用“金手铐”控制管理者，将职工收入差距在短时间内放大几十倍甚至上百倍。收入上的巨大差距，使通钢集团员工与管理层的关系越来越疏远，对立越来越尖锐。建龙集团不了解群众意愿，不关心、相信群众，人为制造人际紧张关系。对于“一刀切”兜底政策引发的通钢员工上访和游行事件，建龙集团高管没有正面进行对话引导，更没有实质性地回应和解决，反而怀疑内退中层干部鼓动下岗职工闹事，对其采取安抚政策，更加深了群众不满，造成通钢现实人际关系和职工心理复杂，人与人之间互相戒备。

再次，民营企业并购国有企业，民营企业对利益、效益的关注与国有企业员工根深蒂固的国有意识产生强烈冲突。过去，通钢集团对职工利益福利高度重视，现在建龙集团对员工应有的合法权益不屑一顾，职工形成巨大心理落差，两种文化体制高度碰撞形成极端对立。谁也不会想到，在“国退民进”并购重组大潮中，伴随着企业重组所带来的阵痛，竟会以如此惨烈的方式进行。

提示：“将职工收入差距在短时间内放大几十倍甚至上百倍”，收入上的巨大差距，使通钢集团员工与管理层的关系越来越疏远，对立越来越尖锐。对员工应有的合法权益不屑一顾，职工形成巨大心理落差，两种文化体制高度碰撞形成极端对立。这显然违背“国退民进”中的基本准则。两种组织文化冲突到了水火不相容的地步！

(三)建龙对待文化认同的措施和结果

建龙集团在重组过程中，没有承担起相应的社会责任，漠视职工最基本的生存需求。民营企业逐利本能，决定其经营理念是以盈利为本。尽管在宣传口号上冠冕堂皇，但员工切身利益和企业社会责任往往被放在非常漠视的地位。2008 年年底，受金融风暴影响，通钢全部停产，建龙集团遂将非营利机构通通砍掉；企业亏损后的第一个冬天停止供应暖气，通钢人在没有暖气的情况下度过新年；体育场、通钢广场等厂区设施维修投入严重不足，破败不堪；优惠游泳馆、免费供应水和煤气、逢年过节发放鱼肉蛋、过年组织节目会演等福利措施在改制后全部消失，在建龙的一系列行为下职工产生了巨大的心理落差。职工对过去“国有情”更加怀念，转变观念的难度远远高于重组的其他中小企业。值得提出的是，建龙集团方面对此没有觉察，没能及时安抚职工的情绪，文化认同相去甚远。

提示：通钢人早已习惯的几十年积累下的高福利，在建龙的一系列行为下荡然无存，让职工产生了巨大的心理落差。职工对过去“国有情”更加怀念，转变观念的难度远远高于其他企业。这种情况下，人们更加怀念被并购企业的好处，使得双方的矛盾无法调和。

建龙集团在机构整合重组中，将通钢集团员工赖以信任的党群系统边缘化，取消了工会和纪委，用民营企业对物质利益的唯一追求取代了国有企业职工的精神需求和心理需求，严酷的惩罚式管理方式代替了耐心细致的思想政治工作，普通员工赖以宣泄和化解心理矛盾的形式不见了，党组织的温暖家门悄然关闭，当日积月累的各种矛盾失去了“缓冲器”，没有了“控制阀”，找不到“泄洪道”时，必然会在一个特殊的时点上猛烈爆发。

2008年下半年，钢铁业陷入全行业亏损，建龙集团在考虑整体经济环境因素下提出了与通钢集团分家，准备全身而退。2009年第三季度钢铁行业回暖后，建龙集团重新谋求控股通钢，其出尔反尔的行为，引发通钢员工的鄙视与愤怒。通钢事件表明，建龙集团没有意识到职工由于文化不认同导致的文化冲突进而造成的严重后果。也正是由于通钢对于建龙文化的强烈不认同，导致了企业从管理者到普通员工组织忠诚度的下降，即组织承诺的急剧降低，直接结果就是职工情绪不稳定，企业也随之不稳。赢利的终极目的并不是个人财富的积累，而是为职工、为社会承担更多的责任。国有企业改制不应以资产增值为最终目的，而应以人员安置、社会责任的顺利移交为核心。

提示：“将通钢集团员工赖以信任的党群系统边缘化，取消了工会和纪委”“提出与通钢集团分家，准备全身而退”，这种状况是始料未及的，没有团结可能团结的人员，没有做到“以人员安置、社会责任的顺利移交为核心”的并购方略，为将来的冲突埋下了伏笔。

(四)建龙对待整合投入度的措施和结果

建龙集团在并购重组通钢集团之前，不仅没有提前进行沟通，而且在并购过程中对改制程序和职工知情权不尊重，出现了严重的信息不对称。据相关新闻报道，通钢改制中的人事方面存在问题，作为通钢改制初期的人事组长，却对改制后进行的第一次大规模裁员毫不知情。任何矛盾如果事先看到了，处理起来就会很轻松；事先没看到、出了问题再补救，就会招致很大麻烦。建龙集团在并购重组通钢集团过程中，缺乏有效的双向沟通手段和方式，最终激化了矛盾。在改制过程中，通钢集团高管和普通员工出现严重信息不对称，众多员工备受打击，不断被边缘化。据相关新闻报道，通钢改制中的资产等方面存在的问题，很多普通职工没有思想准备，到决定宣布之前都毫不知情。即使是通钢集团一些高层领导，也觉得事发突然。建龙集团在重组通钢集团后，在诸多方面缺少提前双向沟通，终于酿成悲剧。通钢当地的国资委，对国企改制表现出急于求成的心态，在与建龙集团博弈时，不尊重职工意愿，没有做到提前沟通，改制过程不透明、简单化，改制过程中存在分配不公，使通钢职工利益整体受损，不同群体通过正常渠道长期申诉无果，累积起来的不满情绪造成整体局面的失控。

建龙集团高管采取的私有化管理，人为设置了交流壁垒，沟通渠道不畅，下情难于上达，企业干群关系异常紧张，隔阂日益加深。办公楼戒备森严，门外有岗、楼里有岗，经理门口设置警卫，普通职工想见经理一面都很难。这种措施隔绝了高管与员工的对话，员工失去了话语权，通钢职工干群关系急转直下。上下级之间失去了平等基础。当群体利益受到伤害时，建龙集团没有进行有效的、多层面的双向沟通去化解矛盾，而是任由矛盾继续积淀。建龙集团派驻通钢集团的高管“家长制”作风和老板思想严重，不尊重员工人格和尊严。建龙集团高管当事人在与职工尖锐对立时，不理智、不冷静的言行，对事态发展火上浇油。据相关新闻报道，当员工集体去谈判时，主并方建龙集团管理者不是化解矛盾，而是多次在会议上公开诋毁，说“东北人懒惰”，应该让他们都下岗。尤其是在建龙高管与情绪失控的工人对峙时，依然放出狠话，“等我上台，所有通钢原来的人一个不留”，而通钢工人认为，“你要活，我们就得死”，这种你死我活、势不两立的干群关系，应该说是诱发最终悲剧的导火索。

提示：沟通几乎没有进行，主并方建龙集团管理者不是化解矛盾，而是多次在会议上公开诋毁东北人，“应该让他们都下岗”。尤其是在建龙高管与情绪失控的工人对峙时，依然放出狠话，“等我上台，所有通钢原来的人一个不留”。这种方式与被并方完全对立，应该说是诱发最终悲剧的导火索。

(五)建龙集团的并购整合效果

建龙集团并购重组通钢集团，对企业资产、业务资源、人力资源整合过度重视，而对至关重要的文化融合却没有给予足够的重视，导致对通钢并购的“滑铁卢”大败。其间不注重保障职工基本利益，职工看不到希望，眼前利益更损失巨大，失落感代替主人翁感，绝望代替优越感，改制超出职工心理承受力，失控情绪最终酿成悲剧——建龙集团派驻通钢集团高管被通钢员工群殴致死。政府被迫宣布，建龙集团“永不得参与重组通钢集团”。并购以双输形式收场，建龙集团永远撤出通钢集团，通钢集团再次寻求其他外部并购对象，并购未能产生如期的并购效益，民企和国企之间文化差异整合举措刚刚实施，便草草收场，这也留给理论界和实业界很大的研究空间。

提示：失落感代替主人翁感，绝望代替优越感，改制超出职工心理承受力，失控情绪最终酿成悲剧。建龙集团重组通钢集团，最终以双输形式收场，这一失败案例实为罕见。

三、跨案例分析

企业重组实质上是资本整合与文化整合相辅相成的过程，其中，组织文化整合关系是企业重组的关键，攀钢的成功和通钢的悲剧，留给学界的启示是多层面、多角度的。

(一)并购中组织文化差异的缩减措施不宜激进

同样是面对并购后存在的组织文化差异，攀钢首先进行细致、具体的文化调查，然后，负责地将结果真实地公布于众，并且承诺被并方企业不会被主并方文化淹没，还考虑以缓和的方式逐步缩减文化差异。而建龙集团在并购通钢之后，采取了激进的缩减差异的措施。首先，建龙集团在没有进行详细组织文化调研的情况下，大范围地进行了人员调整、薪酬改制，触动了被并方最敏感的神经，导致文化差异升级为文化冲突，最后导致上访、游行等极端事件的发生。

提示：与本研究进行的问卷调查的实证结果相对应，组织文化差异对并购有效性影响作用的显著与否，并不在于差异本身，而在于被并方对主并方文化的认同和采取何种整合投入的方式，缩减差异时需要考虑被并方的切实感受，不宜采取激进的方式进行缩减，而应淡化差异，承认被并方子文化的存在，逐步整合，达到对核心文化的认同。

(二)组织文化认同需要抓住被并方的核心文化

之前的问卷实证调查，已经发现了组织文化认同的重要作用，通过双案例正反两方面的分析，进一步确认了需要挖掘企业的核心文化，加强对核心文化内涵的认同，方能提高员工和管理者的组织承诺，最终达到提升并购绩效的效果。

提示：攀钢在并购成都无缝时，通过大规模的调查和讨论，研究双方的组织文化核心内涵，进而进行组织文化建设。而建龙并购通钢时，没有进行任何形式的组织文化调查，更缺乏对核心文化的讨论，因而进行整合的每一步都无法得到通钢人的接受和理解。反而因为整合不当伤害了被并方人员的感情和对企业的忠诚度，导致极端事件的发生。

(三)整合投入需要让被并方感受到尊重

建龙集团在对通钢集团进行文化整合时，缺少充分的交流，造成并购整合中的蛮横无理，导致被并方通钢集团员工主人翁身份的失落感、工资福利的被剥夺感、收入分配的不均衡感、人格尊严的丧失感、社会角色的边缘感、前途希望的渺茫感。

提示：这一系列复杂而微妙的主观感受，在长达 4 年的时间和相对封闭的空间里，最终积聚成报复感和冲击力，使本该实现双赢局面的改革、改制，出现“双输”的悲剧。而攀钢在进行并购整合投入时，首先是摸清员工心理，解开员工心结，然后是确保干部职工队伍稳定，这些举措无疑能够保障被并方感受到主并方对其的尊重和理解。同时，攀钢在进行整合时较为充分地综合考虑了双方文化的优劣势，因而在文化建设时有选择、有摒弃、有融合。

(四)并购后的交流需要提前、双向和持续

从建龙集团并购通钢集团的教训中可以发现，建龙在进行整合前，不仅没有提前进行沟通交流，导致改制时的信息严重不对称，普通职工也没有思想准备，这已造成对职工知情权的不尊重。在这一问题暴露之后，建龙仍然没有采取恰当的处理方式来增进双向交流，反而只有建龙下派的管理者具有发言权，通过各种形式隔绝了通钢员工与高管的对话。

提示：不合理的交流方式无法保证有效的整合，最终导致了并购的失败。纵观攀钢的情况，从并购之初就开始了文化调查，之后又进行了文化交流和沟通，这对于一系列整合措施的提出都是有裨益的。这是因为，交流的提前

性可以帮助并购双方相互了解，尤其是可以使被并方尽快降低对未来的不确定性。而另一方面，双向交流关键在于充分平等的沟通，实现优势互补。

第二节 跨国并购的成功经验

一、研究目标

我们在前面的章节已经探索了组织文化对并购有效性的影响机制，还包括组织文化预览、员工沉默、文化冲突、职场排斥对于企业并购可能产生的影响机制。这里，将在并购案例分析的基础上，运用这一影响机制，结合双向组织文化预览，提炼出基于双向预览的整合干预模式，来考察跨国并购的可行性。在中国五矿集团公司(以下简称中国五矿)对OZ矿业公司的并购中，我们课题组参与了理论研究成果的实践应用，初步检验了所提出的整合干预模式的应用效果，同时还在整合过程中完善了这套干预模式。

中国五矿作为特大型中央企业，近年来，在企业并购重组方面取得了重大突破，也积累了丰富的并购整合经验。作为中国五矿多项并购重组事务的直接参与者和决策者之一，我们课题组就如何使不同类型的企业进入中国五矿，得到平稳、快速、持久发展，进行了宝贵的尝试。

提示：为使本项研究成果能够尽快应用于实践，根据研究过程中所得出的研究成果以及多年来对这一问题的思考，尝试在中国五矿对于OZ矿业公司并购整合中，采用本研究所提出的文化整合双向预览整合干预模式，作为整合的核心方法进行应用检验。

二、基本的并购思路

在中国五矿对OZ文化整合之前，通过双向预览途径进行了整合方案设计。在此基础上，将整合方案与相关部门进行沟通，同时与OZ矿业公司方面进行深入交流，获得了其对于整合方案的理解和认可，根据整合方案，落实具体的文化整合措施，通过绩效和员工实际反馈来检验整合效果。

提示：本研究根据前几章的组织文化对并购有效性影响机制研究，提出了双向预览整合干预模式，以组织文化各个构成因素作为整合内容，以双向预览作为整合途径，针对组织文化因素，提出发挥员工谏言、体现双重认同、拓展群体效应等举措，同时提出淡化组织文化差异、增强组织文化认同度、进行适度整合投入三项主要路径。

本研究与中国五矿并购OZ矿业公司同步进行，在本研究得出研究结论后，尝试在中国五矿对OZ矿业公司的并购中进行实践研究，推广整合模式。具体研究步骤如图12-1所示。

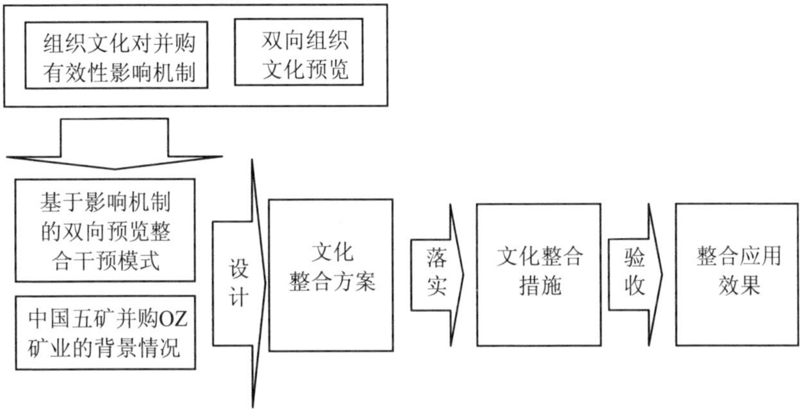

图12-1　中国五矿和OZ矿业公司文化整合的实施方案

提示：我们在并购过程中，并没有因为自己是主并方而忽视对方的表达，在执行并购的策略中，充分考虑OZ矿业公司的合理诉求，推广整合模式时也反复征求双方的意见，达成一致再推进。

三、整合干预模式的提炼

依据实证研究发现的组织文化对并购有效性影响机制的研究成果，结合案例分析和文献综述，本研究发现，主并公司容易试图主宰被并方的企业文化，造成目标公司员工感觉在并购后的新组织中是“二等公民”。在这种情况下，主并方一方面容易忽视交流的重要性，采取强硬激进的整合措施，导致整合的巨大阻力；另一方面当发现整合推行不力时，才考虑进行沟通，但此时主并方仍有作为优势方企业的心态，容易使其采用单方面的文化输出交流，造成文化整合时无法吸纳被并方企业文化的优点，无法使被并方感受到被尊重和理解，最终导致并购双方企业之间缺乏信任，难以提高认同度，并购后组织承诺降低，绩效下降。

提示：针对这一问题，本研究根据国内最新的文化整合研究成果，决定在并购过程中开展组织文化预览，来解决并购中存在的沟通途径和方式问题。

在此基础上，尝试与本研究所得出的组织文化对并购有效性影响机制的成果相结合，提炼出相应的整合干预模式。

课题组(2009)在 Weber 和 Camerer(2003)实验范式的基础上，以一项模拟实验探索组织文化预览对并购后绩效的影响。实验中将组织文化预览操控为三个水平：单向预览(被并方预览主并方的组织文化)、双向预览(在单向预览的基础上，同时让主并方预览被并方的组织文化)和无预览(控制组)，观察其对并购后绩效的影响。实验以 4 人为一个单位进行，其中每 2 人分别扮演一个公司的经理和员工，共 2 个公司。在经理和员工面前各自呈现 16 幅实验图片材料，主试会告诉经理 8 幅目标图片，然后让经理按照顺序依次描述目标图片，员工则尽可能快地从 16 幅图片中选出那 8 幅目标图片。第一阶段共进行这样的实验 20 轮，用完成图片选择任务的时间作为公司绩效。第二阶段，分别对进行不同的实验操作干预，即双向预览、单向预览和无预览，预览的形式是听对方第一阶段的部分实验录音。之后，进入第三阶段的实验。第三阶段完成与第一阶段同样的实验任务，主要考察并购前后完成任务的效果。

提示：此实验巧妙地利用图片匹配任务，紧紧抓住了交流沟通对工作效率的影响。在工作交互中他们最终均发展出一套相互默契的、有利于绩效提高的独特语言系统，从而体现了整合文化的积淀形成过程。

实验最终发现，双向组织文化预览无论是对整体绩效还是并购双方绩效都有显著提高作用，但是，单向组织文化预览组并购后绩效影响作用未达到统计学意义上的显著水平。

提示：双向组织文化预览通过实验室探索，已经初步证实了其有效性。不过，双向组织文化预览作为一种全新的文化整合干预方法，还缺乏在实际企业中应用的检验，同时也缺少文化整合过程中对各类文化因素(文化差异性、文化认同度、整合投入度、多元容忍度等方面具体操作方式)具体措施的指导。因此，本研究拟在探索出组织文化对并购有效性的影响机制后，尝试将文化预览的方法与之结合，提炼出一套系统的整合干预模式，并在实际并购企业中应用，进一步检验其有效性。

通过上述问卷调查、案例分析和理论研究，本研究最终将组织文化预览的概念和影响机制的研究成果相结合，得出一套基于影响机制的双向预览模式，具体如图 12-2 所示。双向组织文化预览主要是在并购双方在完成并购交易后的初期及时展开，以便了解双方企业文化，减少企业文化信息不对称。

提示：主并方需要主动承认双方企业存在文化差异，且不强求被并方文化与主并方同化，保证“求大同、存小异”，淡化差异性，降低被并方的不确定感和危机感。

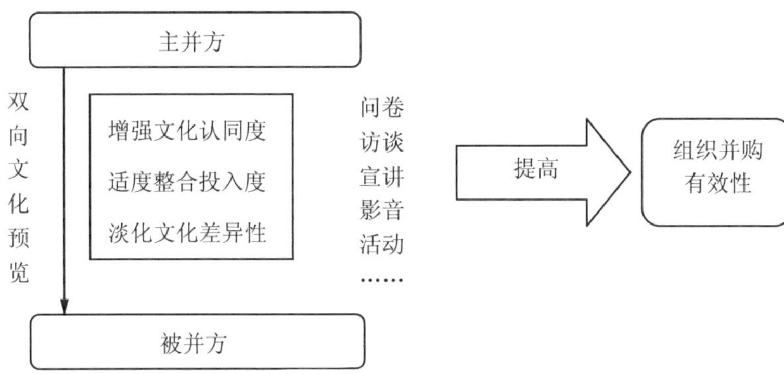

图 12-2　基于影响机制的双向预览整合干预模式

同时，通过双向预览，可以充分了解双方企业文化优势，在进行整合投入时可以适度合理地吸收双方文化的精华，主并方可以让被并方感受到主并方的真诚态度和对其的充分尊重与关注。最后，双向预览可以让主并方了解被并方的核心文化内涵，只要在此核心文化指标方面加强文化认同，便可以实现并购有效性的提高。

四、中国五矿并购 OZ 矿业公司背景

中国五矿成立于 1950 年，隶属于国务院国资委，以金属、矿产品的开发、生产、贸易和综合服务为经营主业，兼营金融、房地产、物流业务，是实行多元化经营的跨国企业集团。2010 年 7 月，《财富》杂志公布的世界 500 强排名中，中国五矿位居第 332 位。2010 年，中国五矿被国务院国资委授予“业绩优秀企业”称号。2000 年，在国务院的直接领导下，中国五矿与中国有色金属工贸集团进行重组，拉开了中国五矿战略转型的序幕。十多年来，中国五矿不断推进战略转型，通过持续性的境内外并购重组，走出了一条跨越式发展的转型之路。通过并购重组，中国五矿已从单一外贸公司转变成为中国最大的综合性、多金属、国际化经营企业，是中国最大的独立铁矿资源企业、中国最大的冶金原料集成供应与钢材流通企业、中国最大的基础金属综合性生产经营企业。

OZ矿业公司是世界第二大锌生产商和重要的铜、铅、金、银生产商。该公司由Oxiana公司和Zinifex公司合并而成，合并前仅Oxiana公司市值就超过百亿美元。由于投资扩张过度，OZ矿业公司在2008年的国际金融危机影响下资金链断裂，陷入财务困境，被迫寻求外部重组。中国五矿在获知OZ矿业公司出现财务困难后，立刻与公司管理层和董事会取得联系，真诚表示希望与OZ矿业公司进行战略重组。经过多轮次的沟通与磋商，中国五矿最终以13.86亿美元的代价，成功收购OZ矿业公司的主要资产。在完成收购后，以OZ矿业公司主要资产设立了五矿全资拥有的新公司——MMG公司。

五、设计文化整合方案

本研究在设计文化整合方案时，核心理念是将双向预览和组织文化各个因素的整合关键点相结合；同时，还需要考虑中国五矿之前的并购经验以及与OZ矿业公司并购整合的实际情况。最终按照三大文化因素整合要点来设计整合方案。

提示：首先，针对文化差异性，需要在并购交易完成后，尽快进行企业双方组织文化调查，将各自企业文化全貌展示给对方。中国五矿作为主并方，主动承认双方的文化差异性的存在，也将双方文化差异展示给双方企业各个层面的管理者和员工，最重要的是明确表态，不会抹杀OZ矿业公司原有的组织文化。这一做法赢得了被并方的信任。其次，针对文化认同度，在进行双向预览的同时，在之前了解双方差异的情况下，需要针对被并方OZ矿业公司的核心文化内涵，在加强中国五矿自身在此方面的文化建设的同时，争取得到对方的文化认同，实现组织文化整合的“求同存异”。最后，针对整合投入度，通过双向预览，在并购交易之初，了解双向企业文化的优势和弱势，中国五矿需要放下主并方的强势姿态，虚心接受OZ矿业公司的优秀企业文化，将之融合进新的企业文化中。同时在进行双向预览时，由于是主并方倡导，积极接纳被并方的文化预览，可以让被并方OZ矿业公司感受到主并方真诚的整合态度，以及对他们的文化尊重和关注，有利于下一步的整合。根据上述整合方案，本研究尝试进行一系列的具体文化整合措施。

六、落实具体整合措施

(一)双向文化预览，全面互动交流

1. 大力宣讲预览文化框架

通过访谈和实际考察体验，深入地了解并购双方组织文化的框架。并购之初，在双方企业召开了大型文化宣讲会，参会人员不仅包括高层管理者，还包括中层和基层管理者以及普通员工。在宣讲会上，通过播放各自企业影像资料，发放纸质文化宣传手册，以及由公司领导进行有针对性的组织文化宣讲介绍，旨在让并购双方员工都有机会认识和了解对方文化框架，和双方公司文化差异的概貌。

2. 深入访谈交流文化内涵

在了解双方企业组织文化概况的前提下，进一步通过深入的座谈形式，了解了并购双方组织文化的核心内涵。除了访谈，中国五矿还派遣了部分有着较为丰富海外工作经验和适应能力的员工，深入OZ矿业公司，通过实际工作生活，体验他们的组织文化。同时，积极邀请OZ矿业公司方面派遣人员来中国总部考察工作。

3. 共同参加各种非正式活动

中国五矿把握各类机会，与OZ矿业公司管理者和普通员工在各种非正式场合进行互动交流。比如，中国五矿60周年庆典，热情邀请了OZ矿业公司管理者参加表演，与中方员工同台演出。除此之外，在各类非正式的年会活动中，都会邀请双方企业代表参与，增强交流，亲身体验双方企业的组织文化。

4. 建立长期有效的交流平台

在中国五矿设立OZ矿业公司在中国五矿的办事处，发挥沟通平台的作用。同时建立专门以交流为核心工作的M-CUBE交流项目，定期互派员工，进行交流和学习，促进OZ矿业公司正确理解集团的管理理念和方法，实现了快速融合，同时，也努力向OZ矿业公司学习先进的管理经验。

5. 高层领导经常亲临考察交流

除了上述常规的双向预览工作外，在并购交易之后，中国五矿高层领导还经常亲临OZ矿业公司进行考察交流，体现了高层管理者对交流沟通的重视程度和执行力度。高层领导不仅听取一般性的工作汇报，还能做到深入地

下矿区向工作人员详细了解巷道开采、安全生产及矿石产量等相关情况，以及普通员工的生活工作状态。此外，中国五矿领导还登上岩壁钻孔平台，亲自操作工作臂进行岩壁钻孔作业，减少了双方的距离感和神秘感。

(二)全方位交流，淡化文化差异性

进行国际并购与国内并购不同，国际并购不仅涉及目标企业、东道国政府、当地社区、工会组织、并购企业债权人等多个利益相关方，程序也纷繁复杂，由于并购双方企业文化存在着巨大的差异，这些差异不仅仅体现在企业层面，还涉及国家文化层面，因而，早在并购之初，中国五矿与OZ矿业公司及利益相关方始终保持着全方位的沟通与交流。在获悉OZ矿业公司出现财务困难后，五矿真诚地表示合作意愿，并很快得到了OZ矿业公司管理层和董事会的欢迎。随后，中国五矿在对不涉及重大利益的问题上做出了适当的让步，确保提出的收购方案得到当地政府、并购企业等相关利益方的认同。特别是在FIRB审批中，中国五矿与OZ矿业公司一起向澳大利亚政府进行解释和说服。收购公司和被收购公司同时提交申请，这在澳大利亚外资审查史上是第一次，这也体现了中国五矿在并购前的诚意。当然，双向预览和互动最为关键的时期还是在并购交易完成后，因而在此次交易完成后，由中国五矿主导，对双方企业的组织文化进行了充分的调查和了解，并且进行了对双方企业组织文化的介绍和宣传，起到了双向预览的作用，较为客观和真实地向双方企业管理者和员工说明并购双方企业文化差异，降低了被并方对于未来的不确定性和危机感。在进行了双向预览之后，参照研究中发现的组织文化差异，中国五矿作为主并方提出，让双方经营背景差异很大而形成的不同企业文化完全趋于一致，这既不现实也无必要。中国五矿不强求OZ矿业公司在各个方面的组织文化完全同化为中国五矿文化，而是提出可以考虑在文化建设方面做到“求同存异”。具体是指，在核心文化上，加强互相认同，允许OZ矿业公司子文化存在和发展。

提示：“求同存异”的理念，大大降低了OZ矿业公司员工对于未来可能被新的文化或者管理者所支配的危机感和不确定感，避免了并购后出现的离职倾向。同时，在一些非正式场合的沟通中可以发现，OZ矿业公司员工对于被并购没有过多的逆反情绪，对新公司的接管方式表示满意。

(三)体现尊重和互动，整合投入合理适度

并购之后，中国五矿直接建立了经常性管理交流平台，定期在中国五矿和OZ矿业公司之间互派员工，相互学习，汲取长处，以期提升管理水平。这种互相学习、双向影响互动的协同方式，得到了OZ矿业公司上至高层领导下至普通技术员工的肯定，他们普遍感受到中国五矿并没有恃强凌弱，其自身优势文化得到了较好的保留和发展，同时还能吸收中国五矿先进的文化内涵。

提示：中国五矿采取的是不回避矛盾、充分沟通的方式，能够更好地了解并购双方组织文化的优势和劣势。因而，在通过初期的双向预览之后，中国五矿较为清楚地了解到OZ矿业公司在安全生产、战略规划、员工培训、工程审计、成本控制、在建项目管理等方面有较为明显的优势，值得中国五矿学习借鉴。

在保持管理层和职工队伍稳定的同时，中国五矿在一些关键管理岗位(如执行董事、财务经理)派出一定人员，完善董事会领导下的总经理负责制，有效掌控关键运营环节，但不影响OZ矿业公司较为自主的经营管理权限，整合投入适度合理。

提示：通过沟通交流，中国五矿了解到OZ矿业公司管理人员拥有丰富的经营经验，以及公司对领导的高度忠诚。因此，中国五矿尊重OZ矿业公司员工对其原有管理人员的认可，保留了OZ矿业公司原有经营团队，同时对高级管理人员和核心技术人员，按照市场化原则制定长、短期激励机制，提高员工积极性(这种保留对方队伍的做法，开始并没有完全被我方人员所理解，坚持一段时间取得成效后，才逐步推广开来)。

(四)加强企业社会责任，力求核心文化认同

在并购之初，中国五矿组织了双向组织文化调查，通过各种途径进行了双向预览和交流。在这一过程中，一般不会提到GDP或者其他经营情况等。OZ矿业公司认为企业进行资源开发不能破坏当地环境，在社区发展方面，企业主要关注的是能否解决当地就业问题，可以说社会责任是OZ矿业公司核心组织文化之一。

提示：中国五矿了解到OZ矿业公司是一家非常注重企业社会责任的矿产公司，当地企业和政府最为关注的两个问题，一个是环境，另一个就是社区(我们在国内调查中确实发现，社会责任感是一个很重要的维度，这在澳大利亚企业的并购中派上了用场)。

本研究也曾提及“社会责任”这一文化指标，不过，在我国企业并购中常常只是停留于纸面，很少落实到实际行动中受到真正的重视。但是，中国五矿从2007年开始，每年定期发布可持续发展报告，在请社会各界关注中国五矿发展的同时，也鞭策自身去更多地承担社会责任。中国五矿在2009年加入了全球契约组织，体现了中国五矿对企业社会责任的高度重视。

提示：当了解到社会责任也是OZ矿业公司组织文化的核心部分时，中国五矿比以往更加注重安全生产、节能环保、地方就业和员工队伍稳定等社会责任因素。在与OZ矿业公司的跨国并购重组过程中，积极履行中国企业海外社会责任，为澳大利亚地方政府就业、税收及当地经济发展做出了积极的贡献。

在并购交易完成之后，中国五矿在保证企业生产和环境保护并行的基础上，积极吸纳澳大利亚当地人就业。昆士兰世纪矿山本土员工占23%，中国五矿给他们提供了培训和教育机会，使其在矿山寿命结束之后也能得到发展。同时，中国五矿还与昆士兰州政府以及当地居民三方共同签订了“社区共建”协议——海湾社区协议(GCA)。中国五矿收购OZ矿业公司保障了近5000名澳大利亚人的工作机会，这符合澳大利亚国家利益，也保障了OZ矿业公司员工的利益，更减轻了当地政府解决就业的压力。同时，中国五矿尊重当地企业工会制度，与工会保持良好的关系，更好地发挥了原公司高素质的员工队伍优势。

七、整合效果

在各方协作与共同努力下，目前MMG公司已平稳运营，第一年累计实现利润4亿美元，保有现金流约6亿美元，取得了远超于预期的投资效果。中国五矿在完成收购半年内即生产锌精矿含锌26.38万吨、电解铜及铜矿含铜5.59万吨、黄金2.2吨、铅锌矿含铅2万吨，恢复了当年作为重要锌、铜、铅生产商的行业地位。成功收购OZ矿业公司，一方面增加了中国五矿在锌、铜、铅等紧缺金属的矿产资源储备，提高了中国金属矿产品原料的供应保障程度；另一方面也构建了中国五矿开发海外资源的国际化平台，大大充实了集团公司的矿业人才队伍。

中国五矿并购 OZ 矿业公司被《亚洲金融杂志》评为"全球最佳并购项目"。并购双方实现共赢，成为中澳企业投资合作的成功典范。张德江同志对 MMG 公司运营情况也做出重要批示，对中国五矿成功收购 OZ 矿业公司主要资产并成功运营 MMG 公司给予了高度肯定。张德江同志在批示中指出，"这是我国企业走出去，成功收购国外优质资源的典型案例"。

提示：我们项目组在 MMG 公司中取得的成功，也使得一些国际并购的经验在国内并购中得以推广。

八、分析讨论

我们在中国五矿与 OZ 矿业公司的整合实践过程中，尝试运用基于影响机制的组织文化双向预览整合干预模式，结果发现，此整合模式在企业实践中有较好的应用效果。根据本次尝试的结果，本研究总结了整合干预模式在具体应用时的注意事项和基本方法。

提示：以下六条，是我们项目组与中国五矿共同总结出来的。

第一，文化摸底：并购交易后，第一时间调查双方组织文化。无论并购前是否已经做了组织文化的尽职审查，在并购交易完成之后，主并方都需要在第一时间对被并方的组织文化进行更加深入的调查，同时也需要清晰地了解自身企业的组织文化概貌和核心内容。这是进行组织文化整合的最重要的基础工作，调查主要采用问卷法、访谈法以及被并方提供的与组织文化相关的档案和材料。

第二，双向预览：充分沟通，了解双方核心文化和文化差异。在及时对双方的基本情况进行深入的了解后，可以对各自的组织文化有一个基本的评价，进行双向组织文化预览，让并购双方管理者和员工都能较为全面地认识和了解双方企业文化差异的真实情况，同时，需要让被并方充分了解主并方的文化核心。当并购企业双方都充分获得对方企业组织文化信息时，可能会降低对并购后的不确定感和危机感，从而帮助并购双方以更加宽容的态度对待对方的员工和管理者，同时了解核心文化也便于主并方进行下一阶段的整合工作。

第三，适度投入：提高整合中的双向互动和影响，体现尊重理解。在并购后的整合过程中，主并方需要采取各类措施，让被并方感受到组织文化整合的投入程度，体现对他们的尊重和理解。本研究发现，组织文化整合程度与并购有效性呈正相关，解决并购中文化冲突的一个重要手段就是在并购企业双方之间建立起一种相互尊重的关系。在并购过程中，并购双方需要保持真诚、公开的姿态。因而，整合投入是必需的，但更需要掌握尺度，关键是让双方可以进行相对平等的交流，保证让员工感受到足够的关注和尊重。

第四，求同存异：淡化文化差异，加强核心文化认同。实证研究表明，组织文化有效性与组织文化差异相关性，并非想象的那么高，反而是组织文化认同程度对并购有效性具有正向影响作用。因而，在提出组织文化整合方案时，需要强调不拘泥文化差异，承认被并方文化存在的自由，同时提出需要加强双方核心组织文化的认同程度。也就是说，在并购过程中应考虑的最关键的问题不是组织文化差异，而是被并方对于主并方文化的认同程度。如中国五矿并购 OZ 矿业公司时，在文化认同方面，加强了社会责任的建设，在处理文化差异时，允许对方的企业文化存在。

第五，去粗取精：发现被并方企业文化精华并融入母体文化。在并购中，主并方的组织文化不一定在每一方面都优于被并方。尤其是如中国五矿并购 OZ 矿业公司的这种跨国并购中，外企在科研创新、组织授权、社会责任等方面的文化很有可能是优于作为主并方的中国企业的。这时就需要在清晰了解被并方组织文化优势、劣势的情况下，取其文化精华融入母体文化，优化企业整体的组织文化。

第六，追踪干预：追踪干预效果并调整干预措施。组织文化整合干预是一个长期的过程，并不是简单的一两次沟通就可以达到整合目的的。在中国五矿并购 OZ 矿业公司后，有将近一年多的时间内，即使在已经获得了业界较高评价的情况下，文化整合干预从没有停止过，还根据整合干预的情况反馈，一定程度地调整干预措施。

第三节　管理启示

一、组织文化差异应该注意的问题

(一)并购双方提前的评估和尽职调查是必要的

就组织文化预览产生的差异而言，在并购前，针对并购双方的组织文化评估以及文化尽职性审查是重要的，同时，在文化评估与尽职性审查的基础上，应明确双方的差异以及可能发生的冲突，并针对文化差异或者潜在冲突的类型实施有针对性的文化预览手段，即在一般文化差异的条件下，通过单纯的文化信息预览与曝光效应以达到双方群体成员的相互了解。

(二)不管是组织文化间的差异还是不同的文化差异都要关注

在这种情况下，不管是组织文化间的差异信息还是相似信息都应该尽可能地体现出来。这是因为，差异性有利于员工提前形成一种心理准备，进而缩短并购过程中以及并购后的心理适应过程，最终有利于并购不确定性的降低。而相似性则是对并购双方一致性与连续性的强调，这显然是有利于不确定性水平降低的。当在文化评估与尽职性审查后发现双方文化中存在明显的价值观对立与冲突时，对文化预览这种策略的实施就必须特别慎重。

(三)针对不同的文化差异采取不同的干预措施

面对各种文化差异，应针对文化中不同的成分采用不同的干预策略，对于那些处于一般差异状态或者相似性状态的文化成分，可进行单纯的文化信息预览与曝光效应；而对于冲突成分而言，则需要其他的干预方式来进行缓和工作。如采用不同的认同方式，或者提供关于组织公正的信息等来逐步解决。

二、组织认同应该注意的问题

(一)在并购中要突出并购双方的共同性

这是双方员工合作的重要基础。其中，文化的共同性所带来的认同连续性更是有利于保护员工在原组织中业已形成的心理行为的一致性，这会在很大程度上降低由于并购所带来的各种不确定性，而这些都需要通过对新组织形成认同来实现。

(二)同样需要认可原组织的部分文化

在强调双方共同性的前提下，同样需要认可个体对原组织业已形成的认同，这是因为对个体原组织特性的忽视与不认可，往往意味着他们在新组织中并未得到尊重，而这种心理感受往往会使得个体进一步加强对原组织的认同，以增加这种群际偏见所产生的消极影响，从而也就会进一步阻碍个体对新群体形成认同。

(三)强调文化间的认同是必要的

在企业并购中，不论双方文化间是否存在冲突，强调文化间共同性的东西应是首要的。在双方文化不存在冲突的条件下，共同性程度越高，往往越有利于缓和并购所带来的消极影响。这是由于相似背景下过多地强调差异性，容易使相似性所带来的积极影响受到损害，进而不利于新的认同的产生，因此，应弱化差异性。当并购双方的文化存在冲突时，由于差异性与冲突性的存在，不论是弱化还是忽视都是不可取的，反而应该充分体现出尊重性来缓和冲突所带来的消极影响。

（四）强调文化与认同的多样性

双重认同同样体现了一种对不同文化的认同，其积极影响也得到了本研究的验证。需要明确的是，这种文化认同的多样性是建立在共同性与相似性的基础之上的，没有这种共同性基础，往往容易产生消极后果。

三、从不确定性管理的视角来看待公正问题

首先，公正信息需要明确体现。在并购中由于存在太多的不确定性因素，采用启发式的思维方式能使获得的信息明晰化。

其次，以公正信息与认同相结合的方式可降低不确定性。不管是共同认同还是双重认同，其策略的实施往往都需要建立对双方员工的认同以及对文化的深入了解，如果适时采取公正的启发策略加以辅助，则能达到事半功倍的效果。

最后，公正信息需要完全公开，如果此时采用共同认同和双重认同的策略，特别突出与公正信息有关的共同性，那么，同样有利于提升公正信息的启发效应，并能产生积极的效果。

附 录

附录一 并购有效性调查问卷

本调查旨在探索贵单位在并购后各项指标的变化情况。本调查采用匿名方式，所提供的信息仅供学术研究之用。

1 退步非常大，2 退步比较大，3 没有变化，4 进步比较大，5 进步非常大。

在相应选项的编号上打“√”。问卷中所讨论的并购有效性，一律指并购交易结束至少在 1 年时间之后的情况。

谢谢您的参与和支持！

中国科学院时勘博士课题组

1. 竞争者准入壁垒提高程度

1——2——3——4——5

2. 生产成本费用节约程度(生产要素、原材料等节约)

1——2——3——4——5

3. 销售成本费用节约程度(渠道协同)

1——2——3——4——5

4. 市场开拓能力

1——2——3——4——5

5. 技术创新能力(双方公司互动而产生新的技术)

1——2——3——4——5

6. 主营业务收入增长情况

1——2——3——4——5

7. 主营业务利润增长率

1——2——3——4——5

8. 优势品牌和商誉企业的影响力(双向影响)

1——2——3——4——5

9. 行业专属管理经验和管理能力(双向提高)

1——2——3——4——5

10. 技术融合及扩散能力(双向技术转移)

1——2——3——4——5

11. 产品或服务之间投入要素共享程度(信息系统、能源等共享)

1——2——3——4——5

12. 融资及内部资本融通能力(可享受较低贷款利率、建立公司内部融资平台)

1——2——3——4——5

您的个人信息:

您的职位:1)普通员工　2)基层管理者　3)中层管理者　4)高层管理者

您单位的性质:1)民营企业　2)外资企业　3)国有企业　4)合资企业　5)事业单位

您单位的规模:1)10人以下　2)11～100人　3)101～500人　4)500人以上

您的教育背景:1)高中及以下　2)大专　3)大学本科　4)硕士　5)博士

附录二　文化指标相关度评价问卷

基于您在组织文化方面丰富的学术和实践经验,我们诚邀您参与本调查研究。下列是我们通过多次调查和访谈筛选而得的组织文化指标,请您仔细阅读这些文化指标及其解释,然后做出您的评价。

中国科学院时勘博士课题组

一、组织文化指标的基本含义

下面是对于各个组织文化指标的基本含义的解释，如果有不同的看法，请标示出。

1. 组织授权：组织能够充分、合理地将权利授予员工，使员工有机会参与组织的决策或规划。

2. 能力发展：组织高度重视员工的职业发展，持续投入于员工的技能培训，并为员工创造成长的环境。

3. 个性关怀：组织关心员工工作、家庭等方面的物质和情感的需求，充分考虑员工个人情况，给予帮助关怀。

4. 价值引领：组织有一套全员共享理解的核心价值观，其不仅是员工行动的准则，更是企业经营发展的基石。

5. 大局意识：组织内大家以大局为重，有达成一致的意念和倾向，必要时舍去本位利益、顾全组织利益。

6. 部门协作：在达成共同目标时，不同部门之间能够良好配合和协作，及时协商、整合与分配资源。

7. 变革创新：组织为适应变革需求，根据市场环境变化做出准确的预测，并持续不断地尝试新的应对方式。

8. 关注客户：组织能及时把握不同类型客户需求的变化规律，预测需求变化趋势，与客户建立长远信任关系。

9. 组织学习：组织以开放的态度，吸取外部变化的信息、掌握新知识技能和管理经验，转化为创新和发展的机会。

10. 战略导向：组织能从宏观角度出发，把组织的战略意图、目标和执行要求传达给员工，并使之体现在员工的日常行动中。

11. 愿景激励：组织向员工描述理想的前景，努力让员工充分共享这一前景，指明奋斗目标和发展方向，激发员工的工作热情。

12. 社会责任：组织在创造利润的同时，倡导对环境、社会和员工的责任，遵守商业道德，保障消费者利益和环境资源。

二、组织文化指标的相关度分析

请根据上述文化指标，在下列表格内，比较“粗线”左边的文化指标与“粗线”右边的文化指标之间的相关程度。相关程度操作性定义为：①概念上的类似程度；②当一个指标出现时，另一指标在多大程度上也同时出现。具体的评分标准如下，将分数填入方框内，方框内有斜线的不用评分：

1 ——— 2 ——— 3 ——— 4 ——— 5 ——— 6 ——— 7

非常不相关　不相关　有点不相关　没感觉　有点相关　相关　非常相关

组织授权	组织授权	能力发展	个性关怀	价值引领	大局意识	部门协作
	\	\				
	变革创新	关注客户	组织学习	战略导向	愿景激励	社会责任

能力发展	组织授权	能力发展	个性关怀	价值引领	大局意识	部门协作
	\	\				
	变革创新	关注客户	组织学习	战略导向	愿景激励	社会责任

个性关怀	组织授权	能力发展	个性关怀	价值引领	大局意识	部门协作
	\	\	\			
	变革创新	关注客户	组织学习	战略导向	愿景激励	社会责任

价值引领	组织授权	能力发展	个性关怀	价值引领	大局意识	部门协作
	\	\	\	\		
	变革创新	关注客户	组织学习	战略导向	愿景激励	社会责任

大局意识	组织授权	能力发展	个性关怀	价值引领	大局意识	部门协作
	\	\	\	\	\	
	变革创新	关注客户	组织学习	战略导向	愿景激励	社会责任

部门协作	变革创新	关注客户	组织学习	战略导向	愿景激励	社会责任

	变革创新	关注客户	组织学习	战略导向	愿景激励	社会责任
变革创新						

	变革创新	关注客户	组织学习	战略导向	愿景激励	社会责任
关注客户						

	变革创新	关注客户	组织学习	战略导向	愿景激励	社会责任
组织学习						

	变革创新	关注客户	组织学习	战略导向	愿景激励	社会责任
战略导向						

	变革创新	关注客户	组织学习	战略导向	愿景激励	社会责任
愿景激励						

您的基本信息：

1. 性别：A. 男　B. 女

2. 年龄(岁)：A. ＜20　B. 20～29　C. 30～39　D. 40～49　E. 50～59　F. ＞60

3. 单位性质：A. 国企　B. 私企　C. 外企　D. 合资企业　E. 事业单位　F. 其他________

4. 教育背景：A. 高中及以下　B. 大专　C. 大学本科　D. 硕士　E. 博士

5. 工作经验：A. 2 年以下　B. 2～5 年　C. 5～10 年　D. 10～15 年　E. 15～20 年　F. 20 年以上

6. 所属行业：A. 农、林、渔业　B. 采掘工业　C. 建筑业　D. 运输、通信和公共事业(水、电等)　E. 制造业　F. 批发业　G. 零售业　H. 金融、保险和房地产行业　I. 服务性行业(包括教育服务和学校等)　J. 政府管理　L. 其他________

7. 单位规模：A. 10 人以下　B. 11～100 人　D. 101～500 人　E. 500 人以上

8. 您的职位：A. 普通员工 B. 基层管理者 C. 中层管理者 D. 高级管理者

9. 您所在职位(岗位)的具体名称是________________

附录三 组织文化对并购有效性调查问卷

感谢您参与中国科学院管理学院的一项调查研究。本次调查的目的是了解一些有关您所在企业并购的情况，以便为改进管理、关爱员工提供一些参考意见。本问卷以匿名形式作答，调查所获得的研究结果只展现综合数据，不涉及任何个人信息，请不要有任何顾虑。请您在填写此问卷时，务必事先细心阅读和理解各项问题，根据您所在单位的实际情况做出判断，在合适的分数上打"√"，回答没有对错之分。感到不清楚的地方，可以向工作人员提问。总之，真实地表达您的感受，就能帮助提高调查结果的质量。最后，再次对您的参与及帮助表示衷心的感谢！

中国科学院时勘博士课题组

问题1，关于差异度：1差异很小，2差异较小，3一般，4差异较大，5差异很大。

问题2，关于认同度：1非常认同被并方，2较认同被并方，3一般，4较认同主并方，5非常认同主并方。

1. 组织授权：组织能够充分、合理地将权利授予员工，使员工有机会参与组织的决策或规划。	
1.1 您认为并购双方在"组织授权"方面的差异程度如何？	1 —— 2 —— 3 —— 4 —— 5 差异很小 差异很大
1.2 您更加认同哪个公司在"组织授权"方面的表现？	1 —— 2 —— 3 —— 4 —— 5 差异很小 差异很大
2. 个体发展：组织高度重视员工的职业发展，持续投入于员工的技能培训，并为员工创造成长的环境。	

续表

2.1 您认为并购双方在“个体发展”方面的差异程度如何？	1 —— 2 —— 3 —— 4 —— 5 差异很小 差异很大
2.2 您更加认同哪个公司在“个体发展”方面的表现？	1 —— 2 —— 3 —— 4 —— 5 非常认同被并方 非常认同主并方
3. 个性关怀：组织关心员工工作、家庭等方面的物质和情感的需求，充分考虑员工的个人情况，给予帮助和关怀。	
3.1 您认为并购双方在“个性关怀”方面的差异程度如何？	1 —— 2 —— 3 —— 4 —— 5 差异很小 差异很大
3.2 您更加认同哪个公司在“个性关怀”方面的表现？	1 —— 2 —— 3 —— 4 —— 5 非常认同被并方 非常认同主并方
4. 价值引领：组织有一套全员共享理解的核心价值观，其不仅是员工行动的准则，更是企业经营发展的基石。	
4.1 您认为并购双方在“价值引领”方面的差异程度如何？	1 —— 2 —— 3 —— 4 —— 5 差异很小 差异很大
4.2 您更加认同哪个公司在“价值引领”方面的表现？	1 —— 2 —— 3 —— 4 —— 5 非常认同被并方 非常认同主并方
5. 大局意识：组织内大家以大局为重，有达成一致的意念和倾向，必要时舍去本位利益、顾全组织利益。	
5.1 您认为并购双方在“大局意识”方面的差异程度如何？	1 —— 2 —— 3 —— 4 —— 5 差异很小 差异很大
5.2 您更加认同哪个公司在“大局意识”方面的表现？	1 —— 2 —— 3 —— 4 —— 5 非常认同被并方 非常认同主并方
6. 部门协作：在达成共同目标时，不同部门之间能够良好配合和协作，及时协商、整合与分配资源。	
6.1 您认为并购双方在“部门协作”方面的差异程度如何？	1 —— 2 —— 3 —— 4 —— 5 差异很小 差异很大
6.2 您更加认同哪个公司在“部门协作”方面的表现？	1 —— 2 —— 3 —— 4 —— 5 非常认同被并方 非常认同主并方

续表

7. 变革创新：组织为适应变革需求，根据市场环境变化做出准确的预测，并持续不断地尝试新的应对方式。	
7.1 您认为并购双方在“变革创新”方面的差异程度如何？	1 —— 2 —— 3 —— 4 —— 5 差异很小　　　　差异很大
7.2　您更加认同哪个公司在“变革创新”方面的表现？	1 —— 2 —— 3 —— 4 —— 5 非常认同被并方　　　　非常认同主并方
8. 关注客户：组织能及时把握不同类型客户需求的变化规律，预测需求变化趋势，与客户建立长远信任关系。	
8.1 您认为并购双方在“关注客户”方面的差异程度如何？	1 —— 2 —— 3 —— 4 —— 5 差异很小　　　　差异很大
8.2 您更加认同哪个公司在“关注客户”方面的表现？	1 —— 2 —— 3 —— 4 —— 5 非常认同被并方　　　　非常认同主并方
9. 组织学习：组织以开放的态度，吸取外部变化的信息、掌握新知识技能和管理经验，转化为创新和发展的机会。	
9.1 您认为并购双方在“组织学习”方面的差异程度如何？	1 —— 2 —— 3 —— 4 —— 5 差异很小　　　　差异很大
9.2　您更加认同哪个公司在“组织学习”方面的表现？	1 —— 2 —— 3 —— 4 —— 5 非常认同被并方　　　　非常认同主并方
10. 战略导向：组织能从宏观角度出发，把组织的战略意图、目标和执行要求传达给员工，并使之体现在员工的日常行动中。	
10.1 您认为并购双方在“战略导向”方面的差异程度如何？	1 —— 2 —— 3 —— 4 —— 5 差异很小　　　　差异很大
10.2 您更加认同哪个公司在“战略导向”方面的表现？	1 —— 2 —— 3 —— 4 —— 5 非常认同被并方　　　　非常认同主并方
11. 愿景激励：组织向员工描述理想的前景，努力让员工充分共享这一前景，指明奋斗目标和发展方向，激发员工的工作热情。	
11.1 您认为并购双方在“愿景激励”方面的差异程度如何？	1 —— 2 —— 3 —— 4 —— 5 差异很小　　　　差异很大

续表

11.2 您更加认同哪个公司在“愿景激励”方面的表现？	1 —— 2 —— 3 —— 4 —— 5 非常认同被并方 非常认同主并方
12. 社会责任：组织在创造利润的同时，倡导对环境、社会和员工的责任，遵守商业道德，保障消费者利益和环境资源。	
12.1 您认为并购双方在“社会责任”方面的差异程度如何？	1 —— 2 —— 3 —— 4 —— 5 差异很小 差异很大
12.2 您更加认同哪个公司在“社会责任”方面的表现？	1 —— 2 —— 3 —— 4 —— 5 非常认同被并方 非常认同主并方

附录四 实验图片

实验图片材料

图A

图B

图C

图D

图E

图F

图G

图H

图I

图J

图K

图L

图M

图N

图O

图P

目标图片清单

并购前目标图片清单

任务	目标图片
1	1)O；2)A；3)H；4)K；5)G；6)F；7)J；8)E
2	1)K；2)N；3)A；4)E；5)B；6)G；7)F；8)P
3	1)L；2)N；3)D；4)H；5)K；6)J；7)C；8)A
4	1)E；2)P；3)G；4)L；5)F；6)C；7)A；8)B
5	1)D；2)J；3)C；4)E；5)O；6)G；7)I；8)H
6	1)B；2)C；3)F；4)K；5)M；6)J；7)O；8)N
7	1)L；2)J；3)P；4)M；5)G；6)A；7)I；8)O
8	1)N；2)D；3)O；4)K；5)M；6)G；7)L；8)E
9	1)B；2)H；3)C；4)K；5)A；6)M；7)D；8)F
10	1)E；2)B；3)F；4)O；5)M；6)K；7)H；8)P
11	1)A；2)H；3)G；4)N；5)D；6)C；7)E；8)L
12	1)I；2)J；3)G；4)A；5)C；6)O；7)M；8)L
13	1)A；2)D；3)F；4)J；5)M；6)K；7)I；8)B
14	1)E；2)P；3)K；4)C；5)D；6)A；7)I；8)F
15	1)G；2)J；3)H；4)L；5)M；6)E；7)F；8)N
16	1)N；2)P；3)D；4)A；5)J；6)H；7)O；8)C
17	1)P；2)N；3)D；4)O；5)H；6)C；7)B；8)I
18	1)E；2)A；3)D；4)H；5)F；6)I；7)K；8)J
19	1)F；2)B；3)N；4)E；5)M；6)G；7)P；8)A
20	1)C；2)I；3)H；4)D；5)K；6)L；7)O；8)J

并购后目标图片清单

任务	目标图片
1	1)M；2)B；3)D；4)K；5)I；6)J；7)N；8)C
2	1)H；2)B；3)I；4)N；5)P；6)K；7)F；8)E
3	1)E；2)A；3)O；4)M；5)G；6)H；7)B；8)P
4	1)F；2)I；3)E；4)O；5)H；6)C；7)G；8)N
5	1)O；2)P；3)B；4)A；5)M；6)J；7)N；8)C
6	1)J；2)F；3)D；4)A；5)O；6)G；7)M；8)P
7	1)E；2)I；3)F；4)O；5)L；6)A；7)H；8)B
8	1)L；2)B；3)P；4)E；5)C；6)N；7)J；8)K
9	1)B；2)M；3)G；4)K；5)I；6)A；7)C；8)E
10	1)L；2)N；3)J；4)H；5)P；6)F；7)D；8)O

附录五 实验辅助调查问卷

针对被并方员工的调查问卷

非常感谢您完成了实验任务，最后还有几个简单的问题需要您回答。请在您认为合适的分数上打“√”。

1. 您认为在这次实验中，相对于全校学生完成此实验任务的平均能力，您同事的能力可以得几分，1很低，5很高，3平均水平。

• 被并方公司的经理

1——2——3——4——5

• 主并方公司的经理

1——2——3——4——5

• 主并方公司的员工

1——2——3——4——5

2. 请您对几位同事的满意程度打分，1很不满意，5很满意，3一般。

• 被并方公司的经理

1——2——3——4——5

• 主并方公司的经理

1——2——3——4——5

• 主并方公司的员工

1——2——3——4——5

3. 您认为实验中几个角色的任务难度如何，1 很简单，5 很难，3 普通。

• 主并方公司经理的难度

1——2——3——4——5

• 主并方公司员工的难度

1——2——3——4——5

• 被并方公司员工的难度

1——2——3——4——5

4. 您对主并方公司描述图片的方式的赞同程度如何，1 很低，5 很高，3 一般。

1——2——3——4——5

5. 您对被并方公司描述图片的方式的赞同程度如何，1 很低，5 很高，3 一般。

1——2——3——4——5

针对主并方员工的调查问卷

非常感谢您完成了实验任务，最后还有几个简单的问题需要您回答。请在您认为合适的分数上打“√”。

1. 您认为在这次实验中，相对于全校学生完成此实验任务的平均能力，您同事的能力可以得几分，1 很低，5 很高，3 平均水平。

• 主并方公司的经理

1——2——3——4——5

• 被并方公司的员工

1——2——3——4——5

2. 请您对几位同事的满意程度打分，1 很不满意，5 很满意，3 一般。

• 主并方公司的经理

1——2——3——4——5

• 被并方公司的员工

1——2——3——4——5

3. 您认为实验中几个角色的任务难度如何，1很简单，5很难，3普通。

• 主并方公司经理的难度

1——2——3——4——5

• 主并方公司员工的难度

1——2——3——4——5

• 被并方公司员工的难度

1——2——3——4——5

4. 您对主并方公司描述图片的方式的赞同程度如何，1很低，5很高，3一般。

1——2——3——4——5

附录六　工作行为调查问卷(员工自评)

一、对工作的思考与想法

1)我经常对工作有很多想法。

2)我经常忙于思考工作中的问题。

二、自我地位感知

1)我在本部门拥有很高的地位。

2)部门会给我参与重要事务决策的机会。

3)我所在的部门非常尊重我。

三、权力距离定位

1)管理者应该在没有咨询下属的情况下做大部分决策。

2)管理者在面对下属时，运用权力是非常有必要的。

3)管理者应该尽量少地询问员工的意见。

4)管理者应该尽量避免与员工工作外的接触。

5)员工不应该反对管理层的决策。

6)管理者不应该把重要任务授权给员工。

四、自我审查

1)如果我感觉别人不认同我的话，我就很难表达自己的观点。

2)很多时候我知道别人是错误的，但是我不会说出来。

3)我不认同别人的时候，我宁愿附和他们，而不愿争论。

4)在不认同我的人周围表达我的意见是容易的。

5)如果有人询问我的意见，而我也知道他/她是不认同我的观点的，我会感到不舒服。

6)我一般只会在朋友或者信任的人面前说出我的观点。

7)保持安静比当众说出其他人不认同的观点要安全。

8)如果我不认同别人，让他们知道也没有问题。

五、纳谏型领导行为

1)我的上司会优先处理员工关注的问题。

2)当我向上司反映问题时，他/她是公平的。

3)我会向上司反映问题，因为他/她会有效地进行处理。

4)我的上司会采取行动修正我告诉他/她的问题。

5)我的上司会迅速着手处理我关注的问题。

6)如果我关注的问题是有根据的，我上司会支持我。

7)当我反映问题时，我的上司会认真倾听。

8)当我向上司反映问题时，我不知道会有什么结果。

9)当我向上司反映问题时，我不知道他/她会做何反应。

10)当我向上司反映问题时，我不知道他/她会如何处理。

11)向我的上司反映问题是比较难的。

12)我不知道该如何向上司反映问题。

13)向我的上司反映问题压力很大。

14)我不害怕向上司反映问题。

六、威权型领导行为

1)我的上司要求我完全服从他/她的领导。

2)本部门大小事情都由他/她决定。

3)开会时，都按照他/她的意思做最后决定。

4)在我们面前，他/她总是表现出威严的样子。

5)与他/她一起工作时，他/她带给我很大压力。

6)他/她采用严格的管理方法。

7)当任务无法完成时，他/她会指责我们。

8)他/她强调我们的表现一定要超过其他部门。

9)我们必须遵照他/她制定的原则办事，触犯时，就会受到严厉的惩罚。

七、心理授权

1)我有相当多的自主权来决定怎样执行我的工作。

2)我能决定怎么完成我的工作。

3)我有很多机会，独立自由地选择怎样执行我的工作。

4)我能影响所在部门发生的事情。

5)我对所在部门发生的事情有很强的控制力。

6)我对所在部门的事情有相当的影响力。

7)我目前的工作对我很重要。

8)对我来说，我的各项工作任务是有意义的。

9)我认为我的工作是有意义的。

10)我自信有能力做好我的工作。

11)我自信有能力完成各项工作任务。

12)我已经掌握了所承担工作的必备技能。

八、心理安全感

1)在我们部门，有些员工会因为与其他人不同被排斥。

2)当我们部门中有人犯错时，他/她通常会遭到大家的反对。

3)我们部门中没有人会故意破坏诋毁他人。

4)在我们部门中请别人帮忙是很困难的。

5)在我们部门，你可以没有任何心理负担地去冒险。

6)我们部门的人很看重别人的特殊技能和才能。

7)作为我们部门中的一员，任何人都可以提出问题和讨论棘手事务。

九、愤世嫉俗

1)我经常质疑团队中管理层的动机。

2)该团队管理层对事情背后的原因向来很坦率。

3)我认为在这个团队中管理层大部分的决策背后有隐藏的动机。

4)我认为该团队的管理层为了让一个决策可以接受，会在解释他们的意图时颠倒黑白。

5)管理层会诚实说明他们的目的或目标。

十、分配公平

1)团队成员会得到与责任相当的报酬或奖赏。

2)团队成员会得到与他们经验相当的公平对待。

3)团队成员会得到与付出努力成正比的平等对待。

4)团队成员会得到与完成工作好坏对等的公平对待。

5)团队成员会得到与压力和辛苦程度相称的公平对待。

十一、程序公平

我们部门制定程序规则的目的是：

1)收集做决策必需的正确信息。

2)提供投诉或者挑战决策的机会。

3)了解决策所有的影响面。

4)产生标准程序模型，进而使得决策制定具有连续性。

5)倾听受影响群体关注的问题。

6)对决策及其应用提供有价值的反馈。

7)考虑到需要提供进一步解释或者提供决策的相关信息。

十二、员工谏言(自评)

1)我通常能够对那些能影响团队的事务提出可行性建议。

2)我通常会发表言论并鼓励部门中其他员工参与到关系团队利益的事务中去。

3)我能够就工作事务与部门中其他成员交流想法，即使我的观点与众不同，甚至没有人认同我的观点。

4)我熟知业务并且能为团队提供有用的建议。

5)我参与处理那些可能会为团体生活质量带来影响的事情。

6)我在团队中能就新工程或程序变革的想法而大胆发言。

十三、员工沉默(自评)

1)当我担心工作中的问题时，会选择沉默。

2)虽然我对如何改进工作有想法，但是我不会讲出来。

3)我不会跟其他人说我发现工作中存在问题。

4)当我得到相关信息可以帮助阻止工作中的意外事件时，我会保持沉默。

5)当我想得到工作的更多信息时，我不会主动询问。

附录七　工作行为调查问卷(部门主管)

一、员工谏言(他评)

1)这位下属通常能够对那些能影响团队的事务提出可行性建议。

2)这位下属发表言论并鼓励部门中其他员工参与到关系团队利益的事务中去。

3)这位下属能够就工作事务与部门中其他成员交流想法，即使他/她的观点与众不同，甚至没有人认同他/她的观点。

4)这位下属熟知业务并且能为团队提供有用的建议。

5)这位下属参与处理那些可能会为团体生活质量带来影响的事情。

6)这位下属在团队中就新工程或程序变革的想法而大胆发言。

二、员工沉默(他评)

1)当这位下属担心工作中的问题时，他/她一般选择沉默。

2)虽然他/她对如何改进高能工作有想法，但是一般不会讲出来。

3)这位下属不会跟其他人说他/她发现工作中存在问题。

4)这位下属可以得到相关信息以阻止意外事件发生时，他/她选择沉默。

5)他/她想了解工作的更多信息时，不会主动询问。

三、员工创新(他评)

1)这位下属会提出达到目标的新途径。

2)这位下属会提出新颖且实际的提高绩效的方法。

3)这位下属寻求新技术、新工作流程或者新产品生产思路。

4)这位下属能想出提高产品质量的新方法。

5)这位下属能够提供很多新的思路和点子。

6)这位下属不害怕承担风险。

7)这位下属向别人宣传推销新的想法。

8)如果有机会，这位下属就会在工作上表现出创造性。

9)这位下属会为新的思路充分准备，制订计划，安排时间表。

10)这位下属经常有新颖的想法。

11)这位下属提出解决问题的新思路。

12)这位下属经常有不同于常规的问题解决思路。

13)这位下属会提出完成工作任务的新方法。

四、工作绩效(他评)

1)总体说来，这位下属：

非常没有效率 1 2 3 4 5 6 7 非常有效率

2)这位下属的绩效是：

远远低于一般标准 1 2 3 4 5 6 7 远远高于一般标准

3)与其他员工相比，这位下属的工作：

比其他人差很多 1 2 3 4 5 6 7 比其他人好很多

4)就工作典型来讲，这位下属是：

很坏的榜样 1 2 3 4 5 6 7 很好的榜样

5)这位下属目前发展：

非常不成功 1 2 3 4 5 6 7 非常成功

附录八 预研究一材料

并购企业文化调查问卷

您好！欢迎您参与此次问卷调查。本次调查的目的是考察不同企业在发生并购时企业文化之间的关系问题，以便为后续的研究提供依据。本问卷调查不涉及任何隐私问题，问卷中所有问题没有对错好坏之分。我们保证：对于大家提供的信息严格保密。因此，请您在填写问卷时，不要有任何顾虑。填写之前，务必请认真阅读和理解各项问题，真实地表达您的感受。请在您认为合适的选项上画“√”。如果有不清楚的地方，可以询问身边的工作人员。最后，再次对您的参与和支持表示衷心感谢！

第一部分：基本资料

性别：________ 年龄：________

第二部分：重要概念解释

下面是此次问卷调查中涉及的两个重要概念的含义，请认真阅读并理解这些概念。

1. 并购

并购，即兼并与收购，是指两家以上相同规模或者不同规模企业合并成一家法人实体；其中，兼并是指两家以上企业合并成一家法人实体，而收购则是指一家企业用现金或者有价证券购买另一家企业的股票或者资产。

2. 企业文化

企业文化是指企业在长期发展过程中逐步形成的、为全体成员所共同遵循的、带有本企业特点的目标、宗旨、价值观、经营理念等，以及这些理念在生产经营实践、管理制度、员工行为规范和准则等方面体现的总和。

第三部分：企业文化描述

下面两段文字分别描述了即将参与并购的两家企业的部分企业文化内容，请仔细阅读这两段材料，然后回答材料后面的几个相关问题。每段文字请至少阅读两遍。

A 企业：迪信(Disen)公司企业文化

迪信(Disen)IT 控股有限公司是一家中国 500 强企业。在公司里，不管是最高层的管理人员还是基层管理人员，他们在做一些涉及公司与员工利益的决策时，都会多方面听取下属的意见，有时甚至会召开员工代表大会，以便广泛听取不同层级员工的意见，并且对那些员工异议比较大的问题，会经过再三修正与商议，才最终做出决定。除此以外，员工还可以通过多种途径向上级反映公司的各种规章制度在实施过程中可能存在的问题，从而有利于上级部门的及时改善与调整。

在工作中，领导们常常会为了充分调动员工的工作主动性，把一些权力主动下放给员工，让他们放手去干，因此，对于迪信公司的大部分员工而言，他们在工作中往往能够自主地决定很多事情。由此，员工之间在工作上的交流就相对频繁，同事之间互助合作完成工作任务的情况也随处可见。员工会积极主动地向主管领导汇报工作任务的进展情况，领导们也会积极关心员工的工作状况，而且还会主动关心员工的近期家庭生活状况。因此，往往在员工们看来，他们所在的工作团队就是一个和谐的大家庭，不管是同事之间还是上下级之间，都感觉是兄弟姐妹一样的关系。

B企业：菲里斯(Philis)公司简介

（文化差异条件）菲里斯(Philis)软件集团公司是一家中国500强企业。在公司里，不管是涉及公司利益的还是关系普通员工利益的决策的实施，都需经过科学严谨的调研与论证。在制定过程中，高层管理人员会经常征询部门领导与基层管理人员对在议政策的意见与建议，然后部门领导汇总结果提供给上级，政策最终会通过部门领导集体会议讨论是否通过。当然，在政策实施过程中，高层管理人员还会就政策的实施状况向一些重要部门的各级管理层询问，以便调整与改进。

工作上，在强调独立完成各自工作任务的基础上，上级也鼓励员工之间建立良好的工作伙伴关系，形成和睦的工作团队，当工作遇到问题与困难时，用集体智慧共同解决。为了减少由于工作职务所带来的关系隔阂，上级除了关心员工的工作以外，也会积极参与到员工们的休闲生活中，但鉴于隐私，上级们并不刻意去关心员工的家庭生活问题。此外，除了一些重要的工作任务需要上级亲自督促完成外，在很多任务上，上级领导对工作要求进行一些必要说明之后便给员工较多独立完成工作任务的空间，在任务进行过程中，员工无须向上级领导做过多工作汇报，且上级领导也是在任务进行的个别关键时期才询问任务的进展情况，平时很少过多干预。

（文化冲突条件）菲里斯(Philis)软件集团公司是一家中国500强企业。在公司里，不管是涉及公司利益的还是关系普通员工利益的决策的实施，都需经过公司管理层的严格审核。在制定过程中，公司管理高层会征询相关领域的专业人士的有关建议，但并未广泛征询基层管理人员与普通员工的建议，而且决策的最终形成只是高层领导通过内部会议来确定其行性以及如何实施。另外，为了能够更好地了解到某些决策在实施中遇到的问题，以便更好地改进，公司管理高层还会定期召开专门会议商讨改善与解决措施。

在菲里斯，绩效永远是公司的第一目标，而有效的管理就成为提高绩效的一项重要措施。为了使公司各项工作能够高效有序地进行，员工的绝大部分工作内容都已经事先明确。由于公司讲求效率，员工们为了节约时间以更快更好地完成任务，基本都是独立完成自己的工作，而对于那些可能存在多种处理办法的事务，员工更多地会征询主管领导的意见，而不会擅作主张。

为使管理层能够较为详细地了解公司项目与业务情况，以便统筹资源与人力，员工需要定期地向主管领导汇报工作进展状况，而主管也需要向其上级领导汇报。

（文化相似条件）菲里斯（Philis）软件集团公司是一家中国500强企业。在公司里，不管是涉及公司利益的还是关系普通员工利益的决策的实施，都需经过科学严谨的调研与论证。在制定过程中，各部门都会广泛征集员工对在议政策的意见与建议，然后部门领导汇总结果提供给上级，且政策最终会通过全体部门领导及员工代表大会讨论是否通过。当然，在政策实施过程中，领导还会不断向员工询问政策的修改意见，以便调整与改进。

在工作上，领导们鼓励员工之间建立一种超越一般同事的工作伙伴关系，形成一种和睦的团队，用集体的智慧来解决工作中遇到的各种问题。为了减少由于工作职务所带来的关系隔阂，领导们除了在工作中主动关心员工以外，在工作之余也积极参与到员工的休闲生活中，与之交流，并关心他们的家庭生活状况。除此以外，公司对员工有足够的信任，相信他们有能力出色地完成上级布置的任务。因此，尽管有时候一些任务很重要，领导们还是乐于将其交代给员工们去完成，而且员工在工作执行过程中也不需要过多地征询领导们的意见，对工作有充分的自主权。

问题一：

如果将企业文化的相似程度划分为10个等级，1代表完全不相同，10代表完全相同，从1到10表示相似程度越来越高，那么您认为企业A与企业B之间的相似程度有多大。请在下面相应的等级上画“√”。

完全不相同 1 2 3 4 5 6 7 8 9 10 完全相同

问题二：

企业文化差异是指不同企业之间在企业文化的一个或者多个方面上存在的差异程度，主要体现在企业目标、宗旨、价值观、经营理念等，以及这些理念在生产经营实践、管理制度、员工行为规范和准则上的差异。

如果将企业文化的差异程度划分为10个等级，1代表完全没差异，10代表差异非常大，从1到10表示差异的程度越来越高，那么您认为企业A与企业B之间的差异程度有多大。请在下面相应的等级上画“√”。

完全没差异 1 2 3 4 5 6 7 8 9 10 差异非常大

问题三：

企业文化冲突是指不同企业之间在企业文化的不同方面或者不同要素上存在相互对立，从而导致成员间在心理或行为上的对抗，主要体现在企业价值观、经营理念、领导风格、管理方式、员工的行为规范与准则等方面的对立与冲突。

如果将企业文化的冲突程度划分为10个等级，1代表完全不冲突，10代表非常冲突，从1到10表示冲突的程度越来越高，那么您认为企业A与企业B之间的冲突程度有多大。请在下面相应的等级上画“√”。

完全不冲突　1　2　3　4　5　6　7　8　9　10　非常冲突

如果将冲突发生的可能性划分为10个等级，1代表完全不会发生，10代表肯定发生，从1到10表示发生的可能性越来越大，那么如果企业A与企业B进行并购，您认为发生冲突的可能性有多大。请在下面相应的等级上画“√”。

完全不会发生　1　2　3　4　5　6　7　8　9　10　肯定发生

附录九　实验一材料

员工角色扮演调查问卷

您好！欢迎您参与此次问卷调查。本次调查的目的是了解人们在扮演企业员工时所体验到的心理状态，为进一步进行针对企业员工的调查提供依据。在本次调查中，您需要根据材料中所提供的情境将自己想象成材料中的员工，然后根据您在角色扮演中体验到的心理状态来回答相应的问题。本问卷调查不涉及任何隐私问题，问卷中所有问题没有对错好坏之分。我们保证：对于大家提供的信息严格保密。因此，请您在填写问卷时，不要有任何顾虑。填写之前，务必请认真阅读和理解材料和各项问题，真实地表达您的感受。请在您认为合适的选项上画“√”。如果有不清楚的地方，可以询问身边的工作人员。最后，再次对您的参与和支持表示衷心感谢！

第一部分：基本资料

性别：________　年龄：________

第二部分：材料阅读

请您仔细阅读下面的文字材料，并想象自己是材料情境中的人物。在您阅读完材料后，在头脑中回顾一下材料中的情境，尽可能将自己融入材料的身份当中去。

阅读材料

请你想象下面这样的场景。你是迪信(Disen)公司的一名老员工，从2005年进入迪信公司以来，在这十年中，你从最开始的普通程序员一直做到了现在的部门经理。在公司里，你与很多同事都成为好朋友，同时也和很多客户形成了很好的合作关系。总体来说，你对自己的工作以及目前的工作状态都非常满意，并且有一份可观的工资收入。

你所在的迪信公司全称是迪信IT控股有限公司，是一家中国500强企业。在公司里，不管是最高层的管理人员还是基层管理人员，他们在做一些涉及公司与员工利益的决策时，都会多方面听取下属的意见，有时甚至会召开员工代表大会，以便广泛听取不同层级员工的意见，并且对那些员工异议比较大的问题，会经过再三修正与商议，才最终做出决定。除此以外，员工还可以通过多种途径向上级反映公司的各种规章制度在实施过程中可能存在的问题，从而有利于上级部门的及时改善与调整。在工作中，领导们常常会为了充分调动员工的工作主动性，把一些权力主动下放给员工，让他们放手去干，因此，对于迪信公司的大部分员工而言，他们在工作中往往能够自主地决定很多事情。由此，员工之间在工作上的交流就相对频繁，同事之间互助合作完成工作任务的情况也随处可见。员工会积极主动地向主管领导汇报工作任务的进展情况，领导们也会积极关心员工的工作状况，而且还会主动关心员工的近期家庭生活状况。因此，在员工们看来，他们所在的工作团队就是一个和谐的大家庭，不管是同事之间还是上下级之间，都感觉是兄弟姐妹一样的关系。

为适应迪信公司的战略发展，获取关键性技术并吸纳相关的人力资源，从而使公司在未来能够更好地实现在市场中的发展，经公司董事会的最后决议，你所在的迪信公司将与菲里斯(Philis)公司进行合并，并由双方公司管理人员来进行共同管理。

(文化冲突条件)合并方菲里斯公司各方面的实力与迪信公司相当，不过两家企业的企业文化存在一些差异，可能会产生文化冲突。

(文化无冲突条件)合并方菲里斯公司各方面的实力与迪信公司相当，且两家企业的企业文化也不存在明显的差异和冲突。

(文化冲突条件)合并方菲里斯公司，全称是菲里斯软件集团公司，也是一家中国500强企业。在菲里斯公司里，不管是涉及公司利益的还是关系普通员工利益的决策的实施，都需经过公司管理层的严格审核。在制定过程中，公司管理高层会征询相关领域的专业人士的有关建议，但并未广泛征询基层管理人员与普通员工的建议，而且决策的最终形成只是高层领导通过内部会议来确定其可行性以及如何实施。另外，为了能够更好地了解到某些决策在实施中遇到的问题，以便更好地改进，公司管理高层还会定期召开专门会议商讨改善与解决措施。在菲里斯公司，绩效永远是公司的第一目标，而有效的管理就成为提高绩效的一项重要措施。为了使公司各项工作能够高效有序地进行，员工的绝大部分工作内容都已经事先明确。由于公司讲求效率，员工们为了节约时间以更快更好地完成任务，基本都是独立完成自己的工作，而对于那些可能存在多种处理办法的事务，员工更多地会征询主管领导的意见，而不会擅作主张。为使管理层能够较为详细地了解公司项目与业务情况，以便统筹资源与人力，员工需要定期地向主管领导汇报工作进展状况，而主管也需要向其上级领导汇报。

(文化无冲突条件/文化有预览条件)合并方菲里斯公司，全称是菲里斯软件集团公司，也是一家中国500强企业。在菲里斯公司里，不管是涉及公司利益的还是关系普通员工利益的决策的实施，都需经过科学严谨的调研与论证。在制定过程中，各部门都会广泛征集员工对在议政策的意见与建议，然后部门领导汇总结果提供给上级，且政策最终会通过全体部门领导及员工代表大会讨论是否通过。当然，在政策实施过程中，领导还会不断向员工询问政策的修改意见，以便调整与改进。在工作上，领导们鼓励员工之间建立一种超越一般同事的工作伙伴关系，形成一种和睦的团队，用集体的智慧来解决工作中遇到的各种问题。为了减少由于工作职务所带来的关系隔阂，领导们除了在工作中主动关心员工以外，在工作之余也积极参与到员工的休闲生活中，与之交流，并关心他们的家庭生活状况。除此以外，公司对员工有足够的信任，相信他们有能力出色地完成上级布置的任务。因此，尽管有时候一些任务很重要，领导们还是乐于将其交代给员工们去完成，而且员工在工作执行过程中也不需要过多地征询领导们的意见，对工作有充分的自主权。

（文化无预览条件）合并方菲里斯公司，全称是菲里斯软件集团公司，也是一家中国500强企业。作为一家IT领域的后起之秀，菲里斯公司在2005年成立之后，一直处于飞速发展的阶段。凭借着不断的技术研发与创新，菲里斯公司连续五年蝉联中国IT最具潜力品牌榜首，且近三年来连续进入中国IT行业30强。在近十年的发展中，菲里斯公司从最开始的以PC软件开发与应用为支柱产业，发展到了目前的以PC软件业务、移动多媒体软件业务与互联网通信业务三者共同经营的产业链模式。目前在全球，菲里斯公司已有30多家分公司和40多个业务联系部门。根据2013年菲里斯公司发布的公司报告，至2012年公司的员工已经超过13万人，非国内员工的比例也在上升。从2011年到2012年，菲里斯公司员工的人数呈现出逐年增加的趋势，到2012年年底菲里斯公司已拥有来自70多个国家和地区的超过13万名员工，研发人员在总员工中的比例占到了48.52%，外籍员工人数接近4万。与2011年相比，2012年菲里斯公司中国员工的人数占总员工人数的百分比从78%降低至71%，海外员工本地化比例正逐年上升，2012年从2011年的69%增至74%。2013年，公司营业额为260亿元人民币，利润额达25亿元人民币。

尽管两家公司已经商定在合并中尽量避免裁员，但鉴于合并后可能存在一些岗位上的重复与冗余，裁员也是不可避免的。另外，原来两家公司的一些管理人员可能会由于人事调整而在管理权力上有所下降。

回顾一下材料中的情境，并尽可能将自己融入材料的身份当中去。

第三部分：问题回答

通过上述关于您所在的迪信公司的描述以及即将与之发生合并的菲里斯公司的描述，在您基于对这一并购情境的理解与感受的情况下，请回答下面的有关问题。

问题一：

概念解析：企业文化是指企业在长期发展过程中逐步形成的、为全体成员所共同遵循的、带有本企业特点的目标、宗旨、价值观、经营理念等，以及这些理念在生产经营实践、管理制度、员工行为规范和准则等方面体现的总和。

在上述有关您所在的迪信公司的一段材料描述中，您觉得有多少内容是与迪信公司的企业文化有关。请在下面您认为最接近的百分比上画“√”。

(1)0% (2)10% (3)20% (4)30% (5)40% (6)50% (7)60% (8)70% (9)80% (10)90% (11)100%

在上述有关菲里斯公司的一段材料描述中，您觉得有多少内容是与菲里斯公司的企业文化有关。请在下面您认为最接近的百分比上画“√”。

(1)0% (2)10% (3)20% (4)30% (5)40% (6)50% (7)60% (8)70% (9)80% (10)90% (11)100%

问题二：

概念解析：企业文化冲突是指并购的两个企业间的企业文化在不同方面或者不同要素上存在相互对立，从而导致成员间在心理或行为上的对抗，主要体现在企业价值观、经营理念、领导风格、管理方式、员工的行为规范与准则等方面的对立与冲突。

如果将企业文化的冲突程度划分为6个等级，1代表完全不冲突，6代表完全冲突，从1到6表示冲突的程度越来越大，那么基于上述关于两家企业的描述，在以下三个方面，您认为迪信公司与菲里斯公司之间的冲突程度有多大。请在下面相应的等级上画“√”。						
	完全不冲突——完全冲突					
1. 在管理者对其下属表示关心并提供支持这方面，两家企业……	1	2	3	4	5	6
2. 在正式决策的制定时知晓所有员工这方面，两家企业……	1	2	3	4	5	6
3. 在管理者为员工创造并维持良好的沟通与合作环境这方面，两家企业……	1	2	3	4	5	6

在迪信公司与菲里斯公司发生并购后，您认为它们之间发生企业文化冲突的可能性有多大。请在下面您认为最接近的百分比上画“√”。

(1)0% (2)10% (3)20% (4)30% (5)40% (6)50% (7)60% (8)70% (9)80% (10)90% (11)100%

问题三：

根据阅读材料，在两家企业合并之后，您认为下列三项描述分别与合并后新公司的状况的符合程度有多大，请在相应的等级上画“√”。其中1表示完全不符合，6表示完全符合，从1到6表示符合的程度越来越大。

	完全不符合——完全符合					
1. 在这次并购中，迪信公司是被菲里斯公司收购的。	1	2	3	4	5	6
2. 在这次并购中，菲里斯公司是被迪信公司收购的。	1	2	3	4	5	6
3. 在这次并购中，两家公司平等合并。	1	2	3	4	5	6

问题四：

请先认真阅读★☆★☆★后的说明，再完成下列问题的回答。

★☆★☆★下面是一些有关企业员工在工作中的感受与态度的描述。作为迪信公司的原来员工，两家企业合并成为一家新公司后，在新公司中工作时，请您评估一下下列这些描述与您可能感受的符合程度，然后在合适的分数上画“√”。(其中1表示非常不符合，6表示非常符合)	非常不符合	基本不符合	有点不符合	有点符合	基本符合	非常符合
1. 在新公司工作时，我觉得干劲十足。	1	2	3	4	5	6
2. 在新公司工作时，我会沉浸于我的工作当中。	1	2	3	4	5	6
3. 在新公司工作时，我对自己的工作非常热衷。	1	2	3	4	5	6
4. 在新公司工作时，我会高强度地投入自己的工作。	1	2	3	4	5	6
5. 在新公司工作时，我会为自己的工作付出全部努力。	1	2	3	4	5	6
6. 在新公司工作时，我会对自己的工作投入很多精力。	1	2	3	4	5	6
7. 在新公司工作时，我会尽最大努力来做好自己的工作。	1	2	3	4	5	6
8. 在新公司工作时，我会竭尽所能来完成自己的工作。	1	2	3	4	5	6
9. 在新公司工作时，我会花大量的精力在我的工作上。	1	2	3	4	5	6
10. 我支持这次为了迪信公司未来发展的并购计划。	1	2	3	4	5	6
11. 我会完全配合这次并购计划的实施。	1	2	3	4	5	6
12. 我期待与来自菲里斯公司的员工一起工作。	1	2	3	4	5	6
13. 我乐意与来自菲里斯公司的员工分享我的工作知识与经验。	1	2	3	4	5	6
14. 我乐意帮助来自菲里斯公司的员工。	1	2	3	4	5	6

问题五：

下面您会看到七对圆圈。每对圆圈中白色圆圈代表您所在的迪信公司，灰色圆圈则代表即将与之合并的菲里斯公司。每张图反映的是两家公司在合并后的融合程度，即：圆圈之间的距离越大，说明在合并后，融合的程度越小；圆圈之间的距离越小，说明在合并后，融合的程度越大，最后一个图则表示两个公司完全融合为一体。请根据您的感觉，从这七对圆圈中选择其中一对您认为两家公司合并后最可能的融合程度，并在相应图的序号上画“√”。

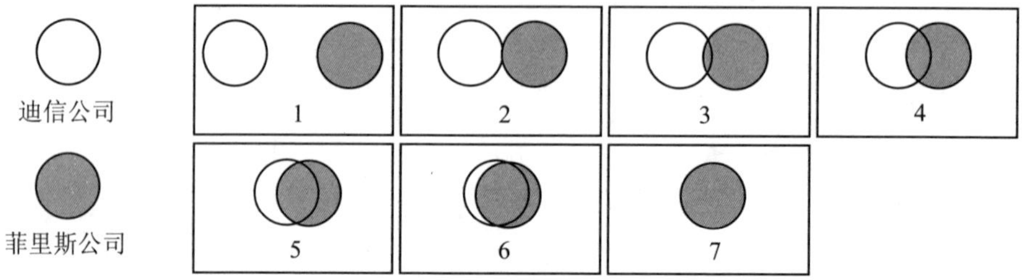

附录十　实验二材料

员工角色扮演调查问卷

您好！欢迎您参与此次问卷调查。本次调查的目的是了解人们在扮演企业员工时所体验到的心理状态，为进一步进行针对企业员工的调查提供依据。在本次调查中，您需要根据材料中所提供的情境将自己想象成材料中的员工，然后根据您在角色扮演中体验到的心理状态来回答相应的问题。本问卷调查不涉及任何隐私问题，问卷中所有问题没有对错好坏之分。我们保证：对于大家提供的信息严格保密。因此，请您在填写问卷时，不要有任何顾虑。填写之前，务必请认真阅读和理解材料和各项问题，真实地表达您的感受。请在您认为合适的选项上画“√”。如果有不清楚的地方，可以询问身边的工作人员。最后，再次对您的参与和支持表示衷心感谢！

第一部分：基本资料

性别：________　年龄：________

第二部分：材料阅读

请您仔细阅读下面的文字材料，并想象自己是材料情境中的人物。在您阅读完材料后，在头脑中回顾一下材料中的情境，尽可能将自己融入材料的身份当中去。

阅读材料

请你想象下面这样的场景。你是迪信(Disen)公司的一名老员工，从2005年进入迪信公司以来，在这十年中，你从最开始的普通程序员一直做到了现在的部门经理。在公司里，你与很多同事都成为好朋友，同时也和很多客户形成了很好的合作关系。总体来说，你对自己的工作以及目前的工作状态都非常满意，并且有一份可观的工资收入。

你所在的迪信公司全称是迪信IT控股有限公司，是一家中国500强企业。在公司里，不管是最高层的管理人员还是基层管理人员，他们在做一些涉及公司与员工利益的决策时，都会多方面听取下属的意见，有时甚至会召开员工代表大会，以便广泛听取不同层级员工的意见，并且对那些员工异议比较大的问题，会经过再三修正与商议，才最终做出决定。除此以外，员工还可以通过多种途径向上级反映公司的各种规章制度在实施过程中可能存在的问题，从而有利于上级部门的及时改善与调整。在工作中，领导们常常会为了充分调动员工的工作主动性，把一些权力主动下放给员工，让他们放手去干，因此，对于迪信公司的大部分员工而言，他们在工作中往往能够自主地决定很多事情。由此，员工之间在工作上的交流就相对频繁，同事之间互助合作完成工作任务的情况也随处可见。员工会积极主动地向主管领导汇报工作任务的进展情况，领导们也会积极关心员工的工作状况，而且还会主动关心员工的近期家庭生活状况。因此，在员工们看来，他们所在的工作团队就是一个和谐的大家庭，不管是同事之间还是上下级之间，都感觉是兄弟姐妹一样的关系。

为适应迪信公司的战略发展，获取关键性技术并吸纳相关的人力资源，从而使公司在未来能够更好地实现在市场中的发展，经公司董事会最后决议，你所在的迪信公司将与菲里斯(Philis)公司进行合并，并由双方公司管理人员来进行共同管理。

(文化冲突条件)合并方菲里斯公司，全称是菲里斯软件集团公司，也是一家中国500强企业。在菲里斯公司里，不管是涉及公司利益的还是关系普通员工利益的决策的实施，都需经过公司管理层的严格审核。在制定过程中，公司管理高层会征询相关领域的专业人士的有关建议，但并未广泛征询基层管理人员与普通员工的建议，而且决策的最终形成只是高层领导通过内部会议来确定其可行性以及如何实施。另外，为了能够更好地了解到某些决策在实施中遇到的问题，以便更好地改进，公司管理高层还会定期召开专门会议商讨改善与解决措施。在菲里斯公司，绩效永远是公司的第一目标，而有效的管理就成为提高绩效的一项重要措施。为了使公司各项工作能够高效有序地进行，员工的绝大部分工作内容都已经事先明确。由于公司讲求效率，员工们为了节约时间以更快更好地完成任务，基本都是独立完成自己的工作，而对于那些可能存在多种处理办法的事务，员工更多地会征询主管领导的意见，而不会擅作主张。为使管理层能够较为详细地了解公司项目与业务情况，以便统筹资源与人力，员工需要定期地向主管领导汇报工作进展状况，而主管也需要向其上级领导汇报。

(文化不冲突条件)合并方菲里斯公司，全称是菲里斯软件集团公司，也是一家中国500强企业。在菲里斯公司里，不管是涉及公司利益的还是关系普通员工利益的决策的实施，都需经过科学严谨的调研与论证。在制定过程中，各部门都会广泛征集员工对在议政策的意见与建议，然后部门领导汇总结果提供给上级，且政策最终会通过全体部门领导及员工代表大会讨论是否通过。当然，在政策实施过程中，领导还会不断向员工询问政策的修改意见，以便调整与改进。在工作上，领导们鼓励员工之间建立一种超越一般同事的工作伙伴关系，形成一种和睦的团队，用集体的智慧来解决工作中遇到的各种问题。为了减少由于工作职务所带来的关系隔阂，领导们除了在工作中主动关心员工以外，在工作之余也积极参与到员工的休闲生活中，与之交流，并关心他们的家庭生活状况。除此以外，公司对员工有足够的信任，相信他们有能力出色地完成上级布置的任务。因此，尽管有时候一些任务很重要，领导们还是乐于将其交代给员工们去完成，而且员工在工作执行过程中也不需要过多地征询领导们的意见，对工作有充分的自主权。

(维持认同)两家企业合并后，不管是我们迪信公司的员工，还是菲里斯公司的员工，都仍然是原来各自公司的成员，我们基本只需要各自保持着原有的特点。很多并购成功与失败的事实都告诉我们，在并购后，我们要强调维持对各自原来公司的认同，在强调原来各自公司特点的基础上，通过对并购后的新公司进行整合，进而有利于公司今后的发展。

(双重认同)两家企业合并后，不管是我们迪信公司的员工，还是菲里斯公司的员工，我们既是原来各自公司的员工，同时也都将是合并后新公司的成员。很多并购成功与失败的事实都告诉我们，在并购后，我们既要注重对合并后的新公司这一新的共同体的认同，同时也要重视合并前两家公司各自的特点，这将有利于公司在合并后的整合，进而有利于公司今后的发展。

(共同认同)两家企业合并后，我们都将成为合并后的新公司的成员，我们都要将合并后的新公司视为我们共同的群体。很多并购成功与失败的事实都告诉我们，在并购后，我们需要更加强调对合并后新公司这一新的共同体的认同，而尽量不去关注合并前两家公司各自的特点，这将有利于公司在并购后的整合，进而有利于公司今后的发展。

尽管两家公司已经商定在合并中尽量避免裁员，但鉴于合并后可能存在一些岗位上的重复与冗余，裁员可能也是不可避免的。另外，原来两家公司的一些管理人员可能会由于人事调整而在管理权力上有所下降。

回顾一下材料中的情境，并尽可能将自己融入材料的身份当中去。

第三部分：问题回答

通过上述关于您所在的迪信公司的描述以及即将与之发生合并的菲里斯公司的描述，在您基于对这一并购情境的理解与感受的情况下，请回答下面的有关问题。

问题一：

根据阅读材料，在两家企业合并之后，您认为下列三项描述分别与合并后新公司的状况的符合程度有多大，请在相应的等级上画“√”。其中 1 表示完全不符合，6 表示完全符合，从 1 到 6 表示符合的程度越来越大。

	完全不符合——完全符合					
1. 在新公司工作时，基本只需认同新公司及其各项规定。	1	2	3	4	5	6
2. 在新公司工作时，既要认同新公司及其各项规定，又要认同原公司及其各项规定。	1	2	3	4	5	6
3. 在新公司工作时，基本只需认同原公司及其各项规定。	1	2	3	4	5	6
4. 在这次并购中，迪信公司是被菲里斯公司收购的。	1	2	3	4	5	6
5. 在这次并购中，菲里斯公司是被迪信公司收购的。	1	2	3	4	5	6
6. 在这次并购中，两家公司平等合并。	1	2	3	4	5	6

问题二：

概念解析：企业文化冲突是指并购的两个企业间的企业文化在不同方面或者不同要素上存在相互对立，从而导致成员间在心理或行为上的对抗，主要体现在企业价值观、经营理念、领导风格、管理方式、员工的行为规范与准则等方面的对立与冲突。

如果将企业文化的冲突程度划分为6个等级，1代表完全不冲突，6代表完全冲突，从1到6表示冲突的程度越来越大，那么基于上述关于两家企业的描述，在以下三个方面，您认为迪信公司与菲里斯公司之间的冲突程度有多大。请在下面相应的等级上画"√"。

	完全不冲突——完全冲突					
1. 在管理者对其下属表示关心并提供支持这方面，两家企业……	1	2	3	4	5	6
2. 在正式决策的制定时知晓所有员工这方面，两家企业……	1	2	3	4	5	6
3. 在管理者为员工创造并维持良好的沟通与合作环境这方面，两家企业……	1	2	3	4	5	6

在迪信公司与菲里斯公司发生合并后，您认为它们之间发生企业文化冲突的可能性有多大。请在下面您认为最接近的百分比上画"√"。

(1)0％　(2)10％　(3)20％　(4)30％　(5)40％　(6)50％　(7)60％　(8)70％　(9)80％　(10)90％　(11)100％

问题三：

请先认真阅读★☆★☆★后的说明，再完成下列问题的回答。

★☆★☆★下面是一些有关企业员工在工作中的感受与态度的描述。作为迪信公司的原来员工，两家企业合并成为一家新公司后，在新公司中工作时，请您评估一下下列这些描述与您可能感受的符合程度，然后在合适的分数上画"√"。(其中1表示非常不符合，6表示非常符合)	非常不符合	基本不符合	有点不符合	有点符合	基本符合	非常符合
1. 在新公司工作时，我觉得干劲十足。	1	2	3	4	5	6
2. 在新公司工作时，我会沉浸于我的工作当中。	1	2	3	4	5	6
3. 在新公司工作时，我对自己的工作非常热衷。	1	2	3	4	5	6

续表

★☆★☆★下面是一些有关企业员工在工作中的感受与态度的描述。作为迪信公司的原来员工，两家企业合并成为一家新公司后，在新公司中工作时，请您评估一下下列这些描述与您可能感受的符合程度，然后在合适的分数上画“√”。(其中 1 表示非常不符合，6 表示非常符合)	非常不符合	基本不符合	有点不符合	有点符合	基本符合	非常符合
4. 在新公司工作时，我会高强度地投入自己的工作。	1	2	3	4	5	6
5. 在新公司工作时，我会为自己的工作付出全部努力。	1	2	3	4	5	6
6. 在新公司工作时，我会对自己的工作投入很多精力。	1	2	3	4	5	6
7. 在新公司工作时，我会尽最大努力来做好自己的工作。	1	2	3	4	5	6
8. 在新公司工作时，我会竭尽所能来完成自己的工作。	1	2	3	4	5	6
9. 在新公司工作时，我会花大量的精力在我的工作上。	1	2	3	4	5	6
10. 我支持这次为了迪信公司未来发展的并购计划。	1	2	3	4	5	6
11. 我会完全配合这次并购计划的实施。	1	2	3	4	5	6
12. 我期待与来自菲里斯公司的员工一起工作。	1	2	3	4	5	6
13. 我乐意与来自菲里斯公司的员工分享我的工作知识与经验。	1	2	3	4	5	6
14. 我乐意帮助来自菲里斯公司的员工。	1	2	3	4	5	6
15. 我对原来所在的迪信公司有着强烈的归属感。	1	2	3	4	5	6
16. 我对原来所在的迪信公司有着非常强的认同感。	1	2	3	4	5	6
17. 我强烈地感受到自己是原来所在的迪信公司的一员。	1	2	3	4	5	6
18. 我对并购后的新公司有着强烈的归属感。	1	2	3	4	5	6
19. 我对并购后的新公司有着强烈的认同感。	1	2	3	4	5	6
20. 我强烈地感受到自己是并购后新公司的一员。	1	2	3	4	5	6

附录十一　实验三材料

员工角色扮演调查问卷

您好！欢迎您参与此次问卷调查。本次调查的目的是了解人们在扮演企业员工时所体验到的心理状态，为进一步进行针对企业员工的调查提供依据。在本次调查中，您需要根据材料中所提供的情境将自己想象成材料中的员工，然后根据您在角色扮演中体验到的心理状态来回答相应的问题。本问卷调查不涉及任何隐私问题，问卷中所有问题没有对错好坏之分。我们保证：对于大家提供的信息严格保密。因此，请您在填写问卷时，不要有任何顾虑。填写之前，务必请认真阅读和理解材料和各项问题，真实地表达您的感受。请在您认为合适的选项上画“√”。如果有不清楚的地方，可以询问身边的工作人员。最后，再次对您的参与和支持表示衷心感谢！

第一部分：基本资料

性别：________ 年龄：________

第二部分：材料阅读

请您仔细阅读下面的文字材料，并想象自己是材料情境中的人物。在您阅读完材料后，在头脑中回顾一下材料中的情境，尽可能将自己融入材料的身份当中去。

阅读材料

请你想象下面这样的场景。你是迪信(Disen)公司的一名老员工，从2005年进入迪信公司以来，在这十年中，你从最开始的普通程序员一直做到了现在的部门经理。在公司里，你与很多同事都成为好朋友，同时也和很多客户形成了很好的合作关系。总体来说，你对自己的工作以及目前的工作状态都非常满意，并且有一份可观的工资收入。

你所在的迪信公司全称是迪信 IT 控股有限公司，是一家中国500强企业。在公司里，不管是最高层的管理人员还是基层管理人员，他们在做一些涉及公司与员工利益的决策时，都会多方面听取下属的意见，有时甚至会召开员工代表大会，以便广泛听取不同层级员工的意见，并且对那些员工异议比较大的问题，会经过再三修正与商议，才最终做出决定。除此以外，员工还可以通过多种途径向上级反映公司的各种规章制度在实施过程中可能存在的问题，从而有利于上级部门的及时改善与调整。在工作中，领导们常常会为了充分调动员工的工作主动性，把一些权力主动下放给员工，让他们放手去干，因此，对于迪信公司的大部分员工而言，他们在工作中往往能够自主地决定很多事情。由此，员工之间在工作上的交流就相对频繁，同事之间的互助合作完成工作任务的情况也随处可见。员工会积极主动地向主管领导汇报工作任务的进展情况，领导们也会积极关心员工的工作状况，而且还会主动关心员工的近期家庭生活状况。因此，在员工们看来，他们所在的工作团队就是一个和谐的大家庭，不管是同事之间还是上下级之间，都感觉是兄弟姐妹一样的关系。

为适应迪信公司的战略发展，获取关键性技术并吸纳相关的人力资源，从而使公司在未来能够更好地实现在市场中的发展，经公司董事会的最后决议，你所在的迪信公司将与菲里斯(Philis)公司进行合并，并由双方公司管理人员来进行共同管理。

(文化冲突条件)合并方菲里斯公司，全称是菲里斯软件集团公司，也是一家中国500强企业。在菲里斯公司里，不管是涉及公司利益的还是关系普通员工利益的决策的实施，都需经过公司管理层的严格审核。在制定过程中，公司管理高层会征询相关领域的专业人士的有关建议，但并未广泛征询基层管理人员与普通员工的建议，而且决策的最终形成只是高层领导通过内部会议来确定其可行性以及如何实施。另外，为了能够更好地了解到某些决策在实施中遇到的问题，以便更好地改进，公司管理高层还会定期召开专门会议商讨改善与解决措施。在菲里斯公司，绩效永远是公司的第一目标，而有效的管理就成为提高绩效的一项重要措施。为了使公司各项工作能够高效有序地进行，员工的绝大部分工作内容都已经事先明确。由于公司讲求效率，员工们为了节约时间以更快更好地完成任务，基本都是独立完成自己的工作，而对于那些可能存在多种处理办法的事务，员工更多地会征询主管领导的意见，而不会擅作主张。为使管理层能够较为详细地了解公司项目与业务情况，以便统筹资源与人力，员工需要定期地向主管领导汇报工作进展状况，而主管也需要向其上级领导汇报。

(文化不冲突条件)合并方菲里斯公司，全称是菲里斯软件集团公司，也是一家中国500强企业。在菲里斯公司里，不管是涉及公司利益的还是关系普通员工利益的决策的实施，都需经过科学严谨的调研与论证。在制定过程中，各部门都会广泛征集员工对在议政策的意见与建议，然后部门领导汇总结果提供给上级，且政策最终会通过全体部门领导及员工代表大会讨论是否通过。当然，在政策实施过程中，领导还会不断向员工询问政策的修改意见，以便调整与改进。在工作上，领导们鼓励员工之间建立一种超越一般同事的工作伙伴关系，形成一种和睦的团队，用集体的智慧来解决工作中遇到的各种问题。为了减少由于工作职务所带来的关系隔阂，领导们除了在工作中主动关心员工以外，在工作之余也积极参与到员工的休闲生活中，与之交流，并关心他们的家庭生活状况。除此以外，公司对员工有足够的信任，相信他们有能力出色地完成上级布置的任务。因此，尽管有时候一些任务很重要，领导们还是乐于将其交代给员工们去完成，而且员工在工作执行过程中也不需要过多地征询领导们的意见，对工作有充分的自主权。

(外显高公正)公司合并过程中，两家公司需要开会协商并购后新公司的整个薪酬体系以及福利制度等。为了更好地整合两家公司的薪酬特点，公司高层决定邀请员工代表参加讨论会。你作为原来迪信公司的部门经理，也被选为代表参加了该会议。在会议过程中，迪信公司和菲里斯公司的高层都表达了各自原来薪酬体系以及福利制度等的特点，并且，他们还请你对并购后公司的薪酬设置提出自己的建议。

(外显低公正)公司合并过程中，两家公司需要开会协商并购后新公司的整个薪酬体系以及福利制度等。为了更好地整合两家公司的薪酬特点，公司高层决定邀请员工代表参加讨论会。你作为原来迪信公司的部门经理，也被选为代表参加了该会议。在会议过程中，迪信公司和菲里斯公司的高层都表达了各自原来薪酬体系以及福利制度等的特点，不过，他们并没有请你对并购后公司的薪酬设置提出自己的建议。

(非外显低公正)公司合并过程中，两家公司需要开会协商并购后新公司的整个薪酬体系以及福利制度等。为了更好地整合两家公司的薪酬特点，公司高层决定邀请员工代表参加讨论会。你作为原来迪信公司的部门经理，也被选为代表参加了该会议。在会议过程中，迪信公司和菲里斯公司的高层都表达了各自原来薪酬体系以及福利制度等的特点。

尽管两家公司已经商定在合并中尽量避免裁员，但鉴于合并后可能存在一些岗位上的重复与冗余，裁员可能也是不可避免的。另外，原来两家公司的一些管理人员可能会由于人事调整而在管理权力上有所下降。

回顾一下材料中的情境，并尽可能将自己融入材料的身份当中去。

第三部分：问题回答

通过上述关于您所在的迪信公司的描述以及即将与之发生合并的菲里斯公司的描述，在您基于对这一并购情境的理解与感受的情况下，请回答下面的有关问题。

问题一：

概念解析：企业文化冲突是指并购的两个企业间的企业文化在不同方面或者不同要素上存在相互对立，从而导致成员间在心理或行为上的对抗，主要体现在企业价值观、经营理念、领导风格、管理方式、员工的行为规范与准则等方面的对立与冲突。

如果将企业文化的冲突程度划分为 6 个等级，1 代表完全不冲突，6 代表完全冲突，从 1 到 6 表示冲突的程度越来越大，那么基于上述关于两家企业的描述，在以下三个方面上，您认为迪信公司与菲里斯公司之间的冲突程度有多大。请在下面相应的等级上画“√”。

	完全不冲突——完全冲突					
1. 在管理者对其下属表示关心并提供支持这方面，两家企业……	1	2	3	4	5	6
2. 在正式决策的制定时知晓所有员工这方面，两家企业……	1	2	3	4	5	6
3. 在管理者为员工创造并维持良好的沟通与合作环境这方面，两家企业……	1	2	3	4	5	6

在迪信公司与菲里斯公司发生合并后，您认为它们之间发生企业文化冲突的可能性有多大。请在下面您认为最接近的百分比上画“√”。

(1)0%　(2)10%　(3)20%　(4)30%　(5)40%　(6)50%　(7)60%　(8)70%　(9)80%　(10)90%　(11)100%

问题二：

根据阅读材料，在两家企业合并过程中，您觉得您在薪酬制定过程中的建议会在多大程度上被上级关注和采纳，请在相应的等级上画“√”。其中 1 表示程度非常小，7 表示程度非常大，从 1 到 7 表示程度越来越大。

非常小——————————————————————非常大

1　　2　　3　　4　　5　　6　　7

问题三：

根据阅读材料，您认为下列三项描述分别与合并后新公司的状况的符合程度有多大，请在相应的等级上画“√”。其中 1 表示完全不符合，6 表示完全符合，从 1 到 6 表示符合的程度越来越大。

	完全不符合——完全符合					
1. 在这次并购中，迪信公司是被菲里斯公司收购的。	1	2	3	4	5	6
2. 在这次并购中，菲里斯公司是被迪信公司收购的。	1	2	3	4	5	6
3. 在这次并购中，两家公司平等合并。	1	2	3	4	5	6

问题四：

请先认真阅读★☆★☆★后的说明，再完成下列问题回答。

★☆★☆★下面是一些有关企业员工在工作中的感受与态度的描述。作为迪信公司的原来员工，两家企业合并成为一家新公司后，在新公司中工作时，请您评估一下下列这些描述与您可能感受的符合程度，然后在合适的分数上画“√”。（其中 1 表示非常不符合，6 表示非常符合）	非常不符合	基本不符合	有点不符合	有点符合	基本符合	非常符合
1. 在新公司工作时，我觉得干劲十足。	1	2	3	4	5	6
2. 在新公司工作时，我会沉浸于我的工作当中。	1	2	3	4	5	6
3. 在新公司工作时，我对自己的工作非常热衷。	1	2	3	4	5	6
4. 在新公司工作时，我会高强度地投入自己的工作。	1	2	3	4	5	6
5. 在新公司工作时，我会为自己的工作付出全部努力。	1	2	3	4	5	6
6. 在新公司工作时，我会对自己的工作投入很多精力。	1	2	3	4	5	6
7. 在新公司工作时，我会尽最大努力来做好自己的工作。	1	2	3	4	5	6
8. 在新公司工作时，我会竭尽所能来完成自己的工作。	1	2	3	4	5	6
9. 在新公司工作时，我会花大量的精力在我的工作上。	1	2	3	4	5	6
10. 我支持这次为了迪信公司未来发展的并购计划。	1	2	3	4	5	6
11. 我会完全配合这次并购计划的实施。	1	2	3	4	5	6
12. 我期待与来自菲里斯公司的员工一起工作。	1	2	3	4	5	6
13. 我乐意与来自菲里斯公司的员工分享我的工作知识与经验。	1	2	3	4	5	6
14. 我乐意帮助来自菲里斯公司的员工。	1	2	3	4	5	6

问题五：

根据阅读材料，根据您的感受对下列三项描述进行等级评定。其中 1 表示完全不同意，6 表示完全同意，从 1 到 6 表示同意的程度越来越大。请您在认为合适的等级上画“√”。

	完全不同意——完全同意					
1. 这次并购决议对两家公司都没有利益损害。	1	2	3	4	5	6
2. 总体而言，这次并购对您所在的迪信公司来说是公平的。	1	2	3	4	5	6
3. 就目前状况，迪信与菲里斯两家公司在并购过程中应该是公平的。	1	2	3	4	5	6

问题六：

根据阅读材料，对下面各项目的描述与您的感受符合程度做等级评定，在相应的等级上画“√”。

总体上，您觉得新公司在制定政策的过程中体现出公平了吗？						
非常不公平——						——非常公平
1	2	3	4	5	6	7
总体上，您觉得新公司制定政策的过程公正吗？						
非常不公正——						——非常公正
1	2	3	4	5	6	7
总体上，您觉得新公司制定政策的过程恰当吗？						
非常不恰当——						——非常恰当
1	2	3	4	5	6	7

附录十二　预研究二材料

群体合并调查问卷

您好！欢迎您参与此次问卷调查。本次调查的目的是考察不同群体在发生合并时群体特点之间的关系问题，以便为后续的研究提供依据。本问卷调查不涉及任何隐私问题，问卷中所有问题没有对错好坏之分。我们保证：对于大家提供的信息严格保密。因此，请您在填写问卷时，不要有任何顾虑。填写之前，务必请认真阅读和理解各项问题，真实地表达您的感受。请在您认为合适的选项上画“√”。最后，再次对您的参与和支持表示衷心感谢！

第一部分：基本资料

性别：________ 年龄：________

第二部分：群体特点描述

下面两段文字分别描述了即将参与合并的两个群体的部分特点，请仔细阅读这两段材料，然后回答材料后面的几个相关问题。每段文字请至少阅读两遍。

A 群体特点

A 群体的成员在工作与完成任务时有着非常相似的特点。他们都非常注重在团队任务进行中对自己利益的诉求，个人的成功与团队的成功一样重要甚至超过团队的成功。他们在工作与任务进行过程中不喜欢上级过多地干涉以及过多的任务规定，喜欢根据自己的思维方式与方法自主地解决任务中遇到的问题，从而获得成就感。他们更倾向于用分析性思维，先将任务分解成一系列小问题然后逐一解决，最后达到整个任务的完成。

B 群体特点

（文化冲突条件）B 群体的成员在工作与完成任务时有着非常相似的特点。他们在执行团队任务的过程中，更多地注重团队利益的维护与实现。他们认为团队利益的实现是团队任务的最终目标，因此，为了实现团队目标，牺牲个人利益也是无可厚非的。他们认为为了更好地完成团队任务，就需要对任务给出详细的要求与说明，以防止由于成员的自由发挥而影响任务完成质量。他们认为，对一项工作任务的解决，需要从整体上进行把握，理清问题内部的关系，这样才能更好地完成任务。

（文化相似条件）B 群体的成员在工作与完成任务时有着非常相似的特点。他们在执行团队任务的过程中，同样会注重自身利益的维护与实现。他们认为团队利益的实现不能以牺牲成员的利益为代价，而是应该优先考虑成员的个人利益。他们认为对任务的过多规定会妨碍他们创造性地解决工作中遇到的问题，从而影响任务完成质量。他们认为，对一项工作任务的解决，需要对其进行详细的分解，形成一系列的解决步骤，这样才能更好地完成任务。

问题一：

如果将群体特点的相似程度划分为 10 个等级，1 代表完全不相同，10 代表完全相同，从 1 到 10 表示相似程度越来越高，那么您认为群体 A 与群体 B

之间的相似程度有多大。请在下面相应的等级上画“√”。

完全不相同 1 2 3 4 5 6 7 8 9 10 完全相同

问题二：

如果将群体特点的差异程度划分为10个等级，1代表完全没差异，10代表差异非常大，从1到10表示差异的程度越来越高，那么您认为群体A与群体B之间的差异程度有多大。请在下面相应的等级上画“√”。

完全没差异 1 2 3 4 5 6 7 8 9 10 差异非常大

问题三：

如果将群体特点的冲突程度划分为10个等级，1代表完全不冲突，10代表非常冲突，从1到10表示冲突的程度越来越高，那么您认为群体A与群体B之间的冲突程度有多大。请在下面相应的等级上画“√”。

完全不冲突 1 2 3 4 5 6 7 8 9 10 非常冲突

问题四：

如果将冲突发生的可能性划分为10个等级，1代表完全不会发生，10代表肯定发生，从1到10表示发生冲突的可能性越来越大，那么如果群体A与群体B进行合并，您认为两个群体特点间发生冲突的可能性有多大。请在下面相应的等级上画“√”。

完全不会发生 1 2 3 4 5 6 7 8 9 10 肯定发生

附录十三 实验四材料

一、虚假群体文化测量问卷

	完全不符合——完全符合					
1. 我觉得在工作中，团队领导的权威感和亲和力同样重要。	1	2	3	4	5	6
2. 我觉得标准的操作流程对工作的顺利开展是非常重要的。	1	2	3	4	5	6
3. 我觉得工作的内容应该符合大部分团队成员的兴趣。	1	2	3	4	5	6
4. 我觉得通常男性在领导工作时效率会更高。	1	2	3	4	5	6
5. 我觉得工作遇到问题时，要采取主动、强有力的手段解决。	1	2	3	4	5	6
6. 我觉得独立完成工作与团队成员相互合作是同样重要的。	1	2	3	4	5	6

续表

	完全不符合——完全符合					
7. 我觉得工作中，如果意见与其他人不一致，应该说出来。	1	2	3	4	5	6
8. 即使遇见一些非常不愿意做的工作，我也能坚持将它做好。	1	2	3	4	5	6
9. 想让工作做得出色，必须相信自己和所在团队的能力。	1	2	3	4	5	6
10. 我觉得不管是上下级之间，还是同级之间，都应该有良好的沟通。	1	2	3	4	5	6

二、红队与蓝队群体文化特征

红队群体文化特征

你们红队三人在工作与完成任务时有着非常相似的特点。你们都非常注重在团队任务进行中对自己利益的诉求，个人的成功与团队的成功一样重要甚至超过团队的成功。你们在工作与任务进行过程中不喜欢上级过多地干涉以及过多的任务规定，喜欢根据自己的思维方式与方法自主地解决任务中遇到的问题，从而获得成就感。你们更倾向于用分析性思维，先将任务分解成一系列小问题然后逐一解决，最后达到整个任务的完成。在你们红队当中，队长(2 号)在这些特点上表现最为明显。

蓝队群体文化特征

(冲突条件)蓝队三人在工作与完成任务时同样有着非常相似的特点。他们在执行团队任务的过程中，更多地注重团队利益的维护与实现。他们认为团队利益的实现是团队任务的最终目标，因此，为了实现团队目标，牺牲个人利益也是无可厚非的。他们认为为了更好地完成团队任务，就需要对任务给出详细的要求与说明，以防止由于成员的自由发挥而影响任务完成质量。他们认为，对一项工作任务的解决，需要从整体上进行把握，理清问题内部的关系，这样才能更好地完成任务。在蓝队当中，队长(4 号)在这些特点上表现最为明显。

(不冲突条件)蓝队三人在工作与完成任务时同样有着非常相似的特点。他们在执行团队任务的过程中，同样会注重自身利益的维护与实现。他们认为团队利益的实现不能以牺牲成员的利益为代价，而是应该优先考虑成员的个人利益。他们认为对任务的过多规定会妨碍他们创造性地解决工作中遇到的问题，从而影响任务完成质量。他们认为，对一项工作任务的解决，需要对其进行详细的分解，形成一系列的解决步骤，这样才能更好地完成任务。在蓝队当中，队长(4号)在这些特点上表现最为明显。

三、红队与蓝队原始分组屏幕视觉效果

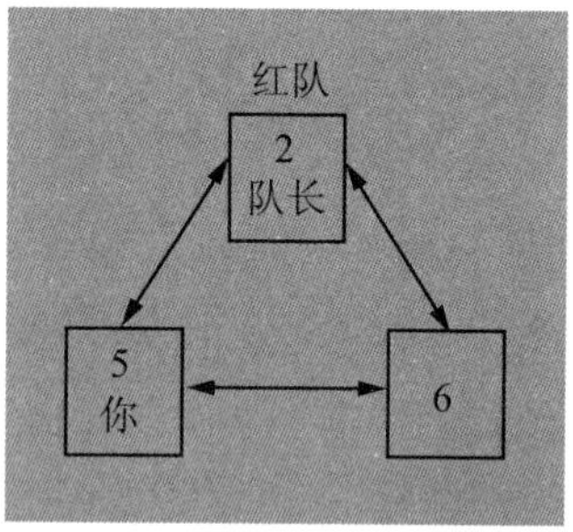

注：背景色与小方框内颜色为红色

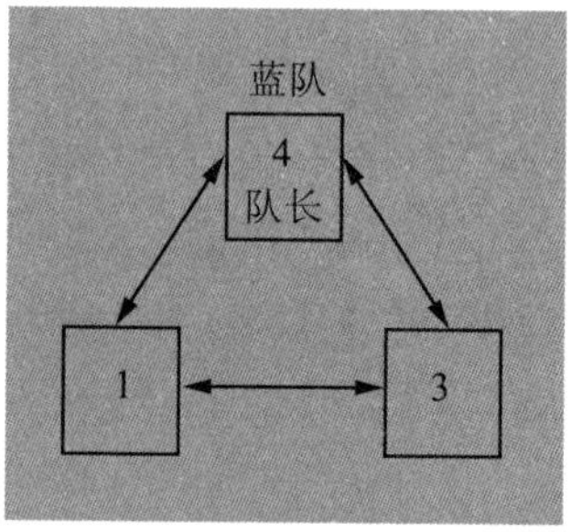

注：背景色与小方框内颜色为蓝色

四、沙漠求生任务

请您想象下面这样的场景：您所乘搭的飞机由于天气原因，迫降在了沙漠中。现在是上午的10点20分。驾驶员不幸遇难，只留下您和其他几名受了一些轻伤的乘客，都无生命危险。出事前，驾驶员无法通知任何人有关飞机的确切位置，不过从指示器知道距离起飞的城市有120公里；而距离最近的城镇是西北偏北100公里的一个矿场。现在所在地除仙人掌外，全是荒芜的沙漠，地势平坦。失事前的气温大约为42℃。你们几个人衣着非常简单：短袖T恤衫、长裤、短袜以及皮鞋。口袋中的东西加起来有十多元硬币以及五百多元纸币、一包香烟、一个打火机以及一支圆珠笔。为了你们几个人全都能活下来，现在，你们需要对下面表格中的15件物品在目前生存状况下的重要性做一下排序，以便选择最重要的几样物品携带离开。

A手电筒	F医疗急救箱	K每人一面化妆镜
B工具刀	G每人1升清水	L手枪(装有子弹)
C指南针	H当地航空地图	M盐片一瓶(1000片)
D塑料雨衣	I每人一件外套	N降落伞(红色和蓝色)
E白酒1升	J每人一副太阳镜	O书一本(《沙漠中可食用的动植物》)

五、群体合并后屏幕视觉效果

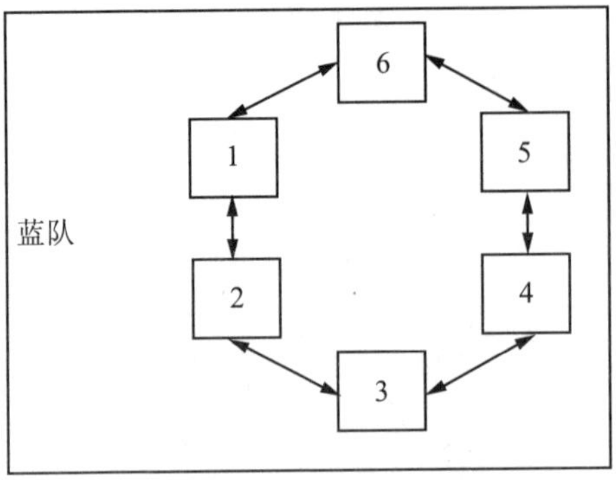

注：并购后大群体，背景与小方框颜色为蓝色

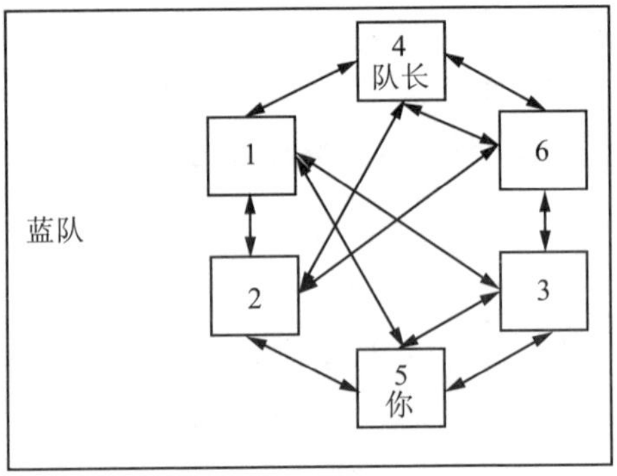

注：任务二中分组，背景与小方框颜色为蓝色

共同认同条件

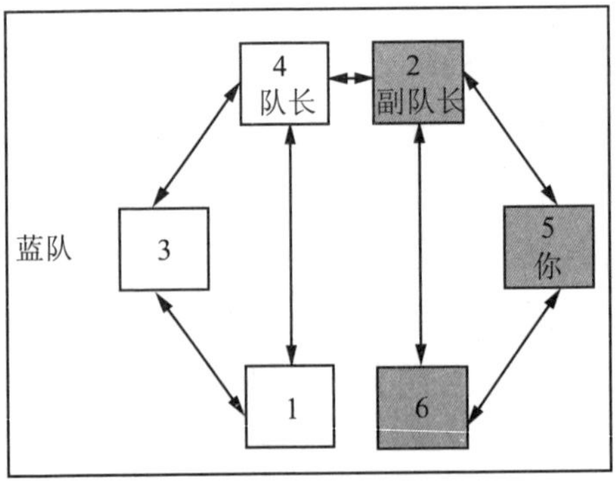

注：任务二中分组，背景为蓝色，1，3，4方框为蓝色，2，5，6方框为红色

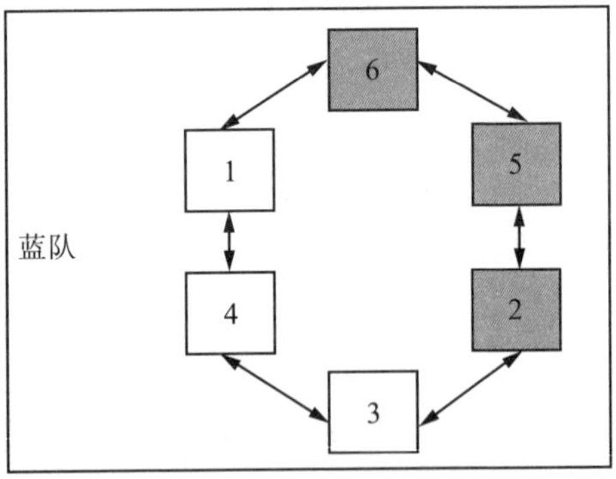

注：并购后大群体，背景为蓝色，1，3，4方框为蓝色，2，5，6方框为红色

双重认同条件

六、程序公正操纵

（不公正条件）队长（4号）选择的任务一的计算方法如下：

每个小组的最后成绩为，从三人的成绩中随机选择一人的成绩作为该组的最后成绩，即：在红队中，只选择2号、5号（你）、6号三人中的一人的成绩当作红队的成绩；在蓝队中，只选1号、3号、4号三人中的一人的成绩当作蓝队的成绩。

（公正条件）队长（4号）选择的任务一的计算方法如下：

每个小组的最后成绩为，三人的成绩的平均分，即：在红队中，将2号、5号(你)、6号三人分数的平均分当作红队的成绩；在蓝队中，只选1号、3号、4号三人分数的平均分当作蓝队的成绩。

七、头脑风暴任务

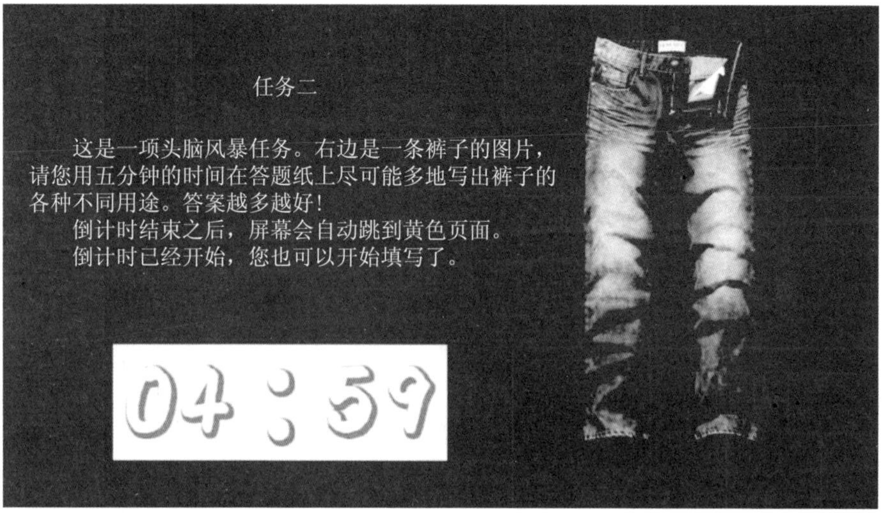

八、文化冲突操纵检测

对下面的问题描述进行等级评定，并在对应等级下面点击单选按钮。(注：将冲突程度划分为6个等级，等级1代表完全不冲突，等级6代表完全冲突，从1到6表示冲突的程度越来越大。)

您觉得您所在的红队与蓝队在问题解决风格上是否存在冲突？

完全不冲突——————————————————完全冲突

1 2 3 4 5 6

九、其他测量

并购操纵检测	完全不同意——完全同意					
1. 在头脑风暴中，红队是被蓝队合并的。	1	2	3	4	5	6
2. 在头脑风暴中，蓝队是被红队合并的。	1	2	3	4	5	6
公正操纵检测	完全不同意——完全同意					
我觉得组长确定的计算小组任务成绩的方法是公平的。	1	2	3	4	5	6

续表

认同方式操纵检测	完全不同意——完全同意					
1. 在上面头脑风暴中，我觉得整个6人团队就是一个整体。	1	2	3	4	5	6
2. 在上面头脑风暴中，我觉得整个6人团队就是由两个小团队组成的大群体。	1	2	3	4	5	6
合作意向测量	完全不同意——完全同意					
1. 在实验任务中，我非常乐于与蓝队成员分享有关信息。	1	2	3	4	5	6
2. 在实验任务中，如果任务需要，我非常乐意帮助蓝队成员。	1	2	3	4	5	6
3. 在实验任务中，任务团队加强了我与蓝队成员之间的交流。	1	2	3	4	5	6
4. 在实验任务中，我非常愿意与蓝队成员一起合作来完成任务。	1	2	3	4	5	6
任务投入测量	完全不同意——完全同意					
1. 在实验任务中，我感觉自己思绪敏捷。	1	2	3	4	5	6
2. 在实验任务中，我能够想到新的点子。	1	2	3	4	5	6
3. 在实验任务中，我感觉有创造力。	1	2	3	4	5	6
4. 在实验任务中，我的心思全在任务上。	1	2	3	4	5	6
5. 在实验任务中，我的注意力高度集中。	1	2	3	4	5	6
6. 在实验任务中，我被任务所吸引。	1	2	3	4	5	6

十、客观合作测量

如果现在给你们6人每人10元人民币，然后将其分成100份，即每份1角。你们可以随意将自己的100角中的任意份额(0～100角)投入公共储蓄罐中，然后，你的投入数量将随机与大组中的另外两名成员的投入数量相加，并乘2，最后总数将再次平均分配给你们3人。你最终得到的钱的数量将是你手中剩余的钱加上3人投入总和数量的2倍再除以3。因此，也就是说，你们共同投入的数量越多，最终你们每个人获得的将会越多，最多是200角；如果共同投入越少，最终你们每个人获得的将会越少，最少的情况是你投入了100角，但另外两人并没有投入，最终你将只获得200/3角。那么，在这种情况下，您愿意在公共储蓄罐中投入多少份额的钱(0～100角任意数额)？在下面的文本框中填入您愿意投入的份额。

十一、头脑风暴答题纸

编号：________

答　题　纸

第一部分：基本资料

基本资料只用于数据分析使用，请放心填写！

性别：________　年龄：________

专业：________①文科　②理科　③工科　④医　⑤农

第二部分：头脑风暴

您总共有五分钟的时间完成该头脑风暴任务，每条横线只填写一个答案。当屏幕变成黄色之后，请马上结束答题，继续下面的任务，否则电脑会记录超时，影响后面的成绩计算。

________	________	________
________	________	________
________	________	________
________	________	________
________	________	________
________	________	________
________	________	________
________	________	________
________	________	________
________	________	________
________	________	________
________	________	________

参考文献

1. Aiken, L. S. & West, S. G. (1991). Multiple Regression: Testing and Interpreting Interactions. Sage.

2. Alarcon, G. M. & Lyons, J. B. (2011). The relationship of engagement and job satisfaction in working samples. The Journal of Psychology, 145(5), 463-480.

3. Alisa, D. & Senija, N. (2010). The organizational structure and organizational culture interdependence analysis with a special reference to Bosnian and Herzegovinian Enterprises. Economic Analysis, 43(3-4), 70-86.

4. Appelbaum, S. H., Gandell, J., Yortis, H., Proper, S. & Jobin, F. (2000). Anatomy of a merger: Behavior of organizational factors and processes throughout the pre-during-post-Stages (Part 1). Management Decision, 38(9), 649-668.

5. Ajzen, I. (1991). The theory of planned behavior. Organizational Behavior and Human Decision Processes, 50, 179-211.

6. Anderson, C., John, O. P., Keltner, D. & Kring, A. M. (2001). Who attains social status? Effects of personality and physical attractiveness in social groups. Journal of Personality and Social Psychology, 81: 116-132.

7. Aron, A., Aron, E. N. & Smollan, D. (1992). Inclusion of other in the self scale and the structure of interpersonal closeness. Journal of

Personality and Social Psychology, 63(4), 596-612.

8. Aryee, S. & Chen, Z. X. (2006). Leader-member exchange in a Chinese context: Antecedents, the mediating role of psychological empowerment and outcomes. Journal of Business Research, 59, 793-801.

9. Ashforth, B. E. & Mael, F. (1989). Social identity theory and the organization. Academy of Management Review, 14(1), 20-39.

10. Ashford, S. J. Individual Strategies for Coping with Stress during Organizational Transitions. The Journal of Applied Behavioral Science, 1988, 24(1), 19-36.

11. Atwater, L. A., Waldman, D., Atwater, D. & Cartier. (2000). An upward feedback field experiment. Supervisors' cynicism, follow-up and commitment to subordinates. Personnel Psychology, 53, 275-297.

12. Avey, J. B., Wernsing, T. S. & Luthans, F. (2008). Can positive employees help positive organizational change? Impact of psychological capital and emotions on relevant attitudes and behaviors. The Journal of Applied Behavioral Science, 44(1), 48-70.

13. Avolio, B. J., Zhu, W. C., Koh, W. & Bhatia, P. J. (2004). Transformational leadership and organizational commitment: Mediating role of psychological empowerment and moderating role of structural distance. Journal of Organizational Behavior, 25, 951-968.

14. Baker, T. L., Hunt, T. G. & Andrews, M. C. (2006). Promoting ethical behavior and organizational citizenship behaviors: The influence of corporate ethical values. Journal of Business Research, 59(7), 849-857.

15. Banfield, J. C. & Dovidio, J. F. (2013). Whites' perceptions of discrimination against Blacks: The influence of common identity. Journal of Experimental Social Psychology, 49(5), 833-841.

16. Blader, S. L. & Tyler, T. R. (2005). How can theories of organizational justice explain the effects of fairness?. In J. Greenberg & J. A. Colquitt (Eds.). Handbook of Organizational Justice. Mahwah, NJ: Lawrence Erlbaum Associates, Inc., 329-354.

17. Bellou, V. (2006). Psychological contract assessment after a major organizational change: The case of mergers and acquisitions. Employee Relations, 29(1), 68-88.

18. Berger, C. R. & Calabrese, R. J. (1975). Some explorations in initial interaction and beyond: Toward a developmental theory of interpersonal communication. Human Communication Research, 1(2), 99-112.

19. Beyler, J. & Schmeck, R. R. (1992). Assessment of individual differences in preferences for holistic-analytic strategies: Evaluation of some commonly available instruments. Educational and Psychological Measurement, 52, 709-719.

20. Bianchi, E. C. & Brockner, J. (2012). In the eyes of the beholder? The role of dispositional trust in judgments of procedural and interactional fairness. Organizational Behavior and Human Decision Processes, 118(1), 46-59.

21. Breaugh, J. A. Realistic Job previews: A critical appraisal and future research directions. Academy of Management Review, 1983, 8(4), 612-619.

22. Brock, D. M., Barry, D. & Thomas, D. C., Your forward is our reverse, your right, our wrong: Rethinking multinational planning processes in light of national culture. International Business Review, 2000, 9(6), 687-701.

23. Brock, D. M., Multinational acquisition integration: The role of national culture in creating synergies. International Business Review, 2005, (14), 269-288.

24. Buono, A. F., Bowditch, J. L. & Lewis, J. W. (1985). When cultures collide: The anatomy of a merger. Human Relations, 38(5), 477-500.

25. Burnes, B. & James, H. (1995). Culture, cognitive dissonance and the management of change. International Journal of Operations & Production Management, 15(8), 14-33.

26. Cartwright, S. & Cooper, C. L. (1993). The role of culture

compatibility in successful organizational marriage. The Academy of Management Executive, 7(2), 57-70.

27. Chatterjee, S., Lubatkin, M. H., Schweiger, D. M. & Weber, Y. (1992). Culture differences and shareholder value in related mergers: Linking equity and human capital. Strategic Management Journal, 13(5), 319-334.

28. Chatterjee, S. (1986). Type of synergy and economic value: The impact of acquisitions on merging and rival firms. Strategic Manage Journal, 7, 119-139.

29. Cheung, M. F. & Law, M. C. (2008). Relationships of organizational justice and organizational identification: The mediating effects of perceived organizational support in Hong Kong. Asia Pacific Business Review, 14(2), 213-231.

30. Cho, J. & Treadway, D. C. (2011). Organizational identification and perceived organizational support as mediators of the procedural justice-citizenship behaviour relationship: A cross-cultural constructive replication. European Journal of Work and Organizational Psychology, 20(5), 631-653.

31. Chow, C. W., Harrison, G. L., McKinnon, J. L. & Wu, A. (2002). The organizational culture of public accounting firms: Evidence from Taiwanese local and US affiliated firms. Accounting, Organizations and Society, 27(4), 347-360.

32. Colquitt, J. A., Scott, B. A., Rodell, J. B., Long, D. M., Zapata, C. P., Conlon, D. E. & Wesson, M. J. (2013). Justice at the millennium, a decade later: A meta-analytic test of social exchange and affect-based perspectives. Journal of Applied Psychology, 98(2), 199-236.

33. Colquitt, J. A., LePine, J. A., Piccolo, R. F., Zapata, C. P. & Rich, B. L. (2012). Explaining the justice-performance relationship: Trust as exchange deepener or trust as uncertainty reducer?. Journal of Applied Psychology, 97(1), 1-15.

34. Cooke, R. A. & Rousseau, D. M. (1988). Behavioral norms and

expectations: A quantitative approach to the assessment. Group & Organization Studies, 13(3), 245-273.

35. Cooke, R. A. & Rousseau, D. M. (1983). The factor structure of level1: Life styles inventory. Educational and Psychological Measurement, 43, 449-457.

36. Conger, J. A. & Kanungo, R. N. (1988). The empowerment process: Integrating theory and practice. Academy of Management Review, 13(3), 81-105.

37. Crisp, R. J., Hutter, R. R. & Young, B. (2009). When mere exposure leads to less liking: The incremental threat effect in intergroup contexts. British Journal of Psychology, 100(1), 133-149.

38. Cropanzano, R. & Schminke, M. (2001). Using social justice to build effective work groups. In M. Turner (Ed.). Groups at Work: Advances in Theory and Research. Hillsdale, NJ: Erlbaum, 142-171.

39. Cropanzano, R., Rupp, D. E., Mohler, C. J. & Schminke, M. (2001). Three roads to organizational justice. Research in Personnel and Human Resources Management, 20, 1-113.

4. Damanpour, F., Devece, C., Chen, C. C. & Pothukuchi, V. (2012). Organizational culture and partner interaction in the management of international joint ventures in India. Asia Pacific Journal of Management, 29 (2), 453-478.

41. Datta, D. K. (1991). Organizational fit and acquisition performance: Effects of post-acquisition integration. Strategic Management Journal, 12 (4), 281-297.

42. Denison, D. R. & Mishra, A. K. (1995). Toward a theory of organizational culture and effectiveness. Organization Science, 6(2), 204-223.

43. Denison, D. R., Hooijberg, R. & Quinn, R. E. (1995). Paradox and performance: Toward a theory of behavioral complexity in managerial leadership. Organization Science, 6, 524-540.

44. De Cremer, D. & Tyler, T. R. (2007). The effects of trust in authority and procedural fairness on cooperation. Journal of Applied Psychology, 92(3).

45. De Cremer, D. & Blader, S. L. (2006). Why do people care about procedural fairness? The importance of belongingness in responding and attending to procedures. European Journal of Social Psychology, 36(2), 211-228.

46. De Cremer, D. & Leonardelli, G. J. (2003). Cooperation in social dilemmas and the need to belong: The moderating effect of group size. Group Dynamics: Theory, Research, and Practice, 7(2), 168, 639-649.

47. Deci, E. L. & Ryan, R. M. (1985). Intrinsic Motivation and Self-determination in Human Behavior. New York: Plenum.

48. Dé Ishtar, Z. (2005). Living on the ground: The "culture woman" and the "missus". In Women's Studies International Forum. Pergamon, Vol. 28, No. 5, 369-380.

49. Detert, J. R. & Trevino, L. K. (2010). Speaking up to higher-ups: How supervisors and skip-level leaders influence employee voice. Organizational Science, 2(1), 249-270.

50. Detert, J. R. & Edmondson, A. C. (2005). NO exit, no voice: The bind of risky voice opportunities in organizations. Academy of Management Best Conference Paper, OB: O1-O6.

51. Detert, J. R. (2003). To speak or not to speak: Multi-level leadership influences on organizational voice. Harward University, Cambridge, Massachusetts.

52. DiFonzo, N. & Bordia, P. (1998). A tale of two corporations: Managing uncertainty during organizational change. Human Resource Management, 37(3-4), 295-303.

53. Dovidio, J. F., Gaertner, S. L. & Saguy, T. (2007). Another view of "we": Majority and minority group perspectives on a common in group identity. European Review of Social Psychology, 18(1), 296-330.

54. Dovidio, J. F., Gaertner, S. L. & Saguy, T. (2009). Commonality and the complexity of "we": Social attitudes and social change. Personality and Social Psychology Review, 13(1), 3-20.

55. Dovidio, J. F., Gaertner, S. L., Shnabel, N., Saguy, T. & Johnson, J. (2010). Recategorization and prosocial behavior: Common in-group identity and a dual identity. In S. Stürmer & M. Snyder(Eds.). The Psychology of Prosocial Behavior: Group Processes, Intergroup Relations, and Helping. Chichester, England: Wiley-Blackwell, 191-207.

56. Dovidio, J. F., ten Vergert, M., Stewart, T. L., Gaertner, S. L., Johnson, J. D., Esses, V. M. & Pearson, A. R. (2004). Perspective and prejudice: Antecedents and mediating mechanisms. Personality and Social Psychology Bulletin, 30(12), 1537-1549.

57. Edmondson, A. (1999). Psychological safety and learning behavior in work teams. Administrative Science Quarterly, 44, 350-383.

58. Eylon, D. & Au, E. Y. (1999). Exploring empowerment cross-cultural differences along the power distance dimension. International Journal of Intercultural Relations, 23(3), 373-385.

59. Fiske, S. T. (1993). Controlling other people: The impact of power on stereotyping. American Psychologist, 48, 621-628.

60. Glaser, R. (1983). The Corporate Culture Survey. Bryn Mawr, PA: Organizational Design and Development.

61. Gaertner, S. L., Dovidio, J. F., Anastasio, P. A., Bachman, B. A. & Rust, M. C. (1993). The common ingroup identity model: Recategorization and the reduction of intergroup bias. European Review of Social Psychology, 4(1), 1-26.

62. Gati, I., Gadassi, R. & Mashiah-Cohen, R. (2012). Career decision-making profiles vs. styles: Convergent and incremental validity. Journal of Vocational Behavior, 81(1), 2-16.

63. Gelfand, M. J., Erez, M. & Aycan, Z. (2007). Cross-cultural organizational behavior. Annu. Rev. Psychol., 58, 479-514.

64. Ghosh, P., Rai, A. & Sinha, A. (2014). Organizational justice and employee engagement: Exploring the linkage in public sector banks in India. Personnel Review, 43(4), 628-652.

65. Glasford, D. E. & Dovidio, J. F. (2011). E pluribus unum: Dual identity and minority group members' motivation to engage in contact, as well as social change. Journal of Experimental Social Psychology, 47(5), 1021-1024.

66. Giessner, S. R. (2011). Is the merger necessary? The interactive effect of perceived necessity and sense of continuity on post-merger identification. Human Relations, 64(8), 1079-1098.

67. Giessner, S. R. & Mummendey, A. (2008). United we win, divided we fail? Effects of cognitive merger representations and performance feedback on merging groups. European Journal of Social Psychology, 38(3), 412-435.

68. Giessner, S. R., Ullrich, J. & van Dick, R. (2011). Social identity and corporate mergers. Social and Personality Psychology Compass, 5(6), 333-345.

69. Giessner, S. R., Ullrich, J. & van Dick, R. (2012). A Social Identity Analysis of Mergers & Acquisitions. In D. Faulkner, S. Teerikangas & R. J. Joseph(Eds.). The Handbook of Mergers and Acquisitions. Oxford University Press.

70. Giessner, S. R., Ullrich, J. & van Dick, R. (2012). A social identity analysis of mergers & acquisitions. Handbook of Mergers & Acquisitions, 474-494.

71. Gleibs, I. H., Mummendey, A. & Noack, P. (2008). Predictors of change in postmerger identification during a merger process: A longitudinal study. Journal of Personality and Social Psychology, 95(5), 1095-1112.

72. Gleibs, I. H., Noack, P. & Mummendey, A. (2010). We are still better than them: A longitudinal field study of ingroup favouritism during a merger. European Journal of Social Psychology, 40(5), 819-836.

73. Gill, D. S. (2007). Employee selection and work engagement: Do recruitment and selection practices influence work engagement?. Doctoral dissertation, Kansas State University.

74. Greenberg J. (2000). Promote procedural justice to enhance acceptance of work outcomes. In E. A. Locke(Ed.). Handbook of Principles of Organizational Behavior. Oxford, England: Blackwell, 181-195.

75. Goktan, A. B. & Gunay, G. (2011). Is entrepreneurial cognition culturally bound? A comparative study conducted in Turkey and the United States. Journal of Small Business & Entrepreneurship, 24(4), 455-470.

76. González, R. & Brown, R. (2006). Dual identities in intergroup contact: Group status and size moderate the generalization of positive attitude change. Journal of Experimental Social Psychology, 42(6), 753-767.

77. Greenberg, J. (2001). Setting the justice agenda: Seven unanswered questions about"what, why, and how". Journal of Vocational Behavior, 58 (2), 210-219.

78. Greenberg, J. (2001). Studying organizational justice cross-culturally: Fundamental challenges. International Journal of Conflict Management, 12(4), 365-375.

79. Greifeneder, R., Müller, P., Stahlberg, D., Van den Bos, K. & Bless, H. (2011). Beyond procedure's content: The role of accessibility experiences and personal uncertainty in procedural justice judgments. Experimental Psychology, 58(5), 341-352.

80. Guldenmund, F. W. (2000). The nature of safety culture: A review of theory and research. Safety Science, 34(1), 215-257.

81. Harrison, J. S., Hitt, M. A., Hoskinsson, R. E. & Ireland, R. E. (1991). Synergies and postacquisition performance: Differences versus similarities in resource allocations. Journal of Management, 17, 173-190.

82. Haspeslagh, P. & Jemison D. (1991). Managing Acquisitions: Creating Value through Corporate Renewal. New York: Free Press.

83. Hayes, A. F., Glynn, C. J. & Uldall, B. (2003). Individual

differences in willingness to self-censor. Annual Meeting of the American Association for Public Opinion Research.

84. Hirschman, A. O. (1970). Exit, Voice, and Loyalty: Responses to Decline in Firms, Organizations, and States. Cambridge, MA: Harvard University Press.

85. Hofstede, G. (1980). Culture's Consequences: International Differences in Work-related Values. Beverly Hills, CA: Sage.

86. Hofstede, G., Hofstede, G. J. & Minkov, M. (1991). Cultures and Organizations: Software of the Mind(Vol. 2). London: McGraw-Hill.

87. Hofstede, G., Hofstede, G. J. & Minkov, M. (2010). Cultures and Organizations: Software of the Mind. London: McGraw-Hill.

88. Hogg, M. A. (2006). Social identity theory. In P. J. Burke(Ed.). Contemporary Social Psychological Theories. Palo Alto, CA: Stanford University Press, 111-136.

89. Hogg, M. A. (2007). Uncertainty-identity theory. In M. P. Zanna (Ed.). Advances in Experimental Social Psychology. San Diego, CA: Academic Press, 70-126.

90. Hogg, M. A. & Terry, D. I. (2000). Social identity and self-categorization processes in organizational contexts. Academy of Management Review, 25(1), 121-140.

91. Hong, Y. Y., Morris, M. W., Chiu, C. Y. & Benet-Martinez, V. (2000). Multicultural minds: A dynamic constructivist approach to culture and cognition. American Psychologist, 55(7), 709-720.

92. Hoogland, C. T., de Boer, J. & Boersema, J. J. (2005). Transparency of the meat chain in the light of food culture and history. Appetite, 45(1), 15-23.

93. Huo, Y. J., Molina, L. E., Sawahata, R. & Deang, J. M. (2005). Leadership and the management of conflicts in diverse groups: Why acknowledging versus neglecting subgroup identity matters. European Journal of Social Psychology, 35(2), 237-254.

94. Huo, Y. J., Smith, H. J., Tyler, T. R. & Lind, E. A. (1996). Superordinate identification, and justice goals: Is separatism the problem; is assimilation the answer?. Psychological Science, 7, 40-45.

95. Hofstede, G. (1993). Cultural constraints in management theories. Academy of Management Executive, 7, 81-94.

96. Hofestede, G. National Cultures in four dimensions. International Studies of Management and Organization, 1983, 13, 46-74.

97. Hofestede, G. (1983). National Cultures Revisited. Behavior Science Research, 18, 285-305.

98. Hofstede, G., Neuijen, B., Ohayv, D. D. & Sanders, G. (1990). Measuring organizational cultures: A qualitative and quantitative Study across 20 Cases. Administrative Science Quarterly, 35(2), 286-316.

99. Ito, J. K. & Brotheridge, C. M. (2001). An examination of the roles of career uncertainty, flexibility, and control in predicting emotional exhaustion. Journal of Vocational Behavior, 59, 406-424.

100. Jaśko, K. & Kossowska, M. (2013). The impact of superordinate identification on the justification of intergroup inequalities. European Journal of Social Psychology, 43(4), 255-262.

101. Karatepe, O. M. (2011). Procedural justice, work engagement, and job outcomes: Evidence from Nigeria. Journal of Hospitality Marketing & Management, 20(8), 855-878.

102. Kausto, J., Elo, A. L., Lipponen, J. & Elovainio, M. (2005). Moderating effects of job insecurity in the relationships between procedural justice and employee well-being: Gender differences. European Journal of Work and Organizational Psychology, 14(4), 431-452.

103. Kemmelmeier, M. (2003). Individualism and attitudes toward affirmative action: Evidence from priming experiments. Basic and Applied Social Psychology, 25(2), 111-119.

104. Kiefer, T. (2005). Feeling bad: Antecedents and consequences of negative emotions in ongoing change. Journal of Organizational Behavior, 26

(8), 875-897.

105. Kim, J., Song, E. & Lee, S. (2013). Organizational change and employee organizational identification: Mediation of perceived uncertainty. Social Behavior and Personality, 41(6), 1019-1034.

106. Knippenberg, D., Knippenberg, B., Monden, L. & Lima, F. (2002). Organizational identification after a merger: A social identity perspective. British Journal of Social Psychology, 41(2), 233-252.

107. Kish-Gephart, J. J., Detert, J. R., Trevino, L. K. & Edmondson, A. C. (2009). Silenced by fear: The nature, sources, and consequences of fear at work. Research in Organizational Behavior, 29, 163-193.

108. Krishnan, H. A., Miller, A. & Judge, W. Q. (1997). Diversification and top management team complementarity: Is performance improved by merging similar or dissimilar yeams?. Strategic Management Journal, 18(5), 361-374.

109. Krishnan, R. A., Joshi, S. & Krishnan, H. (2004). The influence of mergers on firms' product mix strategies. Strategic Management Journal, 25(6), 587-611.

110. Kroon, D., Noorderhaven, N. & Leufkens, A. (2009). Organizational identification and cultural differences: Explaining employee attitudes and behavioral intentions during postmerger integration. Advances in Mergers & Acquisitions, 8, 19-42.

111. Ktiching, J. (1967). Why do mergers miscarry?. Harvard Business Review, 45(6), 84-101.

112. Kusewitt, J. B. (1985). An exploratory study of acquisition factors relating to performance. Strategic Management Journal, 6, 151-169.

113. Larsson, R. & Finkelstein, S. (1999). Integrating strategic, organizational, and human resource perspectives on mergers and acquisitions: A case survey of synergy realization. Organization Science, 10(1), 1-25.

114. Lam, S. S., Schaubroeck, J. & Aryee, S. (2002). Relationship between organizational justice and employee work outcomes: A cross-national

study. Journal of Organizational Behavior, 23(1), 1-18.

115. Lazidou, D. (2008). Three ways to measure your corporate culture. Strategic Communication Management, 12(3), 10.

116. Lee, A. Y. (2001). The mere exposure effect: An uncertainty reduction explanation revisited. Personality and Social Psychology Bulletin, 27(10), 1255-1266.

117. Leeson, P. T. (2006). Cooperation and conflict. American Journal of Economics and Sociology, 65(4), 891-907.

118. Leventhal, G. S. (1980). What should be done with equity theory? New approaches to the study of fairness in social relationships. In K. Gergen, M. Greenberg & R. Willis(Eds.). Social Exchange: Advances in Theory and Research. New York: Plenum Press, 27-55.

119. Leung, K. & Stephan, W. G. (1998). Perceptions of injustice in intercultural relations. Applied and Preventive Psychology, 7(3), 195-205.

120. Lind, E. A. & Van den Bos, K. (2002). When fairness works: Toward a general theory of uncertainty management. Research in Organizational Behavior, 24, 181-223.

121. Lind, E. A. , Kray, L. & Thompson, L. (2001). Primacy effects in justice judgments: Testing predictions from fairness heuristic theory. Organizational Behavior and Human Decision Processes, 85(2), 189-210.

122. Lind, E. A. & Tyler, T. R. (1988). The Social Psychology of Procedural Justice. Plenum Publishing Corporation.

123. Lin, X. W. , Che, H. S. & Leung, K. (2009). The role of leader morality in the interaction effect of procedural justice and outcome favorability. Journal of Applied Social Psychology, 39(7), 1536-1561.

124. Lipponen, J. , Olkkonen, M. E. & Moilanen, M. (2004). Perceived procedural justice and employee responses to an organizational merger. European Journal of Work and Organizational Psychology, 13(3), 391-413.

125. Lubatkin, M. (1983). Mergers and the performance of the acquiring firm. Academy of Management Review, 8, 218-225.

126. Lubatkin, M. (1987). Merger strategies and stockholder value. Strategic Management Journal, 8, 39-53.

127. Luo, Y. (2009). Are we on the same page?: Justice agreement in international joint ventures. Journal of World Business, 44(4), 383-396.

128. Luo, Y. (2005). How important are shared perceptions of procedural justice in cooperative alliances?. Academy of Management Journal, 48(4), 695-709.

129. Marks, M. L. & Mirvis, P. H. (1997). Revisiting the Merger Syndrome: Crisis management part2. Mergers and Acquisitions, 32(1), 34-40.

130. Marks, M. L. & Mirvis, P. H. (1998). Joining Forces. San Francisco, CA: Jossey-Bass.

131. Marks, M. L. & Mirvis, P. H. (2011). A framework for the human resources role in managing culture in mergers and acquisitions. Human Resource Management, 50, 859-877.

132. Marks, M. L. & Mirvis, P. H. (2011). Merge ahead: A research agenda to increase merger and acquisition success. Journal of Business and Psychology, 26(2), 161-168.

133. Menon, S. T. (2001). Employee empowerment: An integrative psychological approach. Applied Psychology: An International Review, 50 (1), 153-180.

134. Milliken, F. J. Morrison, E. W. & Hewlin, P. F. (2003). An exploratory study of employee silence: Issues that employees don't communicate upward and why. Journal of Management Studies, 40 (6), 1453-1476.

135. Mariappan, V. (2003). Mergers and acquisitions: The human issues and strategies. Indian Journal of Industrial Relations, 39(1), 84-94.

136. Marmenout, K. (2011). Peer interaction in mergers: Evidence of collective rumination. Human Resource Management, 50(6), 783-808.

137. Marmenout, K. (2010). Employee sensemaking in mergers: How deal characteristics shape employee attitudes. The Journal of Applied

Behavioral Science, 46(3), 329-359.

138. Meirovich, G. (2011). Cultural similarities and differences: Impacts on performance in strategic partnerships. Advances in Mergers & Acquisitions, 10, 55-74.

139. Melkonian, T., Monin, P. & Noorderhaven, N. G. (2011). Distributive justice, procedural justice, exemplarity, and employees' willingness to cooperate in M&A integration processes: An analysis of the Air France-KLM merger. Human Resource Management, 50(6), 809-837.

140. Meyer, J. P., Gagné, M. & Parfyonova, N. M. (2010). Toward an evidence-based model of engagement: What we can learn from motivation and commitment research. In S. Albrecht(Ed.). The Handbook of Employee Eengagement: Perspectives, Issues, Research and Practice. Cheltenham, UK: Edwin Elgar Publishing, 62-73.

141. Meyer, J. P., Srinivas, E. S., Lal, J. B. & Topolnytsky, L. (2007). Employee commitment and support for an organizational change: Test of the three-component model in two cultures. Journal of Occupational and Organizational Psychology, 80, 185-211.

142. Miller, R. (2000). How culture affects mergers and acquisitions. Industrial Management, 42(5), 22-26.

143. Minkov, M. & Hofstede, G. (2011). The evolution of Hofstede's doctrine. Cross Cultural Management: An International Journal, 18(1), 10-20.

144. Mirvis, P. H. & Marks, M. L. (1992). The human side of merger planning: Assessing and analyzing "fit". Human Resource Planning, 15(3), 69-92.

145. Morrison, E. W. & Milliken, F. J. (2000). Organizational silence: A barrier to change and development in a pluralistic world. The Academy of Management Review, 25(4), 706-725.

146. Moorman, R. H. (1991). Relationship between organizational justice and organizational citizenship behaviors—Do fairness perceptions

influence employee citizenship. Journal of Applied Psychology, 76(6), 845-855.

147. Montgomery, C. A. & V. A. Wilson. Mergers that last: A predictable pattern. Strategic Management Journal, 1986, 7, 91-96.

148. Morosini, P., Shane, S. & Singh, H. (1998). National cultural distance and cross-border acquisition performance. Journal of International Business Studies, 29(1), 137-158.

149. Morrison, A. J. & K. Roth. (1992). A taxonomy of business-level strategies in global industries. Strategic Management Journal, 13(6), 399-418.

150. Moliner, C., Martinez-Tur, V., Ramos, J., Peiró, J. M. & Cropanzano, R. (2008). Organizational justice and extrarole customer service: The mediating role of well-being at work. European Journal of Work and Organizational Psychology, 17(3), 327-348.

151. Mone, E. M. & London, M. (2009). Employee Engagement through Effective Performance Management: A Manager's Guide. New York: Routledge.

152. Morry, M. M. (2005). Relationship satisfaction as a predictor of similarity ratings: A test of the attraction-similarity hypothesis. Journal of Social and Personal Relationships, 22(4), 561-584.

153. Nahavandi, A. & Malekzadeh, A. R. (1988). Acculturation in mergers and acquisitions. The Academy of Management Review, 13(1), 79-90.

154. Naus, F. & A. v. Iterson, et al. (2007). Organizational cynicism: Extending the exit, voice, loyalty and neglect model of employee' responses to adverse conditions in the workplace. Human Relations, 60, 683-718.

155. O'Driscoll, M. P. & Beehr, T. A. (1994). Supervisor behaviors, role stressors and uncertainty as predictors of personal outcomes for subordinates. Journal of Organizational Behavior, 15(2), 141-155.

156. Offermann, L. R. & Hellmann, P. S. (1997). Culture's consequences

for leadership behavior. Journal of Cross-Cultural Psychology, 28, 342-351.

157. O'Reilly, C. A., Chatman, J. & Caldwell, D. F. (1991). People and organizational culture: A profile comparison approach to assessing person-organization fit. Academy of Management Journal, 34(3), 487-516.

158. Organ, D. W. (1988). Organizational Citizenship Behavior: The Good Soldier Syndrome. Lexington, MA: Lexington Books.

159. Oyserman, D. & Lee, S. W. S. (2007). Priming culture: Culture as situated cognition. In S. Kitayama & D. Cohen (Eds.). Handbook of Cultural Psychology. New York: Guilford Press.

160. Quinn, R. E & Spreitzer, G, M. (1997). The road to empowerment: Seven questions every leader should consider. Organizational Dynamics, 26(2), 37-51.

161. Quinn, R. E. & Rohrbaugh, J. (1983). A spatial model of effectiveness criteria: Towards a competing values approach to organizational analysis. Management Science, 29(3), 363-377.

162. Peccei, R. & Rosenthal, P. (2001). Delivering customer-oriented behavior through empowerment: An empirical test of HRM assumptions. Journal of Management Studies, 38(6), 831-857.

163. Peterson, M. F. & Søndergaard, M. (2011). Traditions and transitions in quantitative societal culture research in organization studies. Organization Studies, 32(11), 1539-1558.

164. Pettigrew, T. F. & Tropp, L. R. (2011). When Groups Meet: The Dynamics of Intergroup Contact. Philadelphia, PA: Psychology Press.

165. Pettigrew, T. F., Tropp, L. R., Wagner, U. & Christ, O. (2011). Recent advances in intergroup contact theory. International Journal of Intercultural Relations, 35(3), 271-280.

166. Pettigrew, T. F. (2008). Future directions for intergroup contact theory and research. International Journal of Intercultural Relations, 32(3), 187-199.

167. Pinder, C. C. & Harlos, K. P. (2001). Employee silence:

Quiescence and acquiescence as response to perceived injustice. In Rowland, K. M. & Ferris, G. E. (Eds). Research in Personnel and Human Research Management. Vol. 20. New York: JAI Press, 331-369.

168. Polzer, J. T. (2004). How subgroup interests and reputations moderate the effect of organizational identification on cooperation. Journal of Management, 30(1), 71-96.

169. Pornpitakpan, C. (2003). The effect of personality traits and perceived cultural similarity on attraction. Journal of International Consumer Marketing, 15(3), 5-30.

170. Pratt, M. G. (1998). To be or not to be: Central questions in organizational identification. In D. A. Whetten, & P. C. Godfrey (Eds.). Identity in Organizations: Building Theory through Conversations. Thousand Oaks, CA7 Sage, 171-207.

171. Premeaux, S. F. & Bedeian, A. G. (2003). Breaking the silence: The moderating effects of self-monitoring in predicting speaking up in the workplace. Journal of Management Studies, 40(6), 1537-1562.

172. Podsakoff, P. M., MacKenzie, S. M., Lee, J. & Podsakoff, N. P. (2003). Common method variance in behavioral research: A critical review of the literature and recommended remedies. Journal of Applied Psychology, 88, 879-903.

173. Rajasekar, J. (2014). Factors affecting effective strategy implementation in a service industry: A study of electricity distribution companies in the sultanate of oman. International Journal of Business and Social Science, 9(1), 169-183.

174. Rashid, M. Z. A., Sambasivan, M. & Johari, J. (2003). The influence of corporate culture and organizational commitment on performance. The Journal of Management Development, 22(7/8), 708-728.

175. Reb, J., Goldman, B. M., Kray, L. J. & Cropanzano, R. (2006). Different wrongs, different remedies? Reactions to organizational remedies after procedural and interactional injustice. Personnel Psychology,

59(1), 31-64.

176. Rich, B. L., LePine, J. A. & Crawford, E. R. (2010). Job engagement: Antecedents and effects on job performance. Academy of Management Journal, 53, 617-635.

177. Risberg, A. (1997). Ambiguity and communication in cross-cultural acquisitions: Towards a conceptual framework. Leadership & Organization Development Journal, 18(5), 57.

178. Robertson, C. J. (2000). Ethical differences within Latin America: Chile versus ecuador. Latin American Business Review, 1(3), 47-69.

179. Rottig, D., Reus, T. H. & Tarba, S. Y. (2013). The impact of culture on mergers and acquisitions: A third of a century of research. Advances in Mergers and Acquisitions, 12, 135-172.

180. Rumelt, R. R. (1974). Strategy, Structure, and Economic Performance. Boston: Harvard Business Press.

181. Rupp, D. E. & Paddock, E. L. (2010). From justice events to justice climate: A multilevel temporal model of information aggregation and judgment. In B. Mannix, M. Neal & E. Mullen (Eds.). Research on Managing Groups and Teams: Fairness and Groups (Vol. 13). Bingley, UK: JAI Emerald, 239-267.

182. Saks, A. M. (2006). Antecedents and consequences of employee engagement. Journal of Managerial Psychology, 21, 600-619.

183. Sashkin, M. & Flumer, R. (1985). Measuring organizational excellence culture with a validated questionaire. Paper presented at Academy of Management Meetings, San Diege, California.

184. Sarala, R. M. (2010). The impact of cultural differences and acculturation factors on post-acquisition conflict. Scandinavian Journal of Management, 26(1), 38-56.

185. Sarala, R. M. & Vaara, E. (2010). Cultural differences, convergence, and crossvergence as explanations of knowledge transfer in international acquisitions. Journal of International Business Studies, 41(8),

1365-1390.

186. Saunders，D. M. (1992). Introduction to research on Hirschman's rxit，voice，and loyalty model. Employee Responsibilities and Rights Journal，5(3)，187-190.

187. Saunders，D. M.，Sheppard，B. H.，Knight，V. & Roth，J. (1992). Employee voice to supervisors. Employee Responsibilities and Rights Journal，5(3)，241-259.

188. Savicki，V. (1999). Cultural work values for supervisors and managers：A cross-cultural look at child and youth care agencies . Child & Youth Care Forum，28(4)，239-253.

189. Schaufeli，W. B. & Taris，T. W. (2013). A critical review of the Job Demands-Resources Model：Implications for improving work and health. In Bauer，G. and Hämmig，O. (Eds). Bridging Occupational，Organizational and Public Health，Springer，New York，NY.

190. Schaufeli，W. B.，Salanova，M.，González-Romá，V. & Bakker，A. B. (2002). The measurement of engagement and burnout：A two sample confirmatory factor analytic approach. Journal of Happiness Studies，3，71-92.

191. Schaufeli，W. & Salanova，M. (2011). Work engagement：On how to better catch a slippery concept. European Journal of Work and Organizational Psychology，20(1)，39-46.

192. Schein，E. H. (2010). Organizational Culture and Leadership. New Jersey：John Wiley & Sons，Inc.

193. Schneider，B.，Ehrhart，M. G. & Macey，W. H. (2013). Organizational climate and culture. Annual Review of Psychology，64，361-388.

194. Schweiger，D. M. & DeNisi，A. S. (1991). Communication with employees following a merger：A longitudinal field experiment. Academy of Management Journal，34(1)，110-135.

195. Schweiger，D. M. & Ivancevich，J. M. (1985). Human resources：The forgotten factor in mergers and acquisitions. Personnel Administrator，30(11)，47-61.

196. Shi, J. & Cai, H. J. (2013). Cultural incompatibility influences psychological reactions in cross-border mergers and acquisitions: The moderating role of multicultural orientation. In the 19th International Conference on Industrial Engineering and Engineering Management. Springer Berlin Heidelberg, 371-377.

197. Shrivastava, P. (1986). Postmerger integration. Journal of Business Strategy, 7, 65-76.

198. Sinetar, M. (1981). Mergers, morale and productivity. Personnel Journal, 60, 863-867.

199. Spreitzer, G. M., De Janasz, S. C. & Quinn, R. E. (1990). Empowered to lead: The role of psychological empowerment in leadership. Journal of Organizational Behavior, 20(4), 511-526.

200. Stahl, G. K. & Voigt, A. (2008). Do cultural differences matter in mergers and acquisitions? A tentative model and examination. Organization Science, 19(1), 160-176.

201. Stanley, D. J., Meyer, J. P. & Topolnytsky, L. (2005). Employee cynicism and resistance to organizational change. Journal of Business & Psychology, 19, 429-459.

202. Staw, B. & Boettger, R. D. (1990). Task Revision as a form of work performance. Academy of Management Journal, 33(3), 534-559.

203. Taras, V., Kirkman, B. L. & Steel, P. (2010). Examining the impact of Culture's consequences: A three-decade, multilevel, meta-analytic review of Hofstede's cultural value dimensions. Journal of Applied Psychology, 95(3), 405-439.

204. Thomas, K. W. & Velthouse, B. A. (1990). Cognitive elements of empowerment: An interpretive model of intrinsic task motivation. Academy of Management Review, 15(4), 666-681.

205. Tsui, A. S., Wang, H. & Xin, K. R. (2006). Organizational culture in China: An analysis of culture dimensions and culture types. Management and Organization Review, 2(3), 345-376.

206. Turnley W H. & Feldman, D. C. (1999). A discrepancy model of psychological contract violations. Human Resource Management Review, 9, 367-386.

207. Tyler, T. R. & Blader, S. L. (2003). The group engagement model: Procedural justice, social identity, and cooperative behavior. Personality and Social Psychology Review, 7(4), 349-361.

208. Tyler, T. R. & Blader, S. L. (Eds.). (2000). Cooperation inGroups: Procedural Justice, Social Identity, and Behavioral Engagement. Psychology Press.

209. Tyler, T. R. & Lind, E. A. (1992). A relational model of authority in groups. In M. P. Zanna (Ed.). Advances in Experimental Social Psychology(Vol. 25). San Diego, CA: Academic Press, 155-191.

210. Ullrich, J., Christ, O. & van Dick, R. (2009). Substitutes for procedural fairness: Prototypical leaders are endorsed whether they are fair or not. Journal of Applied Psychology, 94(1), 235-244.

211. Van den Bos, K. & Lind, E. A. (2009). The social psychology of fairness and the regulation of personal uncertainty. In R. M. Arkin, K. C. Oleson & P. J. Carroll(Eds.). Handbook of the Uncertain Self. New York: Psychology Press, 122-141.

212. Van den Bos, K. & Lind, E. A. (2002). Uncertainty management by means of fairness judgments. In M. P. Zanna (Ed.). Advances in Experimental Social Psychology (Vol. 34). San Diego, CA: Academic Press, 1-60.

213. Van den Bos, K., Lind, E. A. & Wilke, H. A. M. (2001). The psychology of procedural and distributive justice viewed from the perspective of fairness heuristic theory. In R. Cropanzano(Ed.). Justice in the Workplace: From theory to Practice(Vol. 2). Mahwah, NJ: Erlbaum, 49-66.

214. Van den Bos, K. (1999). What are we talking about when we talk about no-voice procedures? On the psychology of the fair outcome effect. Journal of Experimental Social Psychology, 35(6), 560-577.

215. VanDijk, R. & Van Dick, R. (2009). Navigating organizational change: Change leaders, employee resistance and work-based identities. Journal of Change Management, 9(2), 143-163.

216. Van Dyne, L., Kamdar, D. & Joireman, J. (2008). In-role perceptions buffer the negative impact of low LMX on helping and enhance the positive impact of high LMX on voice. Journal of Applied Psychology, 93(6), 1195-1207.

217. VanKnippenberg, B., Martin, L. & Tyler, T. (2006). Process-orientation versus outcome-orientation during organizational change: The role of organizational identification. Journal of Organizational Behavior, 27(6), 685-704.

218. VanKnippenberg, D., Haslam, S. A. & Platow, M. J. (2007). Unity through diversity: Value-in-diversity beliefs, work group diversity, and group identification. Group Dynamics: Theory, Research, and Practice, 11(3), 207-222.

219. VanKnippenberg, D. & Van Leeuwen, E. (2001). Organizational identity after a merger: Sense of continuity as the key to postmerger identification. In M. A. Hogg & D. J. Terry (Eds.). Social Identity Processes in Organizational Contexts. Philadelphia, PA: Psychology Press Inc., 249-264.

220. VanKnippenberg, D. (2000). Work motivation and performance: A social identity perspective. Applied Psychology, 49(3), 357-371.

221. VanOudenhoven, J. P. & de Boer, T. (1995). Complementarity and similarity of partners in international mergers. Basic and Applied social Psychology, 17(3), 343-356.

222. Van Prooijen, J. W., Karremans, J. C. & van Beest, I. (2006). Procedural justice and the hedonic principle: how approach versus avoidance motivation influences the psychology of voice. Journal of Personality and Social Psychology, 91(4), 686-697.

223. Van Prooijen, J. W., Van den Bos, K. & Wilke, H. A. (2007). Procedural justice in authority relations: The strength of outcome dependence

influences people's reactions to voice. European Journal of Social Psychology, 37(6), 1286-1297.

224. VanderElst, T., Baillien, E., De Cuyper, N. & De Witte, H. (2010). The role of organizational communication and participation in reducing job insecurity and its negative association with work-related well-being. Economic and Industrial Democracy, 31(2), 249-264.

225. Very, P., Lubatkin, M. & Calor, R. (1996). A cross-national assessment of acculturative stress in recent European mergers. International Studies of Management and Organization, 26(1), 59-86.

226. Very, P., Lubatkin, M., Calor, R. & Veiga, J. (1997). Relative standing and the performance of recently acquired European Firms. Strategic Management Journal, 18(8), 593-214.

227. Walumbwa, F. O. & Schaubroeck, J. (2009). Leader personality traits and employee voice behavior: Mediating roles of ethical leadership and work group safety. Journal of Applied Psychology, 94, 1275-1286.

228. Wang, T. & Zheng, Q. (2012). Working pressure does not necessarily undermine self-determined motivation: The moderating role of social identity. Chinese Management Studies, 6(2), 318-329.

229. Weber, Y., Rachman-Moore, D. & Tarba, S. Y. (2012). HR practices during post-merger conflict and merger performance. International Journal of Cross Cultural Management, 12(1), 73-99.

230. Weber, Y. & Drori, I. (2011). Integrating organizational and human behavior perspectives on mergers and acquisitions. International Studies of Management and Organization, 41(3), 76-95.

231. Weber, Y. & Tarba, S. Y. (2010). Human resource practices and performance of mergers and acquisitions in Israel. Human Resource Management Review, 20(3), 203-211.

232. Weber, R. A. & Camerer, C. F. (2006). Behavioral experiments in economics. Experiment Economics, 9, 187-193.

233. Weber, R. A. & Camerer, C. F. (2003). Cultural conflict and

merger failure: An experimental approach. Management Science, 49(4), 400-415.

234. Weber, Y. (1996a). Corporate cultural fit and performance in mergers and acquisitions. Human Relations, 49(9), 1181-1202.

235. Weber, Y., Shenkar, O. & Raveh, A. (1996b). National and corporate cultural fit in mergers/acquisitions: An exploratory study. Management Science, 42(8), 1215-1227.

236. Weber, Y. & Schweiger, D. M. (1992). Top management culture conflict in mergers and acquisitions: A lesson from anthropology. International Journal of Conflict Management, 3(4), 285-302.

237. Webster, D. M. & Kruglanski, A. W. (1994). Individual differences in need for cognitive closure. Journal of Personality and Social Psychology, 67(6), 1049-1062.

238. Wiener, Y. (1982). Commitment in organizations: A normative view. Academy of Management Review, 7(3), 418-428.

239. Withey, M. J. & Cooper, W. H. (1989). Predicting exit, voice, loyalty, and neglect. Administrative Science Quarterly, 34(4), 521-539.

240. Zhou, J. and J. M. George(2001). When job dissatisfaction leads to creativity: Encouraging the expression of voice. Academy of Management Journal, 44(4), 682-696.

241. Weston, J. F. & K. S. Chung. (1990). Mergers, Restructuring and Corporate Control. Englewood Cliffs, NJ: Prentice Hall.

242. Wiersema, M. F. & Bantel, K. A. (1992). Top management team demography and corporate strategic change. Academy of Management Journal, 35, 91-121.

243. Wong, R. Y. M. & Hong, Y. Y. (2005). Dynamic influences of culture on cooperation in the prisoner's dilemma. Psychological Science, 16(6), 429-434.

244. Xenikou, A. & Furnham, A. (1996). A correlational and factor analytic study of four questionnaire measures of organizational culture.

Human Relation，49(3)，349-371.

245. Xenikou，A. & Simosi，M. (2006). Organizational culture and transformational leadership as predictors of business unit performance. Journal of Managerial Psychology，21(6)，566-579.

246. Xue-lin，N. & Jie，C. (2011). Research on the impact of job resources and organizational justice on college counselors' working state. In Management and Service Science(MASS)，2011 International Conference on IEEE，1-4.

247. Zigarmi，D. & Roberts，T. P. (2012). Leader values as predictors of employee Affect and work passion intentions. Journal of Modern Economy and Management，1(1)，1-28.

248. [美]埃德加·H. 沙因著，郝继涛译. 企业文化生存指南. 北京：机械工业出版社，2004.

249. [美]埃德加·H. 沙因著，朱明伟，罗丽萍译. 企业文化与领导. 北京：中国友谊出版公司，1989.

250. [美]J. 弗雷德·威斯顿，萨缪尔·C. 韦弗. 兼并与收购. 北京：中国财政经济出版社，2003.

251. [美]金·S. 卡梅隆，罗伯特·E. 奎因著，谢晓龙译. 组织文化诊断与变革. 北京：中国人民大学出版社，2006.

252. [美]帕特里克·A. 高根著，朱宝宪，吴亚君译. 兼并、收购和公司重组. 北京：机械工业出版社，2004.

253. [美]普赖斯·普里切特，唐纳德·鲁滨逊，拉塞尔·克拉克森著，张一平译. 并购之后——成功整合的权威指南. 北京：机械工业出版社，2005.

254. [日]伊丹广之. 启动隐形资产. 北京：机械工业出版社，2000.

255. 北京大学民营经济研究院. 组织文化：对建龙败娶通钢的思考之一. http://mea.pku.edu.cn/smallclass_detail.asp? bigclassid=29&smallclassid=2260.

256. 陈明，周健明. 企业文化、知识整合机制对企业间知识转移绩效的影响研究. 科学学研究，2009，27(4)，580-587.

257. 丁友刚. 中国企业重组案例. 大连：东北财经大学出版社，2010.

258. 丁元浩. 从通钢悲剧看国企改制中的文化冲突. 现代企业文化，2009(27)，22-24.

259. 何立，凌文辁. 企业不同类型组织文化对员工组织认同与工作投入的影响作用研究. 科学学与科学技术管理，2008(10)，139-143.

260. 何立，凌文辁. 领导风格对员工工作绩效的作用：组织认同和工作投入的影响. 企业经济，2010(11)，65-68.

261. 黄桂. 强调"奉献"的企业为何不能如愿以偿？——基于国企组织与员工交换关系的思考. 管理世界，2010(11)，105-113.

262. 黄玉清. 真实工作预览的有效实施. 中国人力资源开发，2007(1)，52-54.

263. 傅元略. 企业集团财务资源协同管理效应的度量. 中国工业经济，2003(9)，66-72.

264. 郭冠清. 文化因素对企业经营绩效影响的研究. 中国工业经济，2006(10)，91-97.

265. 郭庆然. 现代企业并购中的文化合成谬误成因及对策研究. 经济纵横，2007(6)，63-65.

266. 国务院国资委信息中心. 中国五矿集团公司党组书记、总裁周中枢访谈实录，63-65.

267. 江书陆. 企业并购整合中的员工心理干预机制研究. 华北电力大学学报(社会科学版)，2009(1)，48-57.

268. 蒋衔武，班翀丞，陆勇. 企业并购中文化整合问题及对策. 当代经济，2008(8)，32-33.

269. 蒋勇. 跨国并购人力资本整合研究——基于心理契约违背模型. 中国商贸，2010(6)，52-53.

270. 李利剑，邢宗辉，郭新有. 我国钢铁企业的全球技术协同研究. 科技进步与对策，2006(3)，75-77.

271. 李金波，许百华，陈建明. 影响员工工作投入的组织相关因素研究. 应用心理学，2006，12(2)，176-181.

272. 李旭培，时雨，王桢，时勘. 抗逆力对工作投入的影响：积极应对和积极情绪的中介作用. 管理评论，2013，25(1)，114-119.

273. 廖冰，纪晓丽. 并购企业的文化冲突与整合管理. 商业研究，2004(19)，92-95.

274. 刘磊. 中国企业跨国并购中的文化整合研究. 兰州商学院硕士学位论文，2012.

275. 刘文纲. 企业购并中的无形资产协同效应分析. 经济体制改革，1999(6)，74-78.

276. 刘翌. 论企业兼并中的文化整合. 财经论丛，2000(2)，11-15.

277. 林琳，时勘，萧爱铃. 工作投入研究现状与展望. 管理评论，2008，20(3)，8-15.

278. 陆玉明. 论企业兼并中的协同效应. 中国软科学，1999(2)，43-45.

279. 马华维. 企业文化建设的实证研究——对一国有大型电力公司企业文化建设的调查与分析. 管理世界，2001(3)，176-182.

280. 攀枝花钢铁(集团)公司. 攀钢实施企业联合重组及战略联盟的实践. 冶金管理，2004(10)，15-20.

281. 上海国资. 通钢事件：不该产生的改制样本. 上海国资，2009(8)，56-59.

282. 宋耘. 文化冲突与文化适应对于并购绩效影响的实证研究. 科技管理研究，2006(9)，93-97.

283. 吕晓俊. 程序公平对群体合作行为的影响研究. 科技管理研究，2007，27(4)，160-161.

284. 孟凡蓉，吴建南. 公共服务动机视角下绩效工资公平感对工作投入的影响. 西安交通大学学报(社会科学版)，2014，34(1)，61-69.

285. 王宇清，龙立荣，周浩. 消极情绪在程序和互动不公正感与员工偏离行为间的中介作用：传统性的调节机制. 心理学报，2012，44(12)，1663-1676.

286. 王国顺，张仕璟，邵留国. 企业文化测量模型研究——基于Denison模型的改进及实证. 中国软科学，2006(3)，145-150.

287. 王宏利，周县华. 企业并购中的经营协同效应与其价值的评估. 当代经济研究，2003(7)，48-51.

288. 王吉鹏. 建龙之殇：并购重组路上的文化融合难题. 博锐管理在线，2009-09-28.

289. 王宛秋，张永安. 企业技术并购协同效应影响因素分析. 北京工业大学学报(社会科学版)，2009(1)，16-25.

290. 王鑫. 并购协同效应理论研究及案例分析. 上海社会科学院硕士学位论文，2009.

291. 魏立群，刘军，陈苑仪. 战略人力资源管理、企业文化与绩效：理论及实证检验. 中大管理研究，2008，3(3)，57-73.

292. 温忠麟，侯杰泰，张雷. 调节效应与中介效应的比较与应用. 心理学报，2005，37(2)，268-274.

293. 吴战波，邓德胜. 论并购企业的文化整合. 中国流通经济，2008(1)，48-50.

294. 奚玉芹，金永红. 企业并购中的文化融合与人力资源整合——温州人本集团并购杭州轴承厂案例分析. 科技管理研究，2007(4)，229-231.

295. 谢洪明，王琪，葛志良. 企业文化、学习与创新绩效的关系研究. 科学学与科学技术管理，2007(3)，73-77.

296. 魏光兴，覃燕红. 基于公平偏好的同事压力及团队合作机制. 山西财经大学学报，2008，30(6)，64-69.

297. 魏钧，陈中原，张勉. 组织认同的基础理论、测量及相关变量. 心理科学进展，2007，15(6)，948-955.

298. 温忠麟，吴艳. 潜变量交互效应建模方法演变与简化. 心理科学进展，2010(8)，1306-1313.

299. 吴小勇，杨红升，程蕾，黄希庭. 身份凸显性：启动自我的开关. 心理科学进展，2011，19(5)，712-722.

300. 许明波. 试论企业兼并的财务协同效应. 四川会计，1997(7)，8-9.

301. 杨林锋，王勇剑. 从双S立体文化模型看心理契约. 科学与管理，2006(6)，45-46.

302. 杨增凡. 如何防止跨国并购中核心员工的流失. 领导科学，2009(12)，33-34.

303. 杨成君. 组织文化预览对企业并购后绩效影响的实验研究. 中国科学院硕士学位论文，2010.

304. 姚子平. 组织文化对企业并购有效性的影响机制研究. 中国科学院博士学位论文，2010.

305. 徐青，廖振鹏. 组织文化对 ERP 系统实施绩效作用机理的实证研究. 科学学与科学技术管理，2008(8)，68-72.

306. 张静. 面向并购的企业文化测量研究. 北京交通大学硕士学位论文，2008.

307. 张勉，李海，闫举刚. 组织文化度量模型的构建与实证研究. 科学学与科学技术管理，2007(12)，193-200.

308. 张旭，韩笑. 企业文化评估模型开发及应用. 科学学与科学技术管理，2008(1)，149-153.

309. 张文彤，董伟. SPSS 统计分析高级教程. 北京：高等教育出版社，2006.

310. 张彬. 企业员工工作投入的综合评价. 经营管理者，2010(11)，227.

311. 张勉，张德. 组织文化测量研究述评. 外国经济与管理，2004(8)，2-7.

312. 张轶文，甘怡群. 中文版 Utrecht 工作投入量表(UWES)的信效度检验. 中国临床心理学杂志，2005，13(3)，268-270.

313. 张莹瑞，佐斌. 社会认同理论及其发展. 心理科学进展，2006，4(3)，475-480.

314. 章平，许志成，闫佳. 制度如何激发社会合作. 经济与管理评论，2015(1)，26-33.

315. 郑伯壎，黄敏萍. 华人企业组织的领导：一项文化价值的分析. 中山管理评论，2000，8(4)，583-617.

316. 郑晓涛，柯江林，石金涛，郑兴山. 中国背景下员工沉默的测量以及信任对其的影响. 心理学报，2008，40(2)，219-227.

317. 朱兵，王文平，王为东，张廷龙. 企业文化、组织学习对创新绩效的影响. 软科学，2010，24(1)，65-70.

318. 中国五矿集团公司. 中国五矿报，2002—2010.

319. 赵曙明，张捷. 中国企业跨国并购中的文化差异整合策略研究. 南京大学学报(哲学·人文科学·社会科学版)，2005(5)，32-41.

图书在版编目(CIP)数据

组织文化对企业并购的影响机制研究/时勘著. —北京：北京师范大学出版社，2018.1
(中华民族复兴社会心理促进研究丛书)
ISBN 978-7-303-22995-6

Ⅰ.①组… Ⅱ.①时… Ⅲ.①组织文化—影响—企业改革—研究 Ⅳ.①F271.1

中国版本图书馆 CIP 数据核字(2017)第 254129 号

营销中心电话 010-58805072 58807651
北师大出版社高等教育与学术著作分社 http://xueda.bnup.com

ZUZHI WENHUA DUI QIYE BINGGOU DE YINGXIANG JIZHI YANJIU

出版发行：北京师范大学出版社 www.bnup.com
北京市海淀区新街口外大街 19 号
邮政编码：100875
印　　刷：大厂回族自治县正兴印务有限公司
经　　销：全国新华书店
开　　本：787 mm×1092 mm 1/16
印　　张：26.5
字　　数：420 千字
版　　次：2018 年 1 月第 1 版
印　　次：2018 年 1 月第 1 次印刷
定　　价：128.00 元

策划编辑：马洪立　　责任编辑：戴　轶
美术编辑：王齐云　　装帧设计：王齐云
责任校对：陈　民　　责任印制：马　洁